Souza Lima

um brasileiro em Paris

Maurício Monteiro

Souza Lima
um brasileiro em Paris

alameda

Grafia atualizada segundo o Acordo Ortográfico da Língua Portuguesa de 1990, que entrou em vigor no Brasil em 2009.

Publishers: Joana Monteleone e Haroldo Ceravolo Sereza
Editor assistente: Tamara Santos
Projeto gráfico, diagramação e capa: Ana Júlia Ribeiro
Revisão: Alexandra Colontini
Imagem da capa: Aldo Augusto de Souza Lima

CIP-BRASIL. CATALOGAÇÃO-NA-FONTE
SINDICATO NACIONAL DOS EDITORES DE LIVROS, RJ

M778s

Monteiro, Maurício
Souza Lima : um brasileiro em Paris / Maurício Monteiro. - 1. ed. - São Paulo : Alameda, 2023.
316 p. ; 21 cm

Inclui bibliografia
ISBN 978-65-5966-166-4

1. Lima, Souza, 1898-1982. 2. Músicos - Biografia - Brasil. I. Título.

CDD: 780.92
23-83090 CDU: 929:78.071(81)

Meri Gleice Rodrigues de Souza - Bibliotecária - CRB-7/6439

ALAMEDA CASA EDITORIAL
Rua 13 de Maio, 353 – Bela Vista
CEP 01327-000 – São Paulo, SP
Tel. (11) 3012-2403
www.alamedaeditorial.com.br

Dedicatória Moderna
Para Maria Laura que tocou piano com o Mickey

Há muito tempo atrás,
Longe daqui,
Lugar em que a solidão e a saudade dela
Comiam meus poemas e regurgitavam segundos de amor,
Dei-lhe um piano
(eu queria dar o mundo,
O mundo ressoava nele).
E eu, com voz de barítono de ressaca, disse-lhe:
_ Mariazinha, toque John Cage!
Ela disse:
_ Com o Mickey ou sem o Mickey?
Tocou até esgotar as dissonâncias
(criei outras para ela, mas guardei-as dos nacionalismos).
Havia muita gente no pé-de-página a solfejar trítonos:
Juca, cão de carinho chorava a dor e se consumia no silêncio
Avó distante, uma outra Maria, impregnava-se de lonjuras,
Doralice (que bem me disse João Gilberto), nada me disse, arranhava,
Rigoletto era só um ursão de Verdi, mas rugia uivos de saudade e morre.
(Quanta gente!)
Todos eles cantavam microtonalidades modernas
Bichos e pianos, humanos e bonecos
Sons e silêncios, compunham o mundo
(Eu compunha outro mundo d'ameublement para ela).
Mariazinha, resguardava a pérola barroca
(porque eu nasci nela)
Brotava, tímida, nacionalismos e vanguardas.
(...)
Sempre pensei que era tudo muito pouco
Contudo, as viagens descascavam estações
- Já não eram de Vivaldi, mas de Piazzola -
Recuperados sempre pelos beijos e abraços dela,
precisávamos só de amores.
Há muito tempo atrás
O tempo, revanchista – brotou polirrítmico.

Sumário

I. Introdução: metodologias de passagem 9

A Europa 18

O Trópico 39

II. A formação e a Villa Kyrial 63

III. Um brasileiro em Paris 99

IV. O retorno ao Brasil 149

V. Estética: entre o nacionalismo e a vanguarda 223

VI. Considerações Finais 249

VII. Referências 255

Bibliografia 255

Fontes 260

Fontes Eletrônicas 265

VIII. Anexos 266

Títulos e Condecorações 266

Entrevista de Souza Lima sobre música moderna 267

Documentos da orquestra Sinfônica do Estado (OSESP) 270

Organização 270

Formação e Funcionamento 273

Despesa Anual 275

Reestruturação I (1972) 277

Documentos da Orquestra Sinfônica Municipal (OSMSP) 280

Fundação 280

Reestruturação 288

Relação de obras compostas por João de Souza Lima 290

Trabalhos de transcrições, revisões e orquestrações 308

Pubilcações 311

Artigos e outros de Souza Lima 311

Obras dedicadas a Souza Lima 312

Agradecimentos 313

Introdução: metodologias de passagem

Souza Lima escreveu uma autobiografia que ele mesmo denominou como "*Moto Perpetuo: uma visão poética através da música*" e era isso mesmo, "poética". Um leitor não poderia ler seu livro e esperar um ensaio crítico ou um estudo da música da primeira metade do século XX. No livro de Souza Lima os nomes são íntimos, alguns, mais distantes, outros recorrentes em sua trajetória. O termo *Moto Perpetuo*, que vem do latim "*perpetuum mobile*" diz de uma música que não cessa, cujo início se entrelaça com seu fim e se torna seu início de novo, e de novo, e de novo, e de novo...; em termodinâmica, seria uma máquina que se sustenta pela sua própria energia. Para Souza Lima, a música era essa energia e a poesia, o viés por onde lhe escapava. Música, poesia e artes plásticas, além de uma sensibilidade histórica de perceber as vanguardas e observar o interesse pós-romântico de seu público. Bastante ativo em seu período de vida, reconhecido por todos que também trabalhavam a música – em Minas, perguntamos ao outro: "você mexe com quê? -, Souza Lima foi contemplado com prêmios e condecorações – Souza Lima mexia com música! Nunca foi esquecido, mas um pouco obscurecido pela historiografia e pela musicologia. Foi um compositor importante na época dos nacionalismos e das vanguardas; foi um pianista exímio e virtuose; educador e regente de sensibilidade ímpar e por fim, se existe mesmo um fim desse Moto Perpetuo, amigo dos melhores.

Penso em alguns casos, distantes, mas importantes: Heinrich Biber (1644-1704) é pouco conhecido e está sendo recuperado há pouco tempo, tardiamente, mas foi ele quem usou abundantemente a *scordatura*; Jean Phillipe Rameau (1683-1764), mais conhecido que Biber, é pouco lembrado, entretanto, é o compositor e teórico das harmonias e das estruturas tonais. Brasílio Itiberê (1846-1913) tem a fama por causa de uma música que alguns desses musicólogos e historiadores elegeram: "A Sertaneja"; mas criou mais músicas também importantes – tudo é importante. Muitas vezes nem é por falta de interesse ou pesquisa, mas torna-se uma prática, repetidas vezes impressas e sectárias, seja porque dá uma visibilidade acadêmica, seja porque todos fazem isso e repetir, repetir, repetir, evita debates. São vários os motivos, mas também são várias (e importantes) as questões sociais, culturais e ideológicas muitas vezes ignoradas ou pouco contempladas. Não é somente o legado de um compositor, a performance de um instrumentista, a crítica de um estudioso ou os métodos pedagógicos de um professor de música que o torna uma personalidade a ser cultuada por todos. A música e as atividades têm funções sociais distintas, cada uma com uma funcionalidade dentro da sociedade, da comunidade, do grupo. Nela, tudo é importante. Todas as ações, criações, intervenções, mudanças, leituras, expressões e tantas outras coisas fazem parte do que ela é, moldam sua estrutura, estabelecem seu rumo e sustentam seu crescimento. Somente o espírito crítico é criador. Os movimentos populares ou da tradição cultural são importantes: funk, samba, sertanejo, caipira, canção, balada, pagodes, polifonias camaronesas, politonalidades francesas, sincopas afro-ameríndias… enfim, todos os sons que fazemos em todas as partes do mundo são importantes. Não se pode confundir gosto ou juízo de valor com uma significativa importância dentro da sociedade. Souza Lima é importante, porque importa à formação de nossa musicalidade. Não é a história nem a musicologia que decidirão o que importa.

A musicologia até então, era a repetição de métodos europeus. Parece-me que por facilidade ou por ouvir tanto que um compositor seja melhor que outro, que um artista se destaca mais ou que alguém merece e outro não – a música vai no lastro da história. Ela elege onde a genialidade deve ser procurada e, pronto, caiu nas graças da historiografia, da repetição e do erro. Há ainda a miséria da musicologia que, detida em uma espécie de cárcere sonoro, não se cansa de analisar cadências, de cultuar linhas melódicas e lhes atribuir uma característica nominativa, muitas vezes em bases de práticas europeias – é verdade, ela não pode ser esquecida, mas também não pode ser o único dos métodos. Neles há importância e relevância para que um determinado personagem possa figurar como destemido e produtivo, como gênio incontestável e profícuo; pode ainda ser a escada, o auxiliar nas determinações que a historiografia e a musicologia elegem. Não proponho que esqueçamos de um para relembrar o outro, que coloquemos um compositor em alguma gaveta da modernidade para dar espaço a João de Souza lima, mas que os valores possam ser ponderados e distribuídos. Na música de concerto brasileira vemos isso. Um universo de anônimos, muitas vezes, é protelado em favor de uma genialidade, de um compositor ou instrumentista que, divulgado por todos os meios, cada um em sua época, estabelece-se como único e intocável. Teorias e discussões são necessárias, mas o dadaísmo é importante.

Souza Lima não participou efetivamente da Semana de Arte Moderna em 1922 porque estava na Europa, mas compartilhou efetivamente dos ideais modernistas e nacionalistas. A começar pelo centro de polarização do movimento artístico, com quem teve partilhas intelectuais e desenvolturas estéticas: a Villa Kyrial. Levado por Waldemar Otero, causou boa impressão e ficou fascinado.

> Com a quantidade de pintores, músicos, literatos, arquitetos, escultores, os quais numa convivência de franca camaradagem usufruíam todos os encantos daquela moradia onde tudo era impregnado do mais elevado gosto artístico.

Como pianista virtuose e dedicado, tocou para José de Freitas Vale (1870-1958), uma espécie de mecenas dos jovens artistas de São Paulo e foi, como resultado de suas participações nas *soirrés* promovidas na Villa Kyrial. Souza Lima ainda reforça que conviveu com pessoas importantes daquela época, os "mais ilustres homens de letras", como Coelho Neto (1864-1934), Enrico Caruso (1873-1921), Gino Marinuzzi (1882-1945), Journet (?) e Xavier Leroux (1863-1919); por fim, confessa que a sua carreira "foi resolvida em sua casa e prosseguida em Paris por sua iniciativa" e que deve a Freitas Valle tudo que realizou em música.[1] Além desses visitantes e frequentadores, também passaram pela Villa personalidades importantes da primeira metade do século XX, como Carlos de Campos (1866-1927), Washington Luís (1869-1957) e Osvaldo Aranha (1894-1960), estrangeiros como Sarah Bernhardt (1844-1923) e Blaise Cendrars (1887-1961); além, é claro, de pessoas como Oswald de Andrade (1890-1954), Guilherme de Almeida (1890-1969), Lasar Segall (1889-1957) e Martins Fontes (1884-1937). Não podem ser esquecidos ainda os nomes de Heitor Villa-Lobos (1887-1959) e Darius Milhaud (1892-1974), o pai do politonalismo – técnica que, mais tarde, seria utilizada por Souza Lima. O momento de sua carreira era de mudanças e assimilações, de dadaísmo espontâneo e de aprendizado das linguagens.

O dadaísmo de Souza Lima foi observar as práticas populares e levá-las para suas composições; foi trabalhar a politonalidade, fugindo

---

1 LIMA, Souza. *Meus escritos*. S/d. Esse documento vem do acervo de família e estão em processo de catalogação. A partir desse momento, todos os documentos, impressos ou manuscritos, utilizados nesse livro e que forem de arquivo pessoal sob guarda da família, virá com a sigla A/F.

das amarras engessadas do tonalismo e, talvez, absorver a vanguarda europeia, sem depender dela.

> A produção de Souza Lima é imensa, abrangendo as mais variadas formas: Ópera, bailados, poemas sinfônicos, concerto para piano e orquestra, peças para piano, peças para canto e piano, peças para violino e piano, peças para coro. Algumas de suas obras orquestrais, como o Poema das Américas, foram alvo de prêmios internacionais. Lamentavelmente não temos tido oportunidade de ver executada entre nós, a maior parte de suas obras; uma coisa que não entendo, porque Souza Lima é tão pouco gravado.

Esse é um comentário de Odilon Nogueira de Matos, professor da Unicamp, em 14 de dezembro de 1972. Foi uma recepção promovida pela Secretaria de Educação e Cultura, "ao ensejo do transcurso do cinquentenário de sua primeira vitória no Conservatório de Paris." [2] Não foi somente a falta de uma discografia ou de uma récita ou de um concerto; há ainda um trabalho musicológico e pedagógico que deveriam ser contemplados – e o será em breve. Souza Lima foi pianista, compositor, regente, musicólogo e pedagogo. Deixou em seu acervo documentos importantes, tais como um método infantil de piano com capa de Tarsila do Amaral (1886-1973), alguns "Apontamentos Musicais", um manuscrito de 85 páginas de caderno que o próprio Souza Lima chamou de "Meus Escritos". Além disso, existe ainda um pequeno dicionário de verbetes musicais e um outro manuscrito sobre instrumentos escritos em francês.

O título desse livro é bem sugestivo: Souza Lima foi um brasileiro em Paris. Uma espécie de embaixador cultural que recebeu e

2 MATOS, Odilon Nogueira. *Notícia Bibliográfica e Histórica.* PUC/Campinas. Departamento de História. Departamento de História da Pontifícia Universidade Católica de Campinas. Ano V – Nº 42, fevereiro – 1973. A/F.

encaminhou para uma vida de estudos, alguns instrumentistas e compositores brasileiros, como Villa-Lobos. Foi inspirado na obra de George Gershwin (1898-1937): *Um americano em Paris* de 1928 – obra que Souza Lima regeu em primeira audição no Brasil. Gershwin fala que a peça era de uma lembrança de uma viagem a Paris para estudar com Maurice Ravel (1875-1937) em 1926. De uma conversa após uma audição, Ravel havia lhe dito que era melhor ser um Gershwin de primeira que um Ravel de segunda; isso significava que o aprendiz estadunidense deveria manter suas tradições e suas escutas para utilizá-la como uma inspiração mais típica e original. Souza Lima passou por algo parecido, quando fez pela primeira vez uma aula com Marguerite Long (1874-1966). Já entusiasmada com seu novo aluno, primeiro lugar entre as três vagas para o Conservatório de Paris em 1920, sempre dizia que era importante tocar com o seu som, com suas referências e não com as sonoridades do piano. *Um americano em Paris* observava as paisagens sonoras da cidade, levando consigo os sons do jazz, assim como um brasileiro, que ouviria Paris com seus ouvidos tropicais. A relação de Souza Lima com Gershwin é de puro encanto que tiveram com a musicalidade de Paris e com os professores, naquele momento da primeira metade do século XX, as maiores referências de ensino no Ocidente. E Paris foi muito mais: berço da vanguarda e das novidades nas formas da linguagem musical. Nessa introdução, faço uma crítica à Musicologia e à História por seus legados de esquecimento e desimportância; procurei ainda situar, somente para efeito de cronologia dos acontecimentos, o que estava acontecendo na Europa e no Brasil, desde os fins do século XIX até a primeira metade do século XX.

Para escrever esse livro utilizei como guia a autobiografia de Souza Lima, editado pela IBRASA em 1982. Com o título de "*Moto Perpetuo: a visão poética da vida através da música*", Souza Lima não coloca nenhuma data e os aspectos apontados nele são, como diz o título da obra, "poéticas". Na verdade, um livro sem compromisso acadêmico – e não era para ser – mas com apontamentos que me facilitaram seguir uma cronologia, ora dispersa. O próprio autor diz que o escreveu a partir de suas lembranças e certamente, livrou-o de total desconhecimento, ou daquilo que já apontei: o esquecimento de uma vida dedicada à música. No acervo do maestro, que trouxe de Piracicaba (SP), vieram fotos, recortes de jornais, programas de concerto, cartas e notas sobre a atividade musical no percurso de Souza Lima. Pesquisei tudo isso e fui pontuando as datas e as atividades. Muitas vezes um recorte de jornal não tem nome ou data, mas são importantes e utilizei-os todos. No mar de imagens fotográficas, tive de ter um critério e selecionar aquelas que mais serviriam para ilustrar uma passagem ou um evento em que o maestro pianista menciona ter acontecido. Foi necessário entrecruzar uma documentação textual, como livros e recortes de jornais para chegar a um relato mais verossímil e dar a Souza Lima o que é de Souza Lima. Todas as menções a pessoas e músicos, de qualquer natureza, foram conferidas e fiz a questão, talvez por purismo acadêmico em nome da ciência, datar os anos de nascimento e morte (quando ocorre) de todos eles. Isso situaria a personalidade dentro de um contexto.

Souza Lima ficou mais conhecido como instrumentista, um pianista fora de série, virtuose e muito bem recebido na Europa e no Brasil. Não foi tão conhecido como compositor e musicólogo, talvez um pouco mais como regente e, provavelmente, professor. Entretanto, viveu um tempo importante para a formação da música brasileira, com suas propostas mais ousadas que chamaram de modernismo. Foi através de escutas e leituras de partituras que pude perceber que havia em suas obras tanto as influências da vanguarda europeia, em sua versão menos experimentalista, quando das práticas nacionalistas do Brasil. Poderia ter escolhido uma ou mais obras dentre a sua produção composicional, mas optei pelo "Concerto para Piano e Orquestra em lá menor" por quatro motivos. O primeiro deles é porque tratava-se de seu instrumento e que tinha maior conhecimento das texturas e das possibilidades técnicas. O segundo motivo me levou a pensar em gravações e em partituras que teria acesso, tanto que a única gravação é de 1972. O terceiro foi que nessa obra poderia assinalar as suas influências europeias e brasileiras e por fim, o quarto motivo, que foi direcionado a uma fase mais madura como compositor. Muito embora esse livro não trate de análise de musicologia sistemática nem de uma biografia direcionada, pensei ser necessário colocar somente uma obra, tendo em vista a sua produção. O concerto foi inovador em termos de uma nova estética.

As partituras que chegaram até mim eram poucas e muito mais impressas do que manuscritas e de outros autores, como por exemplo, Lygia do Amaral (mãe de Tarsila do Amaral), Fructuoso Vianna (1896-1976), e outros tantos. No acervo importante de seu legado vieram mais fontes textuais e achei viável escrever mais sobre o maestro. Foi pensando nisso que imaginei colocá-lo em três momentos, quais sejam: a vida em São Paulo, na infância e juventude; a ida para a França e a volta para a terra natal. Havia um percurso que deveria ser também entendido e por isso, situei – *en passant* – a questão das estéticas, tanto na Europa quanto no Brasil para entender o que se ouvia e o que se fazia. Isso era importante, uma vez que os contatos de Souza Lima na França eram com o que havia de mais moderno entre as sonoridades, entre a vanguarda artística como Jean Cocteau (1889-1963), Erik Satie (1866-1925) e Pablo Picasso (1881-1973). Mas vinha ao Brasil em alguns momentos e aqui teve contato com o que se fazia em termos de música, com a intelectualidade paulistana e com um público aparentemente exigente. Aparentemente, esse é o termo, porque era um público acostumado a ouvir música tonal e ainda não estava preparado auditivamente para ouvir essas novidades vindas da Europa. A sua passagem pela Villa Kyrial, nos anos iniciais em que ainda estava por São Paulo foi importante, porque era ali que aconteciam os debates da intelectualidade, os saraus, a admiração por obras plásticas, os assuntos da modernidade, a poesia e os contatos com pessoas dessas habilidades. Toda vida artística e intelectual aconteceu na Villa. Foi também ela – através de uma espécie de mecenas, José de Freitas Vale – a responsável por articular, politicamente, a ida de talentosos artistas para a Europa, através do "Pensionato Artístico".

Coloquei também uma série de anexos que, de uma forma ou outra, ajudariam a entender esse caminho musical de Souza Lima. Comecei com um questionário ou entrevista dada a alguém ainda não identificado; parece ser mesmo uma entrevista, pois havia pergunta e respostas, além de estar em um rascunho rabiscado, tinha outra versão mais arranjada e limpa. Fala de música moderna e das impressões de Souza Lima às novas estéticas; de Claude Debussy (1862-1918), Richard Wagner (1813-1883) e Igor Stravinsky (1882-1971), a quem ele creditou como pais de música moderna a Arnold Schoenberg (1874-1951), que, embora acreditasse em sua sinceridade, dizia que faltou uma contribuição emocional. Entretanto, a música não só existe para emocionar, mas também para expressar, ou para ser absoluta mesmo. Coloquei também os títulos e condecorações, não somente porque parecia importante para Souza Lima, mas porque representa sua aceitação, sua importância em um cenário concorrido e exigente. É claro que soa muito aristocrático tantas estrelas no peito, mas reverbera em respeito. São tantas que enchem uma caixa de sapatos, com suas fitas longas e peso em metal. As suas funções como um dos criadores da Orquestra Sinfônica Municipal e da Orquestra Sinfônica d*O Estado de São Paulo* também são comtempladas com minutas e sugestões. A documentação oficial está, como de praxe, com as instituições oficiais, nesse caso, Estado e Município; tratam-se, portanto, de documentos que eram certamente cópias, incluindo uma série de observações, desde o funcionamento até a parte financeira para atestar o funcionamento das orquestras. Souza Lima regeu as duas, criou as duas. Os mesmos músicos que tocavam em uma tocavam, proporcionalmente, na outra. Não havia tantos instrumentistas em São Paulo nessa época que se estendeu de 1940 a 1970, um pouco mais ou menos. Era notório e deveriam ser aproveitados todos os músicos.

As perguntas são várias e sempre me perseguiram e dessa vez não foi diferente: por que duas orquestras e mesmos músicos em tempos tão duvidosos? Por que a Estadual tinha um tamanho mais reduzido que a Municipal? Os músicos acumulavam salários? Eram registrados? Enfim, são questões que ainda não responderei, mas em breve, vou nesse caminho das dúvidas, que são minhas. Ainda anexei um catálogo de obras, levantado pelo entrecruzamento de informações, tanto da Biblioteca Nacional quanto do acervo familiar, das conversas com o Instituto de Piano Brasileiro, com Yara Ferraz, Parizoto, Antônio Augusto e outros tantos. São mais de 120 obras que são importantes para a música brasileira, foi uma produção prolífica, não tem como negar, sobretudo, pelas atividades de Souza Lima, dividida em vários aspectos da música. Há também transcrições, cópias e orquestrações bem como obras escritas por outros autores e dedicadas a Souza Lima. Isso é muito importante e respeitoso. Por fim, procurei relacionar o tempo, a obra, as atividades, o mestre através de um viés biográfico, de heranças das escutas e transformações na linguagem. Não foi nada fácil, como não deveria ser quaisquer trabalhos de pesquisa em música. Sempre é necessária uma dose de cautela.

A Europa[3]

O romantismo atingiu seu auge em cerca de 1830, mas logo não tardaria para uma mudança radical nesses ideais e isso se deve a uma série de transformações em um movimento que, segundo Giuseppe Mazzini, voltava-se para o passado e não para o futuro. Parece-lhe que o romantismo na música caminhava no movimento contrário às ciências e carregava-se de conservadorismos em busca do passado, o que justifica a retomada de temas do Barroco e do Renascimento, e

3 A primeira parte desse subcapítulo foi modificada de um artigo publicado na revista da UNESP/Assis como título: Transições: música e cinema na primeira metade do século XX. *Patrimônio e Memória*. Universidade Estadual Paulista (UNESP) – Campus de Assis. v. 16, n. 2 (2020). ISSN: 1808-1967.

em algumas vezes, da Idade Média.[4] As mudanças e as transformações nos sistemas sonoros fizeram com que os timbres ganhassem uma importância muito mais evidente e necessária como aquela que lhes foi relutada no período anterior ao século XX. A ruptura no pensamento e nas práticas ocidentais do final do século XIX tornou possível a descoberta de novos timbres e de novas formas de linguagem musical e isso fez com que os timbres convencionais – fala-se aqui de instrumentos acústicos – pudessem se entrecruzar com as texturas eletroeletrônicas. Em outras palavras, a linguagem poderia, a partir desse momento, utilizar com suas devidas funcionalidades, dos tipos de sons musicais e, por conseguinte, reforçar a ideia do tal rigor gramático da tonalidade e do ilusório caos semântico dos atonalismos. Antes, é preciso pontuar o pensamento e as mudanças nas estruturas da linguagem sonora e musical em fins do século XIX e nas duas primeiras décadas do século seguinte. Parecia que tudo estava indo em uma única direção que seria a ruptura total com o modo de vida, com as ideias, com as formas de comportamento e, sobretudo, com a busca da compreensão de outras práticas socioculturais. Isso significa que o Ocidente, que antes negara suas bases orientais, buscou uma retomada – seja pela curiosidade exótica ou pela busca de um conhecimento mais amplo das linguagens-, com as práticas fora de seus conceitos de civilização e cultura.

Ainda no Ocidente, não podem ser descartadas as transformações que ocorreram no âmbito das relações sociais e dos experimentos que mudaram os rumos das sociedades. A popularização e o aperfeiçoamento da fotografia, particularmente no ano de 1888; o controle e o uso industrial e urbano da eletricidade; o surgimento do cinema em 1895 e da psicanálise com a publicação do livro *A Interpretação dos Sonhos* (*Die Traumdeutung*) de Sigmund Freud (1856-1939) em 1900, foram alguns dos acontecimentos importantes nessa mudança

4 Cf.: MAZZINI, Giuseppe. *Filosofia della musica*. Roma: La Lepre Edizioni, 2019.

de mentalidade e de comportamento.[5] O final do século XIX foi, talvez, a única ruptura verdadeiramente eficaz e objetiva na história do Ocidente. Em termos de linguagens artísticas, tanto a literatura e as artes plásticas quanto a música, os efeitos dessas mudanças foram surpreendentes e, alguns vezes, chamados de radicalizantes. Os casos das exposições internacionais em Londres e Paris, são ilustrativos. Muito embora o pensamento de universalização em meio à concretização do Estado remonte à Revolução Francesa (1789), as Exposições Internacionais da segunda metade do século XIX são mais significativas para compreender essas mudanças em todos os níveis da Europa, particularmente, a de 1900, que também serviu como uma experiencia de sonoridades para alguns compositores, como Claude-Achille Debussy e Arnold Franz Walter Schoenberg. É claro que as exposições tinham caráter mais amplo, principalmente econômico e tecnológico e, ao mesmo tempo, expansivo, uma vez que Paris e toda França, por conseguinte, queriam e deveriam manter a máxima medieval que tanto cultivou para se tornar a capital cultural do mundo: "*Paradisius mundi Parisius, mundi rosa, balsamum orbis* (Em Paris o paraíso do mundo, a rosa do mundo, o bálsamo da terra.)",[6] pelo menos, até o fim do século XIX e início e do século XX.

5 Na verdade, sempre como ideias em processo, pode-se pensar a partir de 1840 o abalo do pensamento romântico, através de vários fatores e eventos, dentre eles: o surgimento da filosofia do positivismo de Auguste Comte (1798-1857), o ataque de Pierre-Joseph Proudhon (1809-1865) aos princípios sagrados de indivíduo, o controle da energia através da equação feita por James Prescott Joule (1818-1889), a descoberta ou definição das ondas eletromagnéticas estabelecidas por Heinrich Rudolf Hertz (1857-1894), o estabelecimento das leis de hereditariedade promulgadas por Gregor Mendel (1822-1884); a proposição determinista da História feita por Karl Marx (1818–1883) e o estabelecimento da lei de 'luta pela vida' e do conceito de evolução das espécies feitas por Charles Darwin (1809-1882).

6 LE GOFF, Jacques. *Os intelectuais na Idade Média*. Tradução Marcos de Castro. 2ª Edição. Rio de Janeiro: José Olímpio, 2006, p. 47.

Essas exposições se tornaram tão importantes que Gustave Flaubert (1821-1880), em seu *Dicionnaire des Idées Reçues,*[7] que seria traduzido literalmente como "Dicionário de Ideias Recebidas", mas que poderia soar como dicionário de ideias e expressões comuns ao fim século, colocou o verbete exposição como um "*sujet de délire du XIX siècle*" (sujeito de delírio do século XIX). Publicado pela primeira vez em 1911/3, encontram-se nele vários assuntos relativos à Paris dos fins do novecentos, tais como higiene, saúde, lugares-comuns e, claro, conceitos estéticos. Os termos músico e música, por exemplo, aparecem respectivamente como: "A coisa certa do músico real não é compor música, não tocar nenhum instrumento e desprezar virtuosos" e "Lembre-se de muitas coisas. Acalme a moral. Ex.: a Marselhesa". Flaubert foi assaz e não poupou ironia. Sobre Jacques Offenbach (1819-1880), Flaubert que o considerava obsoleto, escreveu: "Assim que você ouvir seu nome, você precisa fechar os dois dedos direito e se proteger do mal-estar. Muito parisiense, bem desgastado". Essa referência irreverente, falava de um compositor de gosto duvidoso, preso às práticas populares um pouco obsoletas para o momento e ao tonalismo que já se mostrava em processo de esfacelamento.

Por ocasião da Expo Lisboa de 1998, uma publicação de António Guerreiro deixa bem evidente a trajetória das exposições Internacionais europeias, de suas finalidades e legados. A última do século XIX ou a primeira do século XX tem importância pois acentua as perspectivas dessa ruptura e de novos conceitos de técnica, linguagem e arte:

> Na viragem do século, assiste-se a uma sucessão de descobertas extraordinárias que produzem verdadeiros choques no saber e na sensibilidade do homem dessa época, ainda

---

7 Flaubert começou a escrever seu dicionário, sem ideia inicial de publicá-lo, em 1850 e estendeu seus verbetes até perto de sua morte. Cf.: FLAUBERT, Gustave. *Dicionnaire des Idées Reçues*. Paris: Editions de Boucher, 2002.Versão em PDF: http://www.leboucher.com/pdf/flaubert/b_fla_di.pdf.

> mal adaptado ao ritmo e às novas condições da vida moderna. Apareceram novos estilos em pintura (a arte nova e depois o cubismo), novas formas em música (Debussy e Shoenberg) e em literatura (o romance de Proust).[8]

Como de fato, a Exposição Internacional de 1900 foi marcante para todo o processo de mudanças que veio a consolidar de uma vez por todas as novas formas de linguagem sonora e musical. Aquilo que Flaubert se referiu no verbete exposição, fica aqui mais evidente: as exposições de Paris tornaram-se um atrativo de curiosidade e exotismo, mas que, nas demonstrações das novidades, empreenderam transformações importantes e que vieram para solucionar um problema do fim do século: o novo não poderia ser jamais temerário e o exótico seria um ponto de vista eurocêntrico que deveria ser revisto.

Nessa mudança de pensamentos e práticas do século XIX para o século XX, três compositores e algumas obras serão eficientes na afirmação do novo estilo composicional e na asseveração de uma nova linguagem, mais ampla e mais difusa, com maior individualidade expressiva. Proponho aqui pensar em um processo que, obviamente, contempla uma serie de compositores, mas me deterei em Richard Wagner, Gustav Mahler (1860-1911), Claude Debussy e Darius Milhaud. Vou tratar Arnold Schoenberg como a consagração da primavera atonal. A figura abaixo pode ser bem mais quem ilustrativa e ao mesmo tempo, evidenciar o que propõe a primeira parte desse livro que é incorporar na vida e na obra de Souza Lima, tanto as movimentações da primeira metade do século XX, quanto os grandes transformadores da linguagem musical e do tonalismo:

8 GUERREIRO, António. *Paris 1900*. Lisboa: Seleprinter, 1995, p. 11-12.

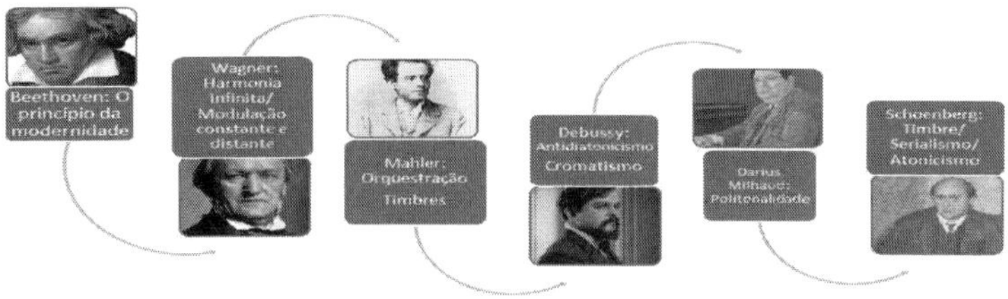

Diagrama 1 – Principais transformadores. Fonte: o autor

Ludwig van Beethoven (1770-1827) pode parecer um intruso nessa proposta de mudanças, mas ele foi o impulso da modernidade, o motor das transformações das primeiras décadas do século XIX. Resgatou o contraponto e a fuga, influenciou compositores como Alban Berg (1885-1935), Béla Bartók (1881-1945), Arnold Schoenberg. Pierre Boulez (1925-2016), excessivamente modesto em seus "Apontamentos de Aprendiz", sugere que Beethoven iniciou o processo de mudanças do próprio sistema tonal:

> Nesse sentido, parece-nos extremamente convincente que a pujança virulenta do contraponto, nas últimas obras de Beethoven (fuga do opus 106, fuga para quarteto, especificamente), tivesse representado um tal perigo para o sistema tonal que essas obras precisassem ficar completamente isoladas durante um século (porque não contamos Wagner entre os contrapontistas, nem mesmo Brahms, e ape3sar do cuidado com que ele tratava as vozes interiores, cuidado que não deriva tanto das exigências contrapontísticas quanto da necessidade de preencher o espaço sonoro compreendido entre a parte superior e o baixo).[9]

---

9 BOULEZ, Pierre. *Apontamentos de aprendiz*. São Paulo: Editora Perspectiva, 1995, p. 227. Outra boa leitura e informação, pode ser vista em: BENTO, Daniel. *Beethoven, o princípio da modernidade*. São Paulo: Anablume/FAPESP, 2002.

Não é prudente ignorar as influências de Beethoven, mesmo cronologicamente tão distante dos progressistas franceses e vanguardistas germânicos, cujas propostas aterrorizaram o tonalismo, submeteram ouvintes aos radicalismos e que, por muitas vezes, foram vistos como inventores de uma não-música (o que era, na verdade, uma não-escuta – o problema não era a linguagem, mas a insistência nas antigas formas da escuta). Mas a História da Música – de que tanto alguns historiadores fogem e outros tantos musicólogos transformam em relatos de obras e gênios e ainda, às vezes, reduzem a uma bibliometria – é de longa duração, nada pode ser mudado ou observado se não houver processo e contexto. A Europa é uma só, com conceitos iniciais de civilização e cultura e, posteriormente, com propostas radicais de transmutações. Assim, não podem ser esquecidas contribuições isoladas, não menos importantes ou significativas, de outros autores. Maurice Ravel, Piotr Tchaikovsky (1840-1893), Antonín Dvořák (1841-1904) e Alexander Scriabin (1872-1915) foram tão admiráveis quanto os compositores seus contemporâneos, um pouco mais ou menos em uma cronologia que se estende desde os anos de 1850. Aos poucos, esses últimos procuravam desagregar as amarras da gramática e da sintaxe tonal. Certamente isso não significa uma ruptura brusca, que só iria acontecer de forma mais evidente a partir de Wagner. Entretanto, basta lembrar-se da *Sinfonia Novo Mundo* de Dvořák, da *Patética* de Tchaikovsky e das nuanças míticas nas obras de Scriabin. Esse último, particularmente, poderia ser colocado ao lado de Wagner em termos de desagregação das funções tonais e, sem exagero, de Schoenberg, sobretudo, com as obras de seu último período criativo (1907-1915), momento em que a tonalidade já havia perdido sua supremacia.

As contribuições (ou talvez as negações) de compositores desse período que compreende os anos de 1870-1917 são muitas e foram essenciais para a desconstrução do sistema tonal e a consequente afirmação dos atonalismos, da música moderna e da nova reestruturação da linguagem sonora e musical. Em Wagner encontra-se o princípio dos radicalismos sonoros, a começar pela harmonia, vista aqui como 'infinita' que chegam a desconfigurar o fraseado sonoro da velha tonalidade:

> Com ele, a harmonia torna-se errática, sem, contudo, abdicar da sua supremacia; pelo contrário, a harmonia é a chave da sua linguagem. Mas a crise que ela sofre enfraquecerá o 'sentimento tonal' e os seus poderes de atração.

Mas não foi essa a única contribuição de Wagner. As modulações constantes de suas obras tornaram-se condições desagregadoras do tonalismo, "até aos limites da saturação, até à vertigem".[10] Há ainda um princípio social em Wagner e uma proposta individualista que procurou exaltar a música como dispositivo da vida, das ações e das heranças alemãs. O teatro de Bayreuth foi concebido pelo próprio Wagner para encenar suas intermináveis óperas a propor uma arte completa, um espetáculo em que tudo poderia se confluir, a *Gesamtkunstwerk*. Não me interessa nesse livro caminhar pelas perspectivas estritamente sociais e políticas da arte alemã, mas importa, sobremaneira, entender as mudanças que, independentemente dessas absorções e transformações, ajudaram a mudar a linguagem. Foi exatamente isso: o romantismo foi uma azia europeia, praticamente universal e Wagner, o sal de frutas, a resposta trágica e avassaladora para o drama que se estendia por quase um século. Obviamente, essa analogia é mais apimentada que os ingredientes tropicais, uma crítica para o drama resultado de uma discussão acadêmica, mas seria isso mesmo se observarmos o século XIX com seu individualismo e sua paixão desenfreada, com o isolamento dos indivíduos e a absorção sentimental coletiva. Entretanto, o que interessa aqui é figura de Wagner, e suas propostas que levariam o drama à tragédia; mas aos poucos, Wagner

---

10 BOUCOURECHLIEV, André. *A Linguagem Musical.* Lisboa: Edições 70, 2003, p. 31 e 32.

foi abandonado ou destituído e seus festivais trágicos em Bayreuth, esvaziados.

> Certos fragmentos de 'hits' de Wagner eram aproveitados como trilha sonora nos filmes propagandísticos, de Leni Riefenstahl e em filmes recentes, além de anúncios radiofônicos, o que, naturalmente, não era suficiente para reavivar o interesse pela música wagneriana.[11]

A estrutura política alemã caminhava para outro destino e desvirtuava consigo – na contramão – a linguagem em constantes mudanças – basta lembrar da *entartetekunst* e, por conseguinte, de uma *entartetemusik*, respectivamente, arte degenerada e música degenerada. Foi o caso de Mahler e de outros tantos compositores de ascendência judaica. Mahler, o "macaco judeu" ou "bruxo judeu nietzschiano" foi exilado três vezes: "boêmio para os austríacos, austríaco para os alemães e judeu para todo mundo. Em todos os lugares, um intruso!".[12] Herdeiro do drama e da tragédia romântica wagneriana, seu material sonoro ainda é tonal, mas seus argumentos se multiplicam para eventos e outros assuntos extramusicais. Mahler rejeitou o formalismo da tonalidade e, ao mesmo tempo, carregou de semântica toda a sua obra, mesmo que alguns críticos o neguem – até mesmo o poder semântico da música:

> Sua utilização, aparentemente convencional, possui uma dimensão suscetível por vezes de ser interpretada como ironia em relação aos padrões formais estabelecidos, sem,

---

11 POTTER, Pamela M. *A mais alemã das artes*. Tradução de Rainer Patriota. São Paulo: Perspectiva, 2015, p. 45.

12 LIEBERMAN, Arnoldo. *Gustav Mahler: um coração angustiado*. Belo Horizonte: Autêntica Editora, 2010, p. 57. O termo antissemita (macaco judeu) foi dito pelo cantor Theodor Reichmann, quando Mahler lhe corrigiu notas erradas de uma ária. O segundo termo, também preconceituoso e assaz pejorativo, foi escrito por William Ritter em um periódico de Praga em 1905.

> entretanto, tentar destrui-los, como buscariam fazer os compositores da Segunda Escola de Viena.[13]

Alinhada a essa recusa do formalismo tonal, o caráter autônomo da obra de Mahler fez dela um prenúncio do modernismo. Quando se pensa em tonalidade, invoca-se uma gramática e uma sintaxe engessada, presa na formalidade de uma falsa música pura ou absoluta, pronta para agradar a aristocracia e, posteriormente, a burguesia europeia, como a vienense, falsamente intelectualizada; mas, na verdade, tão tacanha e preconceituosa. Mahler rejeitou tudo isso e contribuiu, em certa medida, para a concepção de uma nova linguagem musical. A modernidade aparece aqui, na expressividade e na disposição do descritivo com o absoluto.

Debussy, por sua vez, pode ser considerado o pai biológico da modernidade. Baseada em um poema de Stéphane Mallarmé, o *Prelúdio para a tarde de um Fauno* (*Prelude à l'après-midi d'un Faune*, [1892/1894]) pode ser considerado a obra que inaugurou a música moderna. Basta ver (e ouvir) os trechos iniciais dos solos de flauta, conforme descrito na figura abaixo:

Exe. 1 – Excerto do Preludio. Fonte: o autor.

Aqui fala-se de cromatismo, de um colorido que amplia e, ao mesmo tempo em que anula, as possibilidades do tonalismo e reinventa, dentro de suas possibilidades históricas, o melodismo pós-tonal.

13 LIAN, Henrique. *Sinfonia Titã: semântica e retórica*. São Paulo/Campinas: Perspectiva/Sanasa, 2005, p. 11.

Ainda não falo de atonalismos, mas de uma desagregação das relações entre tonalidades maiores e menores. A interdependência das notas e das funções tonais tomaram com essa obra de Debussy um outro significado a abandonar, paulatinamente, o diatonicismo (ou diatonismo) tão marcante e caracterizador da linguagem musical anterior. Observa-se que nessa parte de flauta do Prelúdio,

> Debussy deixa pairar uma dúvida sobre a tonalidade [dó sustenido-sol] ...: todas as notas são incluídas, e não apenas aquelas que permitiriam identificar uma específica tonalidade maior ou menor. Além disso, o intervalo harmônico – um trítono – é o mais hostil ao sistema diatônico, o '*diabolus in musica*' como o denominavam os teóricos medievais.[14]

A melodia diatônica não é mais a hegemonia; com Debussy, as possibilidades se ampliaram e a linguagem musical enriqueceu a expressividade e possibilitou modificações em toda estrutura ritmo-melódico-harmônica.

Exe. 2 – Excerto de Pelléas et Mélissande. Fonte: o autor

14 GRIFFITHS, Paul. *A música moderna – Uma história concisa e ilustrada de Debussy a Boulez*. Tradução: Clovis Marques. Rio de Janeiro: Zahar, 2011, p. 8-9.

Em *Pelléas et Mélissande*, obra mais tardia de Debussy, escrita oito anos depois do *Prelúdio para a tarde de um Fauno*, as evidências de uma nova linguagem mostram um caminho sem volta. Com libreto baseado na peça de teatro de Maurice Maeterlinck (1862-1949), essa obra de Debussy, foi alvo de críticas abrasivas apoiadas nos conceitos dos dramas e tragédias wagnerianas. Entretanto, segundo o próprio autor, era preciso procurar "depois de Wagner e não segundo Wagner".[15] Em *Pelléas*, existe o som do silêncio que incomoda, a o mesmo tempo em que as sonoridades entre Golaud e Mélissande soam como uma conversa sutil, intimista e, sobretudo, sentimental. Temos, por analogia, a impressão de uma conversa solitária, carregada de afeto.

Paul Dukas (1865-1935) em nota sobre a obra de Debussy em 1902 fez uma consideração que o próprio autor de *Pelléas* observara – a acidez e as amarras do gosto pela tonalidade:

> Foi considerando assim a partitura de *Pelléas et Mélisande* que alguns acreditaram ter fundamento para declarar que não havia nela nem ritmo, nem melodia, nem harmonia; outros não viram nela nenhum traço de desenvolvimento temático nem mesmo de temas musicalmente inteligíveis; muitos, por fim, nada mais viram que um agradável e monótono sussurro de orquestra ronronando ao acaso.[16]

Irônico, Dukas, como músico e depois autor de um poema sinfônico que se tornou trilha de *Fantasia*,[17] não poupou os críticos.

---

15 DEBUSSY, Claude. *Monsieur Croche e outros ensaios sobre música*. Rio de Janeiro: Nova Fronteira, 1989, p. 60

16 SCHÖPKE, Regina e BALADI, Mauro. *A palavra dos músicos – escritos dos compositores franceses do século XIX*. São Paulo: Martins Fontes, 2013, p. 131

17 *O Aprendiz de Feiticeiro* é originalmente um conto de Johann Wolfgang von Goethe (1749-1832) de nome *Der Zauberlehrling*. A obra de Paul Dukas foi incluída na trilha do filme de Walt Disney em 1940.

Irônico, mas polido. Dukas rebateu da mesma forma a incompreensão de uma parte do público que ainda estava presa às proposições do tonalismo e dos acordes perfeitos e maiores. A esse respeito, observa-se tanto a música de Bach ou Vivaldi ao lado da *Sagração da Primavera* de Igor Stravinsky - que em 1913 foi execrada pela burguesia parisiense em um concerto - no filme *Fantasia* de Walt Disney de 1940. Foi Leonard Bernstein (1918-1990) quem melhor descreveu a obra de Stravinsky, apresentando-a como uma obra que continha as melhores dissonâncias, assimetrias e politonalidades.[18] A dramatização - para essa parte do público burguês - deveria seguir padrões engessados e quando muito, situar-se tanto nos franceses românticos quanto em Wagner. Debussy rebate com a propriedade de quem se torna livre e observa o mundo e seu drama com a naturalidade mascarada pelas propostas wagnerianas:

> É daí que vem a censura feita ao que chamaram a minha opção pela declamação monótona onde nunca aparece nada de melódico.... Para começar, isso é falso; além disso, os sentimentos de um personagem não podem ser expressos continuamente de maneira melódica; depois, a melodia dramática tem de ser inteiramente diversa da melodia em geral.... As pessoas que vão escutar música no teatro, em suma, são parecidas com aquelas que veem reunidas em torno dos cantores de rua! Lá, mediante dois tostões, podem nos ser proporcionadas emoções melódicas.[19]

"Eu sei, sou criticado, isso acontece principalmente quando se faz coisa nova".[20] Com essa frase, Debussy apontou que o que fez é ínfimo e que dali por diante, as possibilidades estilísticas (e/ou estéticas) se

18 BERNSTEIN, Leonard. *The Unanswered Question - Six Talks at Harvard.* Cambridge: Harvard University Press, 1976, p 357

19 DEBUSSY, *Op. Cit.*, p. 61

20 Id. *Ibd.* p. 256

multiplicariam e as espontaneidades na composição musical seriam inevitáveis. Mas as críticas a Debussy não foram tão amargas quanto àquelas dirigidas, posteriormente, a Arnold Schoenberg, que teve um percurso mais ousado (e menos prudente em relação ao tonalismo), inovador e experimentalista. Darius Milhaud é um caso à parte, já que trabalhou em Paris e depois veio ao Brasil.

Milhaud foi um desses músicos que se encantou com a música popular brasileira e esteve no Brasil de 1917 a 1919, como adido cultural do embaixador Paul Claudel (1868-1955). A marca mais evidente em sua obra é a politonalidade e a incorporação de elementos da cultura oral em suas obras, muito embora essa prática já havia sido experimentada por Maurice Ravel, Richard Strauss (1864-1949), Igor Stravinsky e Sergei Prokofiev (1891-1953). Entretanto, foi Milhaud quem mais utilizou e difundiu essa técnica, a torná-la sistemática, ao ponto de se tornar uma tendência a partir de 1910, normalmente, contra as vanguardas nascentes dos atonalismos, contra os radicalismos que já vinham como uma nova primavera. Ao retornar do Brasil, Darius Milhaud se associou ao denominado Grupo dos Seis, uma espécie de clube de amigos que se organizavam em torno da música e difundiram sua estética politonal. Arthur Honneger (1892-1955), Francis Poulenc (1899-1963), Georges Auric (1899-1983) e Germaine Tagliaferri (1892-1983) completavam o grupo que dizia se unir mais por amizade e menos por tendências. Mas o que se vê, aquilo que Roland de Candé afirmou, era uma espécie de esquerda musical, que promoveu "a reação contra o vago, o retorno à melodia, o retorno ao contraponto, a precisão, a simplificação etc."[21]

Compositor prodigioso e prolífico, Milhaud deixou mais de 500 obras de diversos gêneros que críticos e melômanos dos mais diversos temperamentos poderiam escolher: sério, rígido, humoresco, frágil,

21 CANDÉ, Roland de. *História universal da música*. Tradução de Eduardo Brandão. São Paulo: Martins Fontes, 1994, v. 2, p. 274.

tentador, sinfônico ou camerístico. Milhaud foi espontâneo e, talvez, por ter incorporado as práticas populares.

Exe.3 – Trecho inicial de "Saudades do Brasil" – Fonte: Piano by Milhaud published by Eschig – ME01000200

"Saudades do Brasil" é politonal e de uma graciosidade bem generosa. Em 'Sorocaba', primeiro movimento da suíte, absorve os ritmos típicos brasileiros e a melodia urbana, um pouco malemolente e gingada. O editor Maurice Hinson[22] chama atenção para a mão esquerda, que forma um pedal para o ritmo de tango. A mão esquerda é a que conduz a melodia e a direita, faz uma síncopa, para estabelecer o gingado. Trata-se de uma característica típica da música brasileira, um cromatismo harmônico que invoca também os ritmos brasileiros, sobretudo, das paisagens musicais do Rio de Janeiro e dos compositores ativos na primeira metade do século XX. Era a modernidade de raiz tropical, embora tímida e popular, era o que prevalecia nesse momento. Essa timidez de modernidade não era depreciativa -, foi, no entanto, uma das expressões sonoras mais espontâneas e autênticas que levaram tantos a observar nas práticas populares a raiz da identidade – mesmo que não tenha sido tão identitário. Schoenberg, por conseguinte, foi mais radical, mas caminhou nos processos de mudanças para elaborar uma estética própria. Esse caminho, entretanto, era o único que não levava à Roma, diria Theodor Adorno (1903-1969). Essa estética era desconcertante:

22 Cf.: HINSON, Maurice. *Darius Milhaud – Saudades do Brasil.* New York: Alfred Masterwork Edition, 2002.

> Por isso, a opinião de que Beethoven é compreensível e Schoenberg, incompreensível, é, de um ponto de vista objetivo, um engano. Enquanto para o público, que está fora da produção, a superfície da nova música parece estranha e desconcertante, os mais típicos representantes desta música estão condicionados pelos mesmos pressupostos sociais e antropológicos que condicionam o ouvinte.[23]

Mais uma vez, preciso lembrar das escutas: o problema não era a linguagem, mas as tradições da escuta. Ouvir Beethoven no início do século XX foi tão diferente de ouvi-lo nos inícios do século XIX. Foi, certamente, bem mais palatável e, de certa maneira, ouvir Schoenberg hoje – inícios do século XXI – seria menos dolorido, digamos, sonoramente menos dolorido. Cem anos atrás, Schoenberg causou tanta repulsa quanto Beethoven abalou os ouvintes aristocratas e burgueses nos inícios do século XIX. No começo do século XX, Viena tinha um público "conservador em seus gostos e relutante em aceitar uma nova obra em qualquer das artes".[24] Nos inícios do século XIX, também. A questão era desestabilizar a ordem com propostas novas e estéticas progressistas. Burgueses são iguais, copiam tudo, normalmente o que há de mais conservador: tentam assimilar tanto as práticas da aristocracia – como na época de Beethoven, ou manter atividades e gostos de sua velha classe – isso, para os inícios do século XX.

Mesmo com uma vida mais ou menos estabilizada financeiramente, como o foi a de Beethoven (no Testamento de Heiligenstadt, deixou uma mensagem de que seja dividida sua pequena fortuna, 'se é que assim pode-se chamar'),[25] a vida de Schoenberg não foi nada

23 ADORNO, T. W. *Filosofia da nova música*. 3ª edição. São Paulo: Perspectiva, 2004, p. 17

24 NEIGHBBOUR, Oliver; GRIFFITHS, Paul e PERLE, George. *Segunda Escola Vienense*. Porto Alegre: L&PM, 1990, p. 13.

25 Ver: https://clasica2. com/recursos/archivos/1.%20El%20testamento%20de%20 Heilingestad.pdf

fácil. Chegou ao ponto de pedir a Mahler – que sempre dizia confiar nele, um grande defensor de sua produção – uma quantia para pagar o aluguel, mesmo que esse último confessasse que não entendia muito bem suas obras. Com a Primeira Grande Guerra (1914-1918), as coisas pioraram: público de concertos reduzido, situação financeira descendo ao patamar da imprevisão, alunos de Schoenberg convocados para a guerra, doenças surgindo e a convocação voluntária era iminente. Depois de servir por um ano, retomou a composição: ficou entre Viena, Barcelona e Berlim. Em Barcelona pretendia ficar mais perto de seu aluno Ronaldo Gerard, em Viena começara sua trajetória, mas sentia o clima abalar sua saúde e por fim, Berlim, onde o antissemitismo praticamente o expulsou. O antissemitismo, que outrora o fez abraçar o protestantismo, recolocou-o de volta ao judaísmo, sobretudo, porque o estigma da perseguição aos judeus- Mahler havia passado por isso – se alastrava após a Segunda Grande Guerra.

A vida tem percalços e as linguagens, acompanham-na. Um compositor faz de sua obra o mundo que vive e sente e, se não o suporta, tenta transformá-lo. Essa essência é puramente criativa e sugere transições, mudanças e percalços que deveriam ser sobrepujados. Schoenberg teve fases de criação de dissabores, de mudanças e de definições. Em linhas gerais, pode-se pensar em três fases como as descritas no diagrama 2: os *Gurrelieder* são ainda tonais; as Cinco Peças para Orquestra, já demonstram uma estética atonal e, por fim, a fase serial com as variações para Orquestra.

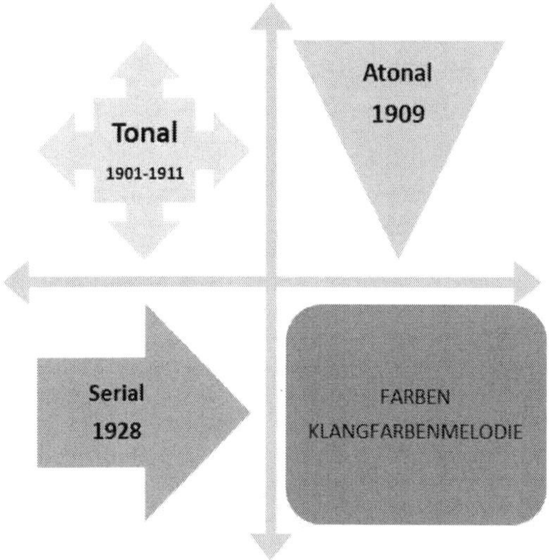

Diagrama 2 – Transições de Schoenberg. Fonte: o autor.

Em sua primeira fase, Schoenberg ainda exercitou a tríade do tonalismo, ou aquilo que um crítico de Debussy, Eugène d'Harcourt,[26] chamou de Santíssima Trindade Musical: melodia, harmonia e ritmo. Obviamente que já se via na obra que tomo como exemplo, os *Gurrelieder*, esboços de uma nova linguagem. Uma temática muito recorrente nas obras que poderiam ser denominadas como as de romantismo tardio seriam questões relativas à morte e à ressureição, como nesses *Gurrelieder*, fortemente influenciado por Mahler e Wagner. A primeira parte ficou pronta em 1901 e a segunda em 1911, completamente diferentes e mostram o percurso da tonalidade expandida[27] para a dodecafonia. Uma passagem sem volta, não resta dúvida,

26 Eugène d'Harcourt foi colaborador do *Le Figaro* e a nota descrita por Debussy trata de uma publicação de 20 de maio de 1902.

27 Essa é uma proposição muito bem-vinda de Jan LaRue que ainda trabalha vários conceitos ligados à tonalidade. Muitos deles, pertinente a essa última fase do sistema tonal, são recorrentes desde Wagner até Schoenberg, tais como: diatonismo ampliado, cromatismo, neomodalidade, dissonância estrutural, bitonalidade e

mesmo que nos últimos trabalhos, Schoenberg houvesse tentado um retorno à tonalidade. As *Cinco peças para Orquestra*, datam de 1909 e foram escritas a pedido de Richard Strauss. São todas independentes e já demonstram essa nova fase do compositor. Nelas, há um destaque importante e que viria a ser uma das características mais influentes na música do século XX: o tratamento (e supremacia) dos timbres.

Nesse sentido, as terminologias *Farben* (entidade harmônica) e *Klangfarbenmelodie* (uma espécie de teoria dos timbres), tornariam a matriz das obras na primeira metade do século XX. As *Variações para Orquestra*, por sua vez, são um bom exemplo dessa preeminência dos timbres. Datadas do ano de 1928, elas marcaram o período serial de Schoenberg e, por conseguinte, uma série de recusas nos processos da escuta de suas obras seriais:

> Antes da Primeira Guerra, Schoenberg havia construído seu nome com o sucesso de obras como *Pelleas und Melisande* (1910), *Pierrot Lunaire* (1912), *Gurrelieder* (1913), mas no final dos anos de 1920, a recepção crítica de suas obras foi se tornando cada vez menos entusiasta.[28]

A crítica sobre as obras tardias de Schoenberg transformaram sua receptividade em algo difícil e questionável. Em 1930, na estreia de *Von heuter auf morgen*, obra já dodecafônica, o crítico Alfred Einstein afirmou quem ela continha uma "seriedade fanática e uma opressiva falta de humor" e seria "pura autogratificação" que exigia um desempenho "antissocial e inumanamente difícil".[29] As críticas com o novo estilo de Schoenberg começariam a desencadear novos problemas que, na maioria das vezes, foram atribuídos à linguagem; entretanto,

---

politonalidade, atonalidade. Cf.: LaRUE, Jan. *Análisis del estilo musical.* Madrid: Editorial labor, 1993, p. 41

28 POTTER, Pamela. *Op. Cit.* p. 31.

29 *Id. Ibid.*

proponho outro tipo de problemática e parto – insistentemente – da escuta. Ora, os ouvintes ocidentais passaram por um pouco mais de 300 anos presos à escuta tonal, sujeitos à concepção moral e política contida nela, à sua gramática racionalizante e aos seus princípios de estabilidade harmônica. Essa prática, obviamente, fez com que os ouvidos acostumados à essência do tonalismo (exposição/expectativa/tensividade/solução) sentissem as diferenças em novos processos. O problema não estaria então na linguagem, mas nas formas da escuta. As obras tardias de Schoenberg, com seu legado assumido por Anton Weber (1883-1945) e Alban Berg, dentre muitos outros, iriam sugerir, certamente, desconforto, uma vez que ainda se esperava o tal acorde perfeito maior. O surgimento das novas linguagens marca a desconstrução da gramática e da sintaxe tonal, a ceder espaço – com suas relutâncias de escuta – às novas estruturas sonoras.

Schoenberg e Mahler, compositores de quem tratei aqui nessa introdução, temiam o antissemitismo que vinha crescendo e incomodando (perseguindo, na verdade) os judeus da Europa, sobretudo, nas regiões que propunham uma linguagem mais ousada, experimental e individualista e que afetou, consideravelmente, suas produções artísticas. Não se trata de ideologia, mas de ações e pensamentos quase que ideoplastas. A Europa, sobretudo, o eixo França-Alemanha-Rússia Soviética foram os lugares de mudanças bruscas e de enfrentamento ao gosto burguês. E isso era um ultraje político contra os bons costumes. No processo conturbado da Europa, os judeus eram – e mais ainda os músicos, como disse Mahler em termos menos revanchistas, expropriados, sem nação, sem ideologia correspondentes ao cristianismo do Reich e do Império dos Habsburgos. Nada era novidade: a perseguição que se tornou extermínio já vinha bem antes do século XVIII.

> Os judeus estavam presentes em quase todo lugar e podiam simbolizar com facilidade tudo o que havia de mais odioso num mundo injusto, inclusive seu compromisso com as ideias do Iluminismo e da Revolução Francesa

> que os tinham emancipado e, ao fazê-lo, os haviam tornado mais visíveis. Eles podiam servir como símbolos do odiado capitalista/financista; do agitador revolucionário; da corrosiva influência dos "intelectuais sem raízes" e dos novos meios de comunicação; da competição — como poderia ela ser outra coisa que não "injusta"? — que lhes dava uma fatia desproporcional dos empregos em certas profissões que exigiam educação; e do estrangeiro e forasteiro como tal. Para não falar da visão aceita entre os cristãos antiquados de que eles tinham matado Jesus.[30]

A Europa era antiquada; primeiro foi colonialista e genocida nas Américas, depois imperialista e por fim, ideologicamente ainda deglutindo as falsas ideias de cultura e civilização, provocou guerras e genocídio na África e nas duas Grandes Guerras. Não foi, de forma nenhuma, saudável permanecer na Europa. Havia o problema do antissemitismo e existia ainda a proposta de uma linguagem que derrubaria conceitos impregnados nessa Europa antiquada. É dubio, é verdade, de um lado as transformações partiram de lá, mas as rejeições, sobretudo, aos compositores e músicos judeus, também. O medo da aceitação da modernidade era também o medo da degradação moral e religiosa, dos costumes e da ordem estabelecida. Mesmo que tentativas de reconhecimento de judeus – judeus ricos – tivessem sido aventadas em lugares distintos da Europa, como no Édito de Emancipação Judaico do Kaiser Friedrich Wilhelm II (1859-1941) da Prússia, o aumento do antissemitismo continuava. "Entre as reações naturalmente amargas da aristocracia, que era a classe mais atingida pelas mudanças, estava uma súbita e inesperada irrupção do antissemitismo".[31] Não era mesmo prudente permanecer na Europa.

30 HOBSBAWN, Eric. *Era dos extremos – o breve século XX (1914-1991)*. 2ª Edição. São Paulo: Companhia das Letras, 1995, p. 99.

31 ARENDT, Hannah. *Origens do totalitarismo*. Trad. Roberto Raposo. São Paulo: Companhia das Letras, 2012, p. 60-61.

Mesmo não sendo prudente, Souza Lima partiu para a França 4 de outubro de 1919, ou seja, um ano depois do final da Primeira Grande Guerra - ganhou uma bolsa e esta era a oportunidade. A Europa ainda amargava as consequências da Guerra e uma solução possível foi o Tratado de Versalhes (1919) que redefiniu as fronteiras da Europa e procurou o caminho da paz entre as nações que participaram, direta ou indiretamente, dos conflitos. Entretanto, a França, como expoente das mudanças na linguagem sonora e musical, continuou sua busca pelo vanguardismo ou, pelo menos, com alguns expoentes, a sua política de mudanças estéticas. Esse pode ter sido o atrativo para João de Souza Lima: um lugar onde se desenvolvia trabalhos musicais impecáveis e muitas vezes em confronto do novo com as técnicas aristocráticas. O Brasil continuava sua trajetória em busca de sua identidade. Um país composto, basicamente, por uma elite endinheirada e detentora do poder político através de arranjos, uma classe média urbana que almejava esse poder e sertanejos, que apareceriam somente como temas dessa identidade, a pobreza e a desigualdade continuaram.

O Trópico

"Um tupi tocando alaúde" é uma das alegorias de Mário de Andrade (1893-1945) mais convincentes do modernismo e do pensamento antropofágico, desde Jean de Léry (c.1534- c.1611) e Hans Staden (c.1525-c.1576) nesses percursos longínquos de dominação e colonização. É também remanescente dos Tupinambás, em que melodias xamânicas indígenas se entrelaçaram a salmos luteranos de desespero para quem deveria ser comido em breve. Hans Staden escapou das profundezas da floresta (*De Profundis*, salmo 130), mas as alegorias antropofágicas seriam metáforas do nacionalismo e da modernidade brasileiras. Certamente o que poderia ser um imbróglio sonoro era estranho para os dois lados: autóctones ouvindo uma melodia, um salmo em alemão de quem estava literalmente no profundo poço;

preciso imaginar Staden sentindo melodias ameríndias na carne. Fazemos música bem antes do século XVI, mas começamos a pensar e a falar dela recentemente. Escutamos com os ouvidos ainda incautos, mas sem os medos de Staden; agora, para longe dos ingredientes Tupinambás escutamos a hibridação sonora, vindas tanto das florestas quanto dos meios urbanos. Alguns brasileiros queriam ser europeus e a escuta tornou-se um problema, pelo menos na primeira metade do século XX. Essa tendência de europeizar tudo, era prática de elites, daqueles grupos que evitavam as misturas, que as abominavam, que diferenciavam os sons vindos dos povos formados pelos temperos indígenas e africanos da música aparentemente pura, no sentido da colonização. Mas não era isso.

Feio, exótico, incômodo, estranho e não europeu poderiam ser adjetivos das escutas de uma música miscigenada para parte de um público que ainda ficava preso às amarras do tonalismo e que tinha a Europa como referência de civilização e cultura; ainda mais quando se repetiam ritmos e melodias rurais, indígenas, africanas e mestiças. Com o advento da modernidade e da pós-modernidade, quando a linguagem sonora e musical passou por transformações radicais, a negar estruturas sonoras anteriores, essa escuta era mais dificultosa. Não era um problema de linguagem, mas dos processos e vícios da escuta. Havia também o problema cultural, o de, muitas vezes, negar suas origens e práticas e absorver a dos outros. Entretanto, atender essa parte de público ouvinte era mais difícil que incorporar em obras ditas modernas, a musicalidade popular. Muitas vezes os compositores deveriam ser sutis: se incorporavam temáticas brasileiras, normalmente rurais, deveriam fazê-lo com parcimônia ou pelo menos, manter uma estrutura que deveria amenizar acordes dissonantes, desacelerar ritmos afrodescendentes e evitar o excesso de melodias incompletas. Se na Europa dos fins do século XIX e dos primeiros vanguardistas havia o problema das dissonâncias e das estruturas, no Brasil, havia também um terrível problema que era o da assimilação e aceitação das formas dispersas, mas espontâneas, das práticas musicais.

Fig. 1 – Modernistas em Minas Gerais. Fonte: https://www.em.com.br/app/noticia/gerais/2015/05/09/interna_gerais,645732/a-redescoberta-do-brasil.shtml

Dentre alguns compositores que ajustaram algumas obras às práticas mais populares, encontra-se Brasílio Itiberê da Cunha. Itiberê é considerado por alguns como um dos primeiros nacionalistas – timidamente modernista –, mesmo enfrentando, por tradição ou conveniência, esse público que queria ser francês. Sua obra mais significativa é, provavelmente, "A Sertaneja", editada em 1869, muito embora sua produção tenha sido mais extensa. Outras obras suas também têm esse viés de temática nacionalista, tais como: "*Danse americaine*", "*Ballade des tropiques*", "A Serrana" e "Súplica do Escravo". No mesmo ano, o *Jornal do Comércio* anunciou uma obra sua que viria, mais tarde, a ser considerada como uma das primeiras manifestações do nacionalismo musical: "A Sertaneja".

> Saiu à luz esta original fantasia sobre motivos brasileiros no estilo de Gottschalk, a qual se torna muito recomendada

> por ser a primeira que aparece neste estilo e sobre motivos também escolhidos. No grande depósito de pianos e músicas do Narciso.[32]

"... No estilo de Gottschalk"... Trata-se de Louis-Moreau Gottschalk (1829-1869), compositor estadunidense, filho de um judeu londrino e de uma haitiana. É importante pensar nessa biografia, uma vez que essa relação parental lhe possibilitou o contato com obras de compositores tanto da América Central e do Sul como do Jazz de New Orleans. No Brasil, Gottschalk escreveu a "Grande Fantasia Triunfal Sobre o Hino Nacional Brasileiro", dedicada à Princesa Isabel (1846-1921), mas indiretamente ao Conde D'Eu (1842-1922), comandante das tropas brasileiras vencedoras na Guerra do Paraguai. Posso pensar em uma obra oportunista, escrita de forma épica para celebrar a vitória dos brasileiros sobre as tropas de Solano Lopez (1827-1870). Faria sucesso, certamente.

A comparação do *Jornal do Comercio* com a obra de Basílio Itiberê não foi gratuita, significava que "A Sertaneja" seria agradável aos ouvintes da *Belle Époque* carioca. Em outros termos, não havia na obra de Itiberê os 'exotismos' populares, muitas vezes lembrados pelos ritmos deslocados, de movimentos de danças e de melodismo destoado. Baptista Siqueira, sugere a importância social de Basílio Itiberê, mas descarta o nacionalismo verdadeiro, porque "o gosto artístico era orientado de outra forma, previa-se a cautela e a correção das maneiras, para atender às regras inflexíveis da moral daqueles tempos".[33] Siqueira ainda diz que tanto a obra de Itiberê quando o "Samba" de Alexandre Levy (1864-1892) foram inspiradas em uma melodia

32 *Jornal do Comercio*, 1869. Biblioteca Nacional do Rio de Janeiro. Cf.: http://memoria.bn.br/DocReader/DocReader.aspx?bib=364568_05&Pesq=A%20sertaneja&pagfis=15703

33 SIQUEIRA, Baptista. *Origem do termo samba*. São Paulo: IBRASA, 1978, p. 93.

popular do nordeste, que veio de Minas, que foi cantada na Corte: "O Pica-pau Atrevido".[34]

O Pinicapau

Exe.3 – Pinicapau. Fonte: o autor

As versões dessa melodia são variadas e o nome 'pinicapau' vem de alterações fonéticas; como exemplos ilustrativos, uma das versões é de Jackson do Pandeiro (José Gomes Filho, 1919-1982) e outra de grupos tradicionais do Amazonas. Essa última imita a onomatopeia do pica-pau e a de Jackson, usa o termo 'samba:

Lê, lê, lê, lê, lê, lê
Samba morena que eu quero ver
Lê, lê, lê, lê, lê, lê
Samba morena que eu quero ver

Bate, bate o bico no pau
Quem fura o pau é pinicapau
Bate, bate o bico no pau
Quem fura o pau é pinicapau

---

34 A partitura aparece em Baptista Siqueira na obra mencionada acima e a letra, de Mário Pinheiro segundo o site https://www.letras.mus.br/mario-pinheiro/pini-ca-pau-passaro-atrevido/. Entretanto, fiz um cruzamento entre partitura e letra, ajustando as sílabas e as notas.'

Passarinho de bico danado
Faz sua morada no oco do pau
Passarinho de bico danado
Faz sua morada no oco do pau

Há também a possibilidade que a obra de Itiberê tenha trechos, sobretudo, dos ritmos, de uma melodia popular diferente: "Balaio, meu bem, Balaio".[35] Pode ter as duas músicas como fonte ou como citação de uma lembrança cotidiana, pode ser também que essa menção a melodias populares seja tanto uma lembrança musical das várias escutas pelo Brasil ou mesmo uma intenção de recuperar tais práticas. Nesse sentido, pensa-se ou propõe-se uma outra terminologia que culminará, mais tarde, naquilo que seria tanto o ideal de nacionalismo quanto o de brasilidade. Protonacionalismo, seria talvez o melhor dos termos aplicáveis a Itiberê. Se na música de concerto as releituras, as variações e as modificações são constantes e inevitáveis, nas práticas de tradição oral não poderia ser diferente. Aconteceu que várias melodias tocadas em um determinado tempo e lugar, modificaram-se e, nesse sentido, seria possível que as melodias pudessem passar por essas releituras. Esse é o caso das duas obras mencionadas que aparecem como inspiração de "A Sertaneja". Tanto "Balaio" quanto "Pinicapau" apresentam, em alguns trechos, uma estrutura rítmica idêntica e que nos faz perceber a síncopa.

Ex. 4 – Estrutura rítmica. Fonte: o autor.

35 Ver, sobretudo, BORÉM, Fausto e MAROCHI Jr, Mário Luiz. A Sertaneja de Brasílio Itiberê: nacional ou estrangeira, amadorística ou sofisticada? In.: https://www.revistas.ufg.br/musica/article/%20view/6007/12351

Nas duas obras possíveis de inspiração de Itiberê podem existir variações regionais quanto ao ritmo, entretanto, também aparecem variações das formas de cantar e dançar. Isso não determina nem elimina os regionalismos típicos da música de tradição oral brasileira; o que importa aqui, no exemplo desses dois fragmentos, é a repetição ou as variações sincopadas na obra de Brasílio. Aliás, com um pouco mais de 30 obras, Itiberê era essencialmente romântico e suas obras são predominantemente pianísticas, seguindo o gosto das elites de "Pianópolis", a disponibilidade do instrumento e, sobretudo, a técnica vistuosística de execução do piano. Ele era brasileiro e isso já bastava. Certamente, compôs tanto obras de características europeias, com referências estéticas e claras a Franz Liszt (1811-1886), como temáticas brasileiras, como essa "A Sertaneja", apontado por Villa-Lobos como a referência do nacionalismo, junto a Alexandre Levy e Alberto Nepomuceno (1864-1920).[36] O fato de um compositor utilizar temas de suas vivencias, de seus locais, de suas escutas ou práticas, amplia e modifica sua obra e as características da atividade musical de seu país. Em outros termos, agora mais claros, pode-se pensar que se essas sonoridades poderiam ser ouvidas na Europa, talvez como uma obra exótica, por distanciar das formalidades europeias ou por desobediência, exatamente por subverter seus sistemas de tonalidades, que era também um conceito de civilização e cultura.

Enquanto músicos e intelectuais modernistas voltavam-se para o que havia de mais genuíno e precioso na nossa formação sonora, esses burgueses de práticas aristocráticas seguidores da 'pianolatria' ainda permaneciam na tonalidade europeia. Esse foi um entrave que justifica, em certa medida, as obras compostas e ouvidas nos fins do século XIX e inícios do seguinte. Mas, existiu algo antes disso. Muito embora o século XX seja uma espécie de baliza da modernidade tropical, fazia-se música inspirada na vida cotidiana de um povo, de um lugar.

36 Cf.: MAROCHI Jr. Mário Luiz. "A Sertaneja" de Brasilio Itiberê: uma análise formal e interpretativa. *Dissertação de Mestrado*. EM/UFMG. 2007.

Mário de Andrade e os outros modernistas buscavam exatamente isso. Tanto a obra de Itiberê – que chamou sua "Sertaneja" de Fantasia e Samba – quanto a de Levy, embora tivessem práticas e reproduções europeias, traziam temáticas mais brasileiras – timidamente, é verdade-, mas estavam em um momento de confronto sonoro entre as práticas de tradição oral, que seriam as raízes da brasilidade e as acadêmicas que representavam a Europa.

Parece-me que nesse contexto dos fins do século XIX, são muitas as referências históricas, geográficas, identitárias, linguísticas, artísticas e estéticas por consequência (musicais no sentido mais amplo), que poderiam acelerar esse termo. 'Proto' é o início, aquilo que vem antes, aquilo que, por vir antes, é inescapável e, portanto, inesgotável; assim como a ideia de nação e identidade, não seria imutável, como sugeriu Eric Hobsbawn. Outros termos diferenciados pelo autor, como nação, nacionalidade e nacionalismo tendem a complicar ainda mais uma questão básica e devem ser observados com cautela e, por conseguinte, com suas particularidades naqueles espaços que se tornariam nações. Cada um deles terá seus próprios mecanismos. Hobsbawn chama de 'protonacionais' alguns processos que, mesmo isolados, podem gerar uma consciência coletiva.[37] Isso significa que sentimentos e ações comunitárias podem se interagir, partilhar formas e estruturas de suas práticas; portanto, o processo é lento. Pensar em 'brasilidade' é algo muito particular e deve ser pautada em meio a essas manifestações das várias formas culturais, da letrada à popular, dentro e fora do meio urbano. No caso do Brasil, é o nacionalismo, ou a busca dele, que sustentará a modernidade.

Como um dos indícios de brasilidade, o samba esteve em evidência de uma maneira bem encoberta na primeira metade do século XX; porque era popular, somente isso. Não era da elite afrancesada que tinha êxtases com a tonalidade europeia. O próprio Souza Lima

---

37 Cf.: HOBSBAWN, Eric. *Nações e nacionalismo desde 1780*. São Paulo, Editora Paz e Terra, 1990.

compôs tangos, mas salienta que "o que chamamos de tango não é outro senão o nosso samba, talvez menos movimentado em seu ritmo".[38] Embora se remeta às práticas afrodescendentes, existem no samba influências indígenas a que poucos se debruçam.[39] Era preciso buscar essas raízes para exatamente realizar um projeto de modernidade ligada ao nacionalismo. Melodias se repetindo, ritmos mantendo as síncopas, tonalidades refeitas de maneiras mais espontâneas e letras em um português mais ouvido que lido, sobretudo, no meio rural, poderiam ser a fonte para entender e realizar esse projeto. Essa busca cultural era geográfica e se deu nos inícios do século XX. Mas havia duas fases nesse modernismo capitaneado por Mário de Andrade: a primeira foi estética e depois, nacionalista. Parece-me inequívoco, uma vez que era necessário compreender o que se fazia no Brasil e ajustar esse conhecimento à ideia de uma brasilidade, ainda mais complexa.

O fim do século XIX no Brasil foi marcado por algumas questões muito particulares, tais como o fim da escravidão humana de africanos ou afrodescendentes, a Proclamação da República e o surgimento de comunidades que se afastaram dos centros de poder nas metrópoles. Esse afastamento diz respeito a afrodescendentes e brancos pobres, porque índios, expulsos e reduzidos desde o século XVII, já estavam confinados em míseras porções de território. Obviamente deixaram suas influências no modo de vida e nas práticas culturais brasileiras, mas encontravam-se isolados nos inícios do século XX sobre uma promessa de amparo pelo Serviço de Proteção ao Índio (SPI), criado em 1910. Foi também a época da negação do colonialismo e do império, respectivamente, e como disse Mário de Andrade (1893-1945),

---

38 LIMA, Souza. *Moto Perpetuo – a visão poética da vida através da música.* São Paulo: IBRASA, 1982. p. 268

39 É o mesmo autor de "A origem do termo Samba" que sugere tais influências, sobretudo, das práticas rurais, principalmente no Nordeste Brasileiro. Primeiramente relacionado à dança, festa ou folguedo, bem antes de ser um ritmo musical, palavras indígenas como dos Tupis e Cariris ampliam as discussões: *sembohó, sembé, sambé e sambié,* dentre outras. Cf.: SIQUEIRA, Baptista. *Op. Cit.*

momento em que "o desastre verdadeiro foi embonecar esta república temporã". O poema de Mário de Andrade expande-se para aquilo que viria ser a brasilidade, tão remota quanto complexa. Dedicado a Carlos Drummond de Andrade, em "O Poeta Come Amendoim", de 1924, menciona ainda "a gargalhada branca dos mulatos" e um tal "remeleixo melado melancólico". Fala ainda de semitom e de ritmo, como características próprias da musicalidade brasileira: "semitoam sem malícia as rezas bem-nascidas" e "ritmo do meu braço aventuroso".[40] Tem mais, mas aqui não se trata de uma análise literária, muito embora música e literatura caminharam juntos naquilo que viria ser a modernismo brasileiro. É essa a mistura que se vive na primeira metade do século XX e reflete no pensamento do modernismo tropical.

A identidade era uma questão difícil em um país miscigenado e dividido – em afastamentos distantes – em classes, em regiões separadas e assombrosamente enormes, em práticas culturais completamente diferenciadas e o pior, entre uma desigualdade econômica e intelectual. Os grandes centros eram polarizadores, sobretudo, na região Sudeste, com mais destaque para Rio de Janeiro e São Paulo, que vinham de uma tradição social e econômica recentes. O Rio deixou de ser entreposto comercial e passou a abrigar a sede da coroa e depois do império e até a inauguração de Brasília, era a capital da República. São Paulo vinha da tradição do café e dos senhores que dominariam a política com suas influências financeiras. Nos inícios do século XX, os movimentos nacionalistas tomaram cores diferentes e em música, cada país – ou boa parte deles – buscou enraizar-se pelos cantos populares, em uma busca daquilo que se fazia de mais espontâneo nas suas práticas culturais. Esse foi também um viés que ajudou os compositores a se desagregarem do tonalismo europeu que amarrava a música dentro de seus conceitos de civilização e cultura, principalmente no Brasil. Modernismo e nacionalismo identitário caminhavam juntos

40 ANDRADE, Mário de. *Poesias Completas*. São Paulo: Martins Editora, 1955, p. 157-158.

em busca de manifestações dos mais diversos matizes: melodismo indígena e ritmo afro-americano eram possivelmente a linha desse nacionalismo – além de uma harmonia europeia, nunca abandonada, seja na música tonal, quanto nas proposições da modernidade.

Mas há outra questão importante quando esses matizes indígenas e afrodescendentes foram incorporados na música de concerto ou em canções, cantadas como um *lied* alemão. A questão era sobre os caminhos: o melodismo já era implícito, a harmonia se tornava uma herança desde o século XVII e as características afrodescendentes, muito mais vivas e reproduzidas, seguia por vias diferentes. Por parte dessas tradições, eram o timbre e o ritmo africano ou por aqui estabelecido que foram incorporados na música de concerto, muito mais que qualquer outra tipologia da música negra no Brasil. Em um primeiro momento, é necessário pensar a música na fonte e dela com manifestações nas salas de concerto. O que proponho é pensar que a música de tradição africana poderia ser feita na fonte onde surgiu e poderia ser ouvida fora desse lugar, nas áreas de maior aglomeração urbana, isto é, fora dos morros, dos bairros pobres e dos vilarejos onde se concentravam os descendentes de escravos. A música de concerto não foi primeiramente à fonte, utilizou o que se ouviu fora dela, no seu lugar já elitizado. Em outras palavras, vale dizer que houve uma harmonização da canção popular – tão comum no nosso modernismo – feita, entretanto, fora dos locais de origem, ou seja, no asfalto, nas salas de concertos, nas casas de compositores de tradição europeia. Por outro lado, direcionar-se aos locais de origem daria um pouco mais de sustentação para essa tal brasilidade – ainda complexa, mas que procuraria não somente os sons, mas as danças, os gestos, as tradições, a religiosidade popular e enfim, a raiz de onde brotaria essa relação.

Mário de Andrade tentou isso, fez o que vou chamar – pela nossa tradição religiosa – uma peregrinação pelas localidades mais distantes dos centros urbanos, dos centros de decisões do poder, das células de modernidade. Em 1924 foi para Minas Gerais redescobrir a arte mineira colonial e em 1938 enviou um grupo para o norte e nordeste, em busca das raízes genuinamente brasileiras. A primeira viagem de Mário a Minas foi em 1919, para visitar em Mariana, o poeta Alphonsus de Guimarães (1870-1921); nessa ocasião teve seu primeiro contato com a arte colonial mineira. Cinco anos depois, a viagem foi mais completa e com funcionalidades mais centradas em conhecer as origens e as características próprias do barroco mineiro. Para os modernistas, estavam na arte colonial toda formação da brasilidade e era em Minas que deveriam ser procuradas as influências e os fragmentos que tornaram possíveis a formação da cultura e do modo de vida brasileiros. São Paulo, Rio de Janeiro e regiões do Nordeste e do Norte seriam desdobramentos. Não significa que um ou outro lugar teriam a paternidade desse brasilianismo, mas que na sua origem, as variações seriam possíveis. As misturas poderiam ser o caminho. Não houve, de antemão, em todo Ocidente, um processo musical que estivesse nas mãos de mestiços e negros como aconteceu em Minas Gerais. Dali, os processos continuaram e as misturas ou a hibridação persistiram fazendo seus amálgamas para sobreviver na sociedade escravista, sectária, estamental e depois, pobre e divisionista.

Fig. 2 – Imagem de Ouro Preto. Tarsila do Amaral. Fonte: https://touropreto.wordpress.com/135/.

Não foi só, levou consigo alguns dos modernistas de São Paulo tais como: Oswald de Andrade, Tarsila do Amaral, René Thiollier (1882-1968), Olívia Guedes Penteado (1872-1934), Goffredo Telles e Blaise Cendrars; a ideia era assistir a Semana Santa. Tanto as viagens para o Norte e Nordeste quanto as passagens por Minas Gerais, na companhia de outros tantos desvelados seriam imprescindíveis para a elaboração de um projeto modernista:

> Nesse mesmo ano (1924), entretanto, partindo com os amigos paulistas à descoberta das cidades históricas de Minas Gerais, ele [Cendrars] se depararia na realidade com o Brasil que havia construído na fantasia – ao mesmo tempo em que o revelava aos próprios brasileiros. Pode-se ter a viagem a Minas como o momento decisivo em que o Modernismo passa por sua mutação brasilianizante ou abrasileiradora (sic), depois da fase internacionalista e vanguardista em que, como observava Cendrars sem indulgência, apenas macaqueava o que se fazia em Paris. Por inesperado e quase inacreditável paradoxo, é Cendrars que força o Modernismo na sua guinada nacionalista, assim como outro francês, Ferdinand Denis, havia apontado a abertura nacionalista um século antes, aos românticos brasileiros.[41]

Para Mário de Andrade, o Aleijadinho constitui a maior expressão da arte brasileira; Antônio Francisco Lisboa (1738-1814) conseguiu demonstrar em suas obras toda mistura da colônia e mais, poeticamente uma "forma da arte brasileira, vazada na alquimia do sangue indígena, nativo, com a seiva africana, escrava, e com a verve do português, colonizador".[42] Arcaicas ou circunspectas, isoladas ou encravadas nas montanhas, longe daqueles centros polarizadores de arte ou de

41 MARTINS, W. Cendrars e o Brasil. *Hispania: a journal devoted to the interests of teachers of spanish*, [S.l.], v.75, n.4, p. 979-987, Oct. 1992, p. 984

42 MUCCI, Latuf Isaias. O teatro barroco de o aleijadinho. *Linguagens – Revista de Letras, Artes e Comunicação*. Blumenau, v. 1, n. 1, p. 34 – 42, jan./abr. 2007, p. 36.

movimentos, de dinheiro ou de miséria, as obras do Aleijadinho representaram para os modernistas a visibilidade que procuravam para fundar a brasilidade tão procurada por eles. O Brasil, são muitos. Está em toda parte e não somente nas atividades de São Paulo e Rio de Janeiro. A música feita nas cidades históricas de Minas Gerais seguia a arquitetura e as artes plásticas, o gosto e as condições sociais desse povo misturado. Para os modernistas não era uma questão de gosto, mas de expressão do que seria a mais genuína manifestação de brasilidade.

Noturno para Belo Horizonte[43]

Adormece em Belo Horizonte
Como um sonho mineiro.
Tem festas do Tejuco pelo céu!
As estrelas baralham-se num estardalhaço de luzes.
O sr. barão das Catas-Altas
Reúne todas as constelações
Pra fundir uma baixela de mundos...
Bulício de multidões matizadas...
Emboabas, carijós, espanhóis de Filipe IV...
Tem baianos redondos...
Dom Rodrigo de Castel Branco partirá!...
Lumeiro festival... Gritos... Tocheiros...
O Triunfo Eucarístico abala chispeando...
Os planetas comparecem em pessoa!
Só as magnólias – que banzo dolorido! –
As carapinhas fofas polvilhadas
Com a prata da Via-Látea
Seguem pra igreja do Rosário
E pro jongo de Chico-Rei...
(...)
...Minas Gerais, fruta paulista...
Ouvi que tem minas ocultas por cá...

43 Mário de Andrade. Excerto de poema. In: *Última edição da revista modernista Klaxon*. Capa do poeta Guilherme de Almeida, 1923. p. 207.

"...Minas Gerais, fruta paulista..." A frase faz alusão ao processo de descobrimento das minas de ouro e pedras preciosas feita pelos bandeirantes paulistas, à ocupação e exploração do território, ao povoamento e, sobretudo, às hibridações que começam a despontar como característica do que seria possível pensar em brasilidade. A religião e seus impactos sociais são evidentes e inescapáveis.

Em contrapartida, o modernismo europeu de compositores de vanguarda, eram individualistas, com uma proposta de reformulação estética radical e mais ainda, quase que inaudita da música. Foi assim com as proposições dos primeiros compositores 'radicais' e experimentalistas da Europa, como já adiantamos no início desse livro. No Brasil, as transformações foram mais lentas, não por causa da estética, mas pelos motivos da busca da identidade nacional e, de certa maneira, pelas insistências dos ouvintes nas sonoridades tonais. Em outros termos, havia pelo Brasil um público de concertos que se acostumou com as relações mais audíveis da música dos séculos XVIII e XIX, afastando-se, ainda, das práticas de tradição oral, dos sons das camadas populares. O campo era extenso devido à dominação dos indígenas, à escravização africana e a hibridação resultante dessas práticas de juízo de um sobre o outro. Ser moderno era absorver tudo isso, mas manter uma tradição harmônica europeia, deter-se não somente às desconstruções tonais, sempre partir da tonalidade dos quase quatro séculos de racionalização. Não era fácil ser moderno. David Harvey faz uma diferenciação entre esse termo e duas variantes suas: ser moderno é ver tudo novo, através da transformação de si próprio e do mundo, se der. A modernidade é mais ampla e requer uma geografia sem fronteiras. Ao citar Bradbury e McFarlane, pontua:

> [Trata-se] de uma extraordinária combinação entre o futurista e o niilista, o revolucionário e o conservador, o naturalista e o simbolista, o romântico e o clássico. Foi a celebração de uma era tecnológica e a sua condenação; uma excitada aceitação da crença de que os velhos regimes da

> cultura tinham chegado ao fim e a um profundo desespero diante desse temor; uma mistura de convicções de que as novas formas eram fugas do historicismo e das pressões da época como convicções de que essas formas eram precisamente a expressão viva dessas coisas.[44]

Essa combinação era muito mais europeia, sem dúvidas, mas também arfava pelos trópicos e é por isso mesmo que o movimento modernista brasileiro tomava características próprias. Nossas músicas indígenas, africanas feitas no Brasil, enfim, a nossa hibridação foi tratada de várias formas. Néstor Canclini vai mais fundo, foi no cerne da acne, na questão da forma de tratamento das culturas de tradição oral, termo que eu prefiro, em detrimento de cultura popular.

> O popular não é o mesmo quando é posto em cena pelos folcloristas e antropólogos para os museus (a partir dos anos 1920 e 1930) pelos comunicólogos para os meios massivos (desde os anos 1950) e pelos sociólogos políticos para o Estado ou para os partidos e movimentos de oposição (desde os anos 1970).[45]

Tudo é tratado de maneira diferente, cada ramo das ciências tem a sua preferência e observa de fora uma prática cultural e sonora legítima, independente e mais espontânea. Por isso mesmo era preciso ir ao local onde ela acontece e observar e muito acertadamente, participar dela para tentar compreendê-las. Tentar, porque não se sabe se entende, porque não faz parte dela. Com Mário de Andrade uma

---

44 HARVEY, David. *A condição pós-moderna – Uma pesquisa sobre as origens da mudança cultural.* 17ª edição. São Paulo: Edições Loyola, 2008, p. 33. Trata-se de Malcolm Bradbury (1932-2000) e James McFarlane (1920-1999), escritores, acadêmicos e críticos da literatura inglesa.

45 CANCLINI, Nestor García. *Culturas Híbridas: estratégias para entrar e sair da modernidade.* 4ª Ed. São Paulo: Editora da USP, 2011, p. 207.

espécie de cartilha seria o primeiro passo para entrar nesse universo, obscurecido pelas práticas acadêmicas.

Arnaldo Contier,[46] com quem tive o privilégio de fazer o mestrado, sugere também estudos importantes nessa seara. Aponta um livro de Mario de Andrade, o "Ensaio sobre Música Brasileira" de 1928, como um modelo, como um guião onde compositores poderiam procurar a brasilidade. Parece que ela estava escrita em suas mais de 170 páginas. Para o autor, a ironia de achincalhar o europeu, era o primeiro passo.

> Um dos conselhos europeus que tenho escutado bem é que se a gente quiser fazer música nacional tem que campear elementos entre os aborígenes, pois que só mesmo eles é que são legitimamente brasileiros. Isto é puerilidade que inclui ignorância dos problemas sociológicos, étnicos psicológicos e estéticos.[47]

Oswald de Andrade, por sua vez, propôs outra cartilha, o "Manifesto Pau-Brasil", de 1924. Fala de poesia que "existe nos fatos" do carnaval do Rio de Janeiro "acontecimento religioso de raça", diz ainda que Richard Wagner "submerge antes os cordões de Botafogo". Na música, fala do "piano [que] invadiu as saletas nuas, de folhinha na parede. Todas as meninas ficaram pianistas."[48] Ele fala da "pianolatria", termo cunhado por Mário de Andrade e menciona a "cidade dos pianos", que era o Rio de Janeiro e, por conseguinte, pensa-se em

46 Ver principalmente: CONTIER, Arnaldo. *Música e ideologia no Brasil*. 2ª edição. São Paulo: Novas Metas, 1985. *Brasil novo: música, nação e modernidade. Os anos 20 e 30*. Tese de Livre Docência, FFLCH-USP, 1988.

47 ANDRADE, Mário de. *Ensaio sobre a música brasileira*. Edição comemorativa do 50º aniversário da Semana de Arte Moderna. São Paulo: Martins Fontes, 1972, p. 15-16.

48 ANDRADE, Oswald de. O manifesto antropófago. In: TELES, Gilberto Mendonça. *Vanguarda europeia e modernismo brasileiro: apresentação e crítica dos principais manifestos vanguardistas*. 3ª ed. Petrópolis: Vozes; Brasília: INL, 1976

"Pianópolis", nome dado a São Paulo a partir de 1870. O piano representava a burguesia já consistente na Europa e refletida – em modos – no Brasil, assim como o cravo estaria para a aristocracia europeia.

Entretanto, o assunto ainda é complexo. Mário de Andrade faz uma crítica muito breve e a ponta gêneros e estilos tradicionais. Prefiro ver em Mário de Andrade, a ironia, muitas vezes pontuadas na realidade de nossa indecisão; era isso: uma dúvida que movia essa busca de identidade, aliada a um modernismo que se tornava não a ruptura, mas o amálgama. Villa-Lobos, Henrique Oswald (1852-1931) – que preferiria ser chamado de Henrique Osvaldo-, Francisco Braga (1868-1945) e Luciano Gallet (1893-1931) já testavam tanto na ruptura quanto no amálgama. Estavam presentes e influenciados pela Semana de Arte Moderna. Posteriormente, compositores como Ernani Braga (1888-1948), Fructuoso Vianna, Francisco Mignone (1897-1986), Camargo Guarnieri (1907-1993), Radamés Gnatalli (1906-1988) e Luís Cosme (1908-1965) dariam sequência a essa busca, a essa incorporação e práticas musicais de tradição oral na chamada música de concerto. Souza Lima estava em Paris aperfeiçoando seus estudos, mas não se livrou do modernismo brasileiro – não dava para esquecer tudo aquilo que viu, viveu e ouviu. Os inícios do século XX foram agitados e se configuravam entre o individual e o coletivo, entre a negação e a aceitação e, principalmente entre ser moderno e conservador. Mas esse era um problema do público, não os compositores:

> Os músicos eruditos do novo estilo se voltaram para a música popular buscando nela uma representação do Brasil. Ela enriqueceu a música erudita e influenciou a poesia modernista brasileira, servindo de ponte entre essas duas manifestações. Nesse trânsito, agrupava novas informações da música e da literatura erudita, favorecendo a modernização e a renovação dessas manifestações.[49]

---

49 FERREIRA. Ernandes Gomes. Literatura, música erudita e popular no modernismo brasileiro. In: *Anais do VII Fórum de Pesquisa Científica em Arte*. Curitiba, Embap, 2011, p. 210 e 221.

Muitos desse compositores chamados de 'eruditos' buscavam nas práticas de tradição oral os subsídios técnicos-estéticos para suas obras e ainda, temas que pudessem demonstrar a identidade tão dispersa. Estavam, de certa forma, compelidos tanto a experimentar o modernismo vindos da Europa quanto a manter e procurar as raízes nacionais em práticas populares, como a dos sertanejos que lhe emprestavam as formas culturais. Havia mais em um país tão vasto e de misturas tão marcantes.

Contudo, existia, na prática – entre uma crítica e outra – uma satisfação da elite letrada e um fascínio com a arte europeia e, por conseguinte, um deboche das artes brasileiras, mas um tipo de escárnio que se baseava nos ideais modernistas e nas propostas de contemplar o que era realmente genuíno. Paulo Prado (1869-1943) foi um desses risotes. Em uma publicação de 1924 da *Revista do Brasil* da qual era redator junto a Monteiro Lobato (1882-1948), foi direto e, sem perder a ironia típica de um letrado bem-nascido, mostrou suas críticas:

> E' inútil falar na pintura, na escultura e na música. Aí o nosso atraso foi – e é – secular e a nossa indigência insondável. Ficamos nas operas de Carlos Gomes, de um italianismo de realejo, que totalmente ignorou a inspiração social e folclórica da nossa etnografia, —, e nas estátuas de Bernardelli, que faz parte, há mais de trinta anos, de uma oligarquia artística, tão deprimente e vergonhosa, numa terra livre como a dos tiranetes da política. Na pintura os esforços de Victor Meirelles e Pedro Américo, dois, grandes artistas explorando um gênero bem chamado histórico — basta uma visita ao "Salon" anual do Rio para se ter uma ideia da nossa pobreza artística. Só agora, alguns inovadores descobriram o impressionismo de Monet, Bonnard e Vuillard, como as mais recentes expressões da

> beleza – quando para elas já se abriram, em consagrações oficiais, os museus mais conservadores dos velhos países.[50]

Além de colocar abaixo toda manifestação cultural do Brasil, sobretudo, a de são Paulo, Paulo Prado sequer olhou para as tentativas incipientes da busca da brasilidade em temáticas mais populares. Ora, passaram-se dois anos que Semana de Arte Moderna pretendeu transformar a mentalidade dos artistas e isso não era pouco. A crítica a Carlos Gomes (1836-1896) procede, mas o ideal vigente em fins do século XIX era fugir dessa tal brasilidade e procurar inspirações ou remodelando-as, nos conceitos europeus de civilização e cultura. O "italianismo de realejo" era uma tentativa de reproduzir a tradição operística italiana, com sua técnica de *bel-canto*, mas com temáticas nacionais, exótica para eles. Do ponto de vista antropofágico, não funcionaria. Carlos Gomes era o compositor do Império, patrocinado e condecorado com a Ordem da Rosa pelo Imperador. Nos anos após a derrubada do Império, surgiram os atravessadores da cultura, o tais empresários-artistas, bem-sucedidos financeiramente e detentores da atividade cultural – musical, sobretudo.

Eles gerenciavam a vida cultural em São Paulo, uma espécie de classe mais abastada que fez das atividades culturais da cidade seu meio de vida, pelo menos até o advento da Grande Guerra. Obviamente que a Guerra deixou também no Brasil suas cicatrizes. Desde o final do século XIX, a capital paulistana vivia um momento de glória da vida musical, financiada pelos cafeicultores e senhores da elite – ainda – aristocrática. A atividade musical passou por uma retração:

> Outro fator determinante a ser considerado no cálculo destes empresários- artistas foi sem dúvida a guerra. No continente europeu a carnificina das batalhas travadas em

50 *Revista do Brasil.* Anno VIII — Fevereiro, 1924, Vol. XXV. Número 98, p. 92 In: https://bibdig.biblioteca.unesp.br/handle/10/26323

> trincheiras ceifava a vida de milhares de jovens e encerrava melancolicamente os ideais da *Belle Époque*.[51]

Na Europa, os prenúncios da desordem eram visíveis e a guerra, já estabelecida como um conflito sem precedentes, foi dos mais cruéis confrontos. Estima-se que 10 milhões de pessoas morreram no conflito e deixou 20 milhões de feridos em um conflito que era, anteriormente, uma questão balcânica, se tornou global. O Brasil, por decreto de agosto de 1914 manteve-se neutro, entretanto, três anos depois, em 26 de outubro de 1917, o Presidente Venceslau Brás (1868-1966) assinou a declaração de guerra. A Guerra provocou uma retração na *Belle Époque* brasileira e nas atividades culturais de todo país, sobretudo no Rio de Janeiro e em São Paulo. Boa parte dos cantores, instrumentistas e compositores vinham da Europa. Lá estavam os modelos de uma arte puramente relacionada com os conceitos predominantes da estética europeia.

Tinha também o confronto do gosto e por aqui, não foi tão diferente. Mesmo com as agruras da Grande Guerra e o ocaso da *Belle Époque*, "o moderno, nesta invenção cultural, significava a incorporação de todos a uma temporalidade comum na direção do progresso."[52] Arnaldo Contier aponta um grande problema, que seria mais especificamente de gosto em contraposição às linguagens e à permanência do culto aos compositores tonais, consagrados pelo panteão da musicologia tradicional:

> O afloramento de um discurso extremamente contundente e virulento, em especial, na obra de Mário de Andrade 'Ensaio sobre a música brasileira', inseriu- se na conjuntura

---

51 PEREIRA, Robson Mendonça. Cultura e sociabilidade na belle époque paulista através de um diário íntimo. *Revista de História e Estudos Culturais*. Julho/Dezembro de 2014, vol. 11, Ano XI nº 2. Disponível em: www.revistafenix.pro.br

52 SALIBA, Elias T. Nos tempos da Villa Kyrial. *Revista USP*, São Paulo, n.50, p. 303-307, junho/agosto 2001, p. 304.

> brasileira dos anos 1920, fortemente marcada pela permanência do gosto musical das elites da *Belle Époque*, calcado no repertório clássico-romântico (Wolfgang Amadeus Mozart, Johann Sebastian Bach, Ludwig van Beethoven, Franz Schubert, Fréderic Chopin, entre outros). Em contrapartida, essas elites repudiavam contundentemente as linguagens das vanguardas musicais europeias surgidas a partir dos fins do século XIX, tais como o expressionismo alemão (Arnold Schoenberg), o futurismo italiano (Luigi Russolo, Balila Pratella) ou as obras, consideradas mais radicais esteticamente, de um Erik Satie.[53]

Como apontamento necessário, é importante falar de Luigi Russolo (1885-1947) foi pintor e compositor, um dos primeiros a pensar os sons não musicais (pelo menos nesse tempo), como sonoridades, até então desprezadas e evitadas, importantes pois eram fundamentais na constituição da música. Seu instrumento chamado de *intonarumori* era capaz de produzir sons até então desprezados e, como já disse, extirpados da música burguesa. Não era melódico, não tinha ritmo, não fazia harmonias do gosto europeu. Balila Pratella (1880-1955) era outro inovador, queria, como Russolo, produzir sons que não se ouviam, mas que estava ali no cotidiano do mundo. E em 1910 escreveu o Manifesto Futurista, um documento em que rechaçava as influências operísticas e conservadoras na música italiana. Os manifestos, típicos da música italiana nos inícios do século XX foram cultuados por dezenas de compositores até o século XXI. Ora esquecidos, ora recuperados; foram para refazer a estética de uma modernidade europeia e de uma vanguarda sonora.

Ser moderno não era, das tarefas e tentativas, das mais fáceis; significava, de antemão, viver sua contemporaneidade, seu momento de criação e de vivencias e, contraditoriamente, negá-la; tudo ao

---

53 CONTIER, Arnaldo. o nacional na música erudita brasileira: Mário de Andrade e a questão da identidade cultural. *EBM ArtCultura*. N.° 9, jul-dez. de 2004, p. 3.

mesmo tempo agora. A modernidade significava tanto o confronto quanto o pacto. Para compositores, instrumentistas, teóricos de todas as espécies, a modernidade tinha um custo que era a negação, em certa medida, das influências europeias na chamada música de concerto e, para desagrado de alguns ouvintes, incorporar práticas da tradição oral. Era também olhar o passado e ouvir sonoridades que foram, por muito tempo, relegadas às práticas desprovidas de estética, ensacadas em manifestações populares, servis, escravocratas, pobres, sem sentido ou significado. A nossa modernidade não foi um total sacrifício, mas foi cautelosamente insistente diante a uma aristocracia ainda remanescente, pelo menos nas mentalidades e nas falsas práticas.

A Semana de Arte Moderna vingou depois dela própria; isso é, as tentativas que existiam de buscar nas práticas populares um modelo de brasilidade não foram bem-sucedidas entre os dias 13 a 18 de fevereiro de 1922. Somente nos anos seguintes a cartilha dos modernistas começou a influenciar boa parte dos compositores. Havia também um outro problema que seria o asco inaudito das sonoridades do modernismo, das propostas de outras linguagens musicais e o pior: uma parte do público que frequentava o Teatro Municipal de São Paulo desejava o 'branqueamento' da população. Significava não somente seguir modelos da sociedade europeia, mas ser como ela. Uma solução imediata seria esquecer e abandonar tudo que os nacionalistas e modernistas desejavam: deixar as práticas populares distantes da configuração do país, tirá-las dos centros de decisão do poder. "Pobre Alphonsus, pobre Alphonsus!". E realmente, os sinos iriam gemer em "lúgubres responsos!".[54]

Souza Lima ficaria em Paris até 1924, com curtas viagens ao Brasil para concertos, descansos e visitas à família. Da França acompanhava

---

54 GUIMARAENS, Alphonsus de. *Obra completa*. Organização de Alphonsus de Guimaraens Filho. Introdução de Eduardo Portella. Notas biográficas de João Alphonsus. Rio de Janeiro: J. Aguilar, 1960. p. 289. (Biblioteca luso-brasileira. Série brasileira, 20).

o desenvolvimento dos ideais modernistas, as transformações na linguagem sonora e a repulsa dessas elites abastadas, herdeira do café e tacanha em termos de novidades. Na Europa a aceitação era outra. Mais abertos à música nova, os parisienses que ora ignoravam, ora execravam suas elites, aceitavam com parcimônia as novidades da linguagem musical. Obviamente que houve, por parte de um público inquieto e que via nos novos sons uma afronta à tradição de seu poder, uma manifestação contrária aos experimentalismos e até de repulsa nas apresentações. Mas eles aceitavam aos poucos o que era, a essa altura das intervenções sonoras, o que não era mais possível mudar, a linguagem musical se libertara das gavetas do tonalismo, do formalismo pouco libertário. Porém, com os encaminhamentos da música moderna no Brasil, com as repulsas pouco amáveis do público e com a mentalidade e a primazia do sistema de tons, Souza Lima enfrentaria dois problemas: como intérprete, deveria agradar um público raso, irreconciliável com a modernidade; como compositor, libertava-se.

Se a liberdade era pautada no nacionalismo e nas inserções de obras de caráter da tradição oral, a modernidade, com suas propostas inovadoras ainda soavam de maneira confusa, quase inaudita para a elite paulistana. É claro que essa crítica ou palavras mais ácidas para os ricos ouvintes, vêm como uma observação importante, mas não no fato de as obras possuírem ou tentarem utilizar de novas estéticas, mas pela ocorrência de que essa coletividade de ouvinte a que me refiro (as elites paulistanas) não estarem dispostas a escutar o novo. As escutas da modernidade e da nova música assustam e abalam tanto o *status quo* quanto as posições de poder herdadas de uma forma ou outra. Souza Lima não era um aristocrata, mas deveria agradá-los. A Villa Kyrial foi o lugar desses debates todos, foi o centro polarizador de estudos e conversas em torno da conscientização do que realmente seríamos: indígenas tangendo maracas nos salões parisienses ou europeus românticos tocando alaúde na selva. Talvez os dois. O caminho era a antropofagia: alimentar-se de um e regurgitar o outro.

A formação e a Villa Kyrial

Souza Lima nasceu em 21 de março de 1898 e morreu em 28 de novembro de 1982 na cidade de São Paulo.[1] Estudou em Paris, deu récitas como pianista em vários países; foi professor e compositor, jurado em várias bancas de piano e fundador da orquestra Sinfônica Municipal (OSM) e Orquestra Sinfônica d*O Estado de São Paulo* (OSESP). Os primeiros contatos com a música começaram cedo, através de familiares e amigos, alguns por afinidades, outros por relações parentais através dos arranjos familiares. Descendente de uma linhagem de pessoas que tinham ligação coma música, seja no canto ou no piano. Em sua autobiografia, menciona que era neto de Joaquim Roberto de Azevedo Marques, pelo lado materno e que essa família tinha pessoas de importância cultural e política na cidade de São Paulo:

> Nos lares das famílias Azevedo Marques fazia-se muita música, cultivava-se o canto, o piano. Aliás, é oportuno citar que um dos primeiros pianos da marca francesa 'Pleyel' vindos para São Paulo, pertenceu à citada família.[2]

1 Para ouvir uma entrevista dada por Souza Lima a José da Veiga Oliveira em 1978, acessar: https://www.youtube.com/watch?v=HKJDzqeyPjc&t=87s

2 LIMA, João de Souza. *Op. Cit.*, p. 17.

Tudo parece que caminhava para uma carreira de pianista, pois seus contatos e suas referências familiares levavam-no para um só caminho e que, ainda, os melhores contatos estariam por vir. Em casa, cita como referência o irmão, sempre dedicado ao piano, José Augusto de Souza Lima (1886-1966).

Fig. 3 – Souza Lima aos 4 anos de idade – 1902. Fonte: AF

José Augusto foi um exímio pianista, estudou com Gustav Wertheimer (século XIX), Gabriel Giraudon (1834-1906) e Luiz Maurice (sec. XIX),[3] também professores de Henrique Oswald, Alexandre Levy e Antonietta Rudge (1885-1974). Na verdade, em São Paulo dos fins do século XIX e inícios do século XX, os professores de música eram muito poucos e quase todos estrangeiros; significa, portanto, que os mais promissores alunos de música, certamente passariam a ter aulas com eles. Entre eles, não podem ser esquecidos ainda os nomes de Felix Otero (1868-1946), que havia estudado

3 Assim aparece escrito na autobiografia de Souza Lima. Entretanto, há ainda menções aos nomes de Louis Maurice, como sendo francês e Luís Maurício. Cf.: ARAÚJO, Vitor Gabriel de. *A crítica musical na imprensa paulistana* (1854-1875). 1991. 262 f. Dissertação de mestrado. PUC/SP.

na Alemanha e Luigi Chiaffarelli (1856-1923), este último, italiano. Esse foi o caso de José Augusto que, segundo Souza Lima, foi também concertista, tocando no antigo Teatro Santana, da Rua da Boa Vista e no Salão Steinway, esse último ficava onde hoje se encontra o Conservatório Dramático e Musical.

Fig. 4 – Souza Lima e irmãos – 1905. Fonte: AF

José Augusto foi o iniciador de Souza Lima ao piano e seu primeiro professor. Souza Lima conta que desde os quatro anos de idade ficava sentado ao lado do piano, ouvindo o irão tocar e que esse hábito o despertou parta o gosto e para o estudo sério, que viria depois. Como toda criança, brincava no quintal de casa, mas sempre o Jose Augusto o chamava, o que atendia rapidamente: "Vá lavar as mãos"! Depois de higienizado e retirado as poeiras da infância, corria para o banquinho em que seu irmão dedilhava obras atraentes: "Eu tinha apenas quatro anos em meio. Iniciamos com o primeiro método de Schmoll."[4]

4 Trata-se do pianista e compositor alemão Anton Schmoll (1841- c. 1931), autor reconhecido na Europa na segunda metade do século XIX. Foi professor de piano em Toulouse (1864), depois em Bruxelas (1873) e Paris (1875). Em 1881, publicou seu famoso *Novo Método de Piano, Teoria, Prática e Recriação.*

Fig. 5 – Teatro Santana em 1910. Fonte: *Estadão*. Foto: Aurelio Becherini

Embora considerado desatualizado, Souza Lima, bem depois, percebeu que seria um a dos mais interessantes e didáticos, pois sempre apresentava sempre um problema novo, de lição em lição, para os jovens aprendizes. Essa desatualização por parte de professores levou-o a pensar em métodos e estratégias para ensinar piano e despertar, ao mesmo tempo, o interesse do aluno. Ao pensar uma estratégia adequada, trabalhou, mais tarde, em um método para ensinar crianças.

> Raramente, se encontra, atualmente, uma cartilha para iniciantes encerrando elementos educativos tão bem encaminhados e com tão boa música. (...) É bem possível que um professor bem habilidoso possa escolher, de acordo com a capacidade do aluno, o processo que melhor resultado possa produzir.[5]

5 LIMA, João de Souza. *Op. Cit.*, p. 24.

Com perseverança, apoio dos pais e sobretudo do irmão e sem "nenhuma trégua", Souza Lima dedicou-se integralmente ao piano, ao ponto de fazer um recital em casa junto ao irmão:

> O programa era constituído pelas pequenas peças do método Schmoll, 'Nini et Bebé', 'La Premiére Valse' e outras, a ainda, algumas canções alemãs que meu mano Pedrinho e eu cantávamos. Essas pequenas canções havíamos aprendido na antiga 'Deutsche Schüle', escola alemã (...) recomendada pelo professor Félix Otero, que é compreensível, por ter tido ele uma formação alemã.[6]

Félix Otero (1868-1946) era mesmo um músico e professor de tradição alemã, lecionando em um ambiente que queria ser francês, sem abandonar as características tropicais, lugar onde se via o "galicismo a berrar nos desertos da América!"[7] Otero foi o professor de tantos músicos em São Paulo e ainda compôs o primeiro corpo docente do Conservatório Dramático e Musical de São Paulo, junto a Luigi Chiaffarelli e tantos outros. O Conservatório paulista já era também francês:

> O conservatório de Paris foi também a inspiração e o modelo no qual Antônio de Lacerda Franco, Carlos de Campos e Pedro Augusto Gomes Cardim se basearam quando compuseram a primeira diretoria para organizar as atividades e a implantação do CDMSP, projetado para o ensino de música, do teatro e consequentemente da ópera (a síntese das artes)[8].

---

6 *Id. Ibid.* p. 25

7 Cf.: ANDRADE, Mário de. *Pauliceia Desvairada*. São Paulo: Casa Mayença, 1922, p. 43.

8 JARDIM, Vera Lucia Gomes. O músico professor – percurso histórico da formação em música. In: LIMA, Sonia Regina Albano de (org.). *Ensino, música e*

Pedro Augusto Gomes Cardim (1865-1932) foi dramaturgo, jornalista e político. Já tinha suas raízes nas artes e ajudou a fundar a Academia de Belas Artes, atualmente chamada de Centro Universitário Belas Artes. Além de seu envolvimento com a construção do Conservatório de São Paulo, participou também da elaboração da Companhia Dramática e na construção do Theatro Municipal, sempre tendo como referência os empreendimentos de Paris. Era isso: um modelo francês, com professores que vieram da Italia e Alemanha, uma *ensalada* de estéticas, compositores e de mitos.

Fig. 6 – Antigo Salão Steinway, hoje conservatório Dramático e Musical. Fonte: https://www.saopauloantiga.com.br/conservatorio-musical-sp/

Felix Otero acenava constantemente para Richard Wagner, fazendo apologias em estilos e personalidade, que deveria ser o modelo para a prática da música no Brasil. Não foram raros os casos de polêmicas entre Otero e outros círculos musicais em São Paulo da primeira metade do século XX: uma delas foi com Vicente de Carvalho

interdisciplinaridade. São Paulo: BT Acadêmica, 2019, E-Book. https://pt.scribd.com/book/412297879/Ensino-musica-e-interdisciplinaridade.

(1866-1924), sobre um recital de Guiomar Novaes (1894-1979). Souza Lima e o irmão Pedro fizeram parte da escola de Félix Otero, chegando a dar recitais como alunos em um salão da Casa Beviláqua, na Rua São Bento. Esse foi um ambiente propício para que o pianista e compositor Souza Lima se formasse com crítica e critério, com a virtuosidade e conhecimento das várias tendências do ensino e execução de música.

Como seu irmão, Antônio Augusto, ficava cada vez mais atarefado, com mais alunos e mais concertos, Souza Lima foi perdendo, aos poucos, aquelas orientações tão preciosas e que lhe levava ao uma carreira internacional. A saída foi ainda brilhante. Matriculou-se na classe do professor Luigi Chiaffarelli, italiano de formação alemã e segundo o próprio Souza Lima, "o pioneiro do ensino de piano em São Paulo."[9]

Fig. 7 – José Augusto de Souza Lima. Fonte: AF

9 LIMA, João de Souza. *Id. Ibid.* p. 28.

Chiaffarelli foi o marco da revolução do ensino de piano, criando métodos e formando alunos brilhantes, como Guiomar Novaes e Antonieta Rudge (1985-1974). Levado pelo irmão até a presença de Chiaffarelli, procurou por uma vaga, o que foi negado, com a justificativa de tempo e classe completa. Mesmo assim, com referências do irmão concertista e detentor de uma certa fama e vitalidade na vida musical de São Paulo, o professor disse querer ouvi-lo. Souza Lima tocou o prelúdio nº 11 das 23 peças fáceis de J. S. Bach (1685-1750). A audição agradou e muito, com comentários e elogios importantes para um pianista iniciante que procurava se aperfeiçoar. Chiaffarelli, como professor rigoroso, não se contentou somente coma execução, fez logo um teste de ouvido, para perceber se o postulante tinha uma boa audição para a música. Mais uma vez, os comentários foram de elogios à percepção musical de Souza Lima. Felizmente, os testes impressionaram tano que quatro dias mais tarde, uma carta avisou que o professor teria uma vaga – a trajetória de Souza Lima, iniciada pelo irmão, alcançou desde esse momento uma linha de concertista.

Em 24 de fevereiro de 1910, aos 12 anos de idade, Souza Lima teve sua primeira lição com Chiaffarelli. O exercício foi exaustivo, mas digno de um estudante virtuose. Souza Lima teve de tocar três lições do primeiro volume de Johann Friedrich Franz Burgmüller (1806-1874); quatro estudos de Georg Eggeling (1866-c.1923), quatro estudos dos "problemas Rítmicos" de Heinrich Germer (1839-1913) e quatro estudos de pedal de Albino Gorno (1859-1945). Não foram somente esses compositores, Souza Lima ainda teve de apresentar como "peças recreativas", o "Estudo Melódico" de Joseph Joachim Raff (1822-1882) e "La Fontaine" de Charles Samuel Bovy-Lysberg (1821-1873). Em 1913, com 15 anos de idade, o 'menino' Souza Lima tocou como aluno de Chiaffarelli no salão Germânia. No programa, havia peças de Giovanni Sgambati (1841-1914) [Sinos de Festa], Camille Saint-Saëns (1835-1921) [Romance] e de Agostino Cantú (1878-1943) [Kermesse].

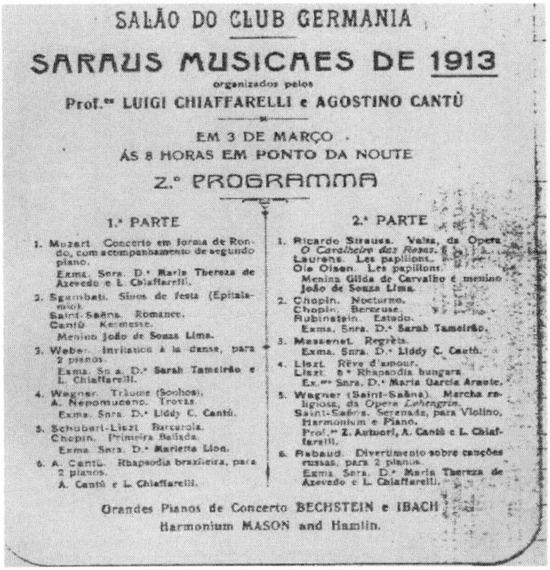

SALÃO DO CLUB GERMANIA

SARAUS MUSICAES DE 1913

organizados pelos

Prof.es LUIGI CHIAFFARELLI e AGOSTINO CANTÙ

EM 3 DE MARÇO

ÁS 8 HORAS EM PONTO DA NOUTE

2.° PROGRAMMA

1.ª PARTE

1. Mozart. Concerto em forma de Rondo, com acompanhamento de segundo piano.
   Exma. Snra. D.ª Maria Thereza de Azevedo e L. Chiaffarelli.
2. Sgambati. Sinos de festa (Epitalamio).
   Saint-Saëns. Romance.
   Cantù. Kermesse.
   Menino João de Souza Lima.
3. Weber. Invitation à la danse, para 2 pianos.
   Exma. Snra. D.ª Sarah Tameirão e L. Chiaffarelli.
4. Wagner. Träume (Sonhos).
   A. Nepomuceno. Trovas.
   Exma. Snra. D.ª Liddy C. Cantù.
5. Schubert-Liszt. Barcarola.
   Chopin. Primeira Ballada.
   Exma. Snra. D.ª Mariette Lion.
6. A. Cantù. Rhapsodia brazileira, para 2 pianos.
   A. Cantù e L. Chiaffarelli.

2.ª PARTE

1. Ricardo Strauss. Valsa, da Opera *O Cavalheiro das Rosas*.
   Laurens. Les papillons.
   Ole Olsen. Les papillons.
   Menina Gilda de Carvalho e menino João de Souza Lima.
2. Chopin. Nocturno.
   Chopin. Berceuse.
   Rubinstein. Estudo.
   Exma. Snra. D.ª Sarah Tameirão.
3. Massenet. Regrets.
   Exma. Snra. D.ª Liddy C. Cantù.
4. Liszt. Rêve d'amour.
   Liszt. 8.ª Rhapsodia hungara.
   Ex.ma Snra. D.ª Maria Garcia Arante.
5. Wagner (Saint-Saëns). Marcha religiosa, da Opera *Lohengrin*.
   Saint-Saëns. Serenata, para Violino, Harmonium e Piano.
   Prof.es Z. Autuori, A. Cantù e L. Chiaffarelli.
6. Rabaud. Divertimento sobre canções russas, para 2 pianos.
   Exma. Snra. D.ª Maria Thereza de Azevedo e L. Chiaffarelli.

Grandes Pianos de Concerto BECHSTEIN e IBACH

Harmonium MASON and Hamlin.

Fig. 8 – Programa de Recital de alunos de Luigi Chiaffarelli e Agostino Cantú em 1913. Fonte: AF

O sucesso dos estudos de Souza lima começaram a levá-lo a audições caseiras e públicas. Nesse mesmo período, um ano depois desse início de estudo com Chiaffarelli, foi feito um concerto de câmara em Atibaia: Souza Lima ao piano, seu irmão Antônio Augusto ao violino, Carlos Vasquez ao violoncelo e o professor Juvêncio Fonseca, ao clarinete. O concerto foi em benefício das obras da igreja do Rosário de Atibaia:

> No dia 7 de dezembro próximo, às 8 e meia da noite, no "Palace Theatre", cedido desinteressadamente pelo seu proprietário, o nosso distinto conterrâneo, João Vasconcellos, se efetuará um certame musical oferecido ao povo de Atibaia pelo genial pianista o jovem Sr. João de Souza Lima, que apenas conta com 16 anos de idade. A convite do mesmo prestarão o seu concurso os senhores

> Antônio de Souza Lima e Carlos Vasquez, de São Paulo e professor Juvêncio Fonseca dessa cidade.[10]

Entretanto, Souza Lima considera que sua primeira audição "para um grande público" como concertista se deu no Salão Germânia, onde depois se transformou no Cine Jussara. Nessa época, tocou o "Romance" de Felix Mendelssohn (1809-1847) e o "Minuetto" de Ignacy Jan Paderewski (1860-1941). O *Diário Popular* de 3 de novembro de 1911, assim noticiou o evento:

> Souza Lima, apesar de sua tenra idade, compreende e sente a música que interpreta. Chegou mesmo a ser arrojado na composição de Aderewsky, tocada de acordo com a interpretação dada pelo autor, a quem teve ocasião de ouvir.[11]

Souza Lima se destacava cada vez mais como um aluno confiável, tanto para o professor Chiaffarelli quanto para músicos que desembarcavam em São Paulo para recitais. Por sugestão de seu professor, começou a estudar obras para piano a quatro mãos e o início foi com seu irmão e com pianistas da classe de Chiaffarelli.

> Atendendo a essa determinação, reunia-me inúmeras vezes com a colega Gilda de Carvalho, quando preparávamos muitas obras que apresentávamos em público. Com a grande pianista Antonieta Rudge reunia-me semanalmente e, durante muito tempo, fizemos música juntos, abordando sempre um repertório dos mais interessantes.[12]

---

10 Jornal *O Atibaiense*. Atibaia, 30 de novembro de 1913. AF/IPB

11 *Diário Popular*. 3 de novembro de 1911. São Paulo. AF

12 LIMA, Souza. *Id. Ibid.* p. 32.

A classe do Professor Chiaffarelli formou as maiores pianistas do Brasil e com elas, Souza Lima pode conviver e exercitar a arte do piano e, consequentemente, tiveram grandes influências sobre a carreira do maestro. Gilda de Carvalho foi uma excelente pianista com destaques no Rio de Janeiro e São Paulo. Chiaffarelli era visto como proeminente professor, rigoroso e amável ao mesmo tempo. Em um sarau realizado em 1911, o jornalista Gelasio Pimenta não poupou elogios a Chiaffarelli, cuja classe, "mesmo com alunos mais adiantado que outros e que demonstravam firmeza e segurança", apresentou "as virtuoses paulistas Guiomar Novaes, Antonietta Rudge Miller e Antonietta Pasquale" (sic):

> Um homem como Chiaffarelli não só se impõe à admiração dos que o conhecem e sabem avaliar sua grande competência, como ainda merece a estima dos paulistas e daqueles que aqui vivem e, como nós, também sabem amar essa terra e se rejubilam com as nossas glorias e nosso triunfos.[13]

A revista *A Cigarra*, noticiou sua apresentação em São Paulo: "Não duvidamos, pois, que Gilda de Carvalho, educada pelo prof. Chiaffarelli, se afirmará uma de nossas melhores pianistas."[14] Antonieta Rudge, por sua vez, foi considerada como a maior intérprete de Wolfgang A. Mozart (1756-1791), Ludwig van Beethoven e Fréderick Chopin (1810-1849) no Brasil. Foi Arthur Rubinstein (1887-1982) quem disse que ter "*três grandes paixões na vida: Mozart, Beethoven em sua segunda fase e Antonietta Rudge interpretando os dois.*"[15]

---

13 Jornal não identificado. Jornalista Gelasio Pimenta. 1912. AF

14 Cf.: revista *O Cigarra*. In: http://memoria.bn.br/pdf/843911/per843911_1920_00305.pdf

15 Cf.: http://blog.fritzdobbert.com.br/pianistas/antonietta-rudge/

Fig. 9 – Salão Germânia. Fonte: http://salasdecinemadesp2.blogspot.com/2015/04/jussara-sao-paulo-sp.html

Como acompanhador, Souza Lima foi um pianista muito requisitado quando inúmeros solistas de canto, violino e violoncelo vinha fazer recitais em São Paulo. Dentre eles, pode-se lembrar os nomes de Guido Santorsola (1904-1994), Mischa Elman (1891-1967) e Santino Giannasttasio. Mischa Violin, ou Miska Violin são os nomes do violinista russo Mikhail Saulovich (1891-1967) que aparecem nos programas de recitais e concertos no Brasil. Em Santos, em um recital em 1915, seu pianista-acompanhador foi Souza Lima que teve o prazer de conhecer o "extraordinário violinista russo Miska Violin, verdadeiro gênio, desses que ultrapassam as mais simpáticas expectativas."[16] Mesmo com todas essas habilidades, o cenário musical em São Paulo e no Brasil, não era muito favorável aos instrumentistas de música de concerto. Foi esse motivo que levou Souza Lima a trabalhar como músico de cinema, atividade da qual usufruiu de "algum interesse financeiro". O início foi o cinema Pathé Palace, cuja direção musical era de Carlos Plagliuchi, "um dos compositores de música popular mais em evidência na cidade."[17]

Fig. 10 – Gilda de Carvalho. Fonte: IPB

Ao mostrar interesse, Souza Lima foi iniciado como músico de cinema e expandiu suas atividades para vários cinemas de São Paulo: Cine Marconi, Cinema Central, Teatro Esperia. Era também frequente a atuação como músico em outras tantas ocasiões, como em bailes e reuniões e no salão de refeições do Grande Hotel La Plage do Guarujá, sempre acompanhado de um grupo fiel e talentoso. Depois de uma

16 Jornal *A Tribuna*. 16 de setembro e 1915. AF

17 LIMA, Souza. *Op. Cit.*, p. 34

estadia em uma chácara em Tremembé, para recuperar a saúde, uma vez que o trabalho exaustivo lhe consumia sem tréguas, encontrou-se com o bateirista estadunidense Harry Kosarin[18] que, segundo Souza Lima "era um verdadeiro Paganini na maneira de tocar."[19]

Fig. 11 – Antonietta Rudge. Fonte: http://blog.fritzdobbert.com.br/pianistas/antonietta-rudge/

Obviamente que o meio estabelece uma série de impressões, de escutas e de influências na formação do músico e isso não foi diferente com Souza Lima que soube adaptar-se e deixar fluir todos esses contatos. É importante lembrar que as tendências nacionalistas já acenavam nos grandes centros do Brasil e que, de forma ainda confusa, os professores eram, na sua maioria, europeus, que ensejavam a

18 Foi pianista, baterista e chefe de orquestra estadunidense, é apontado como o introdutor da bateria no Brasil no começo do século XX. Em uma excursão de sua banda de jazz pelo brasil, uma revista de época chegou a tratá-lo como um baterista 'trepidante' e capaz de tocar em 11 instrumentos simultaneamente. Cf.: IKEDA. Alberto T. Apontamentos históricos sobre o jazz no Brasil: primeiros momentos. *Revista de Comunicações e Artes* – Volume 10/13, 1984.

19 LIMA, Souza. *Op. Cit.*, p. 35.

busca de uma identidade sonora. Era preciso evitar, da maneira que desse, a reprodução europeia. Para evitar reproduções e se tonar um músico completo, começou a estudar harmonia, contraponto e composição com Agostino Cantú, nascido em Milão e que veio ao Brasil. Com a morte de Chiaffarelli em 1923, veio lecionar no Conservatório Dramático e Musical, formando vários pianistas e compositores, dentre eles, Francisco Mignone e Savino De Benedictis (1883-1971).[20]

Cantú aconselhou Souza Lima a estudar um instrumento de orquestra para inteirar-se dos timbres e das disposições dos timbres. Escolheu o violoncelo e teve como professor, Renato Saverio Simoncelli. O estudo com Cantú e do violoncelo despertou em Souza Lima o desejo de compor e logo embrenhou-se pelas peças que poderiam lhe acenar a arte da composição. De início, e talvez a primeira peça, veio uma "Ave Maria", depois algumas gavotas, minuetos, *scherzos* e valsas. Entretanto, em meio às ideias nacionalistas, diz Souza Lima,

> Comecei a escrever, então, alguns tangos, maxixes e, principalmente, valsas. Estas em geral, eram escritas para personalizar as namoradas. Algumas dessas valsas constavam só da primeira parte, outras completas, foram até impressas. Uma dessas, denominada "Aracy", chegou a popularizar-se.

Como jovem, Souza Lima era membro de um grupo de amigos que sempre andavam juntos ao ponto de cada um deles ter um apelido. O grupo foi batizado pelo nome de "O Grupo dos Voadô" era composto por D'Artagnan (Mário Macedo), Chamboca (Waldemar Otero), Príncipe (José França) e Xon-Xon (Souza Lima).

---

20 Cf.: CENI, Franco. *Italianos no Brasil – Andiamo in 'Merica*. 3ª Edição. São Paulo: Edusp, 2003.

Fig. 12– Harry Kosarin. Fonte: http://opontodosmusicos.blogspot.com/2014/07/harry-kosarin_15.html

Nessas investidas na música popular, Souza Lima conta que na época da juventude costumava ir tomar um chopp com os amigos e que na hora de pagar a conta, não tinham como acertar, pois ninguém tinha dinheiro. A saída foi encontrada por Souza Lima que diz escrever um "tanguinho ou um maxixezinho que na mesma hora vendia ao Sr. Sotero,"[21] dono do estabelecimento. Um deles foi batizado de "Amor Avacalhado", que chegou a ser impresso e tendo despertado o gosto popular e, ainda mais, de Darius Milhaud:

21 Trata-se de Sotero de Souza, comerciante que detinha direitos autorais e várias obras, incluindo obras de Marcelo Tupinambá.

> O grande compositor francês Darius Milhaud, que residiu no Rio de Janeiro por alguns anos como Secretário da Embaixada Francesa, compôs mais tarde, um bailado de nome 'Le Boeuf sur le Toit', servindo-se de temas de nossa música popular, inclusive do meu tanguinho na íntegra. Esse bailado alcançou enorme sucesso em Paris.[22]

"Amor Avacalhado" é um tango que despertou pelo menos uma confusão, relatado por Daniela Thompson. Parecia ter surgido um outro tango homônimo, só que de Ernesto Nazareth (1863-1934) que depois identificou-se que era "Favorito":

> "Amor Avacalhado", cantado por Eduardo das Neves na Casa Edison, Rio de Janeiro. (…) No entanto, quando o cantor abre a boca, a melodia que sai não é "Amor Avacalhado", mas o tango de Ernesto Nazareth, "Favorito" (1895). Ainda assim, as letras muito engraçadas falam de amor desanimado, então eu as incluo de qualquer maneira. [23]

Seja como for, deve ter sido mesmo o que ela chamou de uma comédia de erros; ademais, a música que Milhaud usou foi mesmo a de Souza Lima. Encontros e desencontros acontecem, humor e rumores no meio musical parecem ser muito bem, vindos. Souza Lima conta um caso no mínimo atraente que trata do encontro com o tenor Carlos Hakett[24] do Scala de Milão e que viria cantar "Lo Schiavo" de Carlos

---

22 LIMA, Souza. *Op. Cit.* P. 39.

23 THOMPSON, Daniela. *The Boeuf chronicles, Pt. 3*. Discouraged love and a comedy of errors. http://daniellathompson.com/Texts/Le_Boeuf/boeuf.pt.3.htm

24 Trata-se de Charles Hackett (1889-1942) tenor estadunidense que começou a carreira em Boston e depois de cantar na América do Sul, e Itália, foi para o Metropolitan de Nova Iorque. Fala-se que tinha uma voz elegante e de técnica fina. Cf.: BRADLEY, Edwin M. *The first Hollywood:* sound Shorts 1926-1931. Jeffrerson: McFarland & Company, 2009. Para ouvi-lo em dos *sound shorts*: https://www.youtube.com/watch?v=HhiSXPQNyUk

Gomes no Teatro Municipal. Com Mário Macedo (o D'Artagnan) em um barco para o Guarujá, e sabendo que a ária "*Quando nacesti tu, naceva il sole*" (quando você nasceu, nasceu o sol), fizera um grande sucesso, cantaram-na perto do tenor, só que com o humor da juventude: "*Quando nacesti tu, pioveva molto*" (quando você nasceu, choveu muito). Obviamente que o tenor cedeu às gargalhadas e dali, surgiu uma grande amizade.

Em 1914, um jornal de São Paulo sem identificação, escreveu a seguinte nota:

> João de Souza Lima é um dos mais novos dentre os nossos musicistas, mas é um dos que mais prometem. (...) A sua tendência mais acentuada é para a composição. Dele já se conhece algumas composições em diversos gêneros que bastariam, em um meio mais adiantado que o nosso, fazer a reputação de um compositor.[25]

O jornalista acertou em termos: Souza Lima foi um grande pianista, concertista e compositor. Nesse mesmo ano a revista *A Cigarra* promoveu um concurso de composição com prêmios de 300$000 em dinheiro.

25 No documento que é uma nota curta, encontra-se somente a data marcada a caneta, não há menção do nome do jornal. Fonte: AF.

Fig. 13. Agostino Cantú. Fonte: IPB

Na época trabalhava como pianista e maestro no Teatro Esperia, realizando uma "diversidade de apresentações que eram todas acompanhadas pela orquestra". Toda essa ação musical, em que se apresentavam cançonetistas, cômicos, duetistas, pequenos bailados, cantores populares e de ópera, colocou-o em contato com os mais diversos gêneros e estilos. Resolveu – por isso mesmo – compor uma obra para o concurso, um tango: "Então, té logo". Na sua autobiografia há uma explicação importante, não se tratava do tango argentino: "o que nós chamamos de tango não é outro senão o nosso samba, talvez menos movimentado em seu ritmo". E continua:

> Fiz o possível para revesti-lo de uma harmonia menos banal, mais cuidada e um ritmo também menos vulgar, além de uma fatura pianística tratada de maneira a oferecer um certo interesse instrumental. Com grande alegria, me vi vencedor do certame. [26]

Isso foi na categoria "tango", porque em valsa ficou em segundo lugar. A valsa foi "Charmante", nome dado por uma de suas cunhadas. Souza Lima diz que era muito "romântica, justificado pelo sentimento que se é possuidor naquela idade" e de "um sabor muito francês" A revista *A Cigarra* de 1914 conta que concorreram 28 compositores, com 20 classificados e os jurados foram Luigi Chiaffarelli, João Gomes de Araújo (1846-1943) e Alfredo Oswald (1884-1952),[27] "nomes muito conhecidos e reputados no nosso meio musical". Os vencedores das duas modalidades do concurso (tango e valsa) concorreram com pseudônimos:

> Verificou-se que o pseudônimo de "Diabo" pertencia ao jovem João de Souza Lima, com 16 anos de idade, aluno de piano do maestro Luigi Chiaffarelli e de composição do maestro Agostino Cantú. O Sr. João de Souza Lima obteve o primeiro prêmio com o tango "Então, té logo" e menção honrosa coma valsa "Charmante". O pseudônimo "Euterpe" pertencia a outro jovem, Francisco Mignone, aluno do Conservatório Dramático e Musical de São Paulo, a quem foi concedida menção honrosa por valsa

26 LIMA, Souza. *Op. Cit.* p. 41

27 João Gomes de Araújo estudou com Francisco Manuel da Silva (1795-1865) e Demétrio Rivera no Imperial Conservatório do Rio de Janeiro; voltou para Pindamonhangaba e criou um conservatório de música e uma orquestra. Foi a Milão com ajuda de D. Pedro II e se fixou em São Paulo, onde participou da criação do Conservatório Dramático e Musical. Alfredo Oswald, por sua vez, nasceu na Itália, de pais italianos: Henrique Oswald e de Laudomia Bombernard Gasperini Oswald. Estudou piano e foi concertista. Foi nomeado professor da *Peabody Conservatory of Baltimore*. Cf.: https://oswald.art.br/alfredo-oswald/

> e um tango. Os senhores João de Souza Lima e Francisco Mignone executaram no piano as suas composições, sendo muito aplaudidas.[28]

Não é o que fala Souza Lima. Na sua autobiografia ele diz que um ficou com o primeiro prêmio pelo tango e o segundo com a valsa e que com seu grande amigo Francisco Mignone aconteceu exatamente o contrário: primeiro prêmio para a Valsa e segundo pelo tango

> O interessante dessa competição foi nos ter posto em evidência, Francisco Mignone e eu. Na prova do tango, no qual obtive o primeiro prêmio ele se viu premiado com o segundo, e na prova de valsa, deu-se exatamente o contrário.

Vou pensar como Souza Lima. Parece que é verdade, pois conversavam sobre esses acontecimentos sempre que se encontravam e que esse fato do concurso só ensejava dois estudantes a estudar mais, como numa espécie de competição. Eles eram amigos. "Mignone, sempre amigo, não deixa de me declarar sempre, em tom de brincadeira, quando evocamos aquele tal concurso, que até hoje se sente complexado pelo resultado dado às provas de tango". Depois de ter composto mais uma obra, uma "berceuse" "com harmonização de melhor qualidade e de forma mais definida", entrou em outro concurso, agora pelo antigo Cento Musical de São Paulo, que exigia uma obra sinfônica. Compôs um "minueto", com maior preocupação em uma orquestração bem distribuída e de "forma bem equilibrada, um desenvolvimento mais lógico e natural orquestrado com correção e sem excessos de volume sonoro". Ficou em segundo lugar, seu irmão (Antônio Augusto?) levou o prêmio com uma "*Reverie*", uma "obra expressiva e orquestrada com apuradíssimo gosto."[29]

---

28 Revista *A Cigarra*, 1914. Trata-se de uma fotocópia com a data manuscrita de 1914. AF

29 LIMA, Souza. *Op. Cit.* p. 41

Ainda nessa fase, Souza Lima foi muito solicitado como pianista e compositor no interior de São Paulo e no Rio de Janeiro, ainda pouco conhecido como o seria depois de voltar de Paris. Em 10 de agosto de 1917, um recital de Souza Lima foi amplamente divulgado, com todas as críticas favoráveis ao jovem pianista:

> O jovem "virtuose" e compositor paulista João de Sousa Lima realizou ontem, à noite, no Conservatório, o seu anunciado recital de piano, que foi muito concorrido. (...) Sua exibição, no concerto de ontem, confirmou, mais uma vez, os seus predicados no tocante à técnica e à estilística na arte de tocar o piano.[30]

Não foi somente isso. *O Diário Popular*, no mesmo ano e dia (10/08/1917) disse que os ouvintes puderam ver "um pianista que demonstrou possuir uma técnica excelente e que interpretou os trechos constantes do programa quase todos difíceis".[31] No mesmo ano, foi anunciado no Rio um recital "do jovem e estudioso artista, discípulo laureado do professor Chiaffarelli, de temperamento vibrátil e emocional". Outro Jornal prenunciava que ele já estava no Rio:

> Um dos mais apreciados discípulos da Escola Chiaffrarelli, de S. Paulo. É possível que o Sr. Souza Lima realize aqui um recital renovando assim as agradáveis impressões deixadas pela sua apresentação à sociedade carioca.[32]

Nesse recital, foi apresentado "o seguinte interessante programa": a *Chacona em ré menor* de Bach-Busoni, a Sonata Patética de Beethoven; de Chopin, os Prelúdios 6 e 7, o Noturno nº 1 e os estudos

30 Jornal *Correio Paulistano*. 11 de agosto de 1917. AF.

31 Jornal *Diário Popular*. 11 de outubro de 1917. AF.

32 Jornal não identificado, mas como o outro documento, com data manuscrita de 1917. AF

nº1 e nº5; de Debussy, a *Soirée dans Grenade, Jardins sur la Pluie* e *Golliwogg's Cake Walk*, por fim, a *Polonaise* de Agostino Cantú. Para o caso da Chacona, trata-se de uma transcrição para piano, feita por Feruccio Busoni (1866-1924) da obra original para cravo de Johann Sebastian Bach. Isso não seria problema em 1917, mas para a segunda metade do século XX, as ressalvas e as críticas eram comuns. Souza Lima diz ter recebido críticas "animadoras" de Oscar Guanabarino (1851-1937), Rodrigues Barbosa (1857-1939) e Tapajós Gomes.

Guanabarino foi de uma crítica mordaz, elogiou e apontou os erros, inclusive sugerindo inversão no programa: "executou admiravelmente os dois estudos de Chopin opus 10, nº 4 e 5, e não nos satisfez na Sonata Patética". Entretanto destaca que o pianista tinha apenas 17 anos e que o pianista-mecânico necessitaria ainda de um espírito artístico e que "o jovem Sr. Souza Lima não tardará a chegar a esse ponto, de modo a atingir esse fim". Mas, "não teria sido melhor encerrar o seu programa com uma das belas "Polonaises" de Chopin?".[33] Logo depois do recital foi à Confeitaria Colombo, onde conheceu Alberto Nepomuceno:

> Veio ao nosso encontro dizendo de sua admiração pelo meu desempenho e sugerindo que deveria estudar "*L'Isle Joyeuse*" de Debussy, peça de grande efeito, de grande beleza, que iria perfeitamente bem com o meu temperamento. Quanto me animou esse conselho do grande músico![34]

O processo de transcrição de obras barrocas era comum na primeira metade do século XVIII e eram essas transcrições os melhores métodos de estudo de piano. Além de óbvio e didático, Charles Rosen diz que os compositores nascidos nos anos de 1810 aprenderam música lendo as obras de Bach, principalmente "O cravo bem temperado".

33 *Jornal do Comercio*. Terça-feira, 28 de agosto de 1917. AF.

34 LIMA, Souza. *Op. Cit.* p. 51

Parte da experiência era tocar Bach em um instrumento moderno e burguês. Fazer a transcrição para um instrumento moderno, poderia ser inconveniente ou obra de expurgo por parte dos puristas da segunda metade do século XX; entretanto, muitas transcrições foram feitas, dentre eles, o próprio Ferruccio Busoni, Alexander Illich Siloti (1863-1945) e Joachim Raff, Johannes Brahms (1833-1897) e Géza Zichy (1849-1924). Isso somente quando falo da Partita para violino nº2. Uma 'Partita' é quase um sinônimo de 'Suíte', uma peça instrumental dividida em movimentos de dança.

> Se os puristas de nossos dias sempre impuseram suas vontades, e a música de Bach se restringir inteiramente aos instrumentos do início do século XVIII, a história da música do século XIX será em grande parte ininteligível. Até aqui é simples, ao menos inconscientemente, entender o porquê de tantos músicos ainda serem educados pela música de Bach.[35]

Talvez os puristas ainda não tivessem nascidos ou estavam expurgando na primeira metade do século XX, mas era necessário ressaltar a observação de Rosen. Souza Lima certamente estudou muito através das obras de Bach e seu instrumento era o piano. Essa notícia do recital "do jovem estudioso" circulou em São Paulo no suplemento da revista mensal *O Eccho*:

> E não perdeu seu tempo quem acorreu ao salão do conservatório, para ouvir messe novo pianista, que se vem impondo no nosso meio musical, não só como executante de talento, mas ainda como um delicado compositor."

35 ROSEN, Charles. *A geração romântica*. (Tradução: Eduardo Seincman). São Paulo: Edusp, 2000.

O mesmo jornal ainda fez uma crítica ponderada quando fala de seus "poucos defeitos, que ainda lhe notam são filhos de sua pouca idade".[36] Menciona a presença de Xavier Leroux,[37] "o delicioso mestre da música francesa", que aplaudiu e elogiou Souza Lima, além de impulsionar sua carreira artística.

Fig. 14– Souza Lima em 1918 na fazenda Sertão. Fonte: AF.

Em 1918 o *Jornal de Piracicaba* publicou uma nota enorme sobre um recital de Souza Lima em benefício do "Asilo da Velhice" e que chegaria na cidade um piano de cauda, "especialmente para o recital

36 Revista "O Eccho". São Paulo, agosto de 1917.

37 Pode se tratar de Xavier Henry Napoleón Leroux, compositor francês que esteve no Rio de Janeiro em 1916. Nessa época foi apresentada a sua ópera "Les Cadeaux de Noël", mesmo ano em que Souza Lima fazia tal recital.

(se nos permitem o neologismo) e o culto povo de Piracicaba muito vai aprender". No programa, uma transcrição de Niccolò Paganini (1782-1840) sobre a obra de Liszt, La Campanella. Obra definida pelo Dr. Ozorio de Souza, como exigente de "agilidade e nitidez a que um pianista pode chegar pelo talento e pela robustez da vontade". O autor da nota não poupou elogios porque, "para ser um pianista como Souza Lima ou Paderewsky ou Rubinstein ou Liszt (pois quase que se equiparam sem diferença que nos possam ferir a sensibilidade)"[38] é preciso moral, inteligência e vocação congênita.

O grupo montado por Souza Lima e Amigos, "Os Voadô", levou-o a estabelecer contatos também muito importantes para sua carreira e para laços familiares, "um dos marcos, mas definitivos em minha vida", conta Souza Lima.[39] O primeiro deles foi protagonizado por Mário Amaral, o "D'Artagnan", que o levou para conhecer a família de Dr. José Estanislau do Amaral Filho (1855-1947) e Lídia Dias de Aguiar, pais de Tarsila do Amaral. Era uma família de fazendeiros, mas muito bem relacionada às artes. Na casa dos Amaral, Souza Lima sempre toca em um piano Steinway de cauda o que o fez aproximar-se cada vez mais da família.

38 Jornal de Piracicaba. Sábado, 28 de dezembro de 1918. AF

39 LIMA, Souza. *Op. Cit.* p. 43.

Fig. 15– Vista parcial da Vila Kyrial em um almoço de domingo em 1916. Fonte: http://www.saopauloinfoco.com.br/a-villa-kyrial-e-sua-relacao-com-o-desenvolvimento-artistico-de-sao-paulo/

Entretanto, o contato mais definitivo na altura da carreira que alavancava, foi feito por Waldemar Otero, filho de seu professor, Felix Otero. O ambiente que Souza Lima descreve como "centralizador da Arte em nossa cidade" era a Villa Kyrial, uma mansão na Vila Mariana, nº 300. Fundada e capitaneada por José de Freitas Valle (1870-1958), "homem único no Brasil",[40] tornou-se realmente um centro polarizador de arte e cultura. Advogado, político, músico, poeta e que ocupou altíssimos cargos no governo, Freitas Valle foi responsável pelo encaminhamento de vários artistas para a Europa, inclusive Souza Lima.

A Villa Kyrial se tornou um centro irradiador d cultura em São Paulo e um dos polos do modernismo no Brasil. Souza Lima em seus apontamentos acrescenta ainda que havia reuniões todos os dias da

40 Apontamentos de Souza Lima. Manuscrito. Fonte: AF.

semana e aos domingos, um almoço com todos para reunir o que havia de melhor nas artes em São Paulo.

> Assim, nas segundas-feiras, recebia pintores, nas terças-feiras, escultores, nas quartas-feiras, músicos (aos quais chamava "o pessoal da lira. Nesse grupo estavam João Gomes Jr, Carlos Pagliucci, eu, os cantores Ernesto de Marco e Santino Giannasttasio), nas quintas-feiras, poetas, nas sextas-feiras, escritores aos sábados, políticos e amigos e aos domingos em almoços magistrais, realizados no grande terraço de sua bela vivenda, todos os que estiveram durante a semana, em qualidade fácil de se imaginar.[41]

Souza Lima tocava violoncelo; Carlos Pagliucci (1885-1963), flauta; Osório Cesar, violino; João Gomes Jr. (1846-1943), piano e Carlos de Campos, contrabaixo.[42] Esse era o conjunto do tal 'pessoal da lira', provavelmente o grupo mais bem acolhido por Freitas Vale.

> (....) o Pessoal da Lira era o grupo que mais gozava a camaradagem do nosso chefe e amigo. Nos dias do nosso jantar em sua companhia, fazia questão que chegássemos em sua residência com uma hora de antecedência, para permanecermos em sua maravilhosa biblioteca, lendo e aproveitando para nos instruir. Por aí se vê o interesse que nos dispensava, desejando nos tornar mais cultos.[43]

Freitas Vale foi o maior articulador da arte em São Paulo nesses primeiros anos de 1900 e, ele mesmo "o chefe supremo", um cultivador do que havia de melhor em arte, gastronomia e reunião de amigos.

---

41 LIMA, Souza. *Op. Cit.* p. 44-45. Apontamentos de Souza Lima. p. 64-65. Fonte: AF

42 Cf.: CAMARGOS, Marcia. *Villa Kyrial: crônica da belle époque paulistana.* 2ª edição. São Paulo: Editora do Senac, 2001, p. 43.

43 LIMA, Souza. *Op. Cit*, p. 47.

Político e advogado, com pose de aristocrata, tinha dois pseudônimos: um para sua habilidade de gourmet (Jean Jean) e outro para a verve poética (Jacques D'Avray).

> De família originária do litoral paulista, mas nascido no Rio Grande do Sul, para onde o seu pai se transferira em 1838, Freitas Vale pode ser considerado como representante de enriquecidos sulinos com alto grau de autoconsciência de sua situação social, energia e anelos de nobilitação através da cultura e modos de vida cultivados e de distinção. Esses anelos levaram-no ao cultivo da língua e da literatura francesa, o que se manifestou até mesmo no uso do francês em suas obras e no seu pseudônimo Jacques d'Avray.[44]

Como Jacques D'Avray, publicou poemas, libretos para cantatas e textos para canções, mostrando a todos os participantes da Villa Kyrial, e em suas devidas atividades, o caminho do virtuosismo. Yan de Botucatu era também outro apelido de Souza Lima, dado por Freitas Valle em Botucatu:

> Isso explica pelo fato de numa certa viagem que o Dr. Freitas Valle fez àquela cidade para uma convecção política, levando-me em sua companhia, ficamos hospedados suntuosamente no Palácio do Bispo. Naqueles poucos dias tive a oportunidade de tocar para algumas pessoas alcançando bastante sucesso. Daí, aquele apelido.[45]

---

44 BISPO, A. Alexandre. A Villa Kyrial e a Trialogia da Noite: Simbolismo nas relações do Brasil com a Europa da elite republicana paulista no exemplo de elaboração para coro de vozes femininas do poema lírico de José de Freitas Valle (1870-1958). In: *Revista Brasil-Europa* – Correspondência Euro-Brasileira. http://revista.brasil-europa.eu/160/Trialogia_da_Noite.html

45 LIMA, Souza. *Op. Cit.*, p. 46-47.

Nesse programa da Companhia Dramática Francesa, foi apresentado a estreia do Tragipoema Cênico de Jacques D'Avray, "*un acte em vers précedé d'une license*", com tambores, trompetes e visões guerreiras. Souza Lima destaca em sua autobiografia que esses tragipoemas eram de grande valor, entrecruzando obras literárias e filosofia e que alguns deles foram musicados por Alberto Nepomuceno, João Gomes Jr. e Carlos Pagliucci. O trecho musicado e harmonizado por Alberto Nepomuceno é "*Le Miracle de la Semence*" que, aliás, recebeu uma nota crítica no Jornal do Comercio de 15 de maio de 1917:

> O maestro Nepomuceno não igualou o poeta - excedeu-o no transbordamento da sua alma apaixonada de crente, na efusão de seu ardor religioso ante a grandeza do Onipotente... Nepomuceno recebeu uma ovação ao terminar o cantor do tragipoema, e o intérprete recebeu em aplausos comovidos a melhor admiração pela sua arte.[46]

E era assim mesmo. Para Souza Lima, esses tragipoemas deveriam penetrar profundamente a alma humana em todos os seus aspectos. Esse poema musicado por Nepomuceno constava de quatro partes: 1. *Le Semeur*, 2. *L'Ancien*, 3. *Le Cavalier* e 4. *La Semence*.[47] Esses poemas ou extratos dos "Tragipoemas" são de um romantismo europeu, como boa parte da produção dos inícios do século XX.

---

46 Cf.: BIBLIOTECA NACIONAL. Exposição Comemorativa do centenário de nascimento de Alberto Nepomuceno. Rio de Janeiro: Biblioteca Nacional/ Fortaleza: Universidade do Ceará. 1964. Ver também: http://bndigital.bn.br/acervo-digital/jornal-do-commercio/170054

47 Para ouvir: http://www.musica.ufmg.br/selominasdesom/?page_id=29

Fig. 16 – Freitas Valle em 1912. Fonte: CAMARGOS, Márcia. *Villa Kyrial: crônica da Bélle Époque paulista.*

A Villa Kyrial, nome dado por Alphonsus de Guimarães, foi, sem dúvidas, um centro polarizador do modernismo no Brasil, onde as ações entre a vanguarda europeia e o sentimento nacionalista eram, certamente, o grande debate. Não somente na música, mas também em outras áreas e, boa parte dos artistas que a frequentavam, foram estudar na Europa. Infelizmente, esse centro propagador e aglutinador das artes e da filosofia desapareceu em 1961. Saudoso e cheio de recordações valorosas, Oswaldo de Andrade Filho – "o último a penetrar seus umbrais" –, fez uma matéria também saudosa da Villa Kyrial, com imagens de operários derrubando as paredes da casa de Freitas Valle e de seus amigos artistas e intelectuais. Essas "paredes, ainda revestidas daquelas gloriosas cicatrizes que o tempo respeita, mas que os homens tudo fazem por apagar, cedem agora silenciosas à ação iconoclasta das picaretas do progresso":

> Com a morte de Freitas Valle, apaga-se a figura que mais tentou trazer para o Brasil a 'vie parisiense'; com morte da 'Villa Kyrial', as sombras de Verlaine, Baudelaire, Rimbaud, Huyssmans não mais passarão por aqueles jardins enfeitados de palmeiras e canteiros caipiras... Nem mais irão, nas noites úmidas e friorentas de São Paulo, à preciosa adega, conversar com as velhas garrafas empoeiradas que os conheceram em Paris, enquanto o espírito de Freitas Valle passeava pelas ruas dos '*Champs Elysèes*' à procura de novas sensações.[48]

Para Souza Lima, a Villa Kyrial coroou duas vezes a sua carreira; primeiro porque foi a época em que que decidiu seguir a carreira de pianista e segundo porque foi de lá que seguiu para a Europa.

> Freitas Valle, juntamente com Ramos de Azevedo e Sampaio Viana, constituíram a comissão que dirigia o "Pensionato Artístico" de São Paulo. Essa comissão é que resolvia sobre doação de bolsas de estudos para candidatos a aperfeiçoamento artístico na Europa. Lembro-me aqui de nomes de alguns que se beneficiaram com essa doação: Guimar Novaes, Lucia Branco, Francisco Mignone, Romeu e Artur Pereira, Mário Camerini, Raul Laranjeira, Bráulio Martins, Pureza Marcondes, Alonso

48 Jornal *A Gazeta*' 23 de junho de 1961. AF/IPB. Oswaldo de Andrade Filho cita os poetas considerados malditos no final do século XIX. Paul Verlaine (1844-1896), poeta do simbolismo lutava contra a moral francesa. Teve um romance com Jean-Nicolas Arthur Rimbaud (1854-1891), ou simplesmente Rimbaud, conhecido como libertino e considerado pelo próprio Verlaine como 'um jovem Shakespeare'. Charles Baudelaire (1821-1867), além de poeta, foi teórico da arte francesa e considerado um dos percussores do simbolismo. Joris-Karl Huysmans (1848-1907) por sua vez, era um romancista e reproduzia de forma literária a vida estética da França.

> Aníbal da Fonseca, Ernesto de Marco, Vitor Brecheret, Túlio Mugnaini, eu e tantos outros.[49]

Chegada a hora da partida para a Europa, os assuntos na casa de Souza Lima não poderiam ser outros. Alguns diziam dos problemas que poderia enfrentar, como uma Europa estilhaçada pela Primeira Grande Guerra, as dificuldades da língua, a falta de conhecidos, sempre podendo levar à solidão, inverno rigoroso e as tais 'seduções parisienses'. Seu irmão, o primeiro mestre, foi quem se responsabilizaria pela ida à França e quem mais o incentivou, ao contrário da família, sempre receosa a achar problemas Na despedia de São Paulo, antes da viagem, um concerto: François Couperin (1668-1733), Louis-Claude Daquin (1694-1772), Bach-Busoni, Gluck-Saint Saëns,[50] Frédéric Chopin, Johannes Brahms, Ravel e Cantú, além de algumas obras do próprio Souza Lima, para canto, trio e dois pianos, inclusive a "Paráfrase sobre o Hino Kyrial". Depois do dificílimo *Jeux D'Eaux* de Ravel, tocou

> Duas composições do jovem virtuose: "Intermezzo"·, trio para piano, violino e violoncelo, de beleza e de técnica impressionantes, e uma paráfrase do hino Kyrial, paráfrase essa que nos impressionou sobremodo pela perfeição do desenvolvimento.[51]

Praticamente todos os jornais de São Paulo deram uma notícia de Souza Lima e de sua despedida da cidade. Todos elogiosos a um virtuose incansável e que também compunha ao estilo do pós-romantismo, com as influências da música urbana brasileira, do samba, das canções e das sonoridades de um país recém saído do império e de uma Europa massacrada pela Primeira Grande Guerra.

---

49 LIMA, Souza. *Op. Cit.* p. 50.

50 Trata-se de uma transcrição feita por Saint-Saëns da obra Christoph Willibald von Gluck, a "Aria de Alceste", chamada de Capricho de Alceste. Gluck (1714-1787), escreveu a ópera "Alceste" que estreou em Viena e 1767.

51 Jornal sem identificação. 14 de fevereiro de 1919. Fonte: AF

CONCESSIONARIO
WALTER MOCCHI
THEATRO MUNICIPAL
Temporada official de 1919
COMPANHIA DRAMATICA FRANCEZA
Terça-feira, 1 de Julho de 1919 – 12ª Recita de Assignatura
DESPEDIDA DA COMPANHIA
LE PARDON
L'ÉTINCELLE
La mégère qui n'est pas apprivoisée
PERFUMARIAS
"BIZET"
SEM RIVAL
PERFUMARIAS
"BIZET"
SEM RIVAL

Fig. 17– Programa de uma temporada da Companhia Dramática Francesa de 1919 no Rio de Janeiro com dedicatória de Freitas Valle a "yan". "Ao Yan, cuja presença tanto abrilhantou essa festa. Jacques D'Avray, Rio, 1-07-1919". Fonte: AF

Ainda em 1919, um jornal não identificado publicou uma nota denominada de "A nota mais nova", em que faz crítica duras dos perfis dos contemplados com a bolsa de estudos no exterior.

> Geralmente – digamos a coisa como ela é – os pensionistas do Estado, mandados para Europa para ultimarem as respectivas educações artísticas, são protegidos políticos, embora lhes escasseiem vocação ou comprovadas qualidades que os fizessem dignos da subvenção.

Uma alfinetada nas relações que já envolviam os protegidos do Estado e suas ligações com pessoas que tinham influências e poder de decisão com a casta política. Entretanto o jornal faz uma ressalva porque existem "graças a Deus, exceções tranquilizadoras", como foram os casos citados de Lucia Branco (1903-1973) e Souza Lima:

> Lucia Branco da Silva é já uma pianista de firme e adorável técnica, tendo feito todos os seus estudos no Conservatório desta capital, sob a direção do professor J. Wancole, tendo tirado, em brilhante concurso, a medalha de ouro instituída por aquele instituto. O sr. Souza Lima é já, também, um pianista e concertista de grande merecimento para a sua pouca idade. E só é de lamentar o terceiro pensionista do Estado não fosse o talentoso compositor Francisco Mignone, autor do encantador poema sinfônico "Moema".

Mais embaixo a nota crítica resume: "enfim já não é pouco ter acertado em duas escolhas".[52] Dois dias depois dessa nota, 15 de fevereiro de 1919, o jornalista, "distinto missivista" parece que recebeu uma carta de leitor e rebateu seu conteúdo. Elogiou mais uma vez as características de Francisco Mignone, possuidor de "três diplomas, sendo mais de prezar o de compositor". Elogiou também as escolhas de Souza Lima e Lucia Branco, mas acentuou que "não se meta política nesse negócio e tudo irá bem".

Fig. 18 – Recepção ao grupo modernista, logos após o lançamento da Semana de Arte Moderna. O último à direita é Mário de Andrade. Fonte: CAMARGOS, Márcia. *Op. Cit.*

52 Jornal sem identificação, com data de 13 de fevereiro de 1919. Fonte: AF

A maior prova da competência de Mignone foi a execução do poema sinfônico "Caramuru" e, para o leitor inconformado, deixou uma faísca dolorosa: "o autor da carta, provavelmente não o conhece."[53] Certamente que essas escolhas de pensionistas sempre suscitaram debates, mais voltados para a inveja, na ponta dos ressentimentos e para a justiça agora em outra ponta, a do reconhecimento. Sem se importar com isso, Souza Lima arrumou a bagagem e partiu para Paris.

53 Jornal sem identificação, com data de 15 de fevereiro de 1919. AF

Um brasileiro em Paris

George Gershwin foi a Paris e escreveu em 1928 um passeio pela cidade, com buzinas de carro do trânsito que viria um dia a ser infernal, com ritmos de sua terra natal, com jazz e blues soltando-se em melodias no meio de uma "*promenade d'un flaneur*". Sem abandonar o Jazz e encantado pela música do início do século XX, foi a Paris em 1926 em busca de conhecimentos para sua música. Procurou Maurice Ravel e Igor Stravinsky, que negaram em interferir em seu espírito jazzístico e nas suas influências de música norte-americana. Era preciso deixar livre as habilidades inatas do compositor e então, foi encaminhado a Nadia Boulanger (1887-1979) que também o recusou em função de suas qualidades próprias e de seu conhecimento. Em Paris, conheceu ainda Darius Milhaud e Georges Auric, no entanto, ficou por pouco tempo na França. Um americano perdido em Paris em meio aos sons de buzinas de carros da modernidade, mas com a cabeça na música afrodescendente de seu país era, o mínimo, mais um Dioniso no mundo de Apolo.

Fig. 19 – Souza Lima em 1914. AF

Daqui, Dioniso levava o samba travestido de tango. Souza Lima embarcou em Santos em 4 de outubro de 1919, quase dez anos antes de Gershwin. Na despedida, tristeza, lembranças, medo e uma mistura de saudade com o desafio do estudo e da virtuosidade que já lhe acenara em São Paulo. A bordo do navio holandês "Gelria", com jantares que achou "bizarros", Souza Lima se sentiu, de início, deslocado e duvidoso daquilo quem seria uma aventura rumo ao aperfeiçoamento.

> Senti-me tão só, tão isolado, que uma angústia me dominou, fazendo com que, por um momento, me arrependesse daquela ideia de estudar fora. Mas, ao mesmo tempo, veio a reação e me convenci de que precisava de assumir uma atitude mais adulta e enfrentar a situação com

> coragem, com fibra, com entusiasmo de quem caminha para uma grande realização, para um grande desempenho, para uma grande missão.[1]

Um jovem de 21 anos temeria tanto as decisões e seus desfechos improváveis. Como qualquer pessoa que está em um território diferente, a primeira coisa a ser feita é sentir e entender o local, uma espécie de reconhecimento para que a solidão não afligisse demais.

No navio conheceu o pintor piracicabano Alípio Dutra (1892-1964), a pianista Lúcia Branco (1903-1973) e a cantora Pureza Marcondes, com quem teve a sensação de não mais estar só naquele navio e que ainda, lhe renderia parcerias e amizades longas e importantes. No navio, fez escalas no Rio de Janeiro, Salvador, Recife, Las Palmas (Espanha), Lisboa (Portugal), Vigo (Espanha) e Boulogne-Sur-Mer, no Norte da França, onde aportou. As impressões dessas cidades fascinaram Souza Lima que havia saído pouco de São Paulo. Mesmo com passagens rápidas por esses lugares, diz que Salvador foi deslumbrante, "com seus panoramas, vistas do mar e suas iguarias tão características". Recife encantou pelos rios, praias e coqueiros; Las Palmas fez sentir a terra estrangeira, com "seu povo exuberante, vivo, tudo muito colorido e vibrante". Lisboa tinha um ambiente mais parecido com o Brasil, "chegar nessa cidade era como chegar em casa". Visitou alguns pontos mais turísticos como a Torre de Belém, Convento do Jerônimos, Terreiro do Passo, Tejo: "Quanta satisfação íntima nos percorre quando pisamos a terra de nossos ancestrais!". Em Vigo, a surpresa foi a hora da sesta e a atmosfera de estar em "uma cidade realmente europeia"[2].

Com seus novos amigos e ainda a bordo, fez um concerto no dia 12 de outubro de 1920, para comemorar o feriado de Nossa Senhora de

---

1 LIMA, Souza. *Op. Cit.*, p. 53.

2 Id.*Ibid.*, p. 54.

Aparecida, momento em que tocou a "Fantasia Triunfal sobe o Hino Nacional Brasileiro" de Louis Moreau Gottschalk:

> As outras peças foram apresentadas por Lucia Branco ("Sinding": Aube, de Nicolas Medtner, Idilio e de Blumenfeld: "Estudo"); por Pureza Marcondes, (trechos da ópera "Sansão e Dalila" de Saint-Saëns; "Les Roses" de Hachey; "Hopal", de Mussorgiski) e por mim, que além da "Fantasia" toquei alguns estudos de Chopin. [3]

Sobre esse recital, um jornal de São Paulo fez questão de anunciar suas impressões a bordo do navio. Era uma nota enviada por um "distinto amador e cultor da música", teceu elogios ao Governo d*O Estado de São Paulo* e aos três pensionistas.

> Lucia Branco, uma jovem de talento, com sua técnica já bem desenvolvida, executa com arte(...) demonstrando sincera emotividade. Pureza Marcondes, possuidora de um timbre voz de muito agradável, (...) na diversidade de estilos que interpreta, dá a cada um deles a sua perfeita inflexão(...). João de Souza Lima, talento de primeira grandeza, a par de uma facilidade técnica invejável.[4]

O desembarque em Boulogne-Sur-Mer foi à noite e a primeira impressão era de um porto movimentado, típico do fim de guerra de 1914. Sempre junto de Alípio Dutra e de sua família, Souza Lima foi se hospedar em um hotel modesto, mas acolhedor e com uma refeição típica da região da Bretanha, na França. No dia seguinte, rumaram para Paris de trem e se hospedaram em um hotel na *Rue de Trevise.*

---

3 *Id. Ibid.*, p. 54-55.Trata-se do pianista e compositor russo Nicolai Karlovich Medtner (1879-1951), do também russo, o compositor Felix Blumenfeld (1863-1931) e Modest Petrovich Mussorgsky (1839-1881) e do compositor norueguês Christian August Sinding (1856-1941).

4 Jornal não identificado. Março de 1920. AF.

Até então, encontrava-se na proteção e convivência de Alípio Dutra, quando depois de poucos dias, ele partiu para Bruxelas, para assumir um cargo no Escritório Comercial de são Paulo. Também partiram Lúcia Branco e família.

Agora, sozinho na Cidade luz, Souza Lima começou a articular sua chegada e seu propósito que era estudar com o professor Isidor Edmond Philipp (1863-1958), "um dos mais conceituados professores de piano da cidade". Levava em mãos duas cartas de recomendações, uma de Luigi Chiaffarelli e outra de Guiomar Novaes, sua antiga aluna. Ao encontrar o professor, comunicou-lhe que não tinha onde ficar e que as buscas ainda eram decepcionantes e que por isso, tinha quase desistido de Paris e rumaria para Bruxelas, onde a vida parecia mais fácil e menos turbulenta que em Paris. Com impaciência, o professor Philipp repeliu a ideia: *vous n'êtes pas venu du Brésil pou aller à Bruxelles!*[5] Depois desse infortúnio, o professor Phillip apresentou-o para uma de suas antigas alunas, Madame Laurens, que o acolheu em sua casa, cujos moradores e hóspedes eram todas mulheres. Depois de se alocar devidamente, Souza Lima precisava de um piano e foi levado pela Madame Laurens para alugar um instrumento; foi até a casa Erard, cujos instrumentos já eram conhecidos do pianista.

> Depois de experimentar alguns, que logo me seduziram pela beleza da sonoridade e pela mecânica tão bem equilibrada, escolhi aquele que iria ser meu companheiro e colaborador. No dia seguinte recebi-o em casa e no meu quarto ficou colocado de maneira que a luz incidisse sobre a partitura de modo correto.[6]

Depois de estudos diários e uma exaustiva busca pela técnica, Souza Lima foi se apresentar ao professor Philipp que elogiou bastante

5 LIMA, Souza. *Op. Cit.* p 56.

6 *Id. Ibid.* p. 61

sua relação com o instrumento e recomendou seis horas de estudos diários. Com a vida organizada ou em fase de organização, Souza Lima começou a viver Paris e passou a frequentar concertos, visitar museus, observar a cidade como se fosse "Um Brasileiro em Paris". Diz que suas obras prediletas eram as pinturas da "Pietá" de Villeneuve D'Avignon, de autor desconhecido e "Il Condottiere" de Antonello de Messina (c.1430-1479). De turista aprendiz, passou a frequentar palestras sobre arte e destaca as aulas de Louis Hourticq (1874-1944), um dos maiores historiadores da arte que já havia conhecido.

Entretanto, as maiores atrações estavam, obviamente, ligadas à música. Foi assim que começou a visitar igrejas e salas de concerto, com destaque para *Notre Dame*, lugar em que Marcel Dupré (1886-1971) tocava órgão e de "cor, toda obra de Bach, composta por mais de 200 peças".[7] Dupré, compositor, organista e pedagogo, era um improvisador nato, capaz de aceitar um tema qualquer da plateia e fazer variações praticamente inexplicáveis, o que deixou Souza Lima admirado. Dupré foi aluno de Charles-Marie Widor (1844-1937) e diretor do Conservatório de Paris. Além de Notre Dame, Souza Lima visitou a igreja de Saint Gervais, onde tocou Louis Couperin (c. 1626-1661), a Igreja de Saint Augustin, onde tocou Eugene Gigout (1844-1925), aluno de Cesar Franck e professor de Souza Lima. Cita ainda ter visitado as igrejas do Sacré Couer de Montmartre e de Saint Suplice, na primeira o organista foi Henri Potiron (1882-1972) e na segunda, Widor. A vida e Paris oferecia muitas opções culturais tais como livrarias, exposições, teatros, monumentos e outras tantas atividades. Em todas essas ocasiões Souza Lima manteve contatos com os maiores artistas de Paris nos anos de 1920, em uma delas fala de Pablo Picasso e Landowsky:

> Tive a imensa satisfação de visitar o ateliê do famoso Picasso, o que aconteceu em companhia da não menos famosa Tarsila, tendo o grande artista nos dispensado a

7 *Id. Ibid.*, p. 64

> maior atenção, mostrando-nos os seus últimos trabalhos e mantendo conosco uma simpática conversação.
>
> (...)
>
> Em companhia do Pintor Alípio Dutra visitamos o ateliê do grande escultor Landowsky, justamente quando estava trabalhando na enorme estátua do Cristo Redentor, que, no topo do Corcovado, protege a cidade do Rio de Janeiro. Vimos na ocasião alguns detalhes daquela estátua. Que espanto nos provocou o tamanho do pé do Cristo! Com o grande escultor mantivemos também uma conversação muito agradável e cordial.[8]

Contudo, a vida em Paris era para a música. Com horas à fio de estudo, passou pela cabeça de Souza Lima que queria entrar no Conservatório e foi logo comentar com Madame Laurens. Havia um problema: o limite de idade. Imaginava que não estivesse mais apto para fazer a transição, as provas do Conservatório, mas foi logo advertido por Madame Laurens que, devido à Guerra, o limite de idade aumentou, uma vez que tais infortúnios vindos do conflito, fez com que o Conservatório revisse suas premissas. Foi levado ao Conservatório, conversou, pegou as diretrizes e viu que ainda era possível.

Foi logo comentar com o professor Philipp, uma vez que, como pensionista do Estado, deveria levar um diploma de uma escola oficial para justificar todo dinheiro investido nele. Além de que, passar pelo Conservatório seria a coroação de um virtuose em um estabelecimento de muita história e por onde passaram os grandes compositores europeus. O professor não ficou tão entusiasmado quando estava Souza Lima. Aproximando o concurso e avistando de perder um excelente aluno, o

8 Pablo Ruiz Picasso (1881-1973) foi escultor e pintor espanhol e é um dos fundadores do cubismo. Paul Landowsky (1865-1961), humanista e escultor também participou da Primeira Grande Guerra. A estátua do Cristo Redentor foi terminada em 1931. *Id. Ibid.* p. 65

professor Philipp procurou logo encaixar Souza Lima em sua classe regular, porque até então, vinha estudando como aluno individual, com aulas particulares. Sugeriu a intervenção do embaixador Dr. Gastão da Cunha (1863- 1927) junto ao Diretor da Escola de Belas Artes de Paris, para que pudesse interceder e admitir Souza Lima. O pedido foi negado. Claro que essa situação, a de um aluno estrangeiro, um brasileiro em Paris, com essa decisão de entrar no conservatório poderia acarretar um rompimento com seu professor. Prevendo isso, Madame Laurens logo pensou em apresentar Souza Lima a madame Marguerite Long, "que naquele momento estava causando grande sensação nos meios musicais de Paris como professora e como personalidade artística"[9]. Depois de conhecer Marguerite Long, com encanto pelas duas partes, Souza Lima se viu empolgado em entrar para o Conservatório, mesmo que as relações com o professor Philipp ficasse abalada.

O Conservatório de Paris foi fundado em 1784 como *École Royale de Chante et Declamation*, em 1795 tornou-se Conservatório Nacional de Música e Declamação, a sala de concertos foi ampliada em 1811 para abrigar a *Société des concerts français*. É uma importante instituição de música, a mais célebre de Paris. Em 1920, época em que Souza Lima faria o concurso, os professores eram Marguerite Long, o diretor Henri Rabaud (1873-1949), Alfred Cortot (1877-1962), Eugène Gigout (1844-1925), Philipp, Maurice Emmanuel (1862-1938), Camille Chevillard (1859-1823), Vincent d' Indy (1851-1931), Charles-Marie Widor etc. O grupo de professores era mesmo de impressionar e com Souza Lima, não foi diferente, porque "o convívio com os colegas e com esses professores só podia alargar a personalidade e colocar dentro de uma movimentação artística muito mais proveitosa e útil"[10]. Com quase meio ano para se prepara para o concurso, Souza Lima dedicou-se inteiramente aos estudos, sobretudo na residência de verão da família Laurens, na

---

9 *Id. Ibid.* p. 68

10 *Id. Ibid.* p. 68.

região Bretanha, onde passou três meses quase que confinado, mas com os estudos aprimorados. Foi também proveitosa a estadia para observar os costumes e a cultura dos bretões, alguns inusitados para esse brasileiro, que agora estava no norte da França.

> Satisfazendo a minha curiosidade, visitei o interior de uma das moradias daquela gente, de origem tão antiga, e vi que suas camas eram como armários, cujas portas se abriam lateralmente para esquerda e para direita. A pessoa deitava-se e fechava-se, puxando as duas portas: estas eram trabalhadas de maneira que o ar entrasse sem dificuldade, quase como venezianas. Nas refeições não usavam pratos. Nas mesas eram cavados uns espaços circulares como se fossem pratos, os quais, após as refeições, eram devidamente lavados.[11]

Saint-Nic, Chateulin, Locronan, Landevennec, Plomodierne, Douarnenez, Quimper e *Saint Anne de la Palud* foram algumas cidades que conheceu na região de *Finistère*, um dos cinco departamentos da Bretanha histórica. Essa região é o resultado das baralhas travadas inicialmente pelos romanos e depois pelos anglo-saxões que invadiram a Grã-Bretanha e forçaram a retirada dos Bretões para essa região da França. Essa região tem muita influência céltica e, em termos de música, o *biniou* e a bombarde estão sempre presentes. De volta a Paris para a reta final de preparações para o concurso, Souza Lima retomou os estudos com mais garra e passou a estudar principalmente as peças que seriam apresentadas: "Variações de Franz Liszt sobre um tema de Bach", "Lesghinka" do compositor e pianista russo Sergei Mikhailovich Lyapunov (1859-1924) e a "Balada em sol menor" de Chopin. Afinal, estudar com Marguerite Long e no Conservatório de Paris, era uma rara oportunidade.

---

11 *Id. Ibid.* p. 69.

Marguerite Long era uma professora e pianista estimada e respeitada por todos em Paris, tomou as primeiras lições de piano com sua irmã, assim como Souza Lima em São Paulo, depois, começaram as aulas com Alexis-Henri Fissot (1843-1896) no Conservatório e Paris. Foi uma das principais intérpretes de Gabriel Fauré (1845-1924), Maurice Ravel e Claude Debussy, com destaque para o primeiro que a promoveu a professora titular do Conservatório em 1920, tirando-a da classe preparatória de candidatos. O início da Primeira Grande Guerra em 1914, afetou a todos os europeus, sobretudo, compositores, estudantes e professores do Conservatório e principalmente a própria Marguerite, que teve seu marido morto logo nos inícios da guerra. Joseph de Marliave (1873-1914) era capitão do exército francês e um musicólogo importante, autor de um livro sobre os quartetos de Beethoven, o mais lido até o lançamento do livro de Joseph Kermann em 1966 (*Beethoven's Quartet*). Em memória de amigos mortos na guerra, Maurice Ravel compôs "*Le Tombeau de Couperin*" – uma suíte de seis movimentos em estilo barroco, a última seção, a "*Toccata*", foi dedicada a Marliave.

Fig. 20 – Georges Gershwin. Fonte: https://www.jornaltornado.pt/george-gershwin-a-vida-e-improviso/

Marguerite, abalada com a morte precoce em uma guerra que mal começara, dedicou-se cada vez mais aos estudos de piano. Era insistente e exigente. O Concerto em Sol Maior de Maurice Ravel foi dedicado a Marguerite Long e foi estreado em 1932. O público ficou entusiasmado com passagens jazzísticas, uma possível influência de Gershwin ou de outros estudantes que foram para Paris. Long tocou e gravou uma variedade de compositores, dentre ele, Mozart, Beethoven, Milhaud e Chopin.

Marguerite Long orientou Souza Lima nos estudos para as provas do Conservatório e incitou as execuções de maneira clara, objetiva, mas com muita sensibilidade – era preciso demonstrar que o postulante era capaz de ter uma identidade própria. Contudo, havia um problema: os alunos classificados eram escolhidos pelos professores, o que poderia acarretar e Souza Lima não ficar na classe de Marguerite Long. Mais uma vez, o embaixador interveio e fez com que a direção do Conservatório permitisse que fosse para a classe de Long.

Fig. 21 – Conservatório de Paris em 1900. Fonte: http://www.hberlioz.com/Paris/BPConservatoire.html

A peça escolhida para ser tocada foi a "Balada em sol menor" de Chopin e Souza Lima, preocupado e apreensivo, tocou-a e foi aprovado para a segunda prova. Na segunda etapa teria de tocar uma das três peças indicadas: "Tocata e Fuga em dó menor" de Bach, a tarantela "Napoli" de Franz Liszt e uma outra que diz não se recordar.

> Escolhi a peça de Liszt, que é de grande efeito, exigindo uma realização pianística de alta virtuosidade. Seu preparo obrigou-me a uma dedicação mais que total, por ser bastante extensa. Devendo estar pronta em apenas duas semanas, e porque eu não a conhecia.[12]

Trata-se de "*Venezia e Napoli*", da obra "*Années de pèlerinage II*". Uma obra realmente difícil e que exige muito do intérprete, com cerca de 15 minutos de duração. Essa peça foi adicionada três anos depois de publicar "*Années de Pèlerinage*", aproveitando duas peças que havia escrito após uma viagem à Itália, adaptando a gôndola "*Nessun maggior dolore*" de "*Otello*", de Rossini (1792-1868).

Fig. 22 – Marguerite Long e Maurice Ravel. Fonte: https://interlude.hk/great-women-artists-shaped-music-xii-marguerite-long/

12 *Id. Ibid.*, p. 71.

De 273 candidatos da primeira prova, sobram 40 para a segunda. Depois da prova, Souza Lima foi para o pátio e juntou-se a outros colegas, para esperar o resultado. Ali, na ansiedade de um aluno dedicado e de um futuro e brilhante pianista, Souza lima lembra de um fato interessante que, certamente, merece destaque pelo acontecimento e pela impressão que causou no júri.

> Um dos concorrentes que estava por ali perguntou ao contínuo, aliás, um homem muito amável, que ficava na porta de entrada da sala e que nos introduzia para a execução: "Há algum candidato que tenha se sobressaído mais que os outros?" Respondeu ele: "Há um estrangeiro, que tem uma cabeleira parecida com um '*plumeau*' (epanador), que parece ter surpreendido demais o júri". Naquele tempo, eu tinha realmente uma vasta cabeleira.[13]

O resultado veio logo às 15 horas e Souza Lima foi classificado em 1º lugar entre os 40 candidatos e as três vagas disponíveis para aquele ano. Com tanto talento e com a consagração no prêmio, todos os professores da banca queriam que Souza Lima fosse para a sua classe para a sua classe e foi, nesse momento, que Marguerite Long apresentou a carta do embaixador brasileiro, o Dr. Gastão da Cunha. O sucesso inicial do pianista tornou-se notícia no Brasil em 1920, em um deles podia-se ler:

> O moço paulista sr. João de Sousa Lima, pianista já aqui bastante conhecido, que partiu o ano passado, como pensionista do Estado, para a Europa, tendo fixado residência em Paris, onde se encontra estudando sob a direção do notável professor Philipp, conseguiu ser aprovado no

13 *Id. Ibid.*, p. 72

> concurso em que entrou para candidatar-se ao curso superior de Piano do Conservatório daquela grande capital.[14]

O professor Philipp, nessa altura, já havia ficado para trás. O jornal não foi muito entusiasmado, mas outras notícias correram pelo Brasil. Outro diário apontava para a dificuldade do concurso: "A admissão no curso superior do conservatório de Paris não é tarefa de fácil conquista em virtude do elevado número de candidatos que para ali afluem de toda parte do mundo".[15]

Fig. 23 – Souza Lima (terceiro, em pé, da esquerda para a direita) e alunos da classe de Marguerite Long (terceira, sentada, no centro.). Ainda se vê os pianistas Jean Doyen (segundo da esquerda para a direita), Jacques Fevrier (quarto da esquerda para a direita) e Lucette Descaves, a segunda sentada. Fonte:AF

14 *Correio Paulistano*. Sexta-feira, 26 de novembro de 1920. AF/IPB.

15 *O Jornal* Domingo, 28 de novembro de 1920. AF/IPB.

Mais um jornal, agora com críticas políticas e ataques diretos à ostentação e opulência das embaixadas, "pomposas, banquetes inúteis, recepções feéricas", acentua o grau de dificuldade dom concurso.

> O júri constituído por um grupo de professores do Conservatório, sobre a presidência de Rabaud, seu atual diretor, oferece aos estudos dos concorrentes três peças de dificílima execuções. (...) Rabaud introduziu ainda para esse ano, mais uma dificuldade a vencer: a leitura, à primeira vista, de trecho manuscrito. Como se vê, é um concurso de apurada seleção, levada ainda ao extremo para com os estudantes estrangeiros que só têm duas vagas: duas probabilidades de admissão.[16]

Com um título de "*Il Successo di un alunno di Chiaffarelli a Parigi*", o jornal italiano *Fanfolla*, diz que o professor Chiaffrarelli estava vivamente feliz pelo sucesso de seu ex-aluno, ainda deixa bem evidente que Souza Lima, está aprovado por um grupo de juízes composto de professores célebres e que foram unânimes na aprovação[17]. Agora é a vez da revista *A Cigarra*. Além de noticiar, mais uma vez, o grau de dificuldade do concurso, relembra da vida de Souza Lima em São Paulo e seu talento:

> Contudo, desse difícil exame, João de Souza Lima, – como, há alguns anos, Guiomar Novaes, que hoje é uma lidima gloria brasileira – saiu triunfante, reunindo assim mais uma belíssima vitória à sua carreira de pianista. Por aí se vê que não erramos quando, por ocasião de sua partida previamos ao jovem artista patrício uma estada cheia de louros na Europa, louros esses que lhe assegurava

16 *O Estado de São Paulo*. Sábado, 27 de novembro de 1920. AF/IPB.

17 *Fanfolla*. Venerdi, 26 de novembre de 1920. AF/IPB.

> incontestavelmente, o seu formosíssimo talento de virtuose e de compositor.[18]

O Jornal do Comercio e o Diário Popular ressaltaram o talento de Souza Lima e ainda as aulas do professor Chiaffarelli. O Jornal "A Platea" também teceu os mesmos comentários, com destaque ao virtuosismo e ao talento de compositor.

> Foi aprovado unanimemente. A notícia não surpreendeu. Trata-se de um bonito temperamento musical e que já de S. Paulo levou excelente cabedal. Não só temperamento de pianista, mas um estofo solido de compositor. Mas, si não surpreende, a boa nova traz grande contentamento aos numerosos amigos e admiradores de João de Sousa Lima.[19]

Com o início das aulas, Souza Lima pode fazer amizades e seguir a agenda proposta por Maguerite Long, de aulas e audições por toda a semana. Cada aluno deveria ter uma aula por semana, mas todos deveriam ouvir as aulas dos outros. Cota ainda que a cada dia conhecia mais, compositores, arranjadores, musicólogos e que o aprendizado era tão importante par a carreira que Long sempre dizia: "Não se toca com o som do piano e, sim, com o seu som".[20] Isso significou muito, pois, com essa liberdade, os alunos eram capazes de achar a sua própria sonoridade e desenvolver um estilo único e nada uniformizado.

---

18 Revista *A Cigarra*. 1 de dezembro de 1920. AF/IPB.

19 *A Platea*. 27 de novembro de 1920. AF/IPB

20 LIMA, Souza. *Op. Cit*. p. 73

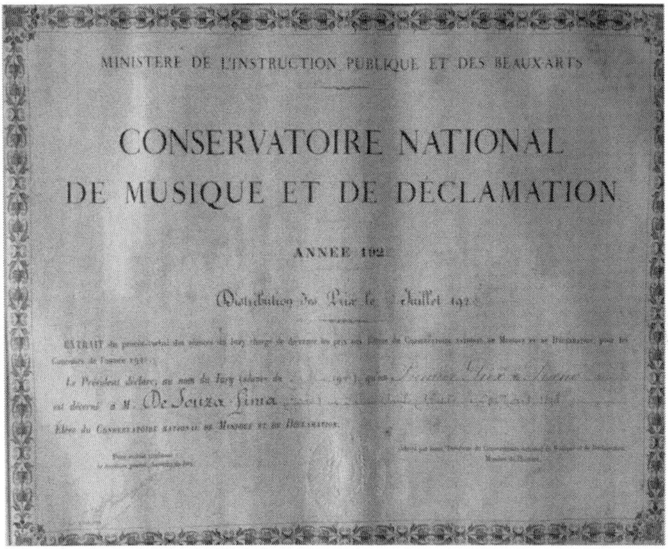
MINISTÈRE DE L'INSTRUCTION PUBLIQUE ET DES BEAUX-ARTS

CONSERVATOIRE NATIONAL
DE MUSIQUE ET DE DÉCLAMATION

Fig. 24 – Diploma de Souza Lima no Conservatório de Paris, 1922. Fonte: AF

O ano letivo findava e chegava a vez do mais esperado para todos no Conservatório: a prova final, que consistia em uma apresentação pública. Não era tão fácil passar por esse momento. Dos 70 alunos que preenchiam todas as classes de piano, somente 19 forma aprovados para esse grande momento e Souza Lima estava entre eles. Tratava-se de uma apresentação em que os alunos deveriam tocar uma peça escolhida pelo júri e dessa vez, foi a "Sonata em Lá bemol Maior" de Carl Maria von Weber (1786-1826). Essa sonata, como apontou Souza Lima, é uma "peça de maravilhoso romantismo, e de grande importância na interpretação. Aliás, mais que isso. Julius Benedict, talvez um dos maiores especialistas em Weber, diz que a Sonata é uma de suas maiores obras, uma vez que foi concebida na sua maioridade musical. Quando se mudou para Berlim, já apaixonado por Caroline Brandt (1794-1852), Weber sentiu-se envolvido no amor de sua futura parceiro pela vida e que isso pode ter contribuído para a realização uma obra original na forma, com um *pathos* profundo e um verdadeiro sentimento poético.[21]

Era então preciso interpretar com a alma, com aqueles sons que Marguerite Long recomendou, os seus próprios. O júri foi, mais uma vez, de experts e de grandes músicos, dentre os 11: Henry Rabaud (1873-1949/Diretor do Conservatório), Camille Chevillard (compositor e regente da Orquestra da Ópera de Paris) e Marcel Dupré (organista, compositor e vencedor do Grande Prêmio de Roma). Souza Lima teria de ser impecável. E o foi. Tanto o público quanto os jornalistas viram uma execução primorosa, porém, não levou o primeiro prêmio, só obteve o segundo lugar. Mesmo assim, os jornais de Paris noticiaram o resultado com as devidas homenagens a Souza Lima. O "*Le Figaro*" de 1º e julho de 1921 chamou Souza Lima de "autoridade magistral, virtuose completo"; o "*Comoedia*", publicou no mesmo dia que Souza Lima "tem uma técnica segura e não alcançou o lugar que merecia". "*L'Oeuvre*" foi mais preciso: "ele é o único que deu à sonata de Weber sua cor romântica". Entretanto, o "*Le Courrier Musical*" em um anota assinada por Alexander Brailowsky (1896-1976), pianista russo e especialista em Chopin, foi a que, certamente, causou maior impacto. Depois de nomear os vencedores faz a seguinte menção:

> A competição foi de uma média alta pela técnica, um pouco menos brilhante, pequena, ao ponto da perspectiva musical. É justo dizer que a magnífica Sonata de Weber, tão característica de seu tempo, soou inicialmente estranha. Ela pede que o intérprete seja mais leve e sentimental, independentemente de sua técnica. (...)

Depois aponta as performances de cada candidato e sobre Souza lima, acrescenta:

---

21 Cf.: BENEDICT, Julius. *Weber*. Montana: Kessinger Publishing, 2010.

> Bastante notável, eu já admirava com facilidade a sua técnica, seu temperamento e sua inteligência; uma interpretação muito pessoal que foi de longe a mais viva – agora, um virtuoso – significativamente superior aos outros concorrentes.[22]

Mesmo que tenha sido uma estratégia para mantê-lo no Conservatório, o *Diário Paulista* de 27 de julho de 1921 não se limitou à notícia e lançou, deliberadamente, uma crítica ao resultado.

> Vimos uma carta de Paris, anunciando que o Sr. João de Souza Lima estimado paulista, que se aperfeiçoou no Conservatório daquela capital, obteve o 2º prêmio. Sabe-se, nas rodas do Conservatório que o primeiro prêmio esteve quase a ser concedido, mas...ele deve ainda entrar em novas provas. Acrescenta a carta: como se vê, em toda parte não é premiado quem mais trabalha e sim que "le bon Dieu" ajuda.[23]

Em 6 de agosto de 1921, o jornal *O Estado de São Paulo*, republicou algumas notas sobre o desempenho de Souza Lima em Paris, dando destaque para o que pensavam os críticos da Revista *Le Ménestrel*, mas antes, destaca:

> O Sr. Souza Lima não chegou a ter um ano de frequência no Conservatório, o que como se vara. Mas adiante, servir de argumento contra a sua classificação em 1º lugar. Vejamos como o Sr. René Brancou do *Menestrel* apreciou os concorrentes: "O primeiro do grupo do segundo prêmio não devia, se bem nos parece, estar em tal colocação, o Sr. Brouíllac toca honestamente e nada mais. De maneira completamente diversa, diversa se apresenta o Sr. De

22 *Le Courrier Musical*. Juillet 1921. AF/ IPB

23 *Diário Paulista*. 27 de julho de 1921. AF/IPB

> Souza Lima, com sua sonoridade profunda e suas arrancadas fantasias que não desagradariam ao autor do 'Obéron'".

O jornal continua com sua crítica e cita ainda os especialistas do *Le Figaro* e o que se leu foi um relatório de elogios. Palavras como "autoridade magistral, virtuoso completo, e artista notável"[24] fizeram parte das observações. Essa situação, onde tem males que vêm para bem, foi depois explicada. Souza Lima conta que um determinado momento alguém perguntou para um dos jurados o porquê de tal colocação e a resposta foi: mistério. Esse "*mystére*" foi depois explicado:

> Não devemos dar o primeiro prêmio ao candidato Souza Lima, porque é de seu interesse cursar o Conservatório por mais um ano. Além de ser ele bolsista de seu país, portanto devendo permanecer em Paris por muito mais tempo, ser-lhe-á muito proveitoso, pois poderá frequentar outras disciplinas como História da Música, Composição, Regência etc. O que só é permitido depois que o aluno tenha obtido uma classificação qualquer em concurso, como um segundo prêmio ou uma primeira ou uma segunda menção honrosa.[25]

Depois de mais umas férias para um descanso merecido, volta às aulas. Souza Lima chamava atenção de todos no Conservatório e do público de Paris, pelo jeito de tocar, pela personalidade e pelo virtuosismo. Tudo isso levou-o a conhecer pessoas que seriam de muita ajuda e de muitas trocas intelectuais, dentre eles as que estão na foto acima (imagem 21): Lucette Descaves (professora prestigiada em Paris), Jacques Fevrier e Jean Doyen (dois grandes pianistas) Lidia Scavelson (também pianista) Renée Gilly (cantor). Com Camille Chevillard, Diretor dos "*Concerts L'Amoureux*", começou a estudar música de Câmara e foi muito bem recebido pelo professor, a quem

24 *O Estado de São Paulo*. 06 de agosto de 1921. AF/IPB

25 LIMA, Souza. *Op. Cit.*, p. 77.

também chamou a atenção. Na classe, conheceu e manteve contato com Pierre Fournier (1906- 1986), um dos maiores violoncelistas da França, com quem Souza Lima pode tocar em várias ocasiões. Ficou amigo também de Pierre Pasquier (1902-1986), violista de renome em Paris. No Conservatório teve a oportunidade de tocar uma obra junto a Pierre Fournier, Pierre Pasquier e Jean Savoy, cujo comentário no jornal "Le Menestrel" do musicólogo Renè Brancour (1862-1948) foi só de elogios: "esse jovem pianista com um ataque certeiro e nervoso honra o Brasil, sua ardente pátria".[26]

Outros contatos foram importantes para Souza Lima, incluindo outros intérpretes que se tornaram amigos. As aulas de História da Música foram dadas por Maurice Emmanuel, considerado um grande pianista e sábio musicólogo, que levava para as aulas sempre um intérprete de renome, como foi o caso de Robert Casadessus (1899-1972) – autor da *Histoire de la Langue Musicale* -, que tocou em uma das aulas obras de Chopin. Quando viu Souza Lima tocar, indagou: "o que o senhor veio fazer aqui? Até ao entrar no palco o senhor fez melhor que nós!"[27]Maurice Emmanuel nasceu no mesmo dia que Claude Debussy, mas não seguiu os passos do impressionismo. Tinha uma obsessão pela música antiga e pelos cantos populares das regiões da Borgonha e defendeu sua tese em música e dança gregas. Na mesma classe, Souza Lima conheceu um senhor de idade avançada que foi aluno de Chopin e com seu mestre, foi visitar a casa do compositor na rua "Chaussée d'Antin". Em um concerto homenagem ao embaixador brasileiro em Paris, Dr. Gastão da Cunha, Souza Lima tocou a valsa "Mefisto" de Liszt e outra obra de Alexandre Levy. Na mesma ocasião, outros artistas fizeram suas intepretações, como a cantora Vera Janacopoulus (1886 ou 1892-1955), o cantor Corbiniano Villaça (1873-1967), a pianista Maria do Carmo Botelho que em 1943 era pianista na

26 https://gallica.bnf.fr/ark:/12148/bpt6k5617338c/f8.item

27 *Id. Ibid.*, p. 81.

Rádio Clube do Rio de Janeiro, o violinista Nicolino Milano (1876-1962) e o humorista e caricaturista Luiz Peixoto (1889-1973). Em outra ocasião, com agora embaixador do Brasil na França, Luís de Souza-Dantas, em 1923, houve outra recepção na Embaixada:

> M. Luís de Souza-Dantas, embaixador do Brasil, vem oferecer um jantar íntimo aos escritores e artistas, entre eles, Tarsila do Amaral, pintora brasileira. Os escritores Jean Giraudoux, Blaisie Cendrars, Jean Cocteau, Jules Romains, Jules Supervielle, Oswald de Andrade e Sérgio Milliet; os pintores Fernand Leger, Andre Lhote e Rego Monteiro; o jornalista Pinheiro Junior; os músicos Darius Milhaud e Souza Lima; o escultor Victor Brecheret.[28]

Na continuação dos estudos, Souza Lima apresentou ao piano uma obra de Elpídio Pereira (1872-1961), um músico funcionário da embaixada brasileira em Paris. Esse autor, que produzia uma obra "sem a preocupação de ser vanguarda, nem ter feições excêntricas"[29] apresentou uma ópera: "Calabar".[30] Em um domingo, 19 de março de 1922, o jornal brasileiro editado em Paris, soltou a seguinte nota sobre a ópera:

> A audição das cenas principais de Calabar, um drama lírico, cujo papel é obra do compositor brasileiro Elídio Pereira, foi um grande sucesso no *Salle des Agriculteurs.* (...) o *intermezzo* [foi] magistralmente executado pelo Sr. Souza Lima, um pianista de talento raro, que sabia o que

28 *New York Herald.* 4 de julho de 1923. AF/IPB

29 LIMA, Souza. *Op. Cit.* p. 83

30 Domingos Fernandes Calabar (1609-1635) foi um desses personagens da História do Brasil que não sabia muito bem o que queria e o que fazer. Lutou na resistência pernambucana contra os holandeses, sempre ao lado dos portugueses, depois mudou de lado e foi ajudar os invasores. Conhecedor de todo terreno de Pernambuco, indicou os lugares de emboscada definidos pelo Governador Matias de Albuquerque (1580-1647). Foi enforcado em 1635.

> fazer no projeto e que soube produzir esta linda página que foi apresentada para uma orquestra.[31]

Souza Lima fala dessa apresentação com entusiasmo e destaca ainda a crítica do Jornal *Le Monde Musicale*, que disse ter visto um "ritmo e calor notáveis, ele [Souza Lima] sabia como dar uma excelente impressão geral do trabalho"[32]. Antes de chegar os concertos de final de ano, muitas audições foram apresentadas, sobretudo a obra "*Tempête et lever du jour sur les flots*" (Tempestade e amanhecer das ondas) de Gustav Samazeuilh (1877-1967), que, agradecido pela belíssima interpretação de Souza Lima, foi agradecer pessoalmente e lhe dedicou uma cópia autografada. No Brasil, a repercussão foi atrativa e elogiosa nas palavras de Alonso Fonseca, que o compara a Debussy:

> Exemplo deste Acerto encontra-se na peça de Samazeuilh: "*Tempête et lever du jour sur les flots*", que o artista executou com brilho e maestria na produção de sonoridades grandiosas em que, parece, o seu temperamento se compraz de mãos dadas com as filigranas arrevesadas e incoerentes do francês Debussy. Souza Lima tem o seu futuro de virtuose garantido pelo seu talento, pelo seu esforço e pela sua modéstia; que o orgulho e a ambição desmarcada têm levado muito artista à prematura decadência.[33]

Fato curioso com essa obra, conta Souza Lima, passou na casa de Guiomar Novaes, quando a tocou e a empregada depois de ouvir, disse para Guiomar: "esse moço passou a perna na senhora"[34]. Além da obra ser de um impacto sonoro, a interpretação de Souza Lima foi impecável.

---

31 *Le Brésil*. Dimanche, 19 de março de 1922. AF/IPB

32 LIMA, Souza. *Op. Cit*. p. 83

33 Jornal *A Gazeta*. 9 de outubro de 1922. AF/IPB

34 *Id. Ibid*. p. 84

Com a chegada do concurso de final de ano, os ânimos estavam à flor da pele. Em julho de 1922, antecedendo o grande concurso do Conservatório, o jornal *Comoedia* com uma notícia mais que vantajosa, "*Avant les grandes courses*", noticiou o próximo recital e destacou Souza Lima: "o grande favorito me parece ser M. de Souza Lima, que chegou ao segundo lugar no ano passado."[35] Em São Paulo, o *Le Messager* chegou a noticiar em outubro de 1922: "Os concertos feitos por Mr. Souza Lima para o prêmio do Conservatório de Paris é uma evidência da alta qualidade".[36] Chegado às vésperas do grande concurso, Souza Lima foi atrás de um piano "Erard" e fez uma execução com autoridade e desenvoltura, o que o deixou feliz bem como ao público presente. Na sala e espera teve um diálogo rápido e oportuno com um aluno que também concorria e lhe disse: "*Souza, ne joue pas trop bien!*" (Souza, não toque muito bem).[37] Mas ele tocou e recebeu o primeiro prêmio. Nesse momento, lembrou-se de todos e de tudo que teve no Brasil e, por aqui, as notícias correram com o maior prestígio.

De volta às férias. Dessa vez, Souza Lima foi com a família de Madame Laurens para a região basca nos Pirineus. La recebeu um telegrama do Consulado Brasileiro em Paris, convocando-o para prestar esclarecimentos na Justiça Militar. A nota foi dada como "Chamada de um insubmisso":

> Foram solicitadas ao Consulado Brasileiro em Paris, providências no sentido de ser cientificado o sr. João de Souza Lima, pensionista do Estado, que se achando pronunciado pelo crime de insubmissão, deve apresentar-se no mais breve prazo ao Quartel General nesta capital, a fim de prestar o serviço militar.[38]

35 Jornal"*Comoedia*. 21 de junho de 1922. AF/IPB

36 Jornal *Le Messager*. São Paulo, 14 de outubro de 1922.

37 LIMA, Souza. *Op.Cit*. p. 85.

38 *Folha da Noite*. 24 de julho de 1922.

A chegada a São Paulo para apresentar-se e resolver o problema, uma vez que como pensionista achava-se impossibilitado, pois a bolsa de estudos duraria por cinco anos. Obviamente que sua chegada em São Paulo causou uma série de convites que teve de cumprir, pelo menos dois, pois precisaria voltar para Paris. Com Chiaffrarelli, tinha uma dívida. Ao ir ao seu encontro em uma aula, teve de tocar pelo menos uma peça: as "Variações de Liszt sobre um tema de Bach". Também seria importante que fizesse um recital no Teatro Municipal de São Paulo com piano de cauda emprestado por Guimar Novaes e o fez com as obras que tocou em Paris no primeiro concurso em 1921 do Conservatório, quando ganhou o primeiro prêmio. O Jornal do Comercio também foi elogioso e publicou a notícia:

> De fato, Souza Lima não só pode vencer, sem demonstrar o mínimo esforço às mais sérias dificuldades que se lhe apresentem, como, por exemplo, ontem na valsa de 'Mephisto1 ou nos estudos e no *Scherzo* de Chopin; mas o que não é muito comum, possui uma comunicabilidade que que contagia a plateia. O *Scherzo* que lhe valeu o primeiro prêmio no Conservatório de Paris, ele toca de maneira completamente original. Aliás, esse traço indicativo de sua personalidade que se firma com grande destaque, aparece em todos os trechos do programa.[39]

No Teatro Municipal, o concerto foi impecável porque "havia grande ansiedade por esse concerto, que será o único, pois que o laureado pianista patrício regressará em breve para Paris, onde tem importantes contratos para o próximo inverno".[40] Os assuntos com a Justiça Militar foram resolvidos e publicados no *Jornal do Comercio*: "Declaro-vos que o sorteado militar pelo distrito da capital desse Estado, João Augusto de Souza Lima deve ser licenciado."[41].

39 *Jornal do Comercio*. 8 de outubro de 1922. AF/IPB

40 Jornal *O Combate*. São Paulo, 3 de outubro de 1922. AF/IPB

41 *Jornal do Comercio*. São Paulo, 9 de agosto de 1922.

De volta a Paris, as atividades tomaram outros rumos. Não era mais visto como aluno e sim como um profissional virtuose e por isso, os convites começaram a aparecer de forma intermitente. Junto ao violinista Gabriel Bouillon (1898-1984) e a orquestra da cidade, foi tocar em Lyon a convite da "*Societé des Grand Concerts*", o concerto para piano, violino e orquestra de Fernand Le Borne (1862-1929). Depois foi tocar na Embaixada do Egito em Paris, por ocasião da chegada a Princesa daquele país. Tocou também na "*Université des Annales*", depois de uma conferência de Gabriel Fauré nas "*Galas de Musique*". O *Les Annales*, jornal da Universidade, destacou, com um deslize imperdoável, típico de quem não conhece a origem dos intérpretes ou que não buscam conhecer os assuntos de sua pauta:

> Tivemos, nesta última semana de estudos, a interessante conferência do Sr. Gabriel Fauré sobre música espanhola, que nos revelou dois artistas de primeira linha: o Sr. de Souza Lima, um virtuoso da grande escola, e que certamente tem sangue espanhol em suas veias, sua peça nervosa, rítmica, flexível, colorida e frenética fez maravilhas nas canções de Albeniz.[42]

O programa foi de música espanhola e o jornal "Conferencia" do Rio de Janeiro, replicou a notícia do *Les Annales* com todas as críticas possíveis:

> Este concerto revelou vários artistas, o Sr. Souza Lima, que tem sangue argentino nas veias e que parece nascido para interpretar essa música lasciva, langorosa, apaixonada, estranha, de uma melancolia que de repente dá lugar a ritmos sonoros, brilhante.[43]

42 *Les Annales*. 25 mars de 1923. AF/IPB

43 LIMA, Souza. *Op. Cit.* p. 91.

Essa nota, embora elogiosa, foi um problema. Souza Lima é paulista, paulistano e brasileiro. Não tem nenhum tipo de sangue argentino nas veias. Entretanto, por se tratar de uma música espanhola, de características mais neolatinas, com danças e ritmos mais distante das produções europeias, pode ter confundido o desavisado crítico. No Brasil foi repugnante e vários jornais do Rio de Janeiro e São Paulo rebateram o crítico mais empolgado que estudioso. Seja como for, o argentino nascido no Brasil ainda tocou na "*Legação de Holanda*", no "*Maison de L'Amerique Latine*", em Biarritz em uma programação dos "*Concerts Classiques*", na "*Union Interallié*" e no "*Opéra Comique*".

Fig. 25 – Raul Laranjeira e Souza Lima em Paris. Fonte: AF

Paris sorria para Souza Lima. Além de sua performance como pianista, tornou-se uma espécie de "Embaixador Cultural em Paris", a ajudar brasileiros que chegavam por algum motivo, estudos ou passeios. Foram vários os casos em que Souza Lima acolheu, em um primeiro momento, essas pessoas que ali chegavam. Um deles foi o violinista Raul Laranjeira que recém-chegado também procurou Souza Lima para uma acolhida mais receptiva e foi levado para morar na residência de Madame Laurens. Além de um bom humor sem precedentes (Chamava Madame Laurens de "Lorência"), Raul Laranjeira era um exímio violinista, tanto que um jornal de Bauru de 1934 dizia de um "nome amplamente consagrado, desse grande violinista brasileiro":

> Raul Laranjeira é um artista fino e um homem que agrada pela elegância de atitudes. Violinista exímio, ele com a sua profunda noção e belo, proporciona a quem teve a ventura de senti-lo e compreendê-lo, amável satisfação espiritual.[44]

O *Correio Paulistano* fez uma chamada, quase um apelo para que Raul Larangeira pudesse ser ouvido em São Paulo, esse "grande virtuose do violino, que tem se coroado com o maior sucesso em quase todos os países cultos do mundo. Mais à frente, o jornal faz um apelo para que tenha pelo menos uma audição desse "artista de valor real, modesto e excessivamente modesto": fica então "nosso lembrete aos diretores artísticos de nossas emissoras. Talvez esses diretores ignorem que "Raul Larangeira esteja em São Paulo".[45]

---

44 Jornal *O Fanal*. Baurú, 25 de fevereiro de 1934. Cf.: http://200.144.6.120/uploads/acervo/periodicos/jornais/FN19340225.pdf

45 *Correio Paulistano*. Sábado, 22 de maio de 1937. Cf.: memoria.bn.br/DocReader/Hotpage/HotpageBN.aspx?bib=090972_08&pagfis=18458&url=http://memoria.bn.br/docreader#

Fig. 26 – Bidu Sayão. Fonte: https://cifrantiga2.blogspot.com/2018/02/bidu-sayao--biografia.html

Souza Lima conta ainda que naquela época (1922) chegavam em Paris vários artistas brasileiros, como os pianistas Alonso Aníbal da Fonseca (1880-?), Mario Lyra e Bráulio Martins e o violoncelista Mário Camerini. Além disso, cita outros nomes importantes para as artes no Brasil e que estiveram ou já se encontravam e, Paris, como Fructuoso Vianna, Dinorá de Carvalho (1905-1980), Maria do Carmo Monteiro, Victor Brecheret (1894-1955), Tulio Mugnani (1895-1975), Vicente Rego Monteiro (1899-1970), Manuel Madruga (1882-1951) e Magdalena Tagliaferro (1893-1986). Outro caso de recepcionar brasileiros em Paris, foi o de Bidu Sayão (1902-1999) que ali chegou e procurou por Souza Lima para ajudá-la na sua primeira apresentação em Paris. Depois de conversas sobre sua carreira e sucessos no Brasil, foi apresentada ao empresário de Souza Lima (Monsieur Dandelot), quem melhor poderia escolher seus recitais, concertos e aulas. Depois de um recital sugerido por Souza Lima – que também participou pelo seu prestígio – e da supervisão de Dandelot, Bidu Sayão recebeu uma crítica favorável no "Le Figaro": "pelo encanto, pela audição e pela postura de um órgão de uma suavidade que nos lembra os dias mais bem sucedidos de Adelina Patti e Melba"[46]. Outros concertos vieram, como no "Grand Palais" e outro com a soprano Vera Karycheff.

Fig. 27 – Francisco Mignone, piano; Leônidas Autuori, violino; Jeremias Wachitz, viola; e Mario Camerini, violoncelo. Conjunto de Câmara do Cultura Artística em 1943. Fonte: IPB

Magdalena Tagliaferro merece um destaque, pois foi amiga quase que inseparável de Souza Lima. Ele diz que passou por vários momentos com ela e que sempre o levava para as *tournées* em locais mais interessantes possíveis desde os almoções em sua casa em Fontainebleu. Nesses almoços encontrava e conversava com pessoas dos mais altos níveis da arte europeia como violinista Jules Boucherit (1877-1962), "um dos melhores professores de sua época" e o compositor e maestro Reynaldo Hann (1874-1947), "uma das personalidades marcantes de sua geração".[47] Os convites continuaram surgindo e as apresentações

46 Adelina Patti (1843-1919) foi uma soprano espanhola, uma das mais belas vozes do canto lírico, aclamada por Giuseppe Verdi (1813-1901). Nellie Melba (1861-1931) era uma soprano australiana de renome no *Metropolitan Opera House* e no *Convent Garden*. LIMA, *Op. Cit.*, p. 97.

47 LIMA, Souza. *Op. Cit.* p. 95.

cada vez mais com o sucesso de seu virtuosismo. No teatro "*Vieux Colombier*" Souza Lima tocou obras de artistas argentinos, brasileiros e espanhóis, como Alberto Williams (1862-1952), Villa Lobos, Felip Pedrell (1841-1922) e Fructuoso Vianna. Na cidade de Pontivy tocou, ao lado de Raul Laranjeira na Sociedade Mozart. Um jornal brasileiro editado em Paris foi bastante elogioso, tanto a Laranjeira, "violinista honesto e zeloso", quando a Souza Lima:

> O Senhor Souza Lima tem uma vantagem em comparação com todos os pianistas que ouvimos até agora desde a fundação da Sociedade Mozart. Seu virtuosismo prodigioso e nervoso, mas sem brusquidão; ígneo, mas sem aspereza, fez explodir a clareza de sua técnica, tanto quanto seu som marcante.[48]

Depois foi a vez da "*Instituition Nacionale des Jeunes Aveugles*" onde tocou a "Sonata em si menor" de Liszt e obra de Ravel, Chopin, Debussy, Sergei Rachmaninov (1873-1943), Fritz Kreisler (1875-1962), Frederic Mompou (1893-1987) e Fructuoso Vianna.

Fig. 28 – Magdalena Tagliaferro. Fonte: IPB

48 Gazette du Brésil, 19 de maio de 1927.

No *Théatre du Chatelet* está situado os "*Concerts Colonne*", instituição de renome em Paris que precisava de um concertista para atuar com sua orquestra. Souza Lima foi o escolhido e seu nome figurou logo em seguida nos programas como "*Soliste des Concerts Colonne.*" O *Correio da Manhã*, com uma manchete "O estado atual das artes na Europa – Tarsila do Amaral, a interessante artista brasileira", dá-nos as suas impressões.

> Temos um grupo que vai seguindo uma boa orientação moderna. Brecheret na escultura, para cujo nome chamaram a atenção os jornais desde ano acabam de obter um triunfo no *Salon d'Autonme*. Villa-Lobos como compositor em pleno sucesso. Souza Lima, convidado a concorrer com vinte e tantos pianistas de valor foi eleito, há pouco, por unanimidade de votos o primeiro solista dos "*Concerts Colonne*".[49]

Ainda em 1927, um concerto memorável de Souza Lima no *Concert du Conservatoire*, mereceu uma matéria no *Etoile de L'Est* de Nancy.

> M. de Souza-Lima é um virtuoso maravilhoso. Ele provou isso para nós muito bem, em Concerto de Listz em mi bemol. Sua interpretação é de uma habilidade rara sem apresentar, no entanto, toda a musicalidade que gostamos de encontrar em um excelente pianista. Ele teve muito sucesso no "Prelúdio", de Prokofiev, e no "*Jeune um Jardin*" de F. Mompou, e na "*Polonaise*" de Chopin. Por várias vezes o público chamou em cena, e o simpático artista deu dois 'bis', não programados, incluindo uma dança brasileira.[50]

O maestro era Gabriel Pierné (1863-1937), substituto de Edouard Colonne (1838-1910). Depois dos "*Concerts Colonne*" vieram outros

---

49 *Correio da Manhã*. 25 de dezembro de 1923. AF/IPB

50 Jornal *Etoile de L'Est*. Nancy, 20 de fevereiro de 1927. AF/IPB

convites no "*Salon des Musiciens Français*", no "*American Women's Clube*". Nesse recinto, o Chicago Tribune fez uma menção: "O Sr. Lima é um jovem compositor que agora é solista dos "*Concerts Colonne*"[51]. No "*Musée Galliéra*", apresentou o terceiro trio de Villa Lobos, com Raul Laranjeira (violino) e Rubem Montiel (violoncelo) (1892-1985). Ainda esteve como solista na Academia "*Caméleón*" e na Sociedade "*Entre Soi*". Na sala Erard, "*Le Ménestrel*" também não poupou elogios a Souza Lima:

> Tem um excelente mecanismo; esse pianista une qualidades que raramente são encontradas naqueles que, como ele, são pessoas muito jovens. Ele sabe respirar, atacar de uma vez, destacar qualquer novo movimento quando ele se apresenta, ele tem uma preocupação com o som dos pedais.[52]

Quando Villa-Lobos chegou a Paris, não foi diferente a recepção. Souza Lima já ouvira falar dele ora como "um músico absolutamente boêmio, capadócio e seresteiro", ora como "excepcional (...) de muita ousadia harmônica e rítmica".[53] A obra de Villa-Lobos era inovadora em vários aspectos e o público é que não entendia, pois havia se estacionado em linguagens do passado. Por isso, causava "espanto naquele meio ainda um tanto tímido e receoso em aceitar novos rumos, novas concepções, novas estruturas em música".

---

51 *Chicago Tribune*. 8 de fevereiro de 1924. AF/IPB

52 *Le Ménestrel*. Vendredi, 30 mars, 1923. AF/IPB

53 LIMA, Souza. *Op.Cit.* p. 99

Fig. 29 – Da esquerda para a direita: Alfredo Franklin de Mattos, Ítalo Tabarin, Villa-Lobos e Souza Lima. Fonte: IPB

O problema não era a linguagem, mas os ouvidos que se mantiveram com a escuta ainda na primeira metade do século XIX. O primeiro encontro foi no ateliê de Tarsila do Amaral, frequentado pelos "maiores nomes do modernismo": Jean Cocteau, Erik Satie, Pablo Picasso, Albert Gleizes (1881-1953), Fernand Léger (1881-1955), Marie Laurencin (1883-1956) e Robert Delaunay (1885-1941). Em algum desses almoços na casa de Tarsila, Villa-Lobos começou a conversar sobre improvisação, tocando uma "linha melódica estranha e num ritmo também estranho".

> Jean Cocteau, que estava presente, querendo sentir mais intensamente aquela música tão especial, sentou-se debaixo do piano de cauda para melhor ouvir. Finda a demonstração, Cocteau iniciou um violento debate com nosso Villa, achando que uma improvisação nunca poderia ser feita assim de encomenda, a qualquer hora.[54]

Com uma convivência diária com Villa-Lobos, Souza Lima logo apressou a apresentá-lo ao ambiente musical de Paris e a primeira

54 *Id. Ibid.*, p. 99.

dessas investidas sonoras foi para o musicólogo Henri Pruniére (1886-1942), em sua residência. Naquele momento Souza Lima tocou junto a Raul Laranjeira (violino) e Mário Camerini (violoncelo), o terceiro trio de Villa-Lobos. Na audiência estavam Paul Dukas, Albert Roussel (1869-1937), Gustav Samazeuilh, Florent Schmidt (1870-1958), Louis Aubert (1877-1968) e Roger Ducasse (1873-1954). Villa foi muito cumprimentado e os contatos logo surgiram, sempre com a camaradagem de Souza Lima. Nessas idas e vindas à casa de Madame Laurens, onde ficava o estúdio de Souza Lima, Villa-Lobos sempre comparecia e sempre ia ao piano mostrar as harmonias modernas e esboçava algumas de suas obras, como "Rudepoema" e a "Prole do Bebê". Villa-Lobos era bem-humorado e brincalhão e, fora os estudos e discussões sobre música, passa alguns momentos de relaxamento e diversão.

Fig. 30 – Programa de Concerto. Souza Lima e Phillipe Gaubert. 1927. Fonte: AF

Rapidamente voltou a Paris e logo foi participar de um concerto em homenagem ao Dr. Washington Luís, com participação de artistas brasileiros, como Vera Janacopulus (1892-1955), Bidu Sayão, a violinista Carmen Castelo Branco, o tenor Camargo e a pianista Maria Antônia de Castro (1910-1946). O jornal *O Estado de São Paulo* anunciou essa homenagem a Washington Luís:

> Realizou-se, esta tarde, um grande concerto musical em honra do Dr. Washington Luís organizado sob o patrocínio do Embaixador Souza Dantas. A esse ato estiveram presentes muitas pessoas gradas e elementos da colônia brasileira. Participaram do concerto os artistas brasileiros, senhora Vera Janacopulos, Bidú Sayão, Carmen Castello Branco, Maria Antônia de Castro e os senhores Camargo e Souza Lima, sendo todos muito aplaudidos principalmente ao executarem peças de compositores brasileiros.[55]

Em Biarritz, para mais um concerto, Souza Lima apresentou o "Concerto em mi bemol" de Liszt e curou-se de uma dor de dentes implacável. O jornal *Courrier de Bayonne-Biarritz* expôs, com todas as homenagens as qualidades de Souza Lima:

> Nunca tive a oportunidade de ouvir o pianista M. de Souza Lima, esperava, admito, uma exibição interminável de algum bom aluno recém-chegado do conservatório, dotado desse *brevet* de capacidade, que sugere que o vencedor saiba tocar piano, só resta esquecer; tenho muitas coisas e aprender … música. Como fiquei surpreso e encantado ao ver que M. de Souza Lima era um músico e pianista admirável!![56]

---

55 Jornal *O Estado de São Paulo*. 14 de maio de 1925. Fonte: AF/IPB

56 *Courrier de Bayonne-Biarritz*. Septembre, jeudi, 6 de 1923. AF/IPB

Souza Lima voltaria a Biarritz dois anos mais tarde. Na ocasião de seu retorno, apresentou a Sinfonia nº 3 e a Abertura de Manfred de Robert Schumann (1810-1856), concerto de Liszt.

> Ouvimos novamente com o maior prazer o Sr. Souza Lima, que ouvira há dois anos em Biarritz. Ele nos confirmou hoje pela excelente impressão que então nos causou; seu toque vivo, afiado e incisivo combina perfeitamente com o Concerto de Liszt, e ele teve muito sucesso e foi da melhor qualidade. Ele também mereceu os mais calorosos aplausos por sua brilhante atuação das *Papillon Noir* de Schumann (por que diabos ele suprime as capas? Ele quer nos provar que possui a arte das "capas perdidas"?) A Valsa de Mephisto de Liszt – tão difícil quanto longa e enfadonha – executada de maneira brilhante.[57]

Na Sociedade J. S. Bach de Paris, dirigida por Gustav Bret (1875-1969), executou um concerto para quatro pianos, com Lucete Descaves (1906-1993), Helêne Pignari e Lydia Schavelson (1906-1989) – "Quadros de uma Exposição" de Modest Mussorgsky (1839-1881). Sob a direção do mesmo criador da Sociedade J.S. Bach, tocou o "Concerto em ré menor" de Bach. Com a direção de Philippe Gauber (1879-1941), apresentou com a orquestra da "*Societé des Concerts du Conservatoire*" novamente o mesmo concerto de Bach, o "Concerto em mi bemol" e as variações sobre um tema de Bach, também de Liszt.

O Jornal *Paris Soir*, notificou a belíssima apresentação: "Este jovem artista, depois de um trabalho tão sério quanto voluntário, afirma-se de forma excepcionalmente brilhante."[58] Mas foi o *Comœdia* que foi mais detalhista:

57 *Courrier de Bayonne-Biarritz*. 19 de setembro de 1925. AF/IPB

58 Jornal *Paris Soir*. 21 de junho de 1926. AF/IPB

> Os melômanos tiveram, graças à Sociedade J.S. Bach a felicidade de ouvir, na mesma tarde, o concerto para dois pianos em do menor, o concerto pata três pianos também em do menor e, como um termo de finalização, o concerto para quatro pianos. Os excelentes artistas, cujos nomes são familiares, dos amantes de recitais, Mademoiselles Schavelson, Pignari, Descaves e de Souza Lima, deram uma interpretação precisa de ritmo, nuanças de sonoridade e de estilo.[59]

Esse concerto que Souza Lima denominou como memorável, não somente pela direção, mas pela grandiosidade, foi patrocinado por Audifax de Azevedo, homem importante em Recife e admirador do talento de Souza Lima e que o convidou para um recital em Recife, não medindo recursos. Até um piano "Erard" foi enviado para o recital e, uma vez no Nordeste brasileiro, foi logo convidado para ir a São Paulo, com o aval de Freitas Vale, principal membro do comitê do Pensionato Artístico. Nesse concerto a opinião de Guiomar Novaes foi publicada na *Folha da Noite*:

> Souza Lima – afirmou Guiomar Novaes – é uma das mais belas vocações pianística brasileiras. Com esplendidas qualidades que todos lhe reconhecem e o apuro a que submete a sua educação. Souza Lima a meu ver, chegará dentro em breve a honrar o prestígio artístico do Brasil.[60]

O *Correio Paulistano* só reforçou a observação de Guiomar. Disse que Souza Lima fez uma interpretação "delirantemente aplaudida sendo forçado a executar dois números extras, como solista"[61]. De volta a Paris, no navio "Massila", fez mais concerto em duas semanas de

59 Jornal "Comœdia". Paris, 3 de fevereiro de 1926. AF/IPB

60 *Folha da Noite*. 15 de outubro de 1924. AF/IPB

61 *Correio Paulistano*. 22 de dezembro de 1924. AF/IPB

travessia pelo Atlântico, para abrilhantar datas comemorativas e para suportar o tempo. Em Paris, de novo, fez um contato com Madame Debussy e as impressões se estendiam em almoços requintadíssimos. Nessas conversas, Souza Lima conheceu várias obras que inspiraram Claude Debussy, como os relevos de dançarinas gregas do Museu do Louvre, que inspiraram a obra "*Danseuses de Delphes*" e "*Poissons d'or*", inspirado por um biombo que havia sobre seu piano. Além disso, por influência de Madame Debussy, começou a estudar boa parte de suas obras. Nas conversas, mostrava a Souza Lima as mais variadas recordações de Debussy, como imagens de infância e objetos de uso pessoal. Foi um encontro sem precedentes e que muito lembra Souza Lima como inesquecíveis e proveitosos. Antes de partir para o Brasil, e dessa vez definitivamente após encerrar estudos em Paris, Souza Lima participou de uma recepção na casa do Sr. e Sra. Kœnig. Depois de nomear os convidados e suas importâncias, tais como títulos, cargos e ocupações políticas, o jornal brasileiro editado em Paris menciona a parte musical, com a presença do "compositor Villa-Lobos e o pianista Souza Lima".

> Por sua vez, a Sra. Kœnig e a Sra. Embaixatriz Régis de Oliveira, foram aplaudidas na interpretação de antigas melodias e modernas. O pianista brasileiro de Souza Lima também obteve grande sucesso, notadamente na execução de obras do mestre brasileiro Villa Lobos.[62]

O círculo de amigos de Souza Lima em Paris e em toda a Europa eram imprescindíveis para a qualidade sonora de seu trabalho dedicado ao piano e à composição. Além de Madame Debussy, Souza Lima lembra com orgulho e admiração de Eugène Gigout, de "personalidade excepcional, grande amigo de César Franck (1822-1890)".

---

62 *La Gazette du Brésil*. 10 de janeiro de 1924. AF/IPB

> Recebia-me as sete horas da manhã em sua residência para lecionar. Cada vez que lá chegava, acolhia-me de braços abertos, como um verdadeiro pai e suas lições eram de uma elevação extraordinária. Além dos ensinamentos dava-me muitos conselhos de como viver, de como manter amigos. Não me esqueço a sua frase: "il faut flatter les gens", dIzia que senpre no fim do dia devia-se fazer um retrospecto do que se fez e pensar-se "on a flatté suffisment les gens"?[63]

Gigot foi aluno de aluno de Camille Saint-Saëns, organista na Igreja de Saint Augustin por 62 anos e era reconhecido como excelente improvisador. Foi autor de obras para órgão e professor, dentre outros, de Albert Roussel. Foi, portanto, um contato importante para a vida de Souza Lima e certamente, um merecido reconhecimento pela amizade. Desses encontros, Souza Lima lembra ainda de Fernand Le Borne de quem se tornou amigo e era visto por ele como modelo de virtuosismo:

> Esse compositor belga, de Charleroi teve ensinamentos de Massenet, Saint-Saëns e César Franck, identificando-se totalmente com a escola francesa. Foi detentor do prêmio Chartier e foi por longo tempo crítico musical do importante jornal de Paris *Le Petit Parisien.*[64]

Foi Fernand Le Borne quem escreveu uma crítica elogiosa à performance de Souza Lima em 1922 para o Jornal *Le Petite Parisien*:

> Então, é óbvio, depois do concerto que acabei de assistir, que o pianista brasileiro M. de Souza Lima mantém seus ouvintes, não há como não ter uma influência enorme sobre eles e que seu futuro não está em dúvida para si

---

63 *Id. Ibid.* p. 108. As palavras de César Franck foram as seguintes: "Devemos bajular as pessoas" e "Lisonjeamos as pessoas o suficiente".

64 *Id. Ibid.* p. 109.

> próprio. Essa é uma verdadeira natureza de um virtuose, chamado a fazer grandes honras em todo o mundo, aos ensinamentos do Conservatório de Paris em geral e ao de seu professor.[65]

De outra parte, ainda dentro das apresentações e das amizades de Souza Lima, deve ser lembrado um evento no salão *Gaveau*, em que foi projetado um filme de Vital Ramos e Castro (1879-1958) sobre o Brasil, com paisagens e costumes típicos. Vital era pai da pianista Maria Antônia de Castro (1910-1946), sobrinho do Barão do Bananal (Luís da Rocha Miranda Sobrinho/1836-1915) e do Conselheiro Carrão (João da Silva Carrão/ 1810-1888), e visto como cineasta importante na cinematografia brasileira.

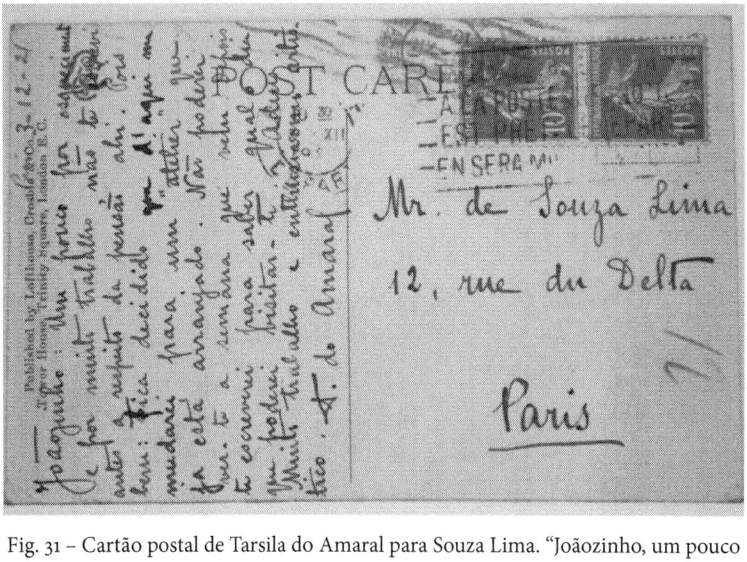

Fig. 31 – Cartão postal de Tarsila do Amaral para Souza Lima. "Joãozinho, um pouco por esquecimento e por muito trabalho, não te escrevi antes a respeito da pensão aí. Pois bem: fica decidido que daqui me mudarei para um "*atelier*" que já está arranjado. Não poderei ver-te a semana que vem. Depois te escreverei parta saber qual o dia que poderei visitar-te. Adeus. Muito trabalho e entusiasmo artístico". T. do Amaral. 03/12/1921. Fonte: AF

65 *Le Petite Parisien*. Vendredi. 14 juilet, 1922. AF/IPB

Também conhecido como 'Capitão', chegou a ter 20 salas de cinema no Rio de Janeiro e, para incentivar a carreira da filha pianista, mudou-se para Paris. No salão '*Gaveau*', sua projeção precisava de música, como na maioria dos filmes mudos. Com a direção e Villa-Lobos e parte de músicos dos '*Concerts Colonne*', a música foi dividida entre as populares, a cargo do próprio Villa e erudita, com a inspeção e realização de Souza Lima. Villa apresentou obras de Marcelo Tupinambá (1889-1953), Canhoto (Américo Jacobino/ 1889-1928), Viriato da Silva (1851-1883), e outros tantos; Souza Lima levou Carlos Gomes, Alberto Nepomuceno, Henrique Oswald e Elpídio Pereira. Fernand Le Borne foi, mais uma vez, elogioso:

> O salão Erard estava lotado para o concerto dado pelo excelente primeiro prêmio de piano do conservatório, M. de Souza Lima, que até recentemente fazia muita honra ao ensino de Madame Long, da qual ele é aluno (...) Nos números dedicados a Liszt e Chopin, eu o achei absolutamente admirável pelo virtuosismo. de autoridade, de força de expressão.[66]

Com Brailowsky a relação foi familiar. Souza Lima diz que frequentava sua casa e conheceu toda a sua família e que nos encontros tocavam muitas obras e experimentavam as várias maneiras de interpretá-las. Em um determinado momento foi substitui-lo em um concerto na cidade de Saint-Dié, perto de Strasbourg, e deveria apresentar o mesmo programa, o que não foi um problema. Em 1925, em uma pequena conversa com um jornalista do *Folha da Noite*, que traz o título de "Dois minutos de intimidade com Brailowsky", o pianista russo colocou suas impressões sobre alguns músicos brasileiros. Falou também sobre nossa musicalidade, estética e estilo, "cujo ritmo quente e quase selvagem, apenas entreviu em algumas peças de Villa-Lobos

66 *Le Petite Parisien*. 2 de abril de 1923. AF/IPB

e Nepomuceno". "Quente e quase selvagem" são denominações do jornalista que, aliás, são muito colonialistas, numa perspectiva europeia, ou seja, de quem vê a música fora da Europa como alguma manifestação exótica. Talvez ele não ouvisse nossa música dessa forma, talvez muitos músicos europeus não a sentissem assim, selvagem, vil, quente, profana etc. Lembro-me de Mario de Andrade no seu Banquete Antropofágico. Provavelmente explique o que disse o jornalista, se não, pode-se estabelecer uma relação.

Em um momento do livro *O Banquete*, ao apresentar as pessoas que se serviriam no jantar promovido pela "milionária Sarah Light, [que residia] no subúrbio de Mentira, a simpática cidadezinha da Alta Paulista"[67]. O prefeito de Mentira era Felix de Cima – em um trocadilho bufão – de hábitos europeus. Certa altura da conversa, Felix disse preferir o "cromatismo tão abundante na terra em detrimento à enarmonia vocal dos helenos". Ele disse preferir tudo que havia no Brasil, sobretudo, a música. O que impressionou Brailowsky, de antemão, forma os instrumentistas.

> Durante suas frequentes viagens, veio a conhecer na Europa e nos Estados Unidos diversos pianistas brasileiros, entre os quais Souza Lima, Guiomar Novaes e Villa-Lobos. Souza Lima é para Brailowsky um legítimo artista, tanto mais admirável quanto é certo que o seu talento ainda não deu tudo que promete dar; Guiomar Novaes, uma virtuose indiscutível em pelo esplendor da carreira; Villa-Lobos, grande e vigoroso compositor que ainda não se tornou independente das duas correntes que mais tem dominado os artistas novos: Debussy e Stravinsky.

Obviamente, Brailowsky conheceu esses brasileiros na Europa ou nos EUA, tocando música europeia. Mas demonstrou ter visto neles tanto a virtuosidade quanto a seriedade nos estudos. Claro

67 Cf.: ANDRADE, Mário de. *O Banquete*. São Paulo: Editora Duas Cidades, 1977.

também que esses ilustres estiveram em Paris para estudar técnica para desenvolvê-la na música brasileira. Mas há ainda uma impressão sobre o público: no Rio de Janeiro disse ter encontrado uma plateia multifacetada, com estrangeiros e, principalmente, estadunidenses. Em São Paulo a impressão foi outra, a de um público que parece ter "uma vasta cultura musical" [68]. Entretanto o jornalista confirma a equação de Felix de Cima: Brailowsky achava-se encantado também pelas nossas sonoridades.

> Aprecio imensamente a música brasileira. Ela, na sua generalidade, é baseada em motivos essencialmente populares. Entre os compositores brasileiros da atualidade tenho uma sincera admiração por Villa-Lobos; Souza Lima, Barrozo Neto e Henrique Oswald. Esse último foi essencialmente romântico. Villa-Lobos é mais moderno, Souza Lima é um pianista de imenso talento.[69]

Além de citar Souza Lima como pianista, Brailowsky menciona-o como compositor ao lado de Villa e Oswald. Ele tem razão quando fala das influências da música brasileira através de manifestações populares – o que nos parece evidente, uma vez que a onda nacionalista era o que mais se destacava nas obras de compositores, literatos e artistas plásticos. Não havia como fugir disso, pois encontrava-se na cultura popular as maiores evidencias da brasilidade, mesmo com alguns matizes da música europeia, era nas manifestações populares que a raiz de nosso nacionalismo, já brotado, ramificava como flor tropical.

Alfred Bruneau (1857-1934), amigo de Emile Zola (1840-1902), também fazia parte desse círculo de intelectuais e músicos. Joaquin Nin (1879-1949) era um pianista cubano de grande sucesso em

---

68 Jornal *Folha da Noite*. São Paulo, 9 de julho de 1925. SF/IPB

69 *Jornal do Estado*. 15 de junho de 1933. AF/IPB

Paris e em Cuba, estudou com Vincent d'Indy (1851-1931) e Moritz Moskowsky (1854-1925), era também amigo inseparável de Souza Lima. Em sua casa, para experimentar um piano feito sob encomenda, Nin perguntou a Souza Lima se ele queria experimentar o novo instrumento e prontamente foi fazê-lo. O instrumento tinha o teclado de dimensões reduzidas para se ajustar às mãos de sua esposa, que eram muito pequenas: "não acertei uma nota sequer"[70]. Um jornal francês descreveu Joaquin Nin como "um intérprete que não só pensa no autor, mas também o respeita"[71]. Nesse círculo, além de nomes já citados, é preciso lembrar de Darius Milhaud, Louis Verne (1870-1937), Louis Aubert (1877-1968), Roger Ducasse, Georges Hue (1858-1948), Jacques Ibert (1890-1962) e Eugéne Cools (1877-1936). É claro que nesse círculo intelectivo e artístico, amigável e protetor, os brasileiros sempre seriam de uma estima proeminente, tanto pela afinidade cultural, pela origem, como pela sensibilidade na vida artística. Dos nomes já citados nesse livro, devo lembrar ainda de Nair Medeiros, Bráulio Matins, Maurílio Lira, Horta Devolder, Eurico Marques e Ítala Gomes Vaz de Carvalho, filha de Carlos Gomes. "Essa distinta senhora dava reuniões muito simpáticas em seu apartamento, quase só de artistas, principalmente pianistas, que sempre brindavam os convidados com algumas execuções"[72]. Alonso Aníbal da Fonseca, já citado nesse livro, que depois tornou-se Diretor do Conservatório Dramático e Musical, era outro amigo e sugeriu a Souza Lima a redução para piano do 'Batuque' de Lorenzo Fernandes. Até hoje é a versão mais utilizada pelos pianistas.

---

70 LIMA, Souza. *Op. Cit.* p. 113.

71 Jornal sem identificação. AF/IPB

72 *Id. Ibid.* p. 117.

Fig. 32 – Souza Lima em 1929. Fonte: AF

A vida em Paris, embora dedicada aos estudos, também tinha diversão. Em uma dessas caminhadas pela cidade, Souza Lima diz ter visto uma apresentação em uma praça onde se misturavam vários estilos de música com a de concerto e que o promotor desse espetáculo era Jean Wiéner (1896-1982), compositor e pianista francês. Wiéner foi uma figura importante, pois introduziu o jazz na música francesa. Estudou no Conservatório junto a Darius Milhaud e trabalhou com Erik Satie; trabalhou como empresário e pianista no bar *Gaya* e no *Le boeuf sur le Toit*. Mais tarde, enveredou pela música popular junto a outro pianista, Clemént Doucet (1895-1950) e compôs trilhas para cinema; teve muito apoio do Grupo dos Seis e de compositores como Arnold Schoenberg, Alban Berg e Anton Weber. Além desse fato que recorda de maneira tão atrativa, Souza Lima se lembra de assistir apresentações de Maurice Chevallier (1888-1972) e de ter notícias de Mistinguette (1875-1956) nas boates de Paris. Miss Helyett, Miss Tinguette e por fim, Mistinguette era o nome artístico de Jeanne Bourgeois, uma florista que vivia cantando pelas ruas de Paris e que sonhava em ser uma artista de grande nome. Estreou em 1895 no Cassino de Paris, onde alcançou a fama como um símbolo dos anos 20 – o louco anos 20 de Paris. Foi casada com Maurice Chevallier e se tornaram o casal sensação de Paris. Entretanto, em 1927, uma notícia sobre o casal-símbolo francês, a questão era a decadência do teatro de revista, sobretudo, do cassino de Paris, onde Mistinguette era diretora. A notícia foi muito jocosa:

> A famosa artista (Mistinguett) que conseguiu não desfazer com as mãos o que havia feito com os pés...e com as pernas espirituais, e estava à pique de serem desmentidos os encantos coreográficos modernos de Maurice Chevalier. As 'girls' já não possuíam aquela precisão de movimentos, tão admirada em outra época, e outras gentilezas do gênero.[73]

Dessas relações tão importantes para Souza Lima, talvez o encontro com Gabriel Fauré tenha sido uma das mais brilhantes; afinal, conhecer um compositor dessa envergadura, seria mesmo um privilégio. Fauré desempenhou um papel importante para o melodismo da música francesa, sobretudo, por suas composições para canto e piano. Os alunos de Fauré eram considerados os mais avançados em estética musical, ou seja, criadores de uma música moderna que levaria a França a um lugar de destaque na Europa. Claro, como se não bastasse a tradição gálica da segunda metade do século XIX. Em oposição – estilística, obviamente – aos franckistas (de César Franck), de tendências mais conservadoras, Fauré liderou a modernidade, cujos princípios básicos abraçava as

73 *O Imparcial*. Rio de Janeiro. 27 de março de 1927. Biblioteca Nacional

obras de Debussy, Ravel, Florence Schmitt (1870-1958), por exemplo[74]. Esse apontamento era necessário, porque Souza Lima estaria diante de um inovador. Levado à sua casa por Albert Bertelin (1872-1951), ele próprio, compositor e ex-aluno de Charles-Marie Widor e Jules Massenet (1842-1912), formou-se no Conservatório de Paris. Fauré já não era jovem, mas foi apresentado a um jovem pianista que, entusiasmado, observava toda sua casa e admirava suas obras, principalmente o quarteto com piano em dó menor. Outro dos encontros também importante para Souza Lima se deu por conta de uma enfermidade, uma apendicite que o levou para uma cirurgia com o Dr. Thierry de Martel (1875-1940), cirurgião especialista e patriótico.

Fig. 33 – José Augusto e João de Souza Lima. Fonte: AF.

74 REVERDY, Michéle. *Os contemporâneos franceses de Debussy*. In: MASSIN, Jean et Brigitte. História da Música Ocidental. Rio de Janeiro: Nova Fronteira, 1997.

Sobre as qualidades de Souza Lima e suas interpretações, Mário de Andrade fez uma observação muito curiosa. Primeiro destaca a inteligência e a universalidade de Souza Lima e depois, fala de outros compositores e de outras épocas. Dos Barrocos aos Romântico e modernos, Souza Lima toca com sensibilidade sem o exagero "muito dona-mariquinhas". E continua a elogiar:

> Os Estudos Sinfônicos foram ritmados estupendamente e executados com uma estilização surpreendente, nova e viril, repito: viril. Suponhamos que se tenha perdido um pouco ela poesia que há nas peças românticas. Antes teríamos de discutir o que é poesia, se é o que está em Homero e Dante, se o que está nos sonetos ele Camões e no episódio de Lindola, se o que está nas choradeiras impulsivas ele Lenau ou de Casimiro de Abreu. Há poesia e poesia. Mas dado que os Estudos Sinfônicos tenham perdido um pouco da sua poesia na edição deles que nos deu Sousa Lima, ganharam em compensação uma pureza de estilo, um significado universal e um equilíbrio clássico que jamais tiveram quando executados por dedos... poéticos.[75]

Com a chegada de José Augusto a Paris, o encontro foi memorável e assistir a concertos, se tornou mais prazerosa. Foi assim com o Réquiem de Hector Belioz (1803-1869) na catedral de Notre Dame. Souza Lima destaca a interpretação, feita com pede a partitura e a ideia do compositor: com a orquestra *Colonne*, "grande massa coral, solistas e quatro conjuntos de metais que são colocados nos quatro pontos cardeais"[76]. Além disso, outros concertos e recitais a que levou seu irmão, destacam os de Arthur Rubinstein, Fritz Kreisler e Brailowsky, bem como a recepção de Henry Rabaud em sua casa logo após uma audição de câmara. Com Nadia Boulanger, também compositora

---

75 *A Idea Ilustrada*. Natal de 1924. AF/IPB

76 LIMA, Souza. *Op. Cit.* p. 125

e professora de alguns brasileiros, o encontro foi também memorável. Camilla Saint-Saëns fez a sua despedida em um concerto no 'Trocadero', o que foi para Souza Lima um evento inexplicável, uma honra ao assistir o último concerto de um homem que representou muito para a música francesa. Saint-Saëns entrou no palco e atacou a sua "*Rapsodie d'Auverne*" sem ninguém esperar, uma surpresa que até fez com parte da plateia risse, uma vez que a orquestra teve de se ajustar. Sobre seu enterro, foi uma marcha suntuosa, diz Souza Lima, cheia de consternação e de agradecimento ao compositor.

Em um jantar em homenagem a Santos Dumont (1873-1932), Souza Lima foi com Tarsila do Amaral. Foi um banquete oferecido pelo governo francês e pela embaixada do Brasil. Esses contatos e acontecimentos fizeram parte da formação de Souza Lima, como pianista, compositor e, sobretudo, como indivíduo, carregado de desejos pelos estudos e pela vida intelectual. Nem mais, nem menos: a vivência foi proveitosa para o virtuose que conheceu os mais renomados compositores franceses, os professores mais importantes e que sempre lhe deram um ímpeto para os estudos. Com o fim da bolsa concedida pelo pensionato, era a hora de voltar ao Brasil e mostrar que seus estudos tinham muito a contribuir com a música e com a imagem do país no exterior.

O retorno ao Brasil

O retorno ao Brasil foi feito de maneira tranquila a bordo de um navio inglês e com a companhia do irmão, José Augusto e de sua família. Depois de um descanso merecido, chegou a hora das visitas a familiares e amigos, dentre eles, Freitas Valle, Azevedo Marques, Valdemar Otero, Guilherme de Almeida e José Estanislau do Amaral. Nessa última visita, lugar onde se tornou assíduo, depois dos anos que ficou na Europa, Souza Lima se encantou com uma das meninas da família:

> Tornou-se um verdadeiro prazer aquela vida que se iniciava, com nova feição, não só por permanecer com os meus familiares, como por viver aquela vida íntima, bem brasileira, com meus antigos hábitos e atraído constantemente pela frequência àquela casa, onde tinha encontrado a pessoa que ia ser, sem dúvida, o complemento de minha existência.[1]

Apaixonado, Souza Lima percebeu que a vida poderá ser tão agradável quanto tinha sido sua estadia em Paris e suas viagens com a família de Madame Laurens. Retomar costumes e hábitos é que identificam

---

1 LIMA, Souza. *Moto Perpetuo* – a visão poética através da música. São paulo: Ibrasa, 1982, p. 131.

nossa personalidade com um lugar de onde viemos, que reestabelecem nossas raízes e que nos impulsiona para trabalhos, lazeres e amores. Nas convivências diárias em São Paulo, a volta e o estabelecimento de Souza Lima fizeram com que não somente revivesse as antigas amizades, mas que fizesse outras e que, aos poucos, voltaria ao círculo.

Fig. 34 – Maria Albertina, João Augusto e Souza Lima. Fonte: AF.

Foi numas dessas novas relações que diz ter conhecido Jose Kliass (1895-1970), um músico russo estabelecido em São Paulo, e que foi responsável pela segunda geração de professores de piano de São Paulo. Kliass formou uma geração de pianistas, dentre eles, Yara Bernette (1920-2002), Ana Stela Schic (1925-2009), João Carlos Martins (1940), José Eduardo Martins (1938) e Estelinha Epstein (1914-1980). A carreira de concertista foi se retomando aos poucos e as primeiras viagens foram para o interior de São Paulo. Com tempo e descanso, Souza Lima preparou um programa relevante de compositores como Liszt, Chopin, Rachmaninov, Mussorgsky, Prokofiev, Debussy e muitos outros. Em 1928, uma crítica muito favorável foi anotada pelo jornal *O Combate* de São Paulo, que começou as linhas publicadas com três perguntas a referir-se, posteriormente a Souza Lima:

> Aplaudir demais não será igual a comer demais? Não será um longo descambar dessas regrinhas que demarcam o refinamento? Não descerá da altíssima educação espiritual para a educação comum quase rasteira, de todo dia, que se vê com um arranhão?

O jornalista, que assina simplesmente com as iniciais (A.S.) diz que seriam necessárias essas perguntas, um a vez que "o barulho do entusiasmo que marcou o segundo concerto do formidável Souza Lima."[2] Ainda destaca que a as execuções forma primorosas, principalmente a Sonata em si bemol de Chopin, a Dança dos Negros de Frutuoso Vianna e a Marcha de Prokofiev.

A vida no Brasil foi se ajustando – e retomou bem – aos poucos e os contatos e convivências com a família de D. Lydia do Amaral foram se tornando íntimas, com direito a reuniões promovidas por Tarsila do Amaral, com convidados ilustres. Caso desses foram os contatos com Mário de Andrade, Menotti del Picchia (1892-1988), Sergio Milliet (1898-1966), Guilherme de Almeida, Paulo Prado, Ascenso Ferreira (1895-1965), Manuel Bandeira (1886-1968), Felipe de Oliveira (1890-1933), Oswald de Andrade, Geraldo Ferraz (1905-1979), Gilberto Amado (1887-1969), Blaise Cendras (1887-1961), Antônio Ferro (1895-1956), Anita Malfatti (1889-1964), Hekel Tavares (1896-1969) e Joubert de Carvalho (1900-1977). É importante citar esses nomes, da mesma forma que foi importante par Souza Lima conviver com a elite modernista brasileira. Depois dos contatos em Paris, com Satie, Cocteau e Picasso, ou seja, com as vanguardas francesas, era importante conhecer e conviver com a nacionalidade, pelo menos, em sentido mais estrito, buscar essa brasilidade sem ser o romântico preso às amarras europeia.

Com a frequência constante na casa dos Amaral, Souza Lima acabou se casando com Maria Albertina do Amaral, depois Maria Albertina de Souza Lima, neta do Dr. José Estanislau do Amaral

---

2 Jornal *O Combate*. São Paulo, 18 de janeiro de 1928. Fonte: AF/IPB

(1817-1889). Com casamento marcado, Souza Lima teve uma triste notícia, a de que sua mãe morrera, e fez das festividades um evento simples e para comemorar o casamento e distrair um pouco das notícias ruins, partiram para a Europa, junto a dois irmãos e respectivas esposas. Em um concerto feito em São Paulo em 1924, o jornal *Correio Paulistano*, fez duras críticas ao público paulistano e ao preenchimento da sala em que se realizou. Sempre com elogios a Souza Lima, argumentou que "a sala, que Souza Lima merecia, não era simplesmente aquele punhadinho de frequentadores certos dos concertos." Mas dessa vez, com a escolha de um repertório "no qual todos pudessem banhar as suas emoções", dado "a pulsação de desconfiança desses patrícios", o concerto foi um sucesso:

> Com seu concerto de ontem, Souza Lima patenteou-nos a madureza de seu espírito. Espírito moço, é verdade, mas que vai evoluindo maravilhosamente bem. E há de atingir um grande apogeu. Basta que não pare. E será, então, um nome que honrará a sua arte, para honrar também a sua terra, que ontem não lhe foi muito gentil.

Segundo o jornal, o público estava apático e sem prestar muita atenção na virtuosidade de Souza Lima, porque preferia "encher os cinemas para ver a paupérrima e desinteressante fita da mocinha francesa da atualidade". E isso, continua o diário, "é mais uma falta que São Paulo cometeu. Falta, aliás, imperdoável e que compromete seriamente seus foros de cidade culta". Havia um problema: o mal hábito do público, acostumado a ouvir compositores românticos e tonais, "um repertório de músicas corriqueiras e banais", por isso mesmo, escolheu também "um grupo de modernos, mas de modernos serenos, equilibrados, quase alambicados."[3]

---

3 Jornal *Correio Paulistano*. São Paulo, 18 de novembro de 1924. Fonte: AF/IPB

Fig. 35 – Souza Lima e Esposa – Marrakesh – 1928. Fonte: AF

De volta ao exterior e aos contatos e dessa vez seria o Norte da África, junto à cantora Alicita Felici (1881-?). Lucienne Jean-Darrouy, uma jornalista do *L'Echo d'Alger*, fala de Felici e Souza Lima como novidades que vêm "conquistar, de repente, com simpatia fervorosa". Depois diz que a sala de concertos estava repleta de um público encantado pelas intepretações. Depois menciona o programa, com destaque para os compositores espanhóis, como Manuel de Falla (1876-1946) e Frederic Mompou (1893-1987), entretanto, dá destaque à especialidade de Souza Lima, que é Chopin, de "expressividade impetuosa" e que "são indicações que não enganam o valor do temperamento de seu artista". Por fim, fala que Alicita e Souza Lima são "artistas poderosos",[4] Em 1928, outro jornal argelino fala das qualidades de Souza Lima:

> As qualidades do pianista surgiram, esplêndidas e definitivas, nas peças extraídas do "*Tricorne*" e do "*El Amor brujo*" e, ainda, nos delicados movimentos de "*Jeunes filies*" de Mompou. Grande e merecido sucesso para o pianista. Se

4 Jornal *L'Echo d'Alger*. Argel, 3 de dezembro de 1928. Fonte: AF/IPB

> a Srª. Felici e Sr. de Souza-Lima voltarem para Argel, eles podem estar garantidos que não passarão despercebidos e eles puderam sentir a simpatia muito viva que eles têm excitado em músicos.[5]

Um diário de Alger ou Argel, capital da Argélia, anunciou o sucesso da *tournée* por esses países:

> Os aplausos estrondosos que lembraram os dois artistas, muitas vezes, insistindo. Nós não apenas provamos o que têm nos falado sobre eles desde o seu primeiro concerto na ópera, mas encare que apreciamos em sua alegria tanto o programa magnifico preparado por eles, de uma execução primorosa e prestigiada.[6]

O navio "*General Grévy*" partiu de Marselha e desembarcou em Túnis onde forma realizados dois concertos no Teatro Municipal. De Túnis, foram para Constantine, uma cidade argelina fundada pelos cartagineses e dominada pelo Imperador romano Constatino I, que lhe deu o nome. De Constatine, para Bougie ou Bugia, mais uma cidade argelina ocupada pelos romanos, espanhóis e franceses. Depois a próxima parada foi Argel, capital da Argélia e cidade portuária, fundada pelos fenícios, dominada pelos romanos, tomada pelos franceses e espanhóis e retomada pelos mulçumanos. Depois, para Orléansville, uma cidade fundada pelos franceses e retomada pelos mulçumanos com nome de Chlef. Oran foi a cidade em seguida e de lá, Oudjda. Oran ou Oram é a segunda maior cidade das Argélia e, devido a uma peste em 1947, inspirou Albert Camus a escrever o romance *A Peste*.

---

5 Jornal *Presse Libre*. Argel, 6 de dezembro de 1928. Fonte: AF/IPB

6 Jornal *Presse Libre*. Argel, 6 de janeiro de 1929. Fonte: AF/IPB

Fig. 36 – Souza Lima e Dr. Arin, em 1928 em Marrakesh. Fonte: AF

Oudjda ou Oujda ou ainda Wejda, fica no Marrocos; foi fundada por Ziri ibn Atiyya, depois dominada pelos romanos, mas ficou sob domínio berbere. Pode ser o nome do fundador que inspirou Souza Lima a compor a música "Ziri Nego". Nessa cidade, Souza Lima narra uma cerimônia de rua muito desagradável:

> O feiticeiro tirou de um cesto uma cobra, decepou-lhe a cabeça e, depois de riscar com sua unha compridíssima a testa de um rapaz, fazendo-a sangrar, tomou a cabeça da cobra, abriu-lhe a boca e colocou-a no nariz do cliente como se aquele animal estiver mordendo-o.

Depois dessa cena constrangedora e estranha, retiram-se do local "por medida de precaução".[7] A *tournée* avançou para Fez, uma das mais antigas cidades do mundo ainda habitada e em funcionamento. Em Rabat, também dominada pelos romanos e a capital do Protetorado Francês em Marrocos entre 1912 e 1956. A próxima parada foi em Casablanca, a maior cidade do Marrocos, também dominada pelos romanos, espanhóis e franceses. Foi uma rota importante para o comércio. Depois, foram para Marrakesh, onde foram recebidos pelo advogado "Maître Arin", "pessoa de grande prestígio no lugar e sempre solicitado para resolver todos os problemas daquela gente". Em Marrakesh, quarta maior cidade do Marrocos e uma das cidades imperiais, foram homenageados em um banquete na casa de "um grande personagem, homem bastante idoso, possuidor de grande fortuna, o grão-vizir Moulai-El-Hassan."[8]

Fig. 37 - Souza Lima em Fez. Fonte: AF

7 *Id. Ibid.* p. 138.

8 *Id. Ibid.* p. 140.

Não somente os jornais locais anunciaram a chegada e os concertos de Souza Lima, no Brasil, foi corrente a notícia dessa *tournée* de sucessos.

> Jornais recentemente chegados da África dão conta do grande sucesso alcançado nas cidades de Tunis, Constantina, Philppeville, Alger e Orleansville pelo maestro Souza Lima. Os principais órgãos da imprensa da Algeria, Tunisia e Marrocos são unanimes em salientar as finas qualidades do virtuose brasileiro, classificando-o de verdadeiro artista do teclado.[9]

A *tournée* no norte da África havia terminado e agora, o retorno era o mesmo, de Argel até Marselha. Depois de uma tormenta no Mediterrâneo, chegaram à França e prepararam nova *tournée* pela Itália. O início foi por Milão "Uma cidade que possui o célebre *Duomo*, uma das mais belas catedrais do mundo, que possui o Scala, teatro lírico famosíssimo e tradicional.[10] Milão conheceu Ângelo Cantú (1881-1955) irmão de Agostino e Carmine Guarino (1893-1965). Também em Milão, conheceram pessoas importantes e fizeram amigos, como no caso de Vincenzo Ferroni (1858-1934), compositor e ex-aluno de Jules Massenet, professor de Agostino Cantú e Mignone. Souza Lima sugeriu que ele compusesse um concerto para piano "bem brasileiro". Quinze dias depois apareceu a obra:

> É a 1ª Fantasia Brasileira que me foi dedicada. Peça belíssima como concepção, onde a parte central é confiada exclusivamente ao piano (sem orquestra). De grande efeito, de magnífica realização pianística, tendo um final arrebatador. Essa 1ª Fantasia deu origem a mais três outras

9 *Jornal do Comercio*. Rio de Janeiro, 15 de dezembro de 1928. AF/IPB

10 *Id. Ibid.* p. 143.

> que Mignone escreveu e que tive a ventura de apresentá-las todas em 1ª audição.[11]

Em Bolonha o concerto, sempre elogioso e o concertista sempre aplaudido, "teve um sucesso caloroso, com aplausos ao fim de cada peça e com repetições pedidas pelo público."[12] De Bolonha, continuando a *tournée*, foi para Roma cidade em que a crítica foi bem elogiosa com Souza Lima, como o *Corriere dello Specttacolo* que afirmou que Souza Lima é o Paganini do piano. Com a companhia do embaixador Oscar de Teffé (1870-?), foram visitar o Papa Pio XI. A visita foi proveitosa. Pois foram assistir a um concerto regido por Bernardino Molinari (1880-1952) e outro regido por Pietro Mascagni (1863-1945). De Roma, para Florença e depois para Veneza. Com a chegada da irmã, Maria Augusta, foram para todos para a França como turistas.

Com o cunhado e Maria Augusta, planejaram uma viagem ao Oriente e o navio fez várias escalas, dando-lhes a oportunidade de conhecer mais ainda a Itália e a França: Nápoles, Pompeia, Herculano, Ilha de Cythére (que inspirou Debussy a compor "L'Isle Joyeuse"), Atenas até chegar a Constantinopla e Istambul. No trajeto planejado, chegaram a Beirute e as visitas forma surpreendentes, bem como em Damasco e Jaffa. Essas cidades guaram um aspecto histórico importante tanto para o cristianismo quanto para islamismo, pois passaram por eventos importantes, como as cruzadas, como os domínios romano e grego. Em Jerusalém e em Belém, as visitas eram aos lugares sagrados. No Cairo as visitas às pirâmides e relíquias egípcias forma os maiores atrativos. A volta foi pelo mesmo caminho e a vida, passava como as mãos sobre as teclas de um piano.

---

11 *Id. Ibid.* p. 144.

12 Jornal *Il Resto del Carlino*. Bolonha, 16 de abril de 1929. AF/IPB

Fig. 38 – Souza Lima e Esposa em Milão em 1929. Fonte: IPB.

De volta a Paris, onde permaneceria por mais tempo –, pelo menos como um entreposto para concertos na Europa –, Souza Lima já não era o estudante de "cabelos de pluma", mas um jovem pianista de renome, virtuoso e capaz de eleger sua personalidade nas obras que interpreta e o país, nas composições que virão a seguir. Foi nessa época que assumiu temporariamente a Direção do Conservatório de Paris no lugar madame Marguerite Long, noticiado no Brasil com grande entusiasmo:

> O maestro Souza Lima, que há tempos vem substituindo, interinamente a professora Long no Conservatório de Paris, acabou de ter o prazer de verificar que todos os seus

> alunos recentemente submetidos a exame, obtiveram os primeiros lugares, sendo contemplados com as melhores notas. Por esse motivo, o professor brasileiro tem sido muito cumprimentado pelos seus colegas do Conservatório.[13]

A sua gratidão às pessoas que conheceu em Paris e com quem teve a oportunidade de conviver é destacada com o maior orgulho e, com deveria ser. Cita, dentre tantos nomes, incansavelmente os pianistas, alguns já mencionados nesse livro; vou, portanto, eleger aqueles que não entraram nessa biografia: Jean Dennery (1899-1971), Madeleine Richepin (1898-1962), Emile Baume (1903-1992), Daniel Ercourt , Yves Nat (1890-1956), Tomas Téran (1896-1964), Jean Wierner (1896-1982), e Numa Rossoti . Fala com o mesmo entusiasmo dos violinistas André Asselin , Noela Coussin, Juan Manen (1883-1971); a cantora Jane Bathori (1877-1970), a harpista Henriette Renié (1875-1956) e o organista Louis Vierne (1870-1937). Ainda menciona outros nomes de instrumentistas, maestros e compositores que conheceu na Europa, mas a lista é vasta e chega a dar vertigem, uma vez que Souza Lima sempre foi muito bem recebido em todos os lugares. Basta pensar na primeira metade do século XX e compreender que todos os músicos, em suas variadas categorias, estavam, boa parte deles, na França e na vanguarda. As sociedades de concertos em que participou também são sublinhadas, como "*Colonne*", "*Lamoureaux*", "*Pasdeloup*" e a "*Societé des Concerts du Conservatotire*", locais em que regeram André Caplet (1878-1925) e Arturo Toscanini (1867-1957), dentre vários outros. Mas havia um problema: o mundo não era Paris.

Sobre críticas musicais, surgiu em 1926, uma nota digna de publicação, na verdade, uma crítica sobre a crítica. Foi anotada no *Correio da Manhã* com o título de "Diferença nos processos de fazer críticas". Além de descrever o número de linhas dadas a cada um dos intérpretes pela imprensa estrangeira, o autor esclarece, com uma mistura de

13 Jornal *Correio Paulistano*. 6 de julho de 1926. Fonte: AF/IPB

autoconfiança e indignação, o que propõe. O problema eram as minúcias sobre os concertos e receitais, no lugar de notas gerais e rápidas.

> Enquanto aqui nós nos esforçamos dar à crítica musical minucias admiráveis, alongando tiras de analise a propósito de todas as peças do programa, esquadrinhando qualidades e defeitos dos executantes, fazendo ressaltar a importância ou as falhas dos autores, dando sempre a impressão do público e muitas vezes o aspecto da sala, os nossos colegas estrangeiros não se perturbam com esses pormenores e fornecem aos seus leitores notas resumidas e sintéticas que, em poucas linhas, dizem tudo.

E o autor, que não se identifica, continua e compara um jornal diário com uma revista especializada, que resume e "trata uma série de pianistas célebres, toda uma plêiade de heróis do piano, que se fizeram ouvir em Paris, no último mês de julho". Em seguida faz uma estatística do número de linhas que as "revistas especializadas" dedicam aos intérpretes. Varia de intérprete, sendo que Cortot mereceu 8 linhas, Brailowsky ficou com 19 e Souza Lima, com 18 linhas, dentre outros tantos.

Souza Lima e esposa partiram então para Berlim, um "ambiente diferente, na terra que deu um Bach, um Beethoven, o estudo e o cultivo da música parecia ser mais autêntico mais concentrado, mais austero, mais laborioso."[14] Em Berlim conheceu e preparou os quatro amigos que se dedicavam ao estudo de cordas, o que fez Souza Lima a pensar em escrever um quarteto. O primeiro concerto foi promovido pelo *Konzert Direktion Hans Adler* e mais uma vez, a crítica foi favorável com elogios e comparações, como o *Berliner Tageblatt*, que disse que Souza Lima sabia muito bem tocar Chopin, com "as frases tão bem cantadas" e que raramente se viu. O ambiente era outro, mas as atividades musicais como as idas aos concertos, um processo

14 *Id. Ibid*, p. 156.

importante para quem trabalha com música foram notáveis. Foi neles que Souza Lima ais uma vez teve contato com pessoas importantes da música, como Wilhelm Furtwangler (1886-954), Bruno Walter (1876-1962) e Fritz Kreisler. Mas não foi só isso. Souza Lima ainda fala de

> Piatigorski, o afamado pianista; Jacques Thibaut, o finíssimo violinista francês, que arrebatou a plateia com a sua arte privilegiada e a sua sensibilidade fora do comum; Béla Bartók. O compositor moderno que apresentou todo um recital de suas obras; o violinista Szigeti, artista refinado, com suas execuções do melhor estio; o compositor Hindemith, que apresentou todo um programa constituído de suas obras e a brasileira maestrina Joanidia Sodré, que dirigiu a filarmônica e que foi muito bem recebida.[15]

Trata-se de Gregor Piatigorsky (1903-1976), violoncelista ucraniano radicado nos EUA; Jacques Thibaut (1880-1953), que se dedicou também à carreira de professor na *École Normale de Musique em Paris* e na *Académie Chigiana* em Siena, Foi o fundador, junto a Marguerite Long, do grande concurso Long-Thibaut, em que Souza Lima foi convidado como membro do júri. Outra menção é a de Béla Viktor János Bartók de Szuhafő (1881-1945), compositor húngaro que se dedicou às pesquisas da música folclórica, além de "compositor moderno". O outro é Joseph Szigeti (1892-1973) também húngaro e exímio violinista. Paul Hindemith (1895-1963), não precisa de muitas explicações; mas era alemão e teve a sua música enquadrada na ideologia nazista da "*Entarterkunsk*", ou a arte degenerada. Joanídia Núñez Sodré (1903-1975) não tão bem conhecida do público, mas foi regente, compositora e pianista, nascida em Porto Alegre, teve aulas com Alberto Nepomuceno.

A Alemanha deixou boas lembranças e excelentes contados, mas era a hora de voltar ao local mais *habitué*: Paris. Souza Lima retomou

---

15 *Id. Ibid.*, p. 157-158.

os contatos, sobretudo com Marguerite Long e Villa-Lobos, que já detinha uma vida musical importante e reconhecida na França. Villa recebia em sua casa as mais variadas personalidades, como Florent Schmitt, Paul Le Flem (1881-1984), crítico do jornal *Comoedia* e o vanguardista das vanguardas: Edgard Varése (1883-1965), a quem Souza Lima chamou de "moderníssimo". Varése era inquieto, rebelde, fugia de todas as estéticas e procurava cada vez mais o seu lugar nesse mundo diferente, moderno por questões históricas e vanguardista por rebeldia. Para Varése os instrumentos musicais deveriam ser todos os objetos que possa produzir sons, porque para ele, não havia diferença entre os instrumentos acústicos e tradicionais com instrumentos eletrônicos.[16] Para um modernismo tímido, Varése era assustador como deve ter sido, guardando proporções, Villa-Lobos ao chegar a Paris, mas era um músico interessantíssimo e essa temporada de Souza Lima foi o momento de maior convivência juntos. Villa Imaginou e idealizou uma tournée pelo Nordeste brasileiro e assim o fez:

> Tomou todas as providencias, manteve uma ativa correspondência com os dirigentes da Sociedade de Cultura Musical de Pernambuco e em poucos dias, tudo estabelecido e combinado, organizou um grupo de artistas, confeccionou programas interessantes onde figuravam, como é natural, músicas suas, as mais significativas e, sem perda tempo, partiram para o Recife: Villa-Lobos e sua mulher, Maurice Raskin, eu e minha mulher. Villa-Lobos fez questão de me incorporar ao grupo, convidando-me para a execução de suas obras pianísticas.[17]

---

16 Cf.: OUELLETTE, Fernand. *Edgar Varése: a musical biography*. Nova York: Orion Press/ Grossman Publishers, Inc, 1968.

17 LIMA, Souza. *Op. Cit.* p-159-160. Maurice Raskin (1906 – 1984) foi um violinista belga, fundador do "Quarteto Belga de Londres"; Villa-Lobos dedicou-lhe o segundo de seus Choros.

Os concertos em Pernambuco foram muito bem recebidos e as amizades sempre foram bem-vindas, com a de Ernani Braga (1888 – 1948), pianista e professor em Pernambuco. Souza Lima conta um acontecimento curioso e que define a personalidade de Villa-Lobos; após um dos concertos, saíram, ainda de casaca do teatro e foram a pé para o hotel. Ouviram um som de violão, flauta e cavaquinho.

Imagem 39- Souza Lima, Zlatopolsky e Corazza. Fonte: IPB/ Acervo de Aloysio de Alencar Pinto.

Villa-Lobos, lembrando de sua mocidade no Rio de Janeiro, foi verificar; "seduzido por aqueles seresteiros desconhecidos deixou-nos dizendo: 'é com eles que vou!'"[18] Em uma nota especial para o jornal "A Província", cujo título já seria bastante atraente – "O Recife acaba de hospedar o maior dos nossos violinistas; hospeda há três dias, o maior dos nossos pianistas, e hospedará, a partir de hoje, o maior dos nossos compositores" – Ernani Braga, conhecedor de música e crítica, escreveu:

> João de Souza Lima veio, como vem Villa-Lobos, a convite da Sociedade de Cultura Musical, irmã mais velha da

18 *Id. Ibid.* p. 161.

> Sociedade de Concertos Populares e, como esta, empenhada em movimentar o nosso ambiente musical.

E continuou, com todo o seu conhecimento, denominando Souza Lima como um pianista "*voila tout cours*", isto é, menciona que está tudo claro e evidente que o pianista é mesmo um instrumentista que desenvolveu "desde o físico até a alma."[19] O uso do francês tem pelo menos dois motivos e o primeiro deles é que Souza Lima chegou recentemente de Paris; o segundo, é um galicismo que situa Souza Lima na Europa e, sobretudo, na França, lugar que se destacou como uma escola avançada e virtuosística. Ainda em Recife, o jornalista Maurílio Lima, nas suas enquetes musicais para *O Diário* deixou bem claro a sua reverencia por Souza Lima, lembrando de seus estudos e de sua dedicação ao piano.

> Que nos diz dos nossos patrícios que lá estudaram? Dos estudantes brasileiros um, acredito, elevou o nome artístico do Brasil: João de Souza Lima, do Pensionato Artístico de São Paulo, espírito verdadeiramente musical. Fez os seus cursos de música, de câmara e de órgão, no Conservatório. Hoje, de grande renome no meio pianístico de Paris, onde tem dado vários recitais, solista de todas as grandes orquestras sinfônicas, onde entrou e impôs-se pelo seu próprio valor.[20]

Ainda em Recife, o jornalista José Campello, ao anotar suas impressões sobre Souza Lima para o *Jornal Pequeno*, foi mais poético e analista, ao dizer que as mãos do pianista eram "chopinianas, debussynianas, sutis, longas e patinadas". Ainda acrescentou sua análise estilística, pelo menos, o que lhe suscitou naquele momento de

---

19 Jornal *A Província*. Recife, 1º de junho de 1930. AF/IPB

20 Jornal *O Diário*. Seção "As Enquetes". Recife, sem data. Fonte: AF/IPB.

modernismo europeu com nacionalismo brasileiro e a conquista de Souza Lima do público europeu:

> O milagre dessa conquista deve-a Souza Lima ao seu temperamento que é um equilíbrio surpreendente dos valores plásticos com os sentimentais e dinâmicos. Inclinando-se para esses últimos o file de sua sensibilidade. E não virá daí a sua perfeita identificação com Chopin e Debussy? É em consequência ainda desse equilíbrio, que Souza Lima afasta dos seus programas os mais avançados músicos europeus, Severac e os chamados mediterrâneos, que integram a música nas artes plásticas. Ou Erik Satie de quem Cocteau nos dá em *Le Coq et Alerquin* o axioma escolar: o músico arrancará da música os enlaces, nas habilidades, as prestidigitações para torná-la habitável como uma casa.[21]

Le Coq et Arlequin é um ensaio escrito por Jean Cocteau em 1818 e dedicado a Georg Auric, em que tenta entender e explicar, ao mesmo tempo sugerir, o que deveriam ser as artes modernistas (principalmente a música), pelos menos nesse primeiro momento do século XX. Quando Jose Campello – embora "fascista por opção e crença"[22] – menciona a obra de Cocteau ele procura comparar com os pensamentos do ensaio e os atributos do músico com a música. Basta, por exemplo, recorrer a alguns aforismos de sua obra: "O ouvido desaprova, mas apoia certas músicas; vamos transportá-los para a área do nariz, eles nos obrigariam a fugir"; ou ainda "Nossos músicos evitaram a torrente Wagner na corda bamba, mas não mais do que a torrente, a corda bamba não pode ser considerada um meio honesto de locomoção." E por último, como título de ilustração e compreensão, "O impressionismo é uma reação de Wagner. O último arrulho da

21 *Jornal Pequeno*. Recife, 15 de outubro de 1928. Fonte: AF/IPB.

22 SOUZA NETO, José Maria Gomes. *Sonhos de Nabucodonosor*: Aspectos da propaganda do Estado Novo em Pernambuco. Tese de Doutoramento. UFPE/PPGHIS, 2005, p. 179.

tempestade".[23] Entretanto, o que importa é o que disse o jornalista, suas elegias e homenagens a Souza Lima.

De Pernambuco foram para São Paulo e Rio, onde fizeram concertos. Em São Paulo, Villa regeu o primeiro concerto sinfônico na Sociedade e Cultura Artística e Souza Lima tocou junto a Raskin, sonatas de Beethoven, Villa-Lobos e Cesár Franck e foi o solista do Concerto "Imperador" de Beethoven. No Rio, tocaram no Teatro Municipal e receberam as maiores benesses dos críticos. Duas delas forma nos jornais locais. Gastão de Carvalho escreveu para *O Paiz* em 23 de setembro de 1930 que, "Souza Lima é hoje um artista universal e sendo tão jovem, parece um velho pianista".

> A cada ovação correspondia novo "extra" e a cada novo "extra" uma aclamação clamorosa. Ouviu-se um novo programa ao lado do anunciado e se o concerto não entrou pele noite adentro foi porque trouxe várias ameaças de se apagarem as luzes. Souza Lima é, desde anteontem, um dos ídolos do público carioca. E, para o Brasil artístico, uma figura das que mais o honram.[24]

No mesmo dia o *Jornal do Brasil* fez também uma matéria elogiosa e deixou evidente o entusiasmo do repórter:

> O acontecimento artístico culminante deste fim de temporada foi o recital de domingo, á tarde, no Teatro Municipal, em que, pela primeira vez, tive ocasião' de ouvir nosso patrício Souza Lima, que, havia já algum tempo, residia na Europa. Chegava-nos ele aureolado de invejável fama, como virtuoso do piano dos de primeira linha.[25]

23 Cf.: COCTEAU, Jean. *Le Coq et Arlequin*. Paris: E. de La Sirene, 1918.

24 Jornal *O Paiz*. 23 de setembro de 1930. Fonte: AF/IPB

25 *Jornal do Brasil*. 23 de setembro de 1930. Fonte: AF/IPB

De volta a São Paulo, tocaram no Teatro Ítalo-Brasileiro e novamente na Sociedade de Cultura Artística. Após algumas apresentações no interior de São Paulo, Villa-Lobos decidiu fazer uma *tournée* pelo interior, com o patrocínio do interventor do Estado, João Alberto Lins de Barros (1897-1955), que enviou circular aos prefeitos pedindo apoio para os músicos. Não houve ajuda material. Essa intervenção foi a mando de Getúlio Vargas, o que deflagrou o que viria a se chamar de Revolução Constitucionalista de 1932. Entretanto, foi um sucesso. Em meio às viagens de trens do interior, em meio às pessoas das mais variadas classes, às crianças que corriam e à algazarra que faziam, Souza Lima sugeriu a Villa que escrevesse uma obra sobre o assunto para que ele pudesse tocar em desses concertos. Entre uma estação e outra, Villa compôs "Caixinha de Música Quebrada" que foi dedicada a Souza Lima e logo abaixo do título, escreveu "para Souza Lima brincar."[26] A música apresenta paisagens brasileiras e comportamentos das pessoas do interior. Com a Revolução de 1932, todos os projetos foram esquecidos – Villa e Souza Lima queriam fazer o mesmo por outros estados brasileiros – e um foi para o Rio e outro, ficou em São Paulo.

Ex. 3 – Página inicial "Caixinha de Música Quebrada". Fonte: https://musicabrasilis.org.br/partituras/heitor-villa-lobos

26 *Id. Ibid.* p. 163

Villa-Lobos não era somente bem-humorado; tinha, assim como todos nós, momentos em que seu humor não estava muito perto do que seria cômico ou risível. Em outro concerto, Souza Lima lembra que Villa convidou-o para tocar 'Momo Precoce', uma versão para piano e orquestra da suíte 'Carnaval das Crianças'. No entanto, Villa teve um desentendimento com a orquestra que se recusou a ser dirigida por ele e Villa, com saídas inusitadas, disse para os instrumentistas que se não tocarem com ele, chamaria a Banda da força Pública do Estado:

> Em poucos dias transportou toda a instrumentação do programa para a banda, e é sabido que os dois conjuntos (banda e orquestra), possuem instrumental totalmente diferente. Para se fazer esse transporte é preciso ter um conhecimento perfeito desses dois conjuntos, o que fez Villa-Lobos com a maior facilidade. E foi assim que executei, creio que pela primeira vez no mundo, uma peça substituindo uma orquestra por uma banda militar.[27]

Em termos de técnica e genialidade, Villa-Lobos era rápido e pensava a música em todas as suas vertentes. Os ensaios eram feitos no quartel e o que chamou a atenção de Souza Lima foi a disciplina dos soldados que, se se rebelarem, poderiam ficar presos por dois ou três dias. O sucesso foi evidente, tanto que o mesmo programa foi repetido no Rio de Janeiro com a Banda do Corpo de Bombeiros. No concerto que iniciou "auspiciosamente a temporada da Associação Brasileira de Música", Souza Lima "o maior pianista brasileiro", tocou algumas obras que deixam Renato Almeida (1895-1981) somente com elogios, "com um ensejo para ouvir" o pianista que "reúne uma técnica admirável, em que todos os recursos são aproveitados, um estilo pessoal".

---

27 *Id. Ibid.* p. 206

> A sua execução do Concerto em dó maior", de Vivaldi-Bach, foi dada em toda pureza e serenidade. O seu Chopin não se funde numa languidez mórbida, através das notas apaixonadas, mas tem vibração e energia. Na última parte, executou duas "Cirandas", de Villa-Lobos, uma "Valsa Elegante"', página de muita espontaneidade, de Mignone, e a frenética "Dança de Negros", de Fructuoso Vianna. Num pianista, como Souza Lima, não ha que estar a esmiuçar a interpretação, exceto para os técnicos clínicos que queiram fazer estudos especializados. O que fica é a impressão forte de um grande pianista e, mais que isso, de um verdadeiro artista.[28]

Um outro programa de Souza Lima foi em Belo Horizonte "uma cidade tão rica de aspectos nossos" e que possui um entorno agradável e aconchegante, como Sabará, Ouro Preto, Mariana e outros lugares agradáveis. O último concerto foi em homenagem a Protógenes Guimarães (1876-1938), então Ministro da Marinha, ocasião em que tocou Beethoven e Liszt, regidos por Elviro Nascimento (1890-1980). Na capital mineira, aquele que "pode ser considerado o maior pianista brasileiro", deu uma entrevista bem pontual para o jornal *O Estado de Minas* sobre a música moderna e o repertório que tocou no Teatro Municipal de Belo Horizonte:

> Como vê, é quase tudo música clássica. É Beethoven genial, é o Chopin inexaurível. E, de propósito, não que eu seja infenso à arte moderna. Pelo contrário! Ainda agora, no Rio, colaborei em um grande espetáculo de música moderna: Rapsódia Azul, música americana, onde entra a jazz band. Notável. Mas tenho dois motivos para tocar ainda Chopin. Primeiro: Chopin é único. Segundo: que que o valor que por acaso eu tiver como artista, seja justa e facilmente avaliado pela plateia. (...), Mas é preciso notar que

28 Jornal *A Nação*. Rio de Janeiro, 21 de abril de 1933. Fonte: AF/IPB

> em meu programa há também música moderna: Debussy, Albeniz...os modernos mais conhecidos. No segundo recital eu incluirei possivelmente, um grande compositor mineiro que vive em São Paulo: Fructuoso Vianna.[29]

O jornal *A Tribuna* anunciou a série de concertos com euforia e acabou por desejar "a esse grande artista a continuação dos seus formidáveis triunfos para a glória da arte musical brasileira". E ainda destaca que "o grande artista brasileiro" não executa somente obras de compositores antigos e consagrados, pois seria um "intérprete admirável de clássicos autores e modernos compositores."[30] A despedida de Belo Horizonte foi anunciada com grande satisfação e saudade. O mesmo jornal não conteve a euforia. Depois de elogiar o virtuose do piano, a orquestra e o programa, fez considerações importantes.

> Souza Lima mais uma vez, ostentou as suas extraordinárias qualidades de virtuose, interpretando esse número de tão grandes dificuldades com inexcedível brilho. Também arrancou delirantes aplausos da plateia o concerto em mi bemol de Liszt, que proporcionou ao grande artista ensejo de mostrar exuberantemente a sua extraordinária técnica.

Com as lembranças de uma "feliz iniciativa da Symphonica" que conseguiu proporcionar ao "Ministro da Marinha e a sua ilustre comitiva a festa mais distinta entre as que se realizaram em sua honra", o povo e o jornal só desejavam uma coisa: "Que volte a nos visitar Souza Lima ou que outros grandes concertistas venham até nós e novas noites de igual brilho terá o Municipal."[31] O Jornal *O Minas Gerais* foi mais crítico em relação ao público, mas elogioso quando mencionou Souza Lima, "um pianista que figura na constelação dos grandes pianistas".

---

29 Jornal *O Estado de Minas*. Belo Horizonte, 6 de julho de 1933. Fonte: AF/IPB.

30 Jornal *A Tribuna*. Belo Horizonte, 7 de julho de 1933. Fonte: AF/IPB

31 Jornal *A Tribuna*. Belo Horizonte, 15 de julho de 1933. Fonte: AF/IPB

> Dissemos também, refletindo o que diz o povo, ter Souza Lima um grande defeito – ser brasileiro. Infelizmente, temos de confessar que a nossa sociedade está pensando por esse modo inadmissível. O Teatro Municipal tinha pouca gente. Mas os que lá compareceram vibraram de entusiasmo como raramente se verifica entre nós.

Como se não bastasse as observações críticas a respeito do público, o jornal continua a a pontuar, por comparações, os grandes nomes do piano, a citar Brailowsky, Borowsky (1889-1968), Rubinstein, Frey (1889-1946) e Guiomar Novaes.

> Guiomar Novaes fica num plano à parte, com Brailowsky. Rubinstein, que aplaudimos freneticamente há um mês e pouco, vem em seguida e depois temos Borowsky e Frey, para citar apenas os que Belo Horizonte conhece e aquele admirável Brailowsky, que deixou a nossa plateia cheia de vontade, apenas, de ouvi-lo, porque o carioca o prendia no Municipal e o paulista já o esperava impaciente.

Mas o jornal insiste, mesmo depois de nomear e classificar os pianistas: "Vamos agora, sem poder fugir aos paralelos, classificar Souza Lima, segundo nossa opinião, entre estes cinco nomes citados". E continua com a sua insistência em nomear e classificar; entretanto, para dar a Souza Lima, a posição merecida, a considerar o pouco conhecimento do público em relação ao maior dos pianistas que por lá apareceram.

> Não hesitamos um momento em colocá-lo no primeiro plano: Brailowsky, Souza Lima, Guiomar Novaes. (...) É este pianista notável que se encontra em nossa capital e que continua desconhecido de Belo Horizonte. (...) É profundamente lamentável que Belo Horizonte continue desconhecendo Souza Lima. Será que já estamos doutores em música ou saturados de grandes pianistas. Não é possível.

O jornal ainda continua sua ladainha fervorosa, mas sincera. Levanta a hipótese quase que comprovada de que raramente um artista estrangeiro daria tantos 'extras' ou 'bis', quando o público pede. Talvez, nenhum, o programa deveria ser cumprido à risca. Mas Souza Lima o fez, por vários momentos e em vários concertos e recitais.

> Souza Lima é brasileiro. Brasileiro demais. Tocar, por exemplo, Campanella de Liszt, depois de um programa dois 'extras', só sendo mesmo genuinamente brasileiro. Custamos a admitir a hipótese de algum concertista, depois de um programa executado, atenda a um pedido de 'extra' com uma pela como Campanella.[32]

Depois de Belo Horizonte, voltou ao Rio de Janeiro para concertos na Serie Oficial do Instituto Nacional de Música, em parceria com Francisco Mignone, em programa só de suas obras. Em um segundo recital no Instituto Nacional de Música, Octavio Bevilacqua (1887-1959) foi taxativo quanto às qualidades de Souza Lima, destacando "o grande pianista patrício" como "um legítimo sucesso".

> Já é, aliás, a segunda vez que este sucesso se registra ali naquele mesmo salão, com Souza Lima. Não há muitos dias, seu recital, abrindo a serie da Associação Brasileira de Música, levava igual massa a ouvi-lo e a aplaudi-lo estrondosamente, tal como sucedeu agora nesse segundo recital.[33]

---

32 Jornal *O Minas Gerais*. Belo Horizonte, 7 de julho de 1933. AF/IPB. Alexander Borowsky foi um pianista russo-americano, professor do Conservatório de Moscou. O Correio Musical de 11 de maio de 1916, diz que Alexander Borowsky, certamente é uma estrela em ascensão no céu tonal. Emil Frey foi um pianista e compositor suíço que estudou no Conservatório de Genebra e no *Conservatoire de Paris*. George Enescu dedicou-lhe a sua Sonata para Piano nº 1 em Fá sustenido menor, op. 24/1.

33 Jornal *O Globo*. Rio de Janeiro, 21 de julho de 1933. AF/IPB

Os recitais na Associação Brasileira de Música forma constantes e as críticas, sempre favoráveis. Em 1933 uma notícia no *Correio da Manhã* falou sobre Souza Lima como detentor de "de sua cultura musical e dos predicados de executante, que o impuseram, há muito, a admiração das grandes plateias do mundo". E não foi somente isso, a nota tece comentários do programa e mais ainda de suas qualidades.

> Ouvir Scarlatti, Vivaldi-Bach, Weber, Chopin, Villa-Lobos, Mignone e F. Vianna, na variedade inconfundível do estilo de cada um e com requintes de expressão, torna-se um encanto para o público. E foi o que sucedeu neste primeiro concerto da Associação Brasileira de Música, em boa hora confiado, para a estreia na temporada deste ano, a um artista de tal valor. O que há de agradável, em se tratando de Souza Lima, ê ·que a crítica se simplifica. de modo singular: só ha elogios a fazer-lhe. O êxito obtido pelo grande artista patrício foi verdadeiramente triunfante.[34]

Em São Paulo, promoveu recitais em vários lugares e um deles foi o Instrução Artística do Brasil,[35] fundado por Helena de Magalhães Castro (1902- 1995), uma espécie de amante das artes e que também se dedicava à música. Junto a Guilherme de Almeida, Souza Lima foi convidado para fazer parte do IAB, como parte da diretoria, como membros nem tão atuantes. No 30º aniversário da IAB, portanto, em 1961, foi realizado uma série de concertos com obras de Beethoven e Mignone. O jornalista Antônio Rangel Bandeira (1917-1988) foi incisivo ao comentar, em um jornal desconhecido, as obras de Beethoven e de seus intérpretes naquele momento. Ao tratar de Beethoven, fala,

---

34 Jornal *Correio da Manhã*. Rio de Janeiro, 21 de abril de 1933. Fonte: AF/IPB

35 A Instrução Artística do Brasil foi fundada pela cantora e declamadora Helena de Magalhães Castro em 1931. Dentro de suas atividades artísticas, fez uma pausa em 1932 e passou a amparar os soldados que iriam combater na Conflito Constitucionalista, bem como a ajudar aqueles que retornaram dele.

dentre outras tantas composições, do quarteto em lá menor, que, segundo Aldous Huxley, "prova a existência de Deus". Nomeia também os instrumentistas:

> Souza Lima, Nathan Schwartzman e Caldeira Filho - este no seu conciso e admirável comentário que precedeu a execução do programa, colocando de maneira altamente esclarecida, o problema do espírito e da matéria na obra de Beethoven - estiveram admiravelmente identificados com os aspectos essenciais da mensagem que tinham a transmitir. E aliás. com alegria que assinalamos a "volta" de Sousa Lima, como pianista, com a sua recente e brilhante interpretação da Fantasia para piano e orquestra, de Francisco Mignone, no Teatro Municipal.[36]

Em uma das excursões que o IAB promoveu, Souza Lima diz ter conhecido um senhor que pediu referencias para sua música, mostrando-o uma composição sua à espera de críticas. Souza lima diz ter gostado e viu naquele senhor, um músico promissor. Aconselhou-o a mudar-se para o Rio de Janeiro e estudar mais e mais. Assim foi feito. O senhor se transformou em um grande arranjador de música popular e um dos maiores expoente conhecedores gênero tipo de música; era o maestro Lyrio Panicali (1906-1984).

O Sul do Brasil também foi contemplado com os concertos de Souza Lima, bem como a Argentina e o Uruguai. Em Porto Alegre fez três recitais e depois encaminhou-se para Pelotas, depois para Bagé e para Santana do Livramento. Em Porto Alegre foi visto como "uma revelação arrebatadora" e sobre a técnica, o jornal *A Federação*, através de Ângelo Guido, não deixou de perceber que se tratava de um pianista simples e que isso o fazia mais claro, com "profundez de sensibilidade musical", ardente e apurada ao mesmo tempo, capaz de

36 Jornal não identificado com matéria assinada por Antônio Rangel Bandeira. Fonte: AF/IPB

"sutilezas inacreditáveis".[37] Em Pelotas, Souza Lima deixou a impressão de que "é o maior pianista brasileiro", a destacar a "*Apassionata*" de Beethoven:

> É que, a par de sua virtuosidade, a alma de Souza Lima faz vibrar com igual melodia, todas as sonoridades estranhas que só ele sabe arrancar das cordas do piano. Toca com muito sentimento e aproveita maravilhosamente as ressonâncias. Ao ouvirmos a "*Apassionata*", tivemos a nítida impressão de estar a ouvir perfeitas ondulações suaves, ora frenéticas, de sons traduzidos em súplicas e gritos angustiosos, de revolta.[38]

Em Bagé a crítica aos que não assistiram Souza Lima foi mordaz e, sobretudo, incisiva no sentido de que a perda do recital não teria mais volta. Com anúncio de "Pêsames", o jornal *A Reação* notificou, através de Pedro R. Wayne (1904-1951):

> Eu sei que há muita gente por aí safada comigo porque não costumo pregar condolências. É que acho indecente se aproveitar das desgraças dos outros para mentir. Em compensação hoje vou dar uns pêsames que valem por todos os atrasados. Sentidíssimos: – Pedro R. Wayne e todos aqueles que ouviram ontem Souza Lima apresentam sinceros pêsames aos que não ouviram. Bagé, 5 de outubro de 1933.[39]

Certamente os pêsames eram necessários. Em uma jogada de bom humor com um sentimento de esquecimento ou perda, Wayne – que não era o Batman – sentias muito pelo público que não ouviu Souza Lima em um recital que foi deveras, impecável. Em Santana

37 Jornal *A Federação*. Porto Alegre, 8 de setembro de 1933. Fonte: AF/IPB

38 Jornal *Diário Liberal*. Pelotas, 30 de setembro e 1933. Fonte: AF/IPB

39 Jornal *A Reação*. Bagé, 5 de outubro de 1933. Fonte: AF/IPB

do Livramento, cidade do interior gaúcho a 498 km de Porto Alegre, a viagem pode não ter sido agradável, mas o recital foi também primoroso.

> Cidade longínqua, no limite com o Uruguai, onde encontrei um piano e cauda Steinway de primeira ordem. A viagem até aqui é bem longa; foi feita em um dia de calor abrasador e em temporada de seca; sofremos bastante com a quantidade de poeira. Verdadeiras nuvens que se elevavam com a movimentação do trem. Foram algumas horas de viagem pouco agradáveis.

Mas, salvo os percalços, Santana era uma cidade agradável e Souza Lima fez questão de dizer que foi acolhido "por um público cordial, interessado e entusiasmado".[40] A cidade faz fronteira com o Uruguai e somente uma praça divide os dois lados com a cidade uruguaia de Rivera. Dali, para Montevidéu eram cerca de 500 km. Na capital uruguaia, Souza Lima tocou no Teatro 18 de Julho e no auditório do Sodre, uma organização musical muito importante que tem em sua sede salas de concerto e uma estação de rádio. No concerto de despedida de Montevideo, Souza Lima tocou Debussy, Ravel, Isaac Albeniz (1860-1909), Villa-Lobos, Fructuoso Vianna, Chopin, Liszt-Busoni e Liszt. "Ontem à tarde, voltou-se a apresentar perante nosso público, oferecendo seu concerto de despedida, o pianista brasileiro Souza Lima, figura destacada do piano".[41]

Em Buenos Aires não foi diferente, o público sempre gentil com o virtuose brasileiro e sempre acolhedor com a performance personalizada e musical de Souza Lima. Afinal, na capital argentina, viu uma vida musical bastante acolhedora e um ambiente cultual muito bem desenvolvido. Entretanto, além de pessoas amáveis, o que mais

---

40 *Id. Ibid.* p. 168

41 Jornal *La Tribuna*. Montevideo, 2 de novembro de 1933. Fonte: AF/IPB

chamou atenção foi o Teatro Colón, um dos melhores e mais afamados do mundo. Nele, Souza Lima apresentou a 1ª Fantasia Brasileira de Mignone, com a regência de Walter Burle Marx (1902-1990), irmão do paisagista Roberto Burle Marx (1909-1994). Tocou também na Sala Wagner e a sedução pela cidade, pelo público e pelas instalações foi impressionante, fazendo com que Souza Lima tivesse vontade de voltar para visitas mais turísticas. Um jornal local anunciou que um "extraordinário pianista brasileiro deu u concerto na sala Wagner" e que, "sua atuação não fez senão corroborar a excelente interpretação que causou seu desempenho no Colón, tocando como solista com a orquestra deste Teatro e sob a direção do maestro Burle Marx, seu compatriota". O diário *La Prensa* não se limitou em identificar os brasileiros, mas ressaltou que "Souza Lima é, pode-se afirmar, um concertista de nota" e que sua segurança, sua "clara intuição musical, seu domínio de todos os matizes, permitem qualificá-lo como tal".[42] Agora, é a vez do jornal *La Causa* que destacou as qualidades de Souza Lima.

> Pianista dotado de um mecanismo brilhante e magnânimo e de uma musicalidade nada comum, pois estas características, poucas vezes reunidas, estava a serviço das obras que compõem o programa eclético, feito de obras que desde os clássicos e antigos cravistas abarcaram, ademais, escolhidas páginas dos autores românticos, modernos e ultra impressionistas, dos quais nos ofereceu versões sobressalentes do ponto de vista técnico e interpretativo.[43]

Mas as visitas ficariam para outro momento, pois a vida de concertista nômade exigia mais deslocamento e mais viagens para onde surgissem os convites, mas São Paulo era sempre o ponto de partida. Na capital paulista retomou a série da Sociedade de Cultura Artística até que surgiram convites para tocar nos estados do Norte do Brasil.

42 Jornal *La Prensa*. Buenos Aires, 10 de novembro de 1933. AF/IPB

43 Jornal *La Causa*. Buenos Aires, 10 de novembro de 1933. AF/IPB

De navio e com paradas regulares em portos que margeavam o rio Amazonas, chegaram em Manaus. Souza Lima descreve a passagem como deslumbrantes, cheio de vegetações nativa e de um colorido da fauna de deixar todos perplexos e cheio de orgulho de terras brasileiras, pois tem-se a impressão de estar navegando dentro de um bosque sem fim. Um detalhe curioso é que os meios de transporte pelos rios da região eram guiados por homens que somente se alinhavam através do conhecimento; a bússola era impraticável e era preciso conhecer as rotas, sobretudo, na escuridão. Foram cinco dias de Belém a Manaus. Em Belém, o "tecedor de filigranas da música e da prosa", Gentil Puget, também músico e compositor, publicou palavras poéticas às interpretações de Souza Lima, quase que em um exagero literário.

> Só tu és capaz de, numa filigrana de notas e de sons dizer o matiz de uma flor e o gorjeio de um pássaro, o cascatear de uma fonte, o ciciar de uma folhagem e a fúria da tempestade, que o poeta canta na sua rima, mas não a traduz na sua palavra que o pintor fixa na sua tela mas não a anima com o seu colorido, que o escultor plasma no retalho do mármore, mas não realiza o milagre...[44]

Em um hotel precário em Manaus, Souza Lima pensou em desistir dos concertos até que foi amparado por um amigo que conhecera em Porto Alegre e foi se instalar em sua casa. Bem instalados e agora com as regalias dignas de um virtuose, puderam planejar os concertos. Foi realizado um recital no Teatro Amazonas e os elogios forma como de costume:

> Em nossos anais artísticos há de ficar em referência especial o concerto que o pianista Souza Lima realizou no Teatro Amazonas perante notável assistência. Abrindo e

44 *Crônica Musical*. 21 de novembro de 1934. Fonte: AF/IPB

> encerrando o programa estavam as grandiosas composições "*Chacona*" de Bach-Busoni e "*Campanella*", de Liszt-Busoni e, intermediariamente, joias musicais nascidas da inspiração potente de Schumann, Chopin, Debussy e Joaquin Nin. (...) Foram horas de indizível prazer as que o exímio pianista nos proporcionou no teatro Amazonas.[45]

Houve outro concerto em Manaus, só que desta vez não foi numa casa de espetáculos, ou outro teatro. Agora foi no Grande salão Nobre de uma fábrica de cerveja, de propriedade de seu anfitrião (Maximino Correa), também um grande cultor da música e amador. O "virtuose patrício – porque ele o é na mais escorreita expressão do termo":

> O Sr. Souza Lima é irrefutavelmente fascinante. Seus dedos são prestigiosos. Possuem o poder da sonoridade. Sob seu comando, o piano enche-se de amavios inéditos, de murmúrios e clamores, como se, por processos desconhecidos, o artista transformasse o ambiente numa enorme caixa de magicas ressonantes. Não se pode conceber maior clareza no desfiar a linha melódica nem mais justeza no ataque e na vibração dos acordes, dos quais tira efeitos de grandes surpresas.

O *Jornal de Manaus* termina a matéria alertando aos brasileiros: "Enfim é preciso ouvi-lo para o admirar, é preciso admirá-lo para amar ainda mais o Brasil".[46] De volta a Belém, mais uma vez, pelo rio, mas com uma viagem mais curta, pois a correnteza era favorável ao retorno. Os recitais foram no Teatro da Paz, com um piano Erard emprestado, dado as condições ruins do piano do teatro. Em Fortaleza, a próxima parada, Souza Lima conheceu o pianista Jacques Klein (1930-1982) com nove anos de idade e disse ter a impressão de que seria um

45 *Jornal de Manaus*. 25 de agosto de 1934. AF/IPB

46 *Jornal de Manaus*. 18 de julho de 1934. SF/IPB

excelente pianista. E o foi. Ganhou prêmios no exterior, e fez duos com Friedrich (1930-2000) e Salvatore Accardo (1941). De Fortaleza para Natal, onde se apresentou no Teatro Carlos Gomes, mas foi na Bahia que permaneceu por mais tempo. Em Natal, o concerto de Souza Lima de quem "não se discute nem interpretação e virtuosidade", foi de uma nota digna de sucesso e metáforas, pois o pianista "apenas trouxe o 'microbinho' ágil e venenoso de rapidez e graça, para os ouvidos natalenses" e vai ainda mais longe:

> Já se vê que é inútil registrar um concerto de Souza Lima. As salvas de palmas, que não mais acabavam, dizem que o pianista conquistou mais um público para a sua lista interminável de vitórias. Só podemos aplaudir tudo quanto ele interpretou. As restrições curiosamente, consistem no maior encômio. São apenas protestos porque ele tocou infinitamente menor do que esperava a nossa incontida admiração entusiástica.[47]

O Salão Nobre da Beneficência Caixeral e o Salão da Escola Normal de Música foram os palcos de vários concertos realizados. No Salão Nobre de Caixeral "foi ouvido com o maior recolhimento e atenção respeitosa" e mais, como acrescentou o crítico Agenor de Almeida:

> Imagine-se esse dom raríssimo aliado a uma técnica vigorosa capaz dos mais belos efeitos dinâmicos, como diria Riemann. A diversidade de sonoridade conseguida com pressão digital sobre uma mesma tecla, como se observou na primeira parte de 'Apassionata', depois as suas escalas simples ou intervalares até as oitavas, tudo, enfim, concorre em Souza Lima para justificar as referências que vem

47 Jornal não identificado. Natal, 13 de outubro de 1934. AF/IPB

> recebido da crítica mundial, que o considera pianista extraordinário, um dos azes do teclado contemporâneo.[48]

A despedida dos concertos na Bahia aconteceu na Escola Normal de Música, onde recebeu homenagens de alunos e professores:

> Com uma casa cheia, acesa em vibrações a alma do auditório, o pianista brasileiro Souza Lima realizou ontem, na Escola Normal de Música, o seu concerto de despedida, que se assinalou por um aspecto de verdadeira sagração, tantas foram as palmas e os aplausos. Basta referir que o brilhante artista patrício tocou, além do programa forte e variado que apresentou ao público, desempenhando-se cabalmente, cerca de dez extras![49]

Em Salvador, teve ainda tempo de conhecer Deolindo Fróes (1864-1948), diretor do conservatório e um dos principais músicos do lugar. Deolindo estudou órgão com Charles-Marie Widor em Paris e passou também por escolas na Alemanha. Após o último concerto em Salvador, partiram para o Rio de Janeiro.

No Rio, lembra-se Souza Lima, foi feito um concerto em homenagem aos 79 anos de Henrique Oswald, com um programa só de suas obras; Souza Lima foi o pianista escolhido para tal homenagem. Oswald foi o que Souza Lima chamou de "ponto alto da vida artística no Rio" e a maior referência musical da cidade. "De uma sensibilidade refinadíssima, toda a sua obra revelava uma fatura muito bem cuidada, com harmonizações do melhor gosto e requinte". Porém Souza Lima lembra ainda da importância e das habilidades de Henrique Oswald:

> Em concurso de composição para piano realizado em Paris pelo grande jornal *Le Figaro*, obteve o primeiro

48 *Jornal da Bahia*. Sem data. Fonte: AF/IPB

49 Jornal *A Tarde*. Salvador, 20 de novembro de 1934. AF/IPB

> prêmio com sua peça *'Il Neige'*. Do júri fazia parte o grande Sain-Saëns, donde se concluiu que o concurso era de altíssimo nível.[50]

Em Paris, Souza Lima frequentava a casa de Oswald onde conheceu Francisco Braga, autor do Hino da Bandeira. Portanto, uma homenagem seria mais que bem-vinda para nosso pianista, uma vez que as recordações são importantes e musicais para a formação de Souza Lima. O convite para tocar na homenagem veio de Luciano Gallet (1893-1931) e a resposta, sempre gentil e amigável de Souza Lima:

> Agradeço a lembrança que teve a benemérita Associação Brasileira de Música convidando-me para figurar como colaborador da parte reservada às obras de piano, nas homenagens a serem prestadas ao nosso glorioso brasileiro Henrique Oswald, e tenho a honra de responder que tal convite encerra uma ordem, já por partir de V. Ex. a quem tanto prezo, já por poder manifestar por essa forma, embora com deslustre, o preito e as reverencias de minha mais sincera admiração e homenagem ao compositor ilustre. Associando-me assim à ideia louvabilíssima da Associação e enviando mens cumprimentos pela Iniciativa tão justificável, aqui aguardo suas ordens.[51]

Depois do Norte, Nordeste e dessa homenagem no Rio, voltou para a cidade natal. Já em São Paulo, recomeçaram os concertos na Sociedade de Cultura Artística e surgiram outras atividades relacionadas à cultura e à música, particularmente. A primeira iniciativa se deu por conta da criação do Departamento Municipal de Cultura em 1935 por iniciativa do prefeito Fabio Prado (1887-1963), com a direção e organização de Mário de Andrade e Paulo Duarte (1899-1984).

---

50 *Id. Ibid.* p. 174.

51 Jornal sem identificação. 1931. AF/IPB

> As iniciativas do departamento tinham por objetivo diminuir as assimetrias de acesso aos bens culturais, ainda restritos a uma pequena parcela da população, por meio da ampliação das ações de expansão cultural e de criação de novos públicos para o fazer cultural. O sentido que atribuímos hoje ao conceito de democratização cultural pode ser aplicado ao DC, com as ressalvas semânticas e históricas necessárias.[52]

Era importante democratizar os bens culturais de São Paulo e de permitir acesso à maior parte da população, uma vez que esse tipo de acessibilidade ficava restrita a uma elite que se tensionava entre o moderno e o conservador. Isso era difícil porque ela se mantinha atada e entravada nas memórias 'quatrocentonas' que lhes dava tanto o *status* dentro da sociedade quanto aos benefícios financeiros acumulados desde as capitanias hereditárias. Pode soar como um exagero histórico, mas a verdade é que ela manteve (e insistia para que se mantivesse) em estruturas já sedimentadas e sectárias.

Essa foi uma das mais importantes inciativas para a vida musical em São Paulo e para o surgimento de grupos e agremiações importantes. Uma das primeiras inciativas foi a regulamentação do Teatro Municipal, sua organização e a criação de um conselho técnico, composto por Edoardo de Guarnieri (1899-1968)), Camargo Guarnieri, Armando Belardi (1898-1989), Zacharias Autuori (1889-1961) e Souza Lima. Com a supervisão de Paulo Magalhães (?), essa iniciativa mudou os rumos da vida de Souza Lima, mas para melhor, uma vez que propiciou o nascimento da Orquestra Sinfônica Municipal e de outros grupos para a realização de concertos e recitais. Em princípio, a formação de um conjunto emergencial de músicos para criar

---

52 SENA, Eduardo Augusto. Um turbilhão sublime: Mário de Andrade e o departamento de cultura de São Paulo. In: *Cátedra Olavo Setúbal de arte, cultura e ciência*. Ver: http://www.iea.usp.br/pesquisa/catedras-e-convenios/catedra-olavo-setubal-de-arte-cultura-e-ciencia/textos/catedraos_eduardo_sena_mario_de_andrade_final

e estabelecer na cidade alguns concertos esporádicos foi ficando cada vez mais frequentes e, por conseguinte, veio a se transformar em um gripo estável até chegar à criação da OSMSP. Também forma criados os Corais Líricos e Paulistano, coma direção respectiva de Xisto Mecchetti e Camargo Guarnieri. Foi criado também o Quarteto Haydn, composto por Anselmo Zlatopolsky (1900-?), Osvaldo Sbarro (c. 1920), Amadeu Barbi e Calixto Corazza. Mais tarde, viria a se denominar como Quarteto da Cidade de São Paulo. Teve também a criação de um trio (Trio São Paulo), formado por Souza Lima, Anselmo Zlatopolsky e Calixto Corazza.

Com as atividades musicais sempre como princípio e com seus trabalhos no Departamento de Cultura, Souza Lima ainda recebeu convites importantes de Mário de Andrade. Um foi para reger um concerto sinfônico no Teatro Municipal, que depois se tornaram dez e ainda, facilitou a criação da Orquestra Sinfônica Municipal:

> Aquele convite foi como um teste. Sabendo eles que nos estudos que fiz no Conservatório de Paris havia me dedicado também à regência, quiseram, naturalmente, proporcionar-me uma oportunidade e ao mesmo tempo avaliarem-me quanto ao meu desempenho à frente de uma sinfônica.[53]

A avaliação foi ótima e o desempenho foi mais que o esperado, tanto quer foi nomeado pelo prefeito, agora Lineu Prestes (1897-1958), como maestro-assistente-técnico. Durante mais de três décadas foi o regente da Sinfônica do Município. Souza Lima foi o criador da Sinfônica Municipal e um dos criadores da Orquestra Sinfônica d*O Estado de São Paulo* (OSESP).

---

53 LIMA Souza. *Op. Cit.* p. 176.

Fig. 40 – Souza Lima e sua estreia como regente.
Fonte: Ciro Gonçalves e João Parizoto.

Em uma nota digna de reprodução (1941), um incógnito jornalista e crítico identificado apenas com as iniciais (C. de O.) escreveu uma *Resenha Musical* em que fez elogios ao primeiro concerto regido por Souza Lima e colocou-o com o um maestro que mudou a maneira da orquestra de tocar obras de concerto.

> Ao contrário dos concertos orquestrais do Departamento de Cultura, que em geral causa-nos pouco interesse pela apresentação frequente de muita cousa banal e arcaica, este foi como que um grito contra o ramerrão, contra o mofo, contra o embolorecimento e atrofiamento do senso artístico bandeirante. Fato que estava se dando pela inércia de elementos que a fatalidade postou a frente das realizações do dito Departamento.

Souza Lima mudou o jeito de tocar, elegeu obras menos clichês e fez uma direção para um "melhor caminho, tomando-o como paradigma para futuras realizações. Entretanto, surgiram questionamento de quem o que definira programas e dias de concerto, o que poderia colocar em xeque a atuação de Souza Lima. O que o autor esclarece é somente uma preocupação com a técnica e com o repertório vistos na estreia de Souza Lima.

> Não sabemos quem determina os programas dos concertos do Departamento, mas, pelo que nos apresentou a orquestra sob a direção de Souza Lima, em contraste com outros programas, faz crer que devemos o elevado critério do mesmo ao talento de escólio do nosso grande pianista, hoje, também, abalizado regente. Um programa composto só de obras em primeira audição. Verdadeira beleza!

Como qualquer órgão de cultura, o Departamento de São Paulo também estaria exposto às burocracias e às decisões que muitas vezes fugiam do conhecimento de determinada área. Isto é, diretores e coordenadores ignoram o técnico e o artista, e fazem de seus programas uma propaganda daquilo que não conhecessem, ou simplesmente, têm uma cobertura rasteira do assunto. Em música não é diferente e chega, em muitos casos, a ser mais exorbitante e decadente. Com Souza Lima, foi diferente, havia nele e em sua direção, "o progresso extraordinário de maneira de conduzir a orquestra".

> Quanto à orquestra, atuou com muita homogeneidade. Até os metais – geralmente desafinados – estiveram firmes e consoantes. Em suma, foi um concerto que agradou sobremaneira e que é um marco valioso deste início de ano. Esperamos, repetimos, que os concertos futuros do Departamento o tomem como paradigma primando pela mesma orientação artística. Só então, poderemos afirmar que o Departamento trilha por bom caminho.[54]

54 *Resenha Musical*. São Paulo, 1941. AF/IPB

Com a seriedade e a dedicação de Souza Lima, a Orquestra tomou um rumo, o do profissionalismo e da excelência. E esse mesmo profissionalismo e sensibilidade artística levou Souza Lima para outros caminhos.

Fig. 41 – Souza Lima frente à Orquestra Sinfônica Municipal. Fonte: AF

Foi convidado por Assis Chateaubriand (1892-1968) para ser o Diretor Artístico da Rádio Tupi, logo na sua inauguração. Um convite importante, muito embora iria travar um pouco mais a vida de concertista de Souza Lima; depois de pensar muito, fez algumas exigências e aceitou o ser o Diretor. Fazer exigências não é um negócio nem uma farpa política, é mais que isso. É um plano de ação de que conhece determinada área e que vai dirigi-la em alguma empresa ou estação de Rádio, como nesse caso. Isso incomoda um pouco os donos, diretores gerais e outros assentados políticos e empresariais. Exigir, nesse caso e em tantos outros, seria o mesmo que prover de uma estrutura capaz de justificar o nome e as ações. Souza Lima criou uma orquestra na rádio e entregou a regência a Torquato Amore (1884-1945), que havia sido regente da Sociedade de Concertos Symphonicos.[55] Segundo Souza Lima, Amore era um músico:

> Muito competente tendo sido o *spalla* da Orquestra Teatro Scala de Milão, tendo ficado entre nós por ocasião de uma

55 Jornal *O Estado de São Paulo*. 22 de dezembro de 1924. AF/IPB

> das grandes temporadas líricas de gloriosa memória, organizadas pelo grande empresário Walter Mocchi, que trazia além do grupo de famosos cantores, um bom número de músicos para reforçar nossa orquestra.[56]

Walter Mocchi (1871-1955) além de empresário artístico, foi ativista do teatro italiano e da política de uma Itália em conflitos ideológicos. Foi militar em Turim e universitário em Nápoles aos 22 anos. Em 1897 ajudou na defesa de Creta contra os invasores turcos ao lado de Amilcare Cipriani (1843-1918) e participou de levantes a partir de 1898. No mesmo ano casou-se com o soprano italiano Emma Carelli (1877-1928) e depois com Bidu Sayão. Após abandonar a vida política, dedicou-se ao teatro, fazendo viagens pela América do Norte e do Sul. Com Sayão, mudou-se para o Brasil em 1937.

Souza Lima era um músico inquieto e não fazia apologias, como muitos anódinos, à música de concerto. Ele, como modernista, nacionalista e músico completo, também tinha suas atenções voltadas às manifestações da música de tradição oral, que aliás foi inspiração para muitas de suas composições. Paralelamente, Souza Lima escrevia para a Revista Harmonia, u m periódico quinzenal que tratava de assuntos musicais, com notas sobre concertos, recitais e análises de músicas de concerto. Em uma dessas investidas como crítico e músico, Souza Lima escreveu sobre a "Marcha Turca" de Mozart e a "Mazurka" de Chopin. Havia também na revista notícias sobre a música popular uma "expressão da alma, beleza característica do povo, patrimônio precioso e inconfundível da raça". Em uma homenagem a Guiomar Novaes, o editor fala de um concerto nos Estados Unidos onde a pianista ganhou o apelido de "Paderewska dos Pampas" dado pelo crítico do *New York Times.* Ao mesmo tempo anunciava que todos os pianistas, incluindo Guiomar, deveriam recorrer às revisões de Souza Lima. Vinham também programas de concertos e notícias do Centro

56 *Id. Ibid.* p. 178.

Dramático e Musical Dr. Gomes Cardim.[57] No mesmo ano de 1932, Cardim "o bem quisto fundador e diretor" veio a falecer e mereceu a capa da Revista Harmonia, com notas fúnebres, biografia e discursos. A revista de número 2, ainda de 1932, traz a seção de Souza Lima, com uma nota de Mário de Andrade.

> Acabo de receber as duas primeiras peças dessa coleção: a "Mazurka" op. 68, nº 2 de Chopin e a "Marcha Turca" de Mozart, duas edições excelentes, não apenas pela simpatia do aspecto e claridade da impressão, como em principal pelo trabalho revisor de Souza Lima que as tornou eminentemente didáticas e recomendáveis aos alunos.[58]

Além das atividades de pianista, revisor e maestro Souza Lima deu atenção ao jazz e criou um grupo sertanejo na Rádio Tupi, dando a esses gêneros, uma das primeiras oportunidades em emissoras.

> No *cast'* escolhia os elementos de maior projeção e que faziam um teste para se incorporar àquela estação. Estes testes eram realizados frequentemente. Os cantores populares faziam seus ensaios e assim se apresentavam sempre de maneira correta e nunca de maneira improvisada. Muitos faziam pequenas temporadas, outros, demoravam mais.[59]

Dentre os selecionados para o tal *cast*, Souza Lima lembra os das cantoras Jeannette do Chapéu de Palha e Zilah Fonseca (1919-1992), Pedro Vargas (1906-1989), Libertad Lamarque (1908-2000) e Ortiz Tirado (1893-1960). Diariamente foi estabelecido um programa denominado Quarto de Hora do Artista que prestava a um solista reconhecido um tempo para sua apresentação e aos domingos havia

---

57 Revista *Harmonia*. São Paulo, 16 de maio de 1932. AF.

58 Revista *Harmonia*. São Paulo, 1º de junho de 1932. AF.

59 *Id. Ibid.* p. 179

a Soirée de Gala, um programa sinfônico ao vivo regido por Souza Lima. Algumas personalidades da música de concerto passaram por esses programas, tais como Vera Janacopulus, Conchita Badia (1897-1975), Antonieta Rudge, Madalena Lebeis (1912-1984), Fritz Jank (1910-1960), Olga Praguer Coelho (1909-2008) e Yara Bernette.

Fig. 42 – Souza Lima rege a Orquestra Sinfônica Municipal e o violinista Gino Alfonsi. Fonte: AF

No carnaval criou ainda um programa chamado "A Favela em São Paulo", levando conjuntos e sambistas bem característicos da temática. Nele se apresentaram vários intérpretes e criadores de samba e falaram, por consequência, de suas vidas e de suas situações sociais, afastados dos centros de poder. A Rádio Tupi se tornou um modelo de emissora para o país, pela sua organização e direção artística; a supervisão de Antônio Herman Dias de Menezes garantiu tal excelência. Criou também um programa infantil, que misturava pedagogia e entretenimento, sendo bastante ouvido e aceito pelos ouvintes. Ivany

Ribeiro (1922-1995), que também iniciou suas atividades na Rádio Tupi, Nelson Gonçalves (1919-1998), o cantor que arrebatava os ouvintes, Zé Fidelis, pseudônimo de Gino Cortopassi (1910-1985) e Jurandir Aguiar foram alguns outros nomes que se destacaram na Rádio Tupi, sempre com a atenção de Souza Lima.

Entretanto, a função de diretor artístico era mais que conhecer, contatar e arregimentar músicos, era também de mediador, como aconteceu em pelo menos dois casos. Um deles foi a vinda de Arturo Toscanini que, bem lembra Souza Lima, começou sua carreira de maestro no Rio de Janeiro. Esse fato foi surpreendente, mas não pode ser esquecido. Ele era, inicialmente, violoncelista de uma companhia lírica que veio ao Rio e vendo um desentendimento com o maestro e na iminência de cancelar a apresentação, Toscanini foi e regeu sua primeira atividade como maestro. Souza Lima foi recebê-lo, cheio de preocupações, pois era um homem visto como arredio, genioso e de caráter difícil, como diziam outros interlocutores. No entanto, o encontro foi profundamente satisfatório e agradável. Falaram tanto de concerto, de Paris, do Conservatório e lembraram de estreias e todo tipo de música. Com a cantora estadunidense Josephine Baker (1906-1975) – mais um desentendimento que iria resolver. Era um conflito entre a cantora e o maestro e que Souza Lima foi o pacificador, regendo a orquestra que a acompanharia. A Rádio Tupi foi um celeiro de artistas e de pessoas que se destacaram nas comunicações em São Paulo.

Fig. 43 – Souza Lima e Arturo Toscanini. Fonte: *Diário de São Paulo*, sucursal de Santos. http://www.abmusica.org.br/_old/pagina.php?n=historia&id=20

A menção a Toscanini se deve ao fato de que, em 1931, foi perseguido e agredido pelo governo de Benito Mussolini (1883-1945), por se recusar a tocar o hino "*Giovinezza*", considerado um hino fascista.[60] A perseguição a Toscanini mereceu, em 1931 em uma edição do jornal satírico do Barão de Itararé uma nota jocosa:

> Grave Incidente com o maestro Toscanini – os fascistas provocaram então um grande tumulto e, à saída do Teatro, abriram sobre Toscanini toda a escala de sua música de pancadaria, ainda desconhecida do Scala, desancaram-lhe (sic) a clave sem DÓ. Toscanini quando deu de SI, deu marcha a RÉ, voltando-se ao teatro dos acontecimentos, onde ficou desacordado num só...FÁ. Atendido por um médico, foi lhe oferecido um copo de leite, mas Toscanini recusou, porque era só...nata. Toscanini, para livrar-se da ira fascista, teve que sair de rabecão.

60 http://memoria.bn.br/DocReader/DocReader.aspx?bib=720984&Pesq=symphonica&pagfis=1082

Ainda sobre as notícias sobre Toscanini, Souza Lima, Burle Marx e a Philarmonica do Rio de Janeiro uma delas é muito jocosa e de um humor político e artístico. Trata-se de uma nota publicada no Jornal "A Manha", nada menos pelo seu criador e redator, Aparício Torelli (1895-1971). O jornal aparece com a data de 1932, dado algumas referências na nota do "Barão de Itararé". Por isso mesmo, merece ser publicada, ou republicada. Era sobre um concerto no Municipal do Rio de Janeiro e o redator fala do programa que teria o "*Bolero*" de Maurice Ravel "um dos mais ruidosos sucessos da tournée de Toscanini" e "*Amor Brujo*" de Manuel de Falla que, segundo o Barão de Itararé, a nossa plateia conhece só de "fala mesmo". Sobre Souza Lima a notícia ainda é bem-humorada.

> Antonieta de Souza será a intérprete de *Amor Brujo* e Souza Lima, que o nosso público conhece de ouvido, isto é, por ouvir falar, tocará por música o difícil *Concerto* de Saint-Saëns, que o nosso querido diretor assobia todas as manhãs, como ginástica respiratória, considerando-a como a sua música de cabeceira. O maestro Burle Marx, que já está consagrado como batuta, dirigirá a orquestra, declarando que, caso compareçam fascistas ou legionários de outubro ao concerto, ao contrário de Toscanini, está disposto a reger a execução de qualquer hino pela orquestra, inclusive os salmos de Manoelina de Coqueiros.[61]

Mas a jocosidade do Barão de Itararé não tinha medidas ao mencionar que Burle Marx tocaria até "os salmos de Manoelina dos Coqueiros". Essa última menção é uma jocosidade com a crendice

61 Jornal *A Manhã*. Rio de Janeiro, entre 1931 e 1933. http://memoria.bn.br/DocReader/docreader.aspx?bib=720984&pesq=manoelina&pagfis=930. Manoelina dos Coqueiros foi uma moça a quem atribuiu-se alguns milagres a partir de 1930 em Entre Rios de Minas. Ficou conhecida como "Santa Manoelina dos Coqueiros"; era simples, pobre, analfabeta, honesta e religiosa muito fervorosa; dizem que ela vivia cantando benditos e que se alimentava apenas de vinho e água.

popular, ao atribuir as ladainhas chorosas e intermináveis à idealizada santa mineira. Em outra nota, ainda de 1931, o redator, diretor, repórter e espirituoso, (ainda "marechal-almirante e brigadeiro do ar-condicionado" e "cantor lírico") Apparício Fernando de Brinkerhoff Torelly (1895-1971), ou Apporelly ou simplesmente o nobre Barão de Itararé, anuncia outro concerto, com a "Patética" e a "Dança Macabra" de Saint-Saëns.

> Contribuirão com seu concurso, para garantir a mão, o pianista Souza Lima, que dedilhará uma Fantasia Brasileira de Mignone; o violinista Romeu Ghipsman que manipulará um concerto de Max Bock e a cantora Antonieta de Souza, que vocalizará Beethoven, Gluck e outros pândegos.[62]

Trata-se de Romeu Ghipsman (c.1900), um violinista russo e maestro, professor no Conservatório de Leningrado, mas que iniciou a carreira artística no Rio de Janeiro, a partir de 1920. Além de trabalhar na Orquestra Pan-americana e na Orquestra Típica Victor, foi responsável por algumas gravações importantes nas décadas de 1920-1940. Souza Lima, como aponta Torelli, tocou ou "dedilhou" para "garantir a mão" a Fantasia de Mignone; Antonieta Souza, vocaliza. Torelli era o verdadeiro pândego, um brincalhão e nada sério em suas notícias.

Em seu jornal, não faltaram notícias e jocosidades, nem mesmo ao instrumentista Jan Kubelik em seus concertos no Rio de Janeiro em 1931. Dessa vez, elogia o violinista, mas lembra, com o humor de costume, o crítico do *Jornal do Brasil* Arthur Imbassahy.

> O grande violinista Jan Kubelik deu dois concertos no Municipal nos dias 28 e 30 de agosto. Os programas desses dois concertos foram publicados num mesmo folheto, mas em páginas diferentes. Pois bem, o crítico musical do

62 *Id. Ibid.*

> *Jornal do Brasil*, foi ao concerto do dia 28. No dia 29 com espanto geral, e particularmente de Jan Kubelick, surgiu nas colunas do apreciado matutino uma brilhante crônica assinada pelo Sr. Arthur Imbassahy, descrevendo com minúcias e comentando com maestria, todo concerto da véspera, mas como se tivesse sido executado o programa do dia 30. Como se vê o respeitável crítico do *Jornal do Brasil* em matéria de música revelou-se um verdadeiro futurista, pois conseguiu ouvir no dia 28 o programa do dia 30. (...) A crítica feita pelo Sr. Imbassahy, descrevendo o Concerto, mete no chinelo o mercador Yankee de produtos galináceos, o que sobremaneira nos desvanece, colocando em alto plano o nosso prodigioso progresso artístico. Ainda bem que uma vez a América do Norte se curva ao Brasil.

Tratou-se de uma confusão que daria munições para Torelli que sempre achava um caminho humorístico para tratar diversos assuntos. No dia seguinte à nota, transcreveu e falseou uma carta assinada e enviada por diversos críticos musicais. Nessa artimanha de Torelli, os mais celebrados críticos do Rio e São Paulo enviaram uma carta para a redação do jornal *A Manhã*, comentado sobre o ocorrido com Imbassahy, em 8 de setembro de 1931. Segundo Torelli, Imbassahy foi chamado pelos críticos "Oscar Guanabarino, Rodrigues Barbosa, Renato Almeida, Antonietta de Souza, Otavio Bevilacqua (1887-1953), Dulce de Saules, Itiberê da Cunha, Oscar D'Alva (1874-1946), e Luiz Heitor (1905-1992)" de "necromântico-crítico-musical". Em seguida, os críticos pedem a Torelli que intervenha, para que ele possa conseguir com Imbassahy, novo rival de Mme Laila para que ele ensine os "novos métodos de criticar concertos e outras festas artísticas ainda não realizadas".[63]

Depois de ser o Diretor Artístico da Rádio *Tupi*, Souza Lima foi a convite de Cásper Libero para a Rádio *Gazeta*. Embora receoso

---

63 *Id. Ibid.* Madame Laila foi uma famosa clarividente e psicóloga ucraniana nascida Else Frenkel (1908-1958) em Bombaim.

pela formação de Souza Lima, que se dedicava à música de concerto, Cásper viu e admirou a programação na *Tupi*, com uma ampliação de todos os gêneros musicais. Ficou impressionado que um pianista formado em Paris também contemplara todos os estilos e gêneros. Mas a vida de concertista dava-lhe pouco tempo. Por isso convidou Armando Belardi (1898-1989) para substituí-lo por um tempo e ainda atraiu Ascendino Teodoro Nogueira (1913-2002), Rossini Tavares de Lima (1915-1987) e Camargo Guarnieri. Na *Gazeta*, criou os mesmos grupos musicais e uma orquestra que havia se dedicado na Rádio *Tupi* e na vida radiofônica, ficou por sete anos. Os trabalhos radiofônicos exigem muito tempo de dedicação, ainda mais quando se tem um cargo de diretor e a reponsabilidade de definir os rumos artísticos de uma emissora. Foi pensando nisso que depois de sete anos - obviamente junto aos convites - que Souza Lima decidiu retomar a vida de concertista e deixar de lado os trabalhos nas rádios. Os concertos forma marcantes e a vida mais aplicada à música, como intérprete e compositor foi retomada aos poucos.

Souza Lima diz de uma grande satisfação que teve quando foi convidado pelo Ministro da Educação para ser solista no concerto de comemoração do centenário da morte de Chopin. E deve ter sido mesmo um grande contentamento, pois Chopin era uma de suas habilidades e sempre um trunfo, pois tratava-se de um dos expoentes românticos do piano. O ano era 1949 e o palco foi o Teatro Municipal do Rio de Janeiro, com a Orquestra Sinfônica Brasileira e sob a direção de Eleazar de Carvalho (1912-1996). A *Gazeta* do Rio de Janeiro em matéria publicada com o título de "Bilhetes do Rio" foi bem enfática com Souza Lima, a OSB e Eleazar de Carvalho.

> E podemos dizer que foi uma comemoração condigna. Conduziu a Sinfônica o maestro Eleazar de Carvalho, nome que dispensa encômios, bastando que se diga ser um regente admirado também no estrangeiro. Da Sinfônica podemos dizer que é um conjunto magnífico, constituído de executantes

> de primeira ordem, conscienciosos, dóceis e sensíveis à direção primorosa de Eleazar. Figurou como solista o nosso grande Souza Lima. E dizemos nosso, com a mesma ufania de São Paulo – por quê o nome de Souza Lima é internacional e seus méritos honram o Brasil nos meios estrangeiros.

O mesmo jornal repete o que disse sobre Souza Lima, o pianista e compositor, Octavio Bevilacqua. Ex-aluno de Alberto Nepomuceno, Bevilacqua foi livre-docente do Instituto Nacional de Música e do Instituto de Educação. Dentre as suas atividades, pode-se citar que foi crítico de música do jornal *O Globo* correspondente da revista *Le Ménestrel* de Paris e do *Journal of Musicology*, de Ohio. Bevilacqua era um admirador de Souza Lima e um fervoroso crítico musical:

> De fato, Souza Lima mantem uma "performance" admirável de pianista, interpretando com honestidade e austeridade, sem prejuízo da expressão sentimental indispensável ao se tratar de Chopin. Conserva-a, contudo, sempre em alto nível e muito clara exposição. Tanto o concerto em mi menor, como o em fá maior, tiveram, pois, uma apresentação invulgar, em execução de plena bravura e velocidade, quando necessárias, tanto quanto delicada e de sabor romântico, sem exageros nas passagens exigindo tal colorido. Foram, enfim, momentos de arte pianística de alta classe os que nos proporcionou Souza Lima. E a assistência soube vitoriar o digno artista patrício, como a avisá-lo de que deseja sejam mais frequentes suas visitas ao Rio, ultimamente um tanto escassas.[64]

O serviço de Radiodifusão Educativa foi o patrocinador do evento em foram tocados dois concertos para piano de Chopin (opus 11 em mi menor e opus 21 em fá menor) e assim, fez a chamada:

---

64 Jornal *O Globo*. Rio de Janeiro, 27 de outubro de 1949. AF/IPB

> É bem notório ao nosso público o êxito que o jovem regente brasileiro vem alcançando nos Estados Unidos; como é supérfluo falar da careira do brilhante Souza Lima na Europa onde, em 1922, obtinha o primeiro prêmio do Conservatório de Paris Realizando a seguir a extensa tournée pela França, Itália, Suíça, Bélgica, Alemanha, Espanha, África Setentrional, Argentina, Uruguai e Estados do Brasil. Em São Paulo, onde reside, Souza Lima desenvolve intensa atividade, como pianista, como regente do Departamento Municipal de Cultura e da Sociedade de Cultura Artística. Entre as suas composições – que incluem obras sinfônicas, camerísticas, bailados e trechos instrumentais – salientamos o "Poema das Américas", premiado com menção honrosa, em concurso organizado nos Estados Unidos, ao qual concorreram quatrocentos compositores.[65]

Sobre o prêmio de Detroit em 1947, nos Estados Unidos, vale uma ressalva importante do Jornal *A Gazeta*. Tratou-se de um concurso de composição, do qual fizeram parte Camargo Guarnieri (1907-1993) e Souza Lima, cada um com uma obra que se destacou.

> A música brasileira colocou-se destacadamente nesse importante acontecimento de inciativa do antigo presidente da Orquestra Sinfônica de Detroit, Henri H. Reichold, e do qual participaram mais de 40 musicistas de 17 nações do hemisfério ocidental. O nome do Brasil figurou com grande brilho nos resultados do concurso, pelas honras conferidas aos compositores Camargo Guarnieri que obteve o segundo prêmio, 5.000 dólares, e Souza Lima, conquistando a menção honrosa. O primeiro prêmio, 25 dólares, coube a Leroy Robertson, universitário de Utah.[66]

---

65 Programa de Concerto. 17 de outubro de 1949. Serviço de Radiodifusão Educativa do Ministério da Educação e Saúde. AF/IPB

66 Jornal *A Gazeta*. São Paulo, 4 de novembro de 1947. AF/IPB

Souza Lima concorreu com "Poema das Américas" e Guarnieri, com a "Sinfonia das Américas". Mas não foi somente isso. Outros eventos aconteceram e, parece, foram bem divulgados, e Souza Lima, como pianista, *expert* em Chopin, foi sempre bem recebido. No mesmo ano (1949), por ocasião do centenário de morte de Chopin, um diário do Rio esclareceu.

> Como concertista, é Souza Lima, desde muitos anos, um nome dos que mais expressivamente representam a formação brasileira na arte tendo sido o solista de memoráveis concertos na Europa e em seguida no nosso país, onde atualmente ele se situa nos postos mais justamente distintos.[67]

Mas foi Octavio Bevilacqua quem mais deu destaque, com perspicácia e conhecimento, pois "o reaparecimento e Souza Lima, como virtuose entre nós é o motivo de brilho para a comemoração".

> De fato, Souza Lima mantem uma "performance" admirável de pianista interpretando cm honestidade e austeridade, sem prejuízo da expressão sentimental indispensável ao se tratar Chopin. Conserva-a, contudo. Sempre em alto nível e muito clara exposição (...) uma execução de bravura e velocidade.[68]

Em São Paulo, agora com o regente russo Jascha Horenstein (1898-1973), Souza Lima foi convidado para ser o solista em um dos concertos de Mozart, junto à Orquestra Municipal. Entretanto, um dos eventos mais emocionantes foram as recepções a Marguerite Long, sua antiga professora no Conservatório de Paris. Marguerite esteve em São Paulo para oferecer um curso sobre técnica e interpretação

67 Jornal não identificado. 1949. AF/IPB

68 Jornal *O Globo*. Rio de Janeiro, outubro de 1949. AF/IPB

pianística e o Consulado da França organizou "uma note de gala francesa, com o concurso da Orquestra Sinfônica Brasileira do Rio":

> Naquela noitada, a grande artista executou de maneira incomparável o 'Concerto em sol maior' de Ravel', que aliás lhe é dedicado. Completei o programa com obras de Berlioz e de Debussy; desse executei as belíssimas '*Esquisses Symphoniques*' e '*La Mer*', que possui uma orquestração de efeitos maravilhosos e sugestivos, realizados por mãos geniais.[69]

Hans-Joachim Koellreuter (1915-2005), músico de estética moderna e introdutor do dodecafonismo no Brasil escreveu suas impressões sobe essa noite de gala no Consulado Francês, e com "uma referência especial à atuação do maestro Souza Lima". Além de destacar a presença de Marguerite Long, tece seus comentários:

> A carreira desse artista como regente impõe respeito. Consciente como sua responsabilidade como Chefe de Orquestra, e de sua missão artística, Souza Lima parece constantemente preocupado com o aperfeiçoamento de sua técnica e com a realização interpretativa da partitura. Fundamentando seus estudos em seu grande poder de observação e análise e em sua profunda sensibilidade musical, Souza Lima já conseguiu muito o aperfeiçoamento artístico. Devo confessar que, entre os regentes brasileiros, considero-o a personalidade mais interessante.

Koellreuter assinala ainda as interpretações de Souza Lima e da Orquestra, sobretudo "*La Mer*" de Claude Debussy que considera como um "poema sinfônico de dificílima execução". Sutilmente, faz uma ressalva: "pequenos senões da orquestra (metais) não prejudicaram o êxito da realização". E adianta ainda um desejo, o de que a

---

69 LIMA, Souza. *Op. Cit.* p. 184-185

Orquestra Sinfônica Estadual "voltasse à atividade, dando a Souza Lima oportunidade de atuar".[70]

A passagem de Marguerite Long no Brasil foi um acontecimento memorável para Souza Lima; além de ficar hospedada em sua casa em São Paulo, a professora francesa participou com o membro do júri, entre 5 e 20 de agosto de 1957, do Primeiro Concurso Internacional de Piano do Rio de Janeiro, junto ao seu aluno. Em setembro, ainda no Brasil, fez um conferências sobre Debussy e Ravel e concertos e recitais com o quarteto de cordas da Sociedade de Cultura Artística. Em 30 de setembro recebeu o título de cidadã honorária de São Paulo em 1954 entrou como musicista estrangeira na Academia Brasileira de Música.

Fig. 44 – Músicos paulistas na Academia Brasileira de Música em reunião em 12/07/1945. Em pé, da esquerda para a direita: Furio Franceschini, Francisco Casabona, Savino de Benedictis, Samuel Archanjo, Camargo Guarnieri, João de Souza Lima e Caldeira Filho. Sentados: João Gomes Júnior, João Baptista Julião e Oneyda Alvarenga. Fonte: AF

Em julho de 1954 foram comemorados os quatrocentos anos da fundação da cidade de São Paulo e foram programadas festividades para tal evento. Uma delas foi a montagem de um corpo de baile pelo

70 Jornal não identificado. S/d. AF/IPB

húngaro Aurel von Milloss (1906-1988), em que Souza Lima, como um dos convidados, escreveu a "Fantasia Brasileira". O sucesso foi tanto que as apresentações se estenderam até o Rio de Janeiro. Millos era um modernista e desenvolveu *baletts* com obras de Edgar Varése, Luigi Dallapicolla (1904-1975), Goffredo Petrassi (1904-2003), Luciano Berio (1925-2003), Georg Ligeti (1923-2006) e Sylvano Bussotti (1931). Com tendências bem vanguardista e em busca de uma junção inevitável da dança com as outras artes, Millos fez amizades com os artistas mais contemporâneos de cada país em que passou e, por aqui, foi com Souza Lima, Heitor Villa-Lobos, Francisco Mignone além de Candido Portinari (1903-1962) e Burle-Marx (1909-1994). O círculo de amizades de Souza Lima era o expoente da modernidade, com suas insistências pós-românticas e seus experimentalismos de vanguarda; esses contatos foram importantes pois redesenharam suas obras ou lhes forneceram outras qualidades estéticas. Com a Orquestra Sinfônica Municipal esteve em várias viagens ao interior e uma delas foi em 1955 em Piracicaba, para as comemorações da data de sua fundação, em vento que teve obras de Carlos Gomes, Lorenzo Fernandes e outros, também de sua própria autoria. Além dessas viagens, Souza Lima fez várias estreias de obras de compositores brasileiros e estrangeiros, como foi o caso do Oratório '*Paulus Apóstolus*' de Egídio Araldi (1910-1969), feita em comemoração aos 400 anos da cidade de São Paulo. A apresentação do Oratório de Araldi foi bem divulgada em São Paulo, como "um espetáculo invulgar e maravilhoso":

> No que diz respeito ao maestro que dirigirá a Orquestra Sinfônica Municipal, Souza Lima é um nome por demais conhecido para maiores comentários sobre o seu valor artístico. Premiado pelo Conservatório de Paris, Souza Lima por certo representará nesse espetáculo de gala do Teatro de Cultura Artística, uma das maiores garantias do seu integral sucesso.[71]

71 Jornal sem identificação e sem data. AF/IPB

No Rio de Janeiro, uma das mais atraentes apresentações foi o festival Mozart-Brahms, dirigido por Souza Lima, momento em que regeu os irmãos Pasquier (Pierre, Jean e Etienne)[72] na Sinfonia Concertante de Mozart e no Concerto Duplo de Brahms. Em São Paulo no ano de 1954, em uma campanha em benefício das duas torres da Catedral, houve um concerto sinfônico junto a Guiomar Novaes, com o Concerto em lá menor de Edvard Grieg (1843-1907). Outros concertos surgiriam, como o Festival Robert Schumann, com o patrocínio do Consulado da Alemanha e a participação do pianista Henry Jolles (Heinz-Frederic Jolles /1902-1965), especialista nas obras do compositor. Depois foi um bailado com "O Mandarim Maravilhoso" de Béla Bartok (1881-1945) e o "Bolero" de Maurice Ravel, sob encomenda da bailarina russa Ida Rubinstein (Ida Lvovna Rubinstein/ 1885-1960). Entretanto, o próprio Souza Lima faz questão de lembrar, o concerto maior projeção e que mais o atraiu, foi feito em 1956, em homenagem ao nascimento de Chiaffarelli, não somente porque foi seu mestre, mas pela importância desse professor na educação musical em São Paulo, ocasião em que forma feitas obras de Bach e Mozart, com a direção de Edoardo de Guarnieri. Além do concerto, houve ainda uma conferência de Menotti del Picchia.

72 Trata-se de Pierre Pasquier (1902-1986) violista e professor de música de câmara no Conservatório de Paris; Etienne Pasquier (1905-1997), violoncelista, preso durante a Segunda Grande Guerra, no acampamento Stalag VIII-A, onde estreou o Quarteto para o Fim dos Tempos de Olivier Messien. E por fim, Jean Pasquier (1903-1992) violinista da *Orchester de l'Opéra de Paris.*

Fig. 45 – Souza Lima, Margueritte Long e Villa-Lobos. Fonte: AF

De volta ao Rio e Janeiro para encerramento da temporada da Orquestra Sinfônica Brasileira, Souza Lima atuou como regente e compositor. Eurico Nogueira França (1913-1992), crítico contumaz e musicólogo, lembra que Souza Lima foi "uma das personalidades representativas da vida musical brasileira" e que assumiu a OSB para o concerto de enceramento da temporada de 1954. Além disso, menciona-o como regente, pianista e compositor e que sua obra "Suíte Infantil" foi executada junto à "Abertura para Comédia Picaresca" de Arnold Bax (1883-1953).

> Compositor, Souza Lima terá uma de suas obras apresentadas dentro em breve, na série de espetáculos que o Balé do IV Centenário de São Paulo fará no Rio. No programa do seu concerto, anteontem, inscreveu uma delicada Suíte Infantil, orquestrada com propriedade certeira de meios, de encantadora singeleza. E regeu, por fim, obtendo, a exemplo das obras anteriores, convincente rendimento da

> orquestra, a Abertura para Comedia Picaresca do compositor inglês Arnold Bax que, a despeito de refletir influências de diversos autores, está disposta habilidosamente e soa com sugestiva amplitude e vitalidade rítmica.[73]

O interior também era tão importante e atraente para um pianista e maestro que pensava na difusão da música e na qualidade da educação. Foi assim, com vistas a divulgar a música de concerto, que Souza Lima viajou para Araraquara, Catanduva e Santos. Em Araraquara o periódico *O Diário*, deixou evidente a personalidade do pianista e seu repertório, que "não lhe negou calorosos aplausos" e que, por isso mesmo, "foi obrigado a atender as insistentes palmas, executando grande número de extras".

> A forte personalidade do insigne virtuose revela-se profundamente nas execuções chopinianas, que são concebidas naquela sutileza que só o romantismo conseguiu demonstrar. O Preludio 15 e a *Polonaise* em lá bemol, aquele tão profundamente melancólico e essa dotada do belo e vibrante estilo que. se conhece do celebre compositor e pianista polões, constituíram uma nota de grande emoção e de grande sensação.[74]

Em São Paulo e Rio de Janeiro, os concertos eram sempre atividades constantes e com a presença de Souza Lima e, vez ou outra, quando n*O Estado de São Paulo*, com a Orquestra Sinfônica Municipal. No Rio, o concerto que encerrou a Semana da Asa, em lembrança a Santos Dumont, o acontecimento foi dividido em duas partes, uma de música popular e outra de música de concerto, com as presenças dos dois primeiros bailarinos da Ópera de Paris, Nina Vyroubova (1921-2007) e Yuri Algaroff (1918-1995). No concerto em homenagem aos setenta anos de Villa-Lobos, Souza Lima regeu a obra "Sumé Pater-Patrium",

---

73 Jornal *Correio da Manhã*. Rio de Janeiro, 15 de dezembro de 1954. AF/IPB

74 Jornal *O Diário*. Araraquara, 15 de junho de 1931. AF/IPB

um oratório em cinco partes, "para grande orquestra, coro feminino, coro misto, três solistas, com texto em tupi, latim e português."[75] Nessa data, ao completar setenta anos, Eurico Nogueira França afirma que Villa-Lobos era "um compositor de celebridade universal" e que, a suas obras sinfônicas possuem títulos que o guiam na composição:

> A primeira chama-se o 'Imprevisto', a segunda, 'Ascenção'. Depois vem a série que ele compõe em 1910 – 'Guerra, Vitória, Paz' influenciado pela guerra de 1914 e o seu amor à França. Depois fez uma sinfonia em 1944, sobre as montanhas do Brasil e, depois, uma de suas obras do gênero de maior vulto, a Sinfonia com Coros, '*Sumé pater Patrium*', em que ele evoca Anchieta.[76]

Em outro festival Villa-Lobos, Souza Lima apresentou, junto à Associação de Canto Coral, sobre a direção de Cleofe Person de Matos (1913-2002),[77] a obra "Magnificat-Aleluia". Como regente, Souza Lima incumbiu-se ainda de temporadas líricas, como "*Cavalleria Rusticana*" e "*I Pagliacci*" de Ruggero Leoncavallo (1857-1919) e "*Madame Butterfly*" de Giacomo Puccini (1858-1924). Na apresentação das duas óperas de Leoncavallo um jornal local elogiou a condução da orquestra:

> Repetimos: o comando musical de Souza Lima foi excelente. A inteira récita, de modo especial a "Cavalleria", transcorreu na orquestra e nos coros com a fluência, o vigor, a vitalidade que da primeira à última nota nessa ópera se querem como coisas expressamente unidas.[78]

---

75 LIMA, Souza. *Op. Cit.*, p. 191.

76 *Correio da Manhã*. Rio de Janeiro, 13 de setembro de 1968. Cf.: http://memoria.bn.br/DocReader/Hotpage/HotpageBN.aspx?bib=089842_07&pagfis=95503&url=http://memoria.bn.br/docreader#

77 Formada em regência e composição, professora da UFRJ, Cleofe foi a musicóloga que estudou a vida e a obra de José Mauricio Nunes Garcia.

78 Jornal não identificado. 1957. A nota é assinada por Orlando Nasi, que escrevia para *A Gazeta*.AF/IPB.

Entretanto, sem identificar o autor, foi o jornal "*O Estado de São Paulo*" que foi mais crítico, ao delinear um processo que levou à concepção das duas óperas. Fala basicamente do autor do *libretto* de "*I Pagliacci*", Giovanni Verga (1840-1922) como "brutal e simples, rústico, despido de artifícios". Verga é considerado por muitos como fundador do "verismo" na Itália, "era conhecido através da peça teatral homônima representada pelas grandes tragédias italianas". Sobre o tratamento musical de Leoncavallo, "patético e expressivo", conclui que "*I Pagliacci*" é mais teatro. Contudo, viu em Souza Lima "grande pianista e regente insigne de concertos sinfônicos" o responsável por assegurar "o alto nível de execução de ambas as partituras.""[79]

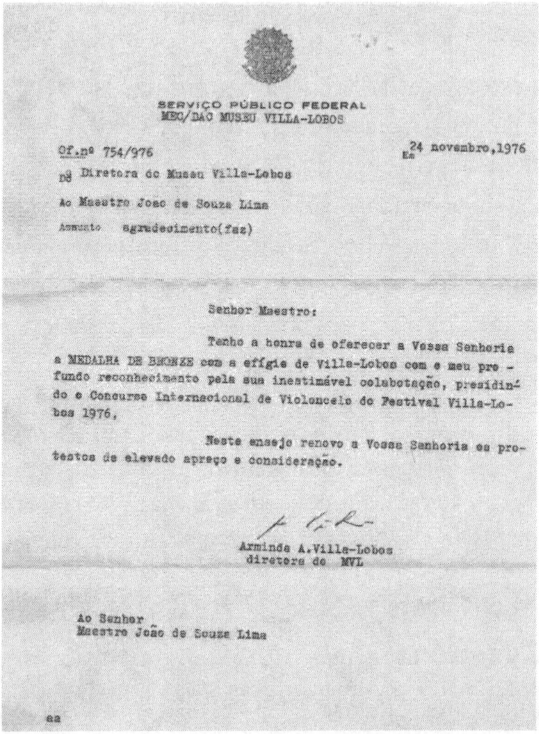

SERVIÇO PÚBLICO FEDERAL
MEC/DAC MUSEU VILLA-LOBOS

Of.nº 754/976 — Em 24 novembro,1976

Da Diretora do Museu Villa-Lobos

Ao Maestro Joao de Souza Lima

Assunto agradecimento(faz)

Senhor Maestro:

Tenho a honra de oferecer a Vossa Senhoria a MEDALHA DE BRONZE com a effgie de Villa-Lobos com o meu pro - fundo reconhecimento pela sua inestimável colabotação, presidindo o Concurso Internacional de Violoncelo do Festival Villa-Lobos 1976,

Neste ensejo renovo a Vossa Senhoria os protestos de elevado apreço e consideração.

Arminda A.Villa-Lobos
diretora do MVL

Ao Senhor
Maestro João de Souza Lima

ea

Fig. 46 – Carta de "Mindinha" Villa-Lobos a Souza Lima. Fonte: AF

79 *O Estado de São Paulo*. Sábado, 30 de novembro de 1957. AF/IPB

Como pianista, Souza Lima estreou várias primeiras audições, como as fantasias de Francisco Mignone, sobretudo as 1ª, 2ª e 3ª, todas elas escritas em estilos bem brasileiros, com ritmos sincopados que remontam ao samba. O Jornal *O Globo* destacou- em um dos concertos do Rio de Janeiro – e deu especial atenção às "Fantasias" de Mignone, "obra verdadeiramente interessante daquele talentoso compositor em que há passagens de evidente felicidade". O solista era Souza Lima.

> A fatura da parte central, principalmente, é muito curiosa e original, desenvolvendo-se os temas característicos brasileiros em forma de "cadenza". Boa impressão de brilho deixou também a composição na sua primeira e última parte, quando o piano em contacto com a orquestra, ora brilha por sobre ela, ora por ela se vê envolvido em bons efeitos sinfônicos. Souza Lima foi brilhantíssimo no executar a peça que lhe é dedicada e triunfou de modo tal que foi exigido um 'bis' com a mesma peça.[80]

A vida e Souza lima foi sempre dedicada à música, seja como pianista, regente e compositor. Nas homenagens aos príncipes japoneses, organizada pela Aliança Cultural Brasil-Japão, apresentou obras de Saburō Takata (1913-2000) e de Yasuji Kiyose (1900-1981). No Rio de janeiro, ao celebrar os 50 anos do Teatro Municipal (1959), regeu a cantata "*L'Enfant Prodigue*" de Claude Debussy, uma cena lírica com texto de Édouard Guinand (Édouard Louis Auguste Guinand/1838-?), estreada em Paris em 1884 e que deu ao compositor o *Prix de Rome*. Regeu ainda a ópera "Moema" em um ato de Delgado de Carvalho (Joaquim Torres Delgado de Carvalho/1872 – 1921). No Nordeste, com o convite de Sebastian Benda (1926-2003), apresentou-se como solista de uma série de concertos no Seminário Livre de Música da Universidade Federal da Bahia. Carlos Dantas, em jornal não identificado, relatou:

---

80 Jornal *O Globo*. Rio de Janeiro, 12 de outubro de 1931. AF/IPB

> Souza Lima com a espontaneidade de músico nato que atrai uma profunda sensibilidade de temperamento, confirmou amplamente a sua fama de regente de alta escola. Sebastian Benda cujas possibilidades técnicas e interpretativas tão bem conhecemos, pautou suas intepretações nas mesmas condições de acabamento com as quais costuma-se apresentar. Por sua vez a Orquestra colaborou grandemente com os dois artistas, e assim repetimos ter sido esse Festival Beethoven o maior acontecimento artístico dessa temporada.[81]

Além dessas atividades como músico em todas as suas áreas, Souza Lima atuou como jurado em vários concursos para piano, nos principais centros do Brasil, como Rio e São Paulo. Um deles foi o Troféu Villa-Lobos, que visava homenagear o compositor. Apresentou ainda em primeira audição a trilogia sacra de Berlioz (1803-1869) e obras de Gershwin, como "Um Americano em Paris" e "*Rapsody in Blue*". Com Fritz Jank, tocou em dueto obras para dois pianos de Dmitri Shostakovitch (1906-1975), Mozart e Francis Poulenc. Os concertos na Federação Israelita eram quase que uma constante, por vezes em datas comemorativas e em outras, por visitas de instrumentistas ilustres.

Claro que ainda teríamos os festivais e as efemérides de compositores, como os festivais Debussy em comemoração aos 100 anos de seu nascimento. Em um deles apresentou algumas obras importantes, como '*La Damoiselle Elue*' e a suíte '*Ibéria*'. Em outro, foi em colaboração com a Academia Brasileira de Música (ABM), com a conferência do professor João Caldeira Filho (1900-1982) e a participação do Quarteto Minicipal. Há ainda outros festivais, como o Tchaikovsky, Ernesto Nazareth, Alexandre Levy, Alberto Nepomuceno e de música francesa e música estadunidense, com obras de Aaron Copland

81 Jornal desconhecido. Assinado por Carlos Dantas com o título "Música e Concertos: A orquestra do Seminário e a questão do regente. Fonte: AF/IPB

(1900-1990), Henri Cowell (1897-1965), Samuel Barber (1910-1981) e John Donald Robb (1892-1989). Nessa homenagem à música dos Estados Unidos, a solista foi a pianista Yara Ferraz, uma de suas mais antigas alunas. Na comemoração da Fundação São Paulo, organizou um concerto com obras de Villa-Lobos, Carlos Gomes, Camargo Guarnieri e suas próprias composições.

Souza Lima conta que em uma determinada ocasião, em uma repetição do "Concerto em mi bemol" de Liszt, Sebastian Benda não se sentia bem e que foi indicado para substituí-lo de última hora, substituindo o programa pelos "Prelúdios", o que seria mais providencial. Entretanto, as peças escolhidas não se encontravam no teatro nem nos arquivos, somente na Casa Ricordi, depositária das obras. Não havia o que fazer. Foi-lhe então sugerido que tocasse o concerto de improviso.

> Animado pelo maestro Berlardi, deixei-me tentar por aquela proeza e, alguns minutos antes do início do concerto, corri para uma das salas do teatro onde havia um piano e repassei apressadamente toda a obra, que não tocava havia bastante tempo. No início do programa constava da 'abertura' a ópera 'Faniska' de Cherubini, que dirigi como se nada houvesse. Chegado o momento da entrada do solista, depois de colocado o piano no lugar, o locutor anunciou ao público que, estando o pianista Benda adoentado, impedido de comparecer, o concerto de Liszt seria executado de improviso pelo pianista Souza Lima, que iria substituí-lo, sendo a orquestra dirigida pelo maestro Belardi que se encontrava no teatro.[82]

82 LIMA, Souza. *Op. Cit.* p. 199. Trata-se de Armando Belardi (1900-1989), paulistano nascido no Brás e filho de imigrantes italianos. Estudou na Academia Real Santa Cecilia, em Roma, e no Liceo Musical Gioacchino Rossini. Como maestro regeu a primeira gravação na íntegra feita da ópera *Il Guarany* em 1959. Luigi Cherubini (1760-1842) foi um compositor italiano radicado na França. *Faniska* é uma ópera cômica em três atos.

Obviamente que a improvisação de Souza Lima foi um sucesso. Ao terminar o programa, dirigiu o 'Poema das Américas', obra de sua autoria, baseada em um texto de Tarsila do Amaral. Um diário não identificado assim descreve as três partes do "Poema":

> América Central – Crianças cantam na preguiça da terra quente. Canta a brisa entre os leques das palmeiras. Cantam pássaros a janela dos namorados. Cantam cigarras nas penumbras das florestas. Cantam os mares numa benção à terra morena. Tudo é canto, ritmo voluptuoso! E as mães acalentam os filhos pequeninos à sombra das bananeiras ...
>
> América do Sul – Dança o negro num atavismo nostálgico, dança o índio escondido na mata escura. Dança o caboclo indolente ao som da viola chorosa. Dança a grã-fina sorridente das "boites" de luxo..., mas tudo se envolve sob o dinamismo eloquente, a vida onipotente e turbilhonante desse colossal complexo laboratório.
>
> América do Norte – de onde as torres dos rádios possantes transmitem para o resto do globo a sua mensagem de fraternidade.[83]

Outras duas obras importantes escritas por Souza Lima, foi o bailado 'Dona Branca' e o 'Poema de São Paulo', por encomenda de Max Feffer (1926-2001), então Secretário de Estado da Cultura, Ciência e Tecnologia de São Paulo durante o governo de Paulo Egydio Martins (1928). A primeira audição do 'Poema' foi realizada com a regência de Eleazar de Carvalho (1912-1996) no Teatro Municipal de São Paulo. Outra lembrança importante foi quando regeu no Estádio do Pacaembu em São Paulo, a 'Abertura de 1812' de Tchaikovsky, com a Orquestra Sinfônica Municipal e cerca de 1.500 músicos.

---

83 Jornal não identificado. AF/IPB

A atuação de Souza Lima se estendeu ainda a participar como convidado de concursos de piano, composição e regência, como os de Belo Horizonte, Salvador, São Paulo e Rio de Janeiro. Em 1959, foi membro do júri do II Concurso Internacional de Pìano do Rio de Janeiro, realizado no Teatro Municipal em agosto, em um corpo de jurados que contava com Frederic Mompou, Jacques Klein e Francisco Mignone. Em Belo Horizonte, nos anos de 1966 e 1967, participou do II Concurso Nacional de Piano, promovido pelo jornal "O Estado de Minas". Em 1969 voltou ao Rio para o I Concurso Internacional de Piano do Estado da Guanabara e auxiliando a comissão técnica formada por Ayres de Andrade (1903-1974), Arnaldo Estrela (1908-1980) e Francisco Mignone. Em 1974 fez parte da comissão e do corpo de Jurados do Concurso Internacional de Piano "Prêmio Cidade de São Paulo". Em Salvador foi membro do júri do III Concurso Nacional de Piano do Instituto de Música da Universidade Católica de Salvador. Voltou a Bahia em 1979 para o IV Concurso, como jurado e membro do comitê executivo. Em Petrópolis participou do III Concurso de Piano Guiomar Novaes. Em Paris, antes dos convites brasileiros, Souza Lima participou como membro do júri do Concurso Internacional de Piano.

O concurso internacional foi criado em 1943 por Jacques Thibaut, e teve uma periodicidade bianual, exceto quando a aconteceu a ocupação da França pelos Alemães. Vencida a Segunda Grande Guerra, foi continuado pela Fundação que leva o nome do violinista e da Fundação Marguerite Long. De 1943 a 1963, o *Concours International*, contemplava o violino e o piano, instrumentos de seus fundadores. Em 1963, um dos anos da atuação de Souza Lima, o presidente do júri era Darius Milhaud e o vice, Henri Sauget (1901-1989). Sauget (ou Henri-Pierre Poupard) estudou piano na infância em Bordeaux e composição em Paris, onde experimentou as estéticas modernas, como a música concreta e a tonalidade expandida; manteve-se afastado dessas novas tendências por achar todas muito particular e individuais, trabalho com o modalismo e o tonalismo romântico. Criou, por brincadeira, o que denominou como "*Le Trois*", ou o grupo dos três, junto a Louis Emié (1900-1967) e Jean-Marcel Lizotte (1891-1947). Na edição do concurso de 1963, Souza Lima aparece como representante do Brasil, junto a um júri internacional que contemplava especialistas exímios vindos da Bulgária, Espanha, EUA, Hungria, Japão, Polônia, República Tcheca, Turquia, Rússia, França e Bélgica. A Edição de 1963 teve a participação de três candidatos brasileiros: Joël Bello Soares, Eduardo Hazan e Ney Salgado.

Em 1970, Souza Lima participou como membro de um abanca examinadora do Curso Extraordinário de piano da Universidade de Santa Maria, no Rio Grande do Sul. Tratou-se de uma comemoração do 10º aniversário de fundação da Universidade e constava de 4 partes e uma eliminatória, com três candidatos na final. Os Festivais Villa-Lobos no Rio de Janeiro são um caso à parte por motivos óbvios e, mais que isso, afetivos. Villa foi amigo de Souza Lima durante a vida de estudante em Paris e a trajetória profissional no Brasil. Viajaram juntos, fizeram obras, tocaram, viveram a etapa da jovialidade e, principalmente, se divertiram com música. Esses festivais são atraentes em vários aspectos pois contemplam várias modalidades e prêmios, tais como um de monografia, de canto, de violoncelo e de um estudo técnico, estético e analítico da obra para violino de Villa. Na edição de 1974, o 13º da série, Souza Lima participou como jurado do Concurso Internacional de Piano; em 1975, foi jurado no concurso de regência. Em 1976 no concurso para violoncelo, houve uma homenagem a Pablo Casals (1876-1973), violoncelista catalão e opositor às ditaduras franquistas e fascistas. Nessa edição Souza lima foi jurado junto a Aldo Parisot (1918-2018), Calixto Corazza e outros; foi também presidente do júri. Em 1978 o Festival Villa-Lobos ofereceu três novos prêmios: o prêmio Villa Lobos; o prêmio Leopold Stokowski (1882-1977) e o prêmio Charles Munch (1891-1968). Nessa ocasião Souza Lima fez parte, mais uma vez, do júri no concurso de regência. Esses festivais foram criados e patrocinados pelo Museu Villa-Lobos, a mesma instituição deu a Souza Lima o primeiro prêmio com um estudo sobre a obra pianística de Villa-Lobos.

Entretanto, essas atividades relacionadas à música, embora muito bem-vindas, não ofuscaram a atuação de Souza Lima como intérprete e compositor; só comprovaram a sua vida dedicada à música. Uma apresentação memorável foi na inauguração do Palácio do Morumbi, doado ao Estado pela Família Matarazzo. No momento houve um concerto sob a direção de Souza Lima, seguido de um jantar para seis mil pessoas. Outro fato inusitado e que não trata de concertos ou recital, aconteceu quando foi visitar uma professora de piano de sua tia. Por conselho dela, levou um fotógrafo do jornal *O Estado de São Paulo* e era o futuro maestro Diogo Pacheco (1925). Depois das conversas, Souza Lima lembrou de uma cadeira que havia sido arrematada em um leilão em Viena e que havia pertencido a Liszt. Emocionada com a conversa, a professora doou a cadeira para Souza Lima. Mas as lembranças e a saudosas recordações são variadas. Caso ilustrativo e muito importante foi quando conheceu Ottorino Respighi (1879-1936), por intermédio de Agostino Cantú. Nesse encontro, Souza Lima executou algumas de suas obras, o que foi bastante produtivo e elogiado. Em São Paulo, Respighi se inspirou na cidade e compôs a '*Impressione Brasiliane*', dividida em três partes: '*Noite Tropical*', '*Butantan*' e '*Canzone e Danza*'. Em outra ocasião, o violinista russo Natan Milstein (1902-1992) convidou Souza Lima para acompanhá-lo em uma *tournée* pela América do Sul e que, mesmo impedido de participar com o violinista, diz ter tido a maior distinção.

Em 21 de março de 1978, o jornalista João Marcos Coelho publicou uma matéria na "Folha de São Paulo" cujo título é bem atrativo e, antes disso, sugestivo das lembranças das atividades e obras de Souza Lima: "Souza Lima, aos 80, quer seu lugar". Pode parecer nostálgico, mas é muito mais esquecimento de alguém que tanto contribuiu para a música brasileira.

> Um concerto a dois pianos no Centro de Expansão Cultural de Santos, sexta-feira passada [17 de março de 1978]; e hoje, um almoço no Palácio dos Campos Elíseos, promovido pela Secretaria de Cultura, Ciência e Tecnologia, além de um concerto, às 21 horas no Teatro Popular do Sesi, a cargo da pianista Yara Ferraz, com suas obras. Apenas estes três acontecimentos marcam os oitenta anos do pianista, compositor e maestro paulista João de Souza Lima, nascido no dia 21 de março de 1898, em plena Baixada do Glicério (rua Tabatinguera).

Pouco para quem dedicou a vida à música, pouco para quem contribuiu para a música brasileira, pouco para quem mostrou ao mundo – junto a Villa-Lobos – o que era a síncopa tropical e o rigor tonal da música europeia. Pouco também para quem assistiu a modernidade, sem ser elitista e individualista. Ainda na entrevista, Souza Lima aponta suas descrenças quanto à encenação de sua ópera "*Andrea del Sarto*":

> Encená-la? Só mesmo um milagre. As temporadas líricas oficiais deveriam obrigar a encenação, todo ano, de uma obra inédita de compositor brasileiro. Como está, vira privilégio de alguns. O Mignone teve sorte o ano passado [1977], mas eu, aos 80 anos, não tenho mais vontade de afrontar privilégios. E por isso, quase acho que não vale à pena tê-la composto.

Valeu sim, maestro! Valeu cada nota, cada passagem, cada memória do libreto de Ruggero Jacobbi (1920-1981). Como regente, há uma crítica: aqui, "não me convidam nunca. A última vez que regi foi no Rio de Janeiro. Lá eles me consideram mais do que em São Paulo". Como fundador e diretor artístico da Rádio Tupi, uma lembrança ainda saudosa.

> ...lá por volta de 1934, 1935. Pensaram que eu fosse contra a música popular, mas acontece que eu mesmo fiz muito sambinha e muito maxixe quando jovem. Organizei os conjuntos e selecionava os cantores. Carlos Galhardo foi um dos que descobri nessa época. Mas dava destaque para a música erudita, claro. Organizei lá uma excelente orquestra. Aos domingos fazíamos a soirée de gala e diariamente das 21 às 21h15, apresentávamos um solista erudito. Radio naquele temo era outra coisa.[84]

Essa foi uma ação importante e se observamos sua obra, veremos que existem temáticas de origem bem popular e, de outra forma mais evidente, nessa tal "música erudita" as influências poderiam aparecer tanto daquilo que se ouvia nas ruas quanto do que conheceu na Europa. Carlos Galhardo, ou Catello Carlos Guagliardi (1913-1985) era argentino, mas se tornou um dos maiores representantes da chamada Era do Rádio. Cantou duetos de ópera com Salvador Grimaldi, e cançonetas italianas.

Em 1979, foi a vez da jornalista Claudia Atas n'*O Estado de São Paulo*, escrever uma matéria com o título de "Souza Lima, aquele que Eleazar reverenciou de Joelhos"; não é pouco nem fantasioso. A verdade é que os dois maestros foram amigos e um admirava o outro. Quem estuda e vive de música sabe como é difícil viver dela, dar os mais nobres sentimentos para uma arte tão abstrata e metafísica e, ainda, enfrenta os ciúmes infantis de outros músicos. Em musicologia o problema ainda é maior, pois além de tudo isso enfrentado pelos instrumentistas e compositores, o musicólogo encontra as barreiras dos acervos em que há colecionismo, debate com convicções tacanhas sobre o conceito de musicologia e enfrenta as majestades daquilo que chamam de musicologia. O apelo social da música, as análises puramente cadenciais de determinadas músicas e as questões de sonoridades e suas tantas concepções

84 Jornal "Folha de São Paulo". 21 de março de 1978. Matéria de João Marcos Coelho. AF.

físicas e matemáticas não podem sobrepujar a função social da escuta. Era isso: há uma escuta, senão não haveria sentido. Souza lima pensou nisso, aprimorou a técnica, estudou os europeus, conviveu com os mais diversos aspectos da estilística e da estética, dos gêneros, e das instrumentações possíveis. Ao mesmo tempo em que estudava em Paris, viajava numa caixinha de música quebrada nas fantasias brasileiras. A jornalista diz muita coisa importante e uma delas é que Souza Lima era "um homem feliz, por não ter um único inimigo nem ressentimentos contra ninguém". Até mesmo para compor um réquiem (e ele queria, imaginava isso), era preciso ser feliz. Entretanto, mesmo com essa felicidade que quem conviveu com ele sabe, Souza Lima enfrentou praticamente o obscurantismo:

> Cauteloso, para não trair alguma crítica indelicada ou alguma mágoa do homem semi-prestigiado pela própria classe, Souza Lima torna-se expansivo exatamente quando não se trata de entrevistas. (...) Seguramente a importância do papel desempenhado por Souza Lima na história da música brasileira está confinada a uma geração que fez dele uma celebridade.

Não mais, que o digam Yara Ferraz, Amaral Vieira, Ciro Gonçalves, João Parizoto, Antônio Vadalá e tantos outros, alunos, parentes e amigos. Como poderia ter dito Jânio Quadros (1917-1992), antes de criar falsas medidas econômicas para acabar com a OSESP: tirá-lo-ei do limbo!

> Hoje [19/11/1979] o público se comoverá. O teatro é o Cultura Artística. A orquestra é a Sinfônica Estadual e o regente, Eleazar de Carvalho, que aguarda há muitos anos a oportunidade de fazer Souza Lima estrear a orquestra que fez nascer e cuja existência assegurou em 1954, por força de lei, à custa de um vai-e-vem enjoado em gabinetes de deputados.

Deve ter sido enjoado mesmo, vagaroso e, sobretudo, demasiado burocrático. Imagina-se então como uma pessoa que poderia ter se dedicado somente a tocar e compor se preocupou em se meter nos gabinetes políticos para criar uma orquestra. Até nisso fazer música causa dor de cabeça: enfrentar os leigos do assunto que fingem conhecer. Se estivesse vivo, enfrentaria também um país dominado por sonoridades da indústria cultural, da música-mercado e das composições sem espontaneidade, sem a verdadeira essência da música que pregava: a sensibilidade artística e não a obra para consumo.

> Bem antes disso [incluo a criação da orquestra e todo resto], Souza Lima já assinalara sua criatividade e dinamismo. Retomando a São Paulo, depois de onze anos de estudo em Paris, aceitava a direção da Orquestra Sinfônica Municipal que regeria ao longo de 32 anos. Fundou as rádios *Tupi* e *Gazeta* e a Academia Brasileira de Música.

A Orquestra Sinfônica do Estado passou por três versões de desmanches, sempre com a desculpa de cortes de gastos. A primeira foi logo oito meses depois de sua criação, ainda no governo de Jânio Quadros, tão abrupta e repentina que foi o próprio maestro Souza Lima que pagou as passagens de volta para dois instrumentistas estrangeiros. Depois foi no governo de Adhemar de Barros (1901-1969), ressurgiu e foi encerrada em poucos meses e por fim, em 1973, sua terceira e atual versão. Nessa época, Eleazar disse "vou recriá-la e para entregá-la a seu verdadeiro dono."[85] Era Souza Lima. Com os devidos respeitos e reconhecimentos a Eleazar, Souza Lima queria a orquestra para todos, ele não aceitaria como sendo sua. Na imagem abaixo, capa de uma partitura de Igor Stravinsky, da "Sagração da Primavera", a dedicatória de Eleazar a Souza Lima deixa bem exposta a amizade dos dois e as intenções – e são das melhores: "Para o ilustre Colega Souza

85 Jornal *O Estado de São Paulo*. 19 de novembro de 1979. Matéria de Claudia Atas. AF

Lima interpretar com a O.S.E de São Paulo e depois com todas as orquestras do mundo – Rio, 28 de março de 1953."

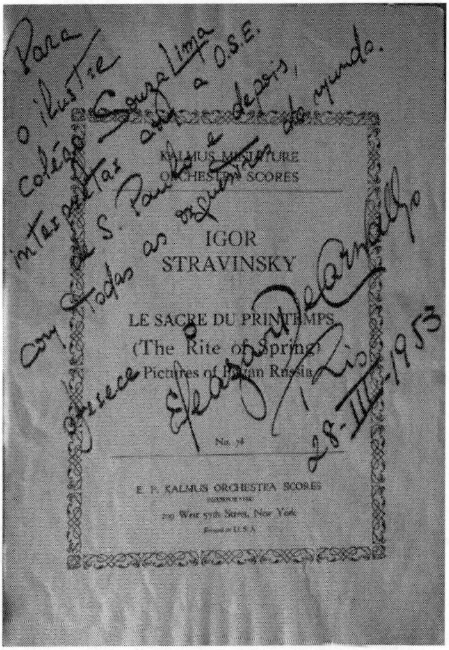

Fig. 47 – Capa de partitura com dedicatória de Eleazar de Carvalho a Souza Lima.
Fonte: AF

Esse círculo de concertos são apenas algumas lembranças de Souza Lima, dentro daquilo que a memória pode reservar. Entretanto, as suas atividades foram maiores e mais amplas em todo Brasil e em alguns países, seja como solista ao piano ou regente, seja como compositor ou jurado e ainda como conferencista. Esteve à frente de várias orquestras em todo Brasil e ajudou a fundar duas delas em São Paulo, a Orquestra Sinfônica do Estado e a Orquestra Municipal. Com as duas orquestras realizou vários concertos que sempre incluíam no repertório, obras de compositores brasileiros e, por muitas vezes, obras modernas de estéticas recentes e dissonantes, que demonstram a valorização das novas linguagens e o respeito às obras desses compositores.

Como professor as suas lembranças mais amorosas. Lembra com afeição de Amaral Vieira (1952), Yara Ferraz, Silvio Coghi, José Viegas Neto, Suely de Fátima Bispo, Ester Fuerte Wayman, Junko Yamakawa, Eny da Rocha, An Young Shin, André Boainain, Maria José de Aquino (1933), Gloria Maria, Maria da Penha, Marina Mendes Leite, Nelly Hirsch, Ema de Souza Lima e Ciro Gonçalves, dentre muitos outros.

Estética: entre o nacionalismo e a vanguarda

A Revista *Ariel*, um periódico musical fundado por Mário de Andrade e Sá Pereira (1888-1966), fez uma nota significativa com menções a Souza Lima e dando notícias de concertos em Paris em 1924. Assinada por um tal G. Delage, na verdade um pseudônimo do próprio Mário de Andrade, a "Carta de Paris" traz críticas mordazes (próprias do humor antropofágico de Mário) e considerações significativas sobre a música na primeira metade do século XX. É importante trazê-la aqui na íntegra, por mais exaustiva que seja a citação, pois seria o ponto de partida para entender a estética, o movimento do modernismo, a crítica e o lugar de Souza Lima – e vou pontuá-la, parágrafo por parágrafo. Datada de 14 de junho de 1924, a carta inicia com um preâmbulo em que Souza Lima aparece como "estupendo pianista":

> Ao iniciar estas notícias parisienses para os leitores brasileiros da belíssima revista *Ariel*, não posso ocultar o grande prazer que tenho em aceitar o convite para colaborar no brilhante mensário de São Paulo. Foi uma surpresa para mim esse ensejo de falar aos brasileiros, cuja música popular maravilhosa já conheço bastante através

> das composições de Darius Milhaud e da minha continua convivência com os músicos brasileiros que aqui residem, principalmente esse estupendo pianista que é João de Sousa Lima.

Para a maioria, a carta nos leva a pensar que foi realmente enviada de Paris pelo seu autor, com sobrenome francês. Em seguida, vem um exagero proposital ao elogiar a revista como 'belíssima', claro, com a hipérbole de bom-humor de Mário de Andrade. Depois menciona Milhaud como o divulgador da música popular brasileira na Europa e os músicos brasileiros que estão em Paris, sobretudo, 'o estupendo pianista Souza Lima'. Esse início já nos coloca a dúvida de quem seria realmente o autor. Não que Souza Lima não seja 'estupendo', pois já vimos até aqui que ele foi realmente um virtuose de sensibilidade aguçada e sem restrições de se expor. Mas, 'o grande prazer' em falar para os brasileiros através desse 'grande mensário', já nos deixa atentos. Agora vêm as notícias de Paris, como se o autor, estivesse por lá. Mas parece-me uma comparação com a vida musical falsamente tímida de São Paulo.

> Paris atualmente está cheia de atrações musicais interessantíssimas. A Opera pondo novamente em cena o *Parsifal*, depois de 10 anos ter esquecido a obra-prima; os cursos públicos da Escola Normal; os concertos em quantidade e principalmente os dois grandes acontecimentos do ano: a realização das Olimpíadas e a "Soirée de Paris" no palco de *La Cigale*.

Realmente aconteceram os jogos Olímpicos de Verão em julho de 1924 (*Les Jeux olympiques d'été de 1924*); mas o que chama atenção é a vida musical em Paris, sempre 'interessantíssima', com as '*soirées*'.

> Foi justamente nesta que tive a felicidade de encontrar o meu velho camarada Sergio Milliet, transmissor do

> convite para colaborar na *Ariel.* A "*Soirée de Paris*" é um espetáculo organizado pelo conde de Beaumont, em benefício da Obra de Assistência às Viúvas da Guerra e da Comissão de Socorro aos Russos Refugiados. Os espetáculos eram caracterizadamente franceses e apresentaram ao público tudo o que a nova geração tem de mais notável e valioso. Organizada com o maior carinho a "*Soirée de Paris*" conjugava habilmente todas as artes nos seus espetáculos com cenários de Derain, de Picasso e Jean Hugo. Personagens vestidas por cubistas celebres como Braque, ou por Marie Lamencin. A parte musical apresentava partituras inéditas do mestre Erik Satie (Mercure, bailado), de Milhaud (Salade, bailado), do jovem Henri Sauguet, talvez o mais talentoso representante da novíssima escola *d' Arcueil*, que já meteu no passadismo o ainda tão discutido Grupo dos Seis.

Esse tal Obra de Assistência às Viúvas da Guerra" e, sobretudo, a "Comissão de Socorro aos Russos Refugiados" foram reflexos tanto da 1ª Grande Guerra quanto da Revolução Bolchevique em 1917. A Europa estava mesmo um caos. Depois da Primeira Guerra, observou-se a desintegração de vários impérios e o resultado foi a dispersão de vários apátridas que não se identificaram com os novos regimes políticos. Em 15 de outubro de 1921 um decreto russo limitava a cidadania "certos cidadãos" e, por conseguinte, os soviéticos não apoiariam a proteção que exerciam sobre os refugiados que são cada vez mais percebidos como uma ameaça por Moscou. Os atos filantrópicos mencionados por Delage está diretamente relacionado ao nascimento do Comitê Internacional da Cruz Vermelha em Genebra e às suas atuações na França.

O tal G. Delage ou melhor, Mário de Andrade, mostra conhecimento das atividades e eventos em Paris e menciona, sem nenhum lapso, mas com críticas, os principais atores do modernismo e do cubismo. Derain é na verdade, André Derain (1880-1954) pintor francês, amigo de Matisse (Henri-Émile-Benoît Matisse/ 1869-1954), que descobriu e utilizou o uso das cores. Seu ateliê foi o centro do fauvismo. Jean Hugo (1894-1984) foi também pintor e designer de teatro, provocador através da arte, liderou o que se chamou de realismo mágico ou pintura metafísica. Georges Braque (1882-1963) foi pintor e escultor e junto com Picasso, criou o cubismo e o fauvismo. Henri Sauguet (1901-1989) tem uma trajetória interessante: embora tenha experimentado a música concreta e a tonalidade expandida, desafiou os sistemas e trabalhou com a politonalidade e o modalismo.

Mas o que Mário de Andrade destaca é que o modernismo não teria mais volta, até mesmo porque, todos esses artistas que o apresentariam tinham propostas estéticas novas e modernas, a subverter a escola do século XIX. O dissimulado convite de Sergio Milliet (1898-1966) só era falso porque G. Delage estaria aos seu lado, em São Paulo. Além disso, Milliet era a ponte entre o modernismo desejado por poucos e o provincianismo ainda predominante. As "Soirées" eram comuns em Paris da primeira metade do século XX, sempre com a proposta modernista, sobretudo, a parte musical, que falarei mais abaixo.

> Confesso que não me agradou a composição de Satie. "*Musique d'ameublement*" é o nome dado pelo mestre humorístico a essas novas experiencias musicais, que pretendem, como o nome indica, constituir apenas um fundo decorativo e completador de representação. Apesar de todo o respeito que tenho pelo velho rival de Debussy, considero a sua música de mobília uma experiencia falhada. Não me conseguiu interessar, vaga, sem clareza, sem linha. Milhaud foi o triunfador dessas noitadas com a sua *Salade*, música viva, alegre, bem ritmada, muito melodiosa e rica de orquestração. Milhaud é inegavelmente o mais bem dotado dos músicos do Grupo dos Seis.

"*Musique d'ameublement*" foi um termo criado por Satie, "o mestre humorístico" em 1917 e diz respeito a uma ironia do próprio compositor. Poderia ser traduzido como 'música de apartamento', 'música de mobiliário' ou ainda 'música decorativa'. Deveria ser tocada ao vivo. Ora, trata-se de um '*back gound*', uma música de fundo que deveria soar talvez como música absoluta para preencher um lugar, normalmente, um teatro, um quarto ou outro ambiente pequeno. Não interessou a Mário de Andrade porque poderia facilmente ser usada para o cinema e não se tratava de uma música sequencial. Ademais, ela é repetitiva, poderia até presumir como antecessora do minimalismo, mas um mínimo moderno, não a reação às vanguardas, muito embora fosse uma delas.

Há ainda outras terminologias que poderiam ser aplicadas ao propósito de Satie, tais como *muzak*, *easy listen music*, *cool music* ou *white music*. Uma proposição semelhante pode ser vista no filme de René Clair, Entr'acte, de 1924. As obras desse teor vanguardista ficaram escondidas depois da morte de Satie, mas John Cage (1912-1992) recuperou esse estilo e chegou a tocar *Vexation* por 840 vezes, conforme indicado pelo compositor. Essa é uma peça rara - em todos os sentidos. Foi concebida para teclado, certamente o piano, mesmo que a única página não mencione quaisquer instrumentos. Consiste em um tema em notação enarmônica, um pouco exótica - se esse for o termo - e muito pouco funcional, escrita, provavelmente, entre os anos de 1893 e 1894. O mais exótico e terrivelmente afrontador para a música dos inícios do século XX é a indicação que Satie descreve no cabeçalho da partitura de uma página só: "Para tocar o tema 840 vezes consecutivas, convém preparar-se de antemão e no mais profundo silêncio, por imobilizações graves".

Ex. 4 – "*Musique d'ameublemant*" de Erick Satie. Fonte: https://musescore.com/nicolas/scores/23911

Vexations foi tocada em 1963 e sua execução foi cheia de mistérios. Por inciativa de John Cage, um público reduzido "de artistas abstratos, atores *off-Broadway* e diversos *beatniks*" foram assistir à apresentação que durou de 18 horas de uma segunda-feira até mais ou menos 12 horas do dia seguinte, isto seria cerca de dezoito horas e quarenta minutos. Isso deu a Satie, Cage e, obviamente à peça, a certificação de ser mais longa peça de piano do mundo pelo *Guiness Book of Records*. Mais tarde depois da apresentação, Cage exultante, esbravejou: "eu tinha mudado e o mundo tinha mudado"; foi o que publicou o jornal The New Yorker, com o título de "*A dangerous and evil piano piece*" (uma peça de piano perigosa e maligna)[1]. Se Mario de Andrade não gostou da "*Musique d'ameublement*", imaginemos o que

1 Cf.: https://www.newyorker.com/culture/culture-desk/a-dangerous-and-evil-piano-piece

teria sido criticada a *Vexations*. Era melhor ficar na tonalidade e fazer apologias a Milhaud. Além do que falei acima e falarei no decurso, Milhaud era o politonalista por excelência, timidamente vanguardista, incorporava temas populares e não experimentava como Satie.

As Olimpíadas tiveram este ano uma grande importância musical. Quase todos os países mandaram dançarinos, compositores; orquestras, cantores e corais. Da América veio o celebre regente Walter Damrosch que conseguiu espantar e arrebatar, conduzindo as sinfonias de Beethoven com tal perfeição e tanto compreensivo entusiasmo, que os críticos concordaram todos em dizer que Paris jamais ouvira execuções tão completas. Outro acontecimento importante das Olimpíadas foi a representação da opera "*Prometheu*" do genial Fauré e da cantata de Arthur Honegger "*O Rei David*", sobre salmos bíblicos. A Espanha nos enviou Maria Barrientos e a orquestra de Barcelona, dirigida por Pablo Casals, talvez o maior virtuose da atualidade. A Russia mandou-nos seus dançarinos entre os quais a alada Ana Pavlova. Prokofief também deu um recital de obras suas. A Suécia, a Romênia, a Inglaterra também se fizeram representar. Pena é que o Brasil também não comparecesse ao certame. No entanto João de Sousa Lima, Vera Janakopulos e o compositor Villa-Lobos bem podiam ter recebido da grande nação sul-americana a incumbência de representá-la. Fariam figura notabilíssima e nada menor, ao lado dos celebres virtuoses e compositores que de todas as partes do mundo aqui estão.

Um evento de porte como os jogos de verão certamente teria música, mas dessa vez, o evento promoveu mais atividades, pelo menos é o que diz Mário de Andrade. Walter Damrosch (1862-1950) foi o representante dos Estados Unidos, embora nascido na Alemanha. Naturalizou-se. Ficou conhecido pelas execuções primorosas de Beethoven e pela condução da ópera *Parsifal*, de Richard Wagner. A ópera de Fauré, *Prometheu*, é na verdade uma grande cantata ou uma tragédia lírica; de Honegger (1892-1955), o *ghost writer* menciona "O

Rei David", um oratório. Depois de enumerar quem mandou quem para a "soirée", menciona os artistas brasileiros que estavam na França e que seriam bons representantes do país.

> De Villa-Lobos já tive ocasião de ouvir várias composições que me entusiasmaram. Houve, é certo, alguma reserva da crítica e mesmo o Sr. Auric pelas "*Nouvelles Littéraires*" atacou fortemente o compositor brasileiro. Mas isso não tem a mínima importância. E corre aqui que Villa-Lobos está sendo secretamente hostilizado por quem se interessa em vê-lo pelas costas o ·mais depressa possível. Ciúmes de concorrência. Villa-Lobos nada perderá com isso do seu intrínseco valor. E mesmo que não triunfe em Paris, não será a primeira vez que a cidade-luz deixa partir sem sua consagração artistas de grande valor. A vaia do Tanhauser ainda repercute pelos corredores da Opera.

Georges Auric fazia parte do grupo dos Seis, protegido de Cocteau e Satie. Cocteau dizia que a música de Villa-Lobos era um pastiche de Debussy e Ravel e deve ser por isso que Auric tinha uma certa distância de Villa. Souza Lima esteve presente nesse momento que aconteceu no ateliê de Tarsila e foi testemunha desse tal debate pouco amigável. É preciso relacionar os eventos: se nosso interlocutor G. Delage afirma essas críticas de Auric e defende Villa, há uma relevância nisso, que seriam as ligações entre os artistas franceses e os estrangeiros – a tal da concorrência, pois Villa precisava se destacar em Paris e quem deveria estabelecer as opiniões seriam os críticos (com ressalvas) e o público ouvinte. A ópera de Wagner foi vaiada porque representava o drama exagerado do século XIX; mesmo que propusesse inovações, era longa e cansativa. Depois de enaltecer a vida musical de Paris, de resguardar os artistas brasileiros, de fazer apontamentos críticos e expor ciúmes sem historiógrafos, Mário de Andrade (G. Delage) ataca Jan Kubelik (1880-1940).

> Para terminar lembro o reaparecimento de Kubelik. Confesso que foi uma enorme decepção o seu recital. A fama de Kubelik aliás nasceu muito mais da sua espantosa técnica que do seu valor musical. Era um malabarista admirável; nunca foi um músico legitimo. Pois agora, mesmo essa técnica diminuiu. Kubelik apareceu-nos tímido, inquieto, arcada irregular, incapaz de sustentar o som com perfeição, com *staccato* de aluno. As glorias mal conquistadas, ruem com a mesma rapidez com que surgem.[2]

Não parece que Kubelik fosse tão execrável, aliás, amigavelmente execrável. G. Delage exagerou, sobretudo, quando fala de um "*staccato* de aluno" – isso na verdade significa que as notas que deveriam ser destacadas seriam como um processo ainda de aprendizagem, isto é, mal tocadas, imprecisas. Em 1907, o "*The New York Times*" viu de forma diferente, muito embora inicialmente afirmasse: "Ele não é um instrumentista profundamente comovente" e que "não tem o poder de tocar profunda e imediatamente os corações de seus ouvintes". Contudo, logo faz um *mea culpa* ou tenta corrigir as críticas mais picantes: "poucos têm o poder de arrebatar os sentidos com a pura beleza de seu tom" e que "há algo de graça e charme feminino nas peças do Sr. Kubelik, e ele raramente obriga por sua autoridade ou desperta sua paixão e virilidade, mas, a seu modo, é totalmente agradável"[3]. Essa é uma das críticas de quem não sabe o que dizer ou ainda, sabe, até que sabe, mas prefere morder e depois assoprar.

Essa "Carta de Paris" é toda atraente, desde as críticas, as comparações e a autoria, até as menções aos artistas brasileiros em Paris. A assinatura como G. Delage e a tradução feita por M. de A. já levanta uma dúvida, a de que o tradutor é também o autor e que ela foi escrita

---

2 Carta de Paris por G. Delage, com tradução (?) de M. de A. 15 de Junho de 1924. AF/IPB

3 Vasta audiência no recital de Kubelik, *New York Times*, 11 de novembro de 1907, p. 7. https://spiderbites.nytimes.com/1907/articles_1907_11_00004.html

em português e não em francês. Os motivos são bem evidentes: o de que todas as menções à Revista Ariel são exageradamente elogiosas; a de que todos os artistas europeus, principalmente os de vanguarda, mereciam pontuações críticas e os elogios aos artistas brasileiros fossem reiteradamente mencionados. Seja como for, a carta fala de estética, de interpretação e de performance na primeira metade do século XX em que os nacionalismos travavam uma dura batalha entre as raízes populares e as vanguardas do modernismo. No mesmo dia dessa carta de G. Delage, o "*Courrier Des Theatres*", publicado no jornal *Le Figaro*, traz uma nota dos concertos e das apresentações muito parecida com a de G. Delage e ainda, com uma publicação de um dia depois, ou seja, 16 de junho de 1924, com o título de "Revisão de Concerto: *Soirée* de Paris, *Mercure*". Primeiro, chamou de "um programa bastante inexpressivo", depois falou de "fusão artística e devaneio intelectual". As sequencias das observações são desastrosas para Satie e Diaghilev (Serguei Pavlovich Diaguilev/ 1872-1929)[4].

Entretanto, a modernidade na música não se iniciou com Satie, muito embora o brilho da vanguarda tenha lhe dado um lugar de destaque. Além dessa "*Musique d'ameublement*" ou "*Vexation*", Satie escreveu outras tantas obras de nomes muito sugestivos, na maioria das vezes, bem-humorados. Outro compositor de tendencias vanguardistas e um compositor irreverente, foi John Cage (1912-1992), sobretudo, a sua obra "*Tacet 3'44*", uma surpresa inusitada. O que se viu nos inícios do século XX foi a busca por estruturas mais simples, menos virtuosísticas, sem os percalços da genialidade, que muitas vezes soavam como falta de técnica, pobreza de estilo, falsa estética e etc. Erik Satie e John Cage foram, provavelmente, os expoentes mais conhecidos da História da Música, pelo menos nessa historiografia de rascunho feita pelos europeus. Contudo, há ainda um nome importante, pouco

4 https://musicalgeography.org/concert-review-soiree-de-paris-mercure-june-16-1924-2/ Ver também: "*Courrier Des Theatres*" (Paris: Le Figaro, 15 de junho de 1924).

conhecido e que tem obras igualmente modernas e sugestivamente bem-humoradas.

Erwin Schulhoff (1894-1942) foi também inusitado e reminiscente, criando obras tão influenciadas pelos maneirismos da época quanto obras expressivas; digamos, de uma expressão geopolítica e de uma sensatez hilária e vanguardista. Nascido em Praga em 8 de junho de 1894, tcheco de ascendência alemã, naturalizou-se russo e morreu de tuberculose em um campo de concentração em Wülzburg (ou Weißenburg), na Baviera. Influenciado também pelos franceses, alemães e estadunidenses, primordialmente, colocou em suas obras referências tanto do jazz quanto de obras europeias. Compositor ativo de esquerda, montou trechos do Manifesto Comunista, em forma de cantata para solistas, coro e conjunto de sopros, obra composta em 1932. Escreveu ainda uma obra que remonta – ou pretendia lembrar ou nem tanto – à música brasileira: "Orinoco – Carioca Fox"; entretanto, há um imbróglio nessa obra de apelo erroneamente fluminense. O rio é da Venezuela, o ritmo é um maneirismo e o carioca tinha outros hábitos que não seriam os estilos jazzísticos. Em sua fase mais dadaísta, escreveu uma série de peças com elementos absurdos, como "*In Futurum*" (parte de *Fünf Pittoresken* para piano, escrita em 1919), trinta anos antes do "*Tacet 4'33*" de John Cage. Trata-se uma peça silenciosa composta de pausas, com a instrução "*tutto il canzone con espressione e sentimento ad libitum, sempre, sin al fine*" ("a peça inteira com livre expressão e sentimento, sempre, até o fim"). A composição é notada em grande detalhe rítmico, empregando assinaturas de tempo curiosas e enredados padrões rítmicos[5269].

---

5 [269] Para maior entendimento da obra de Schulhoff, é importante ver: GOGICHASHVILI, Eka, "Erwin Schulhoff (1884-1942) – a brief history: examination of the sonata for violin and piano (WV91)" (2003). LSU Major Papers. 23. https://digitalcommons.lsu.edu/gradschool_majorpapers/23. Music: Notes from Other Centres. The New York Times. 4 March 1923. DEMETZ, Peter. *Prague in Danger: The Years of German Occupation*, 1939–45. New York: Farrar, Straus and Giroux, 2008.

As vanguardas, sobretudo, a francesa, tornaram mais difíceis encontrar o lugar de cada um, porque eles se confundiram com os nacionalismos de raiz popular, de manifestações isoladas e regionalizadas com a proposta mais global de mudanças e de ruptura com o tonalismo. Souza Lima não conseguiu fugir disso, ou, se preferirmos, decidiu se manter próximo de seu público no Brasil, de concorrer com uma música audível sem os experimentos da vanguarda francesa. Não se manteve, é claro, engessado ao romantismo com suas características tonais, mas também não caminhou pelos experimentalismos dessa vanguarda. Absorveu algumas técnicas e, dentre elas, o politonalismo. De todas as tendências vanguardistas, essa era a menos – aparentemente – inaudita e menos experimentalista. Não poderia ser diferente, porque não havia um público preparado para as audições exageradamente dissonantes e havia, por outro lado, uma discussão nacionalista. Era antropofágica, é verdade, mas deveria ter características daquele "cromatismo tão abundante na terra"[6] ou das síncopas afrodescendentes. Nominar, definir, enclausurar em gavetas estéticas a música desse tempo não é, das tarefas musicológicas, a mais tranquila. Ainda mais no caso de Souza Lima, que além de compor, regia, tocava e escrevia. Entretanto, por um caminho menos traiçoeiro e ardiloso, é possível observar as práticas, as escutas e o repertório e inseri-los dentro da tendência "de característica nacional". O que já é muito – e necessário.

Anti-diatonicismo, cromatismo e politonalismo assinalam o caminho para o que viria a ser radical com o futuro dodecafonismo e serialismo. Darius Milhaud foi o maior percussor do uso do politonalismo – um "campeão de politonalidade"[7] – tanto para subverter a então massacrante insistência em uma só tonalidade quanto para desviar os compositores mais jovens dos radicalismos sonoros vin-

---

6 Cf.: ANDRADE, Mário de. *Op. Cit.*

7 REVERDY, Michelle. Erik Satie. O grupo dos seis. In: MASSIN, Jean et Brigitte. *História da Música Ocidental.* Rio de Janeiro: Nova Fronteira, 1997, p. 951.

dos da Alemanha. Esse proposto livramento se estendeu ao Brasil na época em que Milhaud esteve no Rio de Janeiro como secretário de Paul Claudel e frequentou a Villa Kyrial. Por aqui, uniu-se a "uma elite artística e intelectual que cultivava hábitos e gostos franceses" e não foi somente uma aproximação por afinidades. Milhaud ainda se encantou com a "vitalidade da música popular"[8]. Esse seria o lugar de Souza Lima e a recorrência de estilos em suas obras. Certamente que essa tentativa de caracterização é mais complexa, entretanto, os caminhos e a trajetória histórica são inevitáveis e podem ser este:

Diagrama 3 – Possíveis heranças de Souza Lima e influências. Fonte: o autor

Esse gráfico é apenas sugestivo, mas pode recolocar o compositor Souza Lima em alguma das influências mais marcantes na música da primeira metade do século XX. Não ficou muito conhecido

8 CAMARGOS, Marcia. *Op. Cit.* p. 47 Surgiu no carnaval de 1918 'O Boi no Telhado', composição de José Monteiro, o Zé Boiadero, que, ao lado de muitas outras partituras, Milhaud levou na bagagem quando retornou à França em 1919. Sua obra *Le Boeuf sur le toit* estreou na *Comédie des Champs Elysées* em 1920, quando os franceses puderam ouvir, sem o saber, 24 peças de músicos brasileiros. De Ernesto Nazareth, Milhaud utilizou 'Apanhei-te Cavaquinho', 'Carioca', 'Escovado' e 'Ferramenta'. De Chiquinha, incorporou 'Gaúcho', de Álvaro Sandim, a 'Flor do abacate', de Marcelo Tupinambá, 'São Paulo Futuro', 'Matuto', 'Tristeza do Caboclo' e de Alberto Nepomuceno, 'A Galhofeira'. O sucesso da obra inspirou a criação do restaurante 'Le boeuf sur le toit', onde músicos e escritores se reuniam informalmente para tocar. Existente até hoje em Paris, o restaurante está na origem da expressão *faire le boeuf*, que significa 'dar uma canja'". Cf: https://musicabrasilis.org.br/temas/darius-milhaud-no-brasil

como compositor, mas primeiramente como pianista e depois como regente. Entretanto, deixou mais de 100 obras, venceu concursos, escreveu obras temáticas, aproveitou a convivência com Villa-Lobos e com a vanguarda francesa. Um regente de orquestra que se dedica a vários gêneros e ainda contempla compositores do modernismo, certamente conhece a estética. Ademais, como membro de vários concursos, esteve pronto para compreender a música do século XX e suas transformações e, em alguns momentos mais prodigiosos, colocava os compositores da vanguarda em seus estudos, como foi o caso visto e anotado por Mário de Andrade:

> É uma simples evocação, sempre num pianíssimo de sonho, em que as imagens musicais se associam com lógica puramente técnica. Em assombrações fugitivas passam de mãos dadas Chopin, Bach, Villa- Lobos, Mussorgsky, Prokofieff, Cesar Franck e um dilúvio de outros.[9]

Um bom exemplo é essa inserção de Prokofieff ou Prokofiev em seus estudos, também um compositor também dividido entre o novo e a velha tonalidade. Seu Concerto nº 2 para piano e orquestra teve uma recepção muito parecida com aquela que a "Sagração da Primavera" de Stravinsky teve em Paris. Foi um escândalo, uma insatisfação e uma jocosidade com as mais novas sonoridades colocadas por ele no "Concerto". A "*Suíte Cita*" de 1914 mostrava uma "obra de provocação, com sonoridades insolentes"[10], carregadas de *ostinatti* e falsas

---

9 Mário de Andrade. Como o Souza Lima Estuda. *Jornal "Diário Nacional"*, seção "Arte". São Paulo, 11 de janeiro de 1928. AF/IPB

10 OLIVIER, Phillipe. Sergei Prokofiev. In: MASSIN, Jean et Brigitte. *História da Música Ocidental.* Rio de Janeiro: Nova Fronteira, 1997, p. 1023-24.O nome dessa obra remonta ao povo "Cita", associado pelos russos à barbárie, violência, selvageria e impetuosidade do povo que habitava o sul da Ucrânia e norte do Irã, área também chamada de Cítia. Através da história de Alá e Lolli, personagens que inspiraram a suíte, Prokofiev, escreveu o balé, carregado de dissonâncias, cheio de *ostinatti* e passagens em fortíssimo.

dissonâncias. Essa suíte, a propósito, se tornou uma peça de concerto depois que Diaghilev – aquele mesmo que o francês nascido e criado em São Paulo diria como o *Mercure* redigiu em 1924: fazer uma "fusão artística e devaneio intelectual" – desistiu do balé que encomendou a Prokofiev. Nas declarações do I Festival de Música Contemporânea da Guanabara em 1969, a discussão era exatamente as novas estéticas da música do século XX. Em uma delas, Souza Lima, como membro do júri, chamou o festival de "interessantíssimo e utilíssimo", onde os candidatos estão "incursionando em caminhos nunca dantes navegados". Em seguida, dá destaque às utilizações dos timbres e às novas sonoridades e depois elogia ainda mais as iniciativas:

> O Rio, com esse Festival, está-se tornando uma espécie de base espacial de Houston, celeiro das mais inauditas realizações científicas. Nossas atenções musicais estão atualmente todas voltadas para essa base musical, ansiosos para chegarmos à meta prevista – essa Lua que com sua luz serena nos enche de tanta emoção íntima assim será a música de vanguarda trabalhada por esses jovens indômitos que já estão colocando seus módulos em superfície resistente. Bem se houveram as nossas autoridades que dedicaram tanta boa vontade a essa realização plenamente vitoriosa.

Metáforas à parte, estranhezas distantes e escutas atentas, Souza Lima mostrou-se entusiasmado com as obras que ouviu e com as propostas quase que "inauditas". Além de Souza Lima outras personalidades do mundo da música, vanguardistas ou não, participaram desse festival, tais como Roberto Schnorrenberg (1929-1983), Hector Tosar (1923-2002), Armando Krieger (1940), Francisco Mignone, Fedele Amico (1912-1990), Roque Cordero (1917-2008) e Krzysztof Penderecki (1933-2020). Penderecki foi, por motivos óbvios, o mais incisivo em seus depoimentos. Pensou nas escutas e nas reações do público, algo raro:

> Com relação ao público, seria fácil fazer certos paralelos entre o brasileiro e o polonês, pois só organizando anualmente o Outono Varsoviano foi possível criar uma noção musical do público da minha pátria. Quanto às suas reações, está claro que o compositor não deve preocupar-se com as vaias! Lembro aquelas com que fui recebido há 12 anos. Só o trabalho contínuo sobre o meu público permitiu que hoje cada concerto polonês apresente pelo menos duas obras de música contemporânea. Na certa, o público brasileiro chegará rapidamente aos mesmos resultados. Quanto às 16 obras apresentadas no Rio, fiquei sinceramente surpreendido com seu alto nível. Chegando à Europa, procurarei divulgá-las.[11]

Criado em 1956, os Festivais de Música Polaca e Contemporânea foi durante muito tempo o único do gênero em toda a Europa Central e Oriental. Penderecki escreveu obras de vanguarda, mas, mais tarde, retornou ao sistema tonal, com uma estética, pode-se dizer, de um classicismo pós-moderno – se é que isso interessa, muito embora seja importante pensar nisso. Mudar os rumos da estética ou retornar ao tonalismo, não foi para agradar os ouvintes, mas para preparar suas escutas. Esse é o cerne da acne da música do século XX: se existe um problema, ele não é da linguagem, mas da escuta. Por três séculos estávamos sujeitos aos acordes perfeitos e às cadências terminativas; não era, portanto, de se esperar que houvesse uma escuta diferenciada em tão pouco momento. Não deveríamos esperar que uma música tonal soasse da mesma forma que aquela que nega ou desagrega a sua gramática, ou vice-versa. Fundamentado em conceitos morais e ideológicos, o tonalismo funcionou como um dispositivo capaz de agregar e dispersar, de unir e diluir, de sugerir as sensibilidades com vistas a um determinado tipo de controle.

---

11 Renzo Massarini. *Jornal do Brasil*. Rio de Janeiro, 3 de junho de 1969.

Nele, não existe tensão, ou quando aparece, é logo resolvida como se fosse uma dádiva consequentemente das expectativas. Os atonalismos, ao contrário, negam, dentre outras, essa estrutura básica do sistema anterior: é constantemente expectativa e tensividade. Tem várias formas de fazer isso, sobretudo, o uso constante de dissonâncias ou falsas dissonâncias e da politonalidade, essa, menos exigente para a escuta. No caso das obras de Souza Lima, podemos ver, principalmente nas composições mais tardias o uso da politonalidade e, com a cautela digna de seu público paulistano, poucas e menos ásperas dissonâncias. Se na primeira metade do século XX os modos aristocráticos ainda prevaleciam nos grupos que iria aos concertos, imaginemos que tipo de música gostariam de ouvir. Rossini Tavares de Lima, em um artigo publicado em 1949 quase acerta sobre essas tendências nacionalistas e o romantismo quando fala da música dinamarquesa:

> O romantismo musical compreende duas fases distintas: a romântica propriamente dita e a nacionalista. Na primeira, o mundo europeu foi dominado pela música francesa, italiana e alemã. Na fase nacionalista, que, "*Strictu Sensu*", pode ser colocada na segunda metade do século passado (séc. XIX) destacam-se também outras escolas, tais como a russa, tcheco-eslovaca, sueca, norueguesa, dinamarquesa etc.[12]

A francesa, sobretudo, a francesa, era também da segunda metade do século XIX. Os nacionalismos deveriam vir no plural porque eram diferentes, mas ainda assim, românticos. Esse era, portanto, outro motivo para evitar os experimentalismos, no caso de Souza Lima. Com esse cuidado, ficou na encruzilhada do nacionalismo, mais romântico até a alma e a vanguarda, mais ousada, até no corpo. Era isso.

12 Rossini Tavares de Lima. Música Sinfônica Dinamarquesa. *Jornal A Gazeta*. São Paulo, 14 de janeiro de 1949. AF/IPB

Souza Lima compôs mais de uma centena de obras, a maioria delas foi quando voltou de Paris, lugar que o marcou pelos contatos e pela estética da música moderna. As influências mais marcantes são do nacionalismo dos anos 1916 a 1940 e das vanguardas francesas. Desse inventário de obras, boa parte delas é politonal e algumas, com mais audácia, são quase que completamente dissonantes. Esse é o caso do Concerto para piano e Orquestra em lá menor.[13] Embora escrito em 1965 foi estreado em 1972, com Sebastian Benda como solista. A orquestra era a Filarmônica. O próprio Souza Lima diz da obra: "É uma peça moderna, na forma do concerto tradicional, porém dentro de moldes atuais. Equilibrada, profundamente sincera e sem artifícios". Na verdade, o concerto é mais que isso, é uma obra polirritmica e politonal, em alguns momentos, puramente dissonante e muito sincopada no último movimento. Obviamente que esse conceito de 'moderno' não seja necessariamente o mesmo que o de 'vanguarda', mas representa, muito possivelmente, a obra que mais destaca em termos de uma técnica de ousadia.

> Para o pianista, o concerto de Souza Lima é uma obra em linguagem politonal (a melodia é num tom e o acompanhamento noutro, resultando uma desafinação aparente, embora as partes sejam coerentes por si). Essa linguagem é explorada por muitos compositores do século atual, em particular por Darius Milhaud, um francês que foi cônsul de seu país no Brasil há muitos anos. Atualmente, é considerado um dos compositores modernos mais Importantes da França.

---

13 "Concerto em lá menor para piano e orquestra, de Souza Lima, solado por Sebastian Benda com a Orquestra Sinfônica Municipal de São Paulo sob regência do próprio compositor em 30/5/1972, ao vivo no Theatro Municipal de São Paulo (estreia mundial)". Postado e preparado pelo Instituto de Piano Brasileiro (IPB). Todas as imagens do Concerto foram editadas a partir do canal do IPB, para ouvir, só acessá-lo no youtube: https://www.youtube.com/watch?v=I1jn6YXEkno&t=5s

O maior receio, deve ter pensado Souza Lima, era a receptividade da obra, exatamente por causa dessa politonalidade e das dissonâncias resultantes dela. Entretanto, por achar o público de São Paulo "culto, bem informado musicalmente" não teria "motivos para estranhar a obra"[14]. Culto ou não, acostumado com sonoridades fora dos padrões do tonalismo, ou avesso às novas linguagens, o receio é iminente. O próprio compositor esclarece ainda mais o concerto no programa do Municipal de 30 de Maio de 1972:

> O *Allegro* enérgico, 1º movimento, está estruturado nos moldes habituais, com dois temas, sendo o primeiro muito vivo e de figuração rítmica bem enérgica, contrastando com o segundo, todo o oposto, caracterizado por um ambiente vago, como uma improvisação, envolvido em harmonias e desenhos indefinidos t de colorido estranho. Depois do desenvolvimento trabalhado, onde o piano sempre assume preponderância e interesse. instrumental de alta envergadura, surge a cadência, com volume sonoro de grande efeito.
>
> O *Scherzo*, 2º movimento, é uma página de características curiosas, cheia de fórmulas pianísticas muito típicas e sempre dentro de ambiente um tanto fantástico. Neste movimento aparece uma parte lenta, calma, contrastando com o início, de maneira muito oportuna, Em ritmo indeciso, harmonias serenas, baseadas num pedal harmônico obstinado. Volta o ritmo inicial, em reexposição, para terminar com dois bizarros e violentos acordes.
>
> O *Allegro* rude, movimento final, rico de efeito orquestral, inicia-se com acordes rudes e pesados, que preparam a entrada de uma parte definida, espécie de '*toccata*'. Nesse movimento, o piano tem ocasião para as mais exuberantes demonstrações. O tema principal apresenta colorido

14 Jornal *Folha de São Paulo*. São Paulo, 30 de maio de 1972

> de sabor nordestino. As fórmulas rítmicas são, por vezes, bem nossas, sem, todavia, predo minarem. O Concerto conclui após pequena cadência, com um possante acorde final.[15]

Luís Ellmerich, em artigo publicado em 1972, procura amenizar as dissonâncias do concerto e o resultado do uso da politonalidade que pode levar àquela "desafinação aparente" que falou Sebastian Benda.

> Muito embora tenha composto um concerto para piano em 1965, só agora, dentro das comemorações do cinquentenário da Semana de Arte Moderna, programadas pelo Conselho de Cultura, teve oportunidade de apresentá-lo ao público paulistano, à frente da Orquestra Filarmônica. Logo, de início, a obra revela linguagem moderna, mas suas dissonâncias não chocam o ouvinte. A segunda parte, Scherzo, com trechos em uníssono e andamento mais lento, agrada pelo contraste. Na terceira parte nota-se uma orquestração bastante engenhosa, usando variada percussão e trecho inteiros sem participação do piano com saliência dos grupos instrumentais, alternando violoncelos,

15 Programa de concerto de Georg Benda, com a Orquestra Filarmônica de São Paulo. Souza Lima (regente), 1972. Cinquentenário da semana de arte moderna de 1922. Fonte: IPB

> madeiras e metais. É também nesse movimento final que certas frases sincopadas dão característica nacional à peça.

Mais à frente, tece elogios ao intérprete, ao compositor e à obra. "Sebastian Benda, como solista, graças à boa técnica interpretativa, venceu galhardamente as dificuldades inerentes da partitura". Ora, o próprio autor do artigo reconhece que não é um concerto fácil e nem mediano e que a escrita, possuiu "habilidades estilísticas" e que utiliza todas as "técnicas do piano"[16]; por conseguinte, o concerto tinha um grau de dificuldade que foi bastante explorado. Se ouvirmos todo o concerto, veremos que as dissonâncias são recorrentes e que o ritmo varia muito, além de utilizar a sincopa com frequência. O início do concerto apresenta um viés minimalista, – sem exagero, que não dura mais que 5 compassos – muito embora entre uma exposição do tema esse viés se repita.

A polirritmia é constante como no exemplo abaixo. Durante todo concerto os ritmos podem variar de 9/8, 3/8, 6/4, 2/4 e 3/4. Em determinados momentos o piano está em andamento e as cordas em

16 Luís Ellmerich. Nova obra de Souza Lima. Jornal *Folha da Tarde*. 15 de junho de 1972. AF/IPB

outro, ou seja, o piano toca em 9/8 e as cordas em 3/4; depois, as cordas vão a 2/4 e o piano a 6/8. É claro que a utilização da polirritmia acontece com mais frequência nas músicas não ocidentais, entretanto, com as influências afrodescendentes na música brasileira, essa recorrência torna-se mais evidente. Além das estruturas métricas alteradas e subdivididas, comum entre outros compositores, como Stravinsky, Bartók, Debussy, Satie e outros tantos, principalmente da chamada vanguarda, Souza Lima utiliza variações constantes de compassos e ainda alternou a fórmula entre os instrumentos. O caso da síncopa é um bom exemplo na música brasileira, tanto na música de tradição oral quanto na música de concerto. Não é somente uma questão de diálogo, mas de modernidade e de tradição.

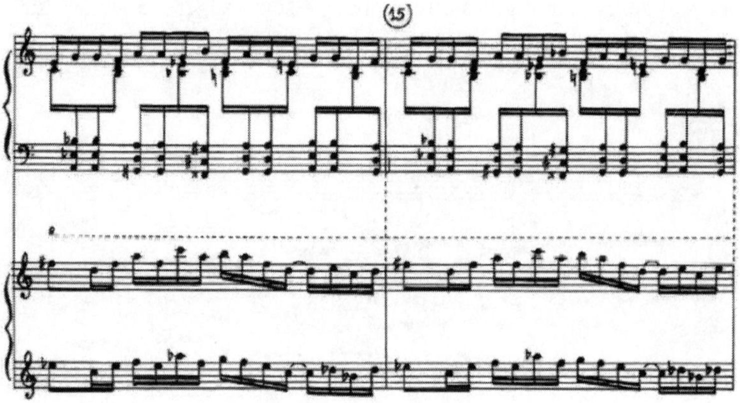

O uso de quiálteras é também reincidente nesse concerto de Souza Lima, entretanto, podemos ver a utilização das quiálteras mais simples e as mais complexas como aquelas denominadas de diminutivas, como as de 7, que parece ser comum em compasso de 6/8 e 9/8, mas entrecruzam as mãos esquerda e direita.

O que vemos no Concerto de Souza Lima é de uma complexidade rítmica bem evidente, além das dissonâncias e a utilização de compassos inusitados. Nesse caso o instrumentista deve ficar atento às mudanças quase que súbitas de fórmulas de compassos, como nesse exemplo a seguir, onde ele sai de um compasso de 4/4, vai a 1/4, depois, 2/4 e vai a 3/4. Até aqui tudo bem, trata-se de compassos simples, mas eles são alternados entre os instrumentos e as mãos. No segundo compasso abaixo, a mão direita do pianista mantém um quaternário e a esquerda, o unitário, juntamente com as cordas.

Os ritmos ainda rememoram a nacionalidade – ou a desejada brasilidade – caracterizada – pelos timbres de percussão, com destaque ao reco-reco e chocalhos. Há uma associação de uma dança da tradição oral e das manifestações do folclore brasileiro.

As dificuldades desse concerto não são somente rítmicas, mas também harmônicas e melódicas. No final do primeiro movimento as dissonâncias são fortes, a sugerir uma instabilidade emotiva, sustentada pelos metais, cordas e o piano. Além disso, as variações de dinâmica acentuam a propriedade dispersiva.

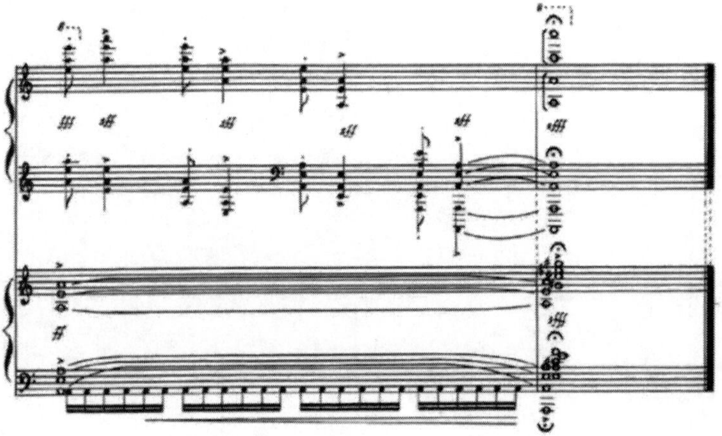

No fim do concerto a estratégia foi outra: terminar com uma consonância perfeita. Primeiro sugere uma tensividade nas cordas, metais e piano, depois uma cadência suave no piano e um acorde resolutivo, que libera o ouvinte das expectativas e conflitos constantes do concerto.

Esse concerto foi um dos exemplos mais tardios de Souza Lima, momento em que ele pode experimentar tais configurações de criação de sua obra. Escrito na segunda metade do século XX, em um ambiente em que as escutas já assinalavam uma determinada aceitação por acordes dissonantes. Foi diferente do que compor e estrear essa obra nos inícios do século XX. Volta-se mais uma vez ao proposto atraso da escuta em relação à linguagem. Entretanto, há também a história e o comprometimento com as tradições.

Considerações finais

O próprio conceito de modernidade trazia propostas muitas vezes conflitantes: para criar uma consciência de identidade, recorria-se às manifestações da cultura popular, mas para ser moderno, propunha-se um individualismo estético, separando-o, isolando-o em função dos experimentalismos. Havia tensões, como apontou David Harvey:

> Essa complexa geografia histórica do modernismo (que ainda precisa ser escrita e explicada por inteiro) torna duplamente difícil interpretar com exatidão o que era modernismo. As tensões entre internacionalismo e nacionalismo, globalismo e etnocentrismo paroquial, universalismo e privilégio de classes nunca estiveram longe da superfície.[1]

Tiveram, aliás, bem na superfície e ditavam o que era de 'bom gosto' e 'mal gosto'; isso pelo menos para a elite ainda entusiasmada pela "*Belle Époque*" e insistente de sobrevida nesse oceano de experimentalismos, que já não tinha mais volta. Não negavam o novo,

---

1 HARVEY, David. *A condição pós-moderna* – uma pesquisa sobre s origens na mudança cultural. São páulo: Edições Loyola, p. 33

não se esqueciam do velho romantismo. Essa tensividade que apontou Harvey era muito mais europeia que brasileira; mas era também nossa, uma vez que absorvemos muito da cultura do Velho Mundo. Redimensionamos, é verdade, colocamos nela valores que eram ao mesmo tempo autóctones e já miscigenados; criamos uma face nova – porque deveria ser assim mesmo – das práticas culturais. Souza Lima não chegaria no Brasil, depois de contatos com a vanguarda, e faria a "*musique d'ameublement Abaporojucaíba*"; também não iria repetir os cromatismos de Debussy ou uma fuga de Bach. Esse pode ser um dos princípios da criação: o de não repetir, não copiar, mas o de reinventar uma obra com os materiais que tem.

Esses materiais são muitos. Têm as influências da escuta, principalmente. E escutava-se de tudo, desde as propostas mais ousadas de Cocteau, Satie, Cage, Schoenberg, da harmonia europeia em geral, mas também os sons da rua de um povo e de um lugar. As primeiras composições de Souza Lima são mais tonais e sem tantas propostas dissonantes – o público esperava isso. Se não poderia ou não queria ouvir o samba nas ruas, por exemplo, ouviria nos teatros e nas salas de concerto. Apareceram nomes que vieram substituir o samba – coisa de negro e pobre na primeira metade do século XX – como o tango. Deveria mesmo ser menos 'movimentado' pois nenhum aristocrata ou burguês iria dançar freneticamente dentro dos teatros. Nossa música não é completamente 'erudita' (termo que abomino, mas usá-lo-ei aqui – à maneira literária de Jânio Quadros) e nem cem por cento indígena ou africana. Nossa música é nossa música, não do outro e, portanto, não deveria pertencer a outro, senão a nós mesmos – somos isso.

Já falei das dificuldades de enquadrar uma música ou um compositor dentro de estilos ou gêneros, de técnica, de estética ou estilística. A música toma características racionais, sobretudo, o tonalismo. Mas há uma parte metafísica que não pode ser desprezada, e nem deve. Mas também não pode ser colocada como uma ciência exata; nada nela é engessado (nem no tonalismo). Ser um compositor é observar a física e a aritmética com os olhos do sentimento e os ouvidos da sensação. Talvez seja isso. Por essas e tantas outras dificuldades é que penso a música de Souza Lima fora dos padrões e das caixas agrupadas pela musicologia europeia. Provavelmente tenha sido um dos compositores brasileiros que mais teve contatos com a vanguarda e com nomes dessa superfície 'moderna' que se rebelou contra o tonalismo – e deveria ter feito isso mesmo. Quando propus os nomes de Milhaud e Debussy como "*musical influencers*", mencionei o que a tonalidade deu a ele, já em um processo de mudança. Marguerite Long disse que ele deveria fazer a música do povo e do país dele; Ravel disse a Gershwin que ele deveria voltar-se para a música dos Estados Unidos. A mudança de nossa música, de nossos compositores como Souza Lima, Villa-Lobos, Camargo Guarnieri e tantos outros foi exatamente essa: a de levar para a musicologia a nossa música. Todas as músicas são étnicas. Por aqui nossa etnia é multifacetada. Assim é a música de Souza Lima.

Néstor Garcia Canclini, no seu livro "Culturas Híbridas"[2] chega a citar e discutir a questão da mistura, da "*melánge*" e propõe que o termo 'hibridação' possa ser útil nessa enxurrada de conceitos; cita um poema de Ferreira Gullar que pode traduzir o que é a fuga e a inserção em meios às misturas.

> *Uma parte de mim é todo mundo:*
> *outra parte é ninguém: fundo sem fundo.*
>
> *Uma parte de mim é multidão:*
> *outra parte estranheza e solidão.*
>
> *Uma parte de mim pesa, pondera:*
> *outra parte delira.*

2 Cf.: CANCLINI, Néstor Garcia. *Culturas híbridas – estratégias para entrar e sair da modernidade*. São Paulo: Edusp, 2015.

Uma parte de mim almoça e janta:
outra parte se espanta.

Uma parte de mim é permanente:
outra parte se sabe de repente.

Uma parte de mim é só vertigem:
outra parte, linguagem.

Traduzir uma parte na outra parte
– que é uma questão de vida ou morte – será arte?

Sim, é arte. A música de Souza Lima tramita entre o ser e o não ser europeu ou então, morrer aqui para viver em Paris, viver aqui e declarar a morte europeia. Morre-se e vive-se com arte e, nesse caso, com música – menos doloroso. Não quero fazer nenhum tipo de apologia, mas tentar alinhavar essas misturas e essas dúvidas – que sempre se dá um jeito – para tentar compreender Souza Lima. Não se trata de somente de heranças, mas de conceitos e de estudos sérios, de lembranças e de vivências entre dois mundos. Não podia ser diferente, porque a modernidade bateu à porta de todos e era na Europa que se ensinava a música que a cidade queria. Antes mesmo de caracterizar a música de Souza Lima é preciso entender a sua trajetória. Em uma passagem de seu livro autobiográfico, Souza Lima tem uma lembrança que muito mais que curiosa, mas que é parte de sua formação e de suas visões de mundo e que resultaria em sua música. Ela vem de uma chácara que antes era um meio rural e depois foi absorvida pela cidade:

> Lembro-me que que num daqueles casebres morava um casal de pretos com um filho. O pai, Abrão, um pretão alto, boa pessoa, costumava, numa determinada época do ano, e com alguns companheiros, ornar-se de penas coloridas na cintura e na cabeça, e como se fossem índios saíam

> pelas redondezas, praticando uma dança (acompanhada de uns instrumentos rudimentares, espécies de tambores e bumbos), que chamavam de caiapós. Meus irmãos e eu nos divertíamos com aquelas demonstrações, apesar de sentirmos um certo medo diante de homens seminus enfeitados e dançando. Exibiam-se nas cercanias angariando alguns poucos níqueis.

Certamente o filho do Sr. Abrão não sentia medo e até participava. Certo também que negros vestidos de índios já era a hibridação de práticas culturais. Mais certo ainda que o medo que Souza Lima sentia junto aos irmãos era devido ao exótico e o visivelmente diferente de sua cultura, em cuja chácara o piano de seu irmão "trabalhava o dia todo". Mas era assim, foi assim para todos nós da América Latina. Os instrumentos rudimentares depois seriam levados para as salas de concerto, como fez Alberto Nepomuceno em algumas de suas obras e Souza Lima no Concerto para piano. A trajetória começou aí.

Havia outra herança na casa de Souza Lima e havia ainda um outro instrumento que não seria 'rudimentar': o piano. Seria aliás, o rei dos instrumentos; isso, segundo a proposta europeia. Os estudos de piano colocaram-no em contato com a música europeia, mas as lembranças, deixou-o em um mar aberto, com vista para a nossa etnia e nossa mistura – residia aí, a brasilidade. Em outra ocasião, na mesma chácara, o silencio era respeitoso. Souza Lima diz ter visto a morte de uma criança "numa daquelas moradias pobres" e que no cortejo, seu irmão pianista avisou que "quando o triste cortejo estiver se aproximando de nossa casa, avisem-me para eu parar de tocar".[3] O silencio é para todos, assim como as lembranças e as vivencias se tornam inevitáveis. Em São Paulo tocou em vários lugares, inclusive no cinema, fazendo as trilhas dos filmes mudos. Em Paris, restou o que se ensinava e conheceu os maiores expoentes da música europeia

3 LIMA, Souza. *Op. Cit.*, p. 21

e os vanguardistas, e volta ao Brasil, tocou, regeu e compôs o que viu, aprendeu e carregou de história e tradição. Esse foi Souza Lima, o compositor que pouco se fala. O estilo é híbrido de nacionalismo e modernidade, de internacionalismo e heranças locais.

Referências

Bibliografia

ADORNO, T. W. *Filosofia da nova música*. 3ª edição. São Paulo: Perspectiva, 2004.

ANDRADE, Mário de. *Pauliceia Desvairada*. São Paulo: Casa Mayença, 1922.

__________________. *Ensaio sobre a música brasileira*. Edição comemorativa do 50º aniversário da Semana de Arte Moderna. São Paulo: Martins Fontes, 1972.

__________________. *O Banquete*. São Paulo: Editora Duas Cidades, 1977.

__________________. *Poesias Completas*. São Paulo: Martins Editora, 1955.

ANDRADE, Oswald de. O manifesto antropófago. In: TELES, Gilberto Mendonça. *Vanguarda europeia e modernismo brasileiro: apresentação e crítica dos principais manifestos vanguardistas*. 3ª ed. Petrópolis: Vozes; Brasília: INL, 1976.

ARAÚJO, Vitor Gabriel de. A crítica musical na imprensa paulistana (1854-1875). 1991. 262 f. *Dissertação de mestrado*. PUC/SP.

ARENDT, Hannah. *Origens do totalitarismo*. Trad. Roberto Raposo. São Paulo: Companhia das Letras, 2012.

BENEDICT, Julius. *Weber*. Montana: Kessinger Publishing, 2010.

BENTO, Daniel. *Beethoven, o princípio da modernidade*. São Paulo: Anablume/FAPESP, 2002.

BERNSTEIN, Leonard. *The Unanswere Question – Six Talks at Harvard*. Cambridge: Harvard University Press, 1976.

BIBLIOTECA NACIONAL. *Exposição Comemorativa do centenário de nascimento de Alberto Nepomuceno*. Rio de Janeiro: Biblioteca Nacional/ Fortaleza: Universidade do Ceará. 1964.

BISPO, A. Alexandre. A Villa Kyrial e a Trialogia da Noite: Simbolismo nas relações do Brasil com a Europa da elite republicana paulista no exemplo de elaboração para coro de vozes femininas do poema lírico de José de Freitas Valle (1870-1958). In: *Revista Brasil-Europa – Correspondência Euro-Brasileira*. In: http://revista.brasil-europa.eu/160/Trialogia_da_Noite.html, acessado em 12/06/2021

BOUCOURECHLIEV, André. *A Linguagem Musical*. Lisboa: Edições 70, 2003.

BOULEZ, Pierre. *Apontamentos de aprendiz*. São Paulo: Editora Perspectiva, 1995.

BRADLEY, Edwin M. *The first Hollywood – sound Shorts 1926-1931*. Jefferson: McFarland & Company, 2009.

CAMARGOS, Márcia. Freitas Valle e Jacques D'Avray: o senador-poeta. In: https://www.al.sp.gov.br/repositorio/bibliotecaDigital/524_arquivo.pdf

______________________. *Villa Kyrial – crônicas da Belle Époque paulistana*. 2ª edição. São Paulo: SENAC, 2001.

CANCLINI, Néstor Garcia. *Culturas híbridas – estratégias para entrar e sair da modernidade*. São Paulo: Edusp, 2015.

CANDÉ, Roland de. *História universal da música*. Tradução de Eduardo Brandão. São Paulo: Martins Fontes, 1994.

CENI, Franco. *Italianos no Brasil - Andiamo in 'Merica*. 3ª Edição. São Paulo: Edusp, 2003.

COCTEAU, Jean. *Le Coq et Arlequin*. Paris: E. de La Sirene, 1918.

CONTIER, Arnaldo. *Música e ideologia no Brasil*. 2ª edição. São Paulo: Novas Metas, 1985.

________________. *Brasil novo: música, nação e modernidade. Os anos 20 e 30*. Tese de Livre Docência, FFLCH-USP, 1988.

________________. O nacional na música erudita brasileira: Mário de Andrade e a questão da identidade cultural. *EBM ArtCultura*. N.° 9, jul-dez. de 2004, p. 3.

DEBUSSY, Claude. *Monsieur Croche e outros ensaios sobre música*. Rio de Janeiro: Nova Fronteira, 1989, p. 60.

DEMETZ, Peter. *Prague in Danger:* The Years of German Occupation, 1939–45. New York: Farrar, Straus and Giroux, 2008.

FERREIRA. Ernandes Gomes. Literatura, música erudita e popular No modernismo brasileiro. In: *Anais do VII Fórum de Pesquisa Científica em Arte*. Curitiba: Embap, 2011.

FLAUBERT, Gustave. *Dicionnaire des Idées Reçues*. Paris: Editions de Boucher, 2002.

GOGICHASHVILI, Eka, "Erwin Schulhoff (1884-1942) - a brief history: examination of the sonata for violin and piano (WV91)" (2003). LSU Major Papers. 23. https://digitalcommons.lsu.edu/gradschool_majorpapers/23.

GRIFFITHS, Paul. *A música moderna - Uma história concisa e ilustrada de Debussy a Boulez*. Tradução: Clovis Marques. Rio de Janeiro: Zahar, 2011.

GUERREIRO, António. *Paris 1900*. Lisboa: Seleprinter, 1995.

HARVEY, David. *A condição pós-moderna – Uma Pesquisa sobre as Origens da Mudança Cultural.* 17ª edição. São Paulo: Edições Loyola, 2008.

HINSON, Maurice. *Darius Milhaud: Saudades do Brasil.* New York: Alfred Masterwork Edition, 2002

HOBSBAWN, Eric. *Era dos extremos: o breve século XX (1914-1991).* 2ª Edição. São Paulo: Companhia das Letras, 1995.

________________. *Nações e nacionalismo desde 1780.* São Paulo, Editora Paz e Terra, 1990.

IKEDA. Alberto T. Apontamentos históricos sobre o jazz no Brasil: primeiros momentos. *Revista de Comunicações e Artes.* Volume 10/13, 1984.

JARDIM, Vera Lucia Gomes. O músico professor: percurso histórico da formação em música. In: LIMA, Sonia Regina Albano de (org.). *Ensino, música e interdisciplinaridade.* São Paulo: BT Acadêmica, 2019, E-Book. https://pt.scribd.com/book/412297879/Ensino-musica-e-interdisciplinaridade.

LaRUE, Jan. *Análisis del estilo musical.* Madrid: Editorial labor, 1993.

LE GOFF, Jacques. *Os intelectuais na Idade Média.* Tradução Marcos de Castro. 2ª Edição. Rio de Janeiro: José Olímpio, 2006, p. 47.

LIAN, Henrique. *Sinfonia Titã: semântica e retórica.* São Paulo/Campinas: Perspectiva/Sanasa, 2005.

LIEBERMAN, Arnoldo. *Gustav Mahler: um coração angustiado.* Belo Horizonte: Autêntica Editora, 2010.

LIMA, João de Souza. *Moto Perpétuo – a visão poética da vida através da música.* São Paulo: Ibrasa, 1982.

MARTINS, W. Cendrars e o Brasil. *Hispania: a journal devoted to the interests of teachers of spanish,* [S.l.], v.75, n.4, p. 979-987, Oct. 1992.

MATOS, Odilon Nogueira. *Notícia Bibliográfica e Histórica.* PUC/ Campinas. Departamento de História. Ano V – Nº 42, fevereiro – 1973.

MAZZINI, Giuseppe. *Filosofia dela música.* Roma: La Lepre Edizioni, 2019.

MONTEIRO, Maurício. Transições: música e cinema na primeira metade do século XX. *Revista Patrimônio e Memória.* Unesp. Assis, SP, v. 16, n. 2, p. 374-395, julho-dezembro de 2020.

MUCCI, Latuf Isaias. O teatro barroco de o aleijadinho. *Linguagens – Revista de Letras, Artes e Comunicação.* Blumenau, v. 1, n. 1, p. 34 – 42, jan./abr. 2007.

NEIGHBBOUR, Oliver; GRIFFITHS, Paul e PERLE, George. *Segunda Escola Vienense.* Porto Alegre: L&PM, 1990, p. 13.

OLIVIER, Phillipe. Sergei Prokofiev. In: MASSIN, Jean et Brigitte. *História da Música Ocidental.* Rio de Janeiro: Nova Fronteira, 1997, p. 1023-24.

OUELLETTE, Fernand. *Edgar Varése: a musical biography.* New York: Orion Press/ Grossman Publishers, Inc, 1968.

PEREIRA, Robson Mendonça. Cultura e sociabilidade na belle époque paulista através de um diário íntimo. *Revista de História e Estudos Culturais.* Julho/Dezembro de 2014, vol. 11, Ano XI nº 2.

POTTER, Pamela M. *A mais alemã das artes.* Tradução de Rainer Patriota. São Paulo: Perspectiva, 2015.

REVISTA modernista Klaxon. Capa do poeta Guilherme de Almeida, 1923. p. 207.

REVERDY, Michéle. Os contemporâneos franceses de Debussy. In: MASSIN, Jean et Brigitte. *História da Música Ocidental.* Rio de Janeiro: Nova Fronteira, 1997.

________________. Erik Satie. O grupo dos seis. In: MASSIN, Jean et Brigitte. *História da Música Ocidental.* Rio de Janeiro: Nova Fronteira, 1997.

ROSEN, Charles. *A geração romântica.* (Tradução: Eduardo Seincman). São Paulo: Edusp, 2000.

SALIBA, Elias T. Nos tempos da Villa Kyrial. *Revista USP*. São Paulo, n.50, p. 303-307, junho/agosto 2001.

SENA, Eduardo Augusto. Um turbilhão sublime: Mário de Andrade e o departamento de cultura de São Paulo. In: Cátedra Olavo Setúbal de arte, cultura e ciência. Ver: http://www.iea.usp.br/pesquisa/catedras-e-convenios/catedra-olavo-setubal-de-arte-cultura-e-ciencia/textos/catedraos_eduardo_sena_mario_de_andrade_final

SCHÖPKE, Regina e BALADI, Mauro. *A palavra dos músicos – escritos dos compositores franceses do século XIX*. São Paulo: Martins Fontes, 2013.

SIQUEIRA, Baptista. *Origem do termo samba*. São Paulo: IBRASA, 1978.

SOUZA NETO, José Maria Gomes. *Sonhos de Nabucodonosor:* Aspectos da propaganda do Estado Novo em Pernambuco. Tese de Doutoramento. UFPE/PPGHIS, 2005. p. 179.

TELES, Gilberto Mendonça. *Vanguarda europeia e modernismo brasileiro: apresentação e crítica dos principais manifestos vanguardistas.* 3ª ed. Petrópolis: Vozes; Brasília: INL, 1976

THOMPSON, Daniela. *The Boeuf chronicles*, Pt. 3. Discouraged love and a comedy of errors. http://daniellathompson.com/Texts/Le_Boeuf/boeuf.pt.3.htm

Fontes (jornais, periódicos e revistas)

Jornal Pequeno. Recife, 15 de outubro de 1928.

Apontamentos de Souza Lima. Manuscrito.

Crônica Musical. 21 de novembro de 1934.

Jornal *Courrier Des Theatres* (Paris: Le Figaro, 15 de junho de 1924).

Jornal A *Gazeta*. 23 de junho de 1961.

Jornal *Correio Paulistano*. 6 de julho de 1926.

Jornal *O Estado de São Paulo*. 14 de maio de 1925.

Jornal *O Estado de São Paulo*. 22 de dezembro de 1924.

Jornal *A Federação*. Porto Alegre, 8 de setembro de 1933.

Jornal *A Gazeta*. 9 de outubro de 1922.

Jornal *A Gazeta*. São Paulo, 14 de janeiro de 1949.

Jornal *A Gazeta*. São Paulo, 4 de novembro de 1947.

Jornal *A Idea Ilustrada*. Natal de 1924.

Jornal *A Manhã*. Rio de Janeiro, entre 1932 e 1933.

Jornal *A Nação*. Rio de Janeiro, 21 de abril de 1933.

Jornal *A Platea*. 27 de novembro de 1920.

Jornal *A Província*. Recife, 1º de junho de 1930.

Jornal *A Reação*. Bagé, 5 de outubro de 1933.

Jornal *A Tarde*. Salvador, 20 de novembro de 1934.

Jornal A Tribuna. 16 de setembro e 1915.

Jornal *A Tribuna*. Belo Horizonte, 15 de julho de 1933.

Jornal *A Tribuna*. Belo Horizonte, 7 de julho de 1933.

Jornal *Chicago Tribune*. 8 de fevereiro de 1924.

Jornal *Comoedia*. 21 de junho de 1922.

Jornal *Comœdia*. Paris, 3 de fevereiro de 1926.

Jornal *Correio da Manhã*. 25 de dezembro de 1923.

Jornal *Correio da Manhã*. Rio de Janeiro, 13 de setembro de 1968

Jornal *Correio da Manhã*. Rio de Janeiro, 15 de dezembro de 1954.

Jornal *Correio da Manhã*. Rio de Janeiro, 21 de abril de 1933.

Jornal *Correio Paulistano*. 11 de agosto de 1917.

Jornal *Correio Paulistano*. 22 de dezembro de 1924.

Jornal *Correio Paulistano*. Sábado, 22 de maio de 1937.

Jornal *Correio Paulistano*. São Paulo, 18 de novembro de 1924.

Jornal *Correio Paulistano*. Sexta-feira, 26 de novembro de 1920.

Jornal *Courrier de Bayonne-Biarritz*. 19 de setembro de 1925.

Jornal *Courrier de Bayonne-Biarritz*. Septembre, jeudi, 6 de 1923.

Jornal *Diário Liberal*. Pelotas, 30 de setembro e 1933.

Jornal *Diário Nacional*, seção Arte. São Paulo, 11 de janeiro de 1928

Jornal *Diário Paulista*. 27 de julho de 1921.

Jornal *Diário Popular*. 11 de outubro de 1917.

Jornal *Diário Popular*. 3 de novembro de 1911. São Paulo.

Jornal *Etoile de L'Est*. Nancy, 20 de fevereiro de 1927.

Jornal *Fanfolla*. Venerdi, 26 de novembre de 1920.

Jornal *Folha da Noite*. 15 de outubro de 1924.

Jornal *Folha da Noite*. 24 de julho de 1922.

Jornal *Folha da Noite*. São Paulo, 9 de julho de 1925.

Jornal *Folha da Tarde*. 15 de junho de 1972.

Jornal *Folha de São Paulo*. 21 de março de 1978.

Jornal *Folha de São Paulo*. São Paulo, 30 de maio de 1972

Jornal *Gazette du Brésil*, 19 de maio de 1927.

Jornal *Il Resto del Carlino*. Bolonha, 16 de abril de 1929.

Jornal *L'Echo d'Alger*. Argel, 3 de dezembro de 1928.

Jornal *La Causa*. Buenos Aires, 10 de novembro de 1933.

Jornal *La Gazette du Brésil*. 10 de janeiro de 1924.

Jornal *La Prensa*. Buenos Aires, 10 de novembro de 1933.

Jornal *La Tribuna*. Montevideo, 2 de novembro de 1933.

Jornal *Le Brésil*. Dimanche, 19 de março de 1922.

Jornal *Le Courrier Musical*. Juillet 1921.

Jornal *Le Ménestrel*. Vendredi, 30 mars, 1923.

Jornal *Le Messager de São Paulo*. 14 de outubro de 1922.

Jornal *Le Petite Parisien*. 2 de abril de 1923.

Jornal *Le Petite Parisien*. Vendredi. 14 juilet, 1922.

Jornal *Les Annales*. 25 mars de 1923.

Jornal *New York Herald*. 4 de julho de 1923.

Jornal *O Atibaiense*. Atibaia, 30 de novembro de 1913.

Jornal *O Combate*. São Paulo, 18 de janeiro de 1928.

Jornal *O Combate*. São Paulo, 3 de outubro de 1922.

Jornal *O Diário*. Araraquara, 15 de junho de 1931.

Jornal *O Diário*. Seção As Enquetes. Recife, sem data.

Jornal *O Estado de Minas*. Belo Horizonte, 6 de julho de 1933.

Jornal *O Estado de São Paulo*. 06 de agosto de 1921.

Jornal *O Estado de São Paulo*. 19 de novembro de 1979.

Jornal *O Estado de São Paulo*. Sábado, 27 de novembro de 1920.

Jornal *O Estado de São Paulo*. Sábado, 30 de novembro de 1957.

Jornal *O Fanal*. Baurú, 25 de fevereiro de 1934.

Jornal *O Globo*. Rio de Janeiro, 12 de outubro de 1931.

Jornal *O Globo*. Rio de Janeiro, 21 de julho de 1933.

Jornal *O Globo*. Rio de Janeiro, 27 de outubro de 1949.

Jornal *O Imparcial*. Rio de Janeiro. 27 de março de 1927.

Jornal *O Minas Gerais*. Belo Horizonte, 7 de julho de 1933.

Jornal *O Paiz*. 23 de setembro de 1930.

Jornal *Paris Soir*. 21 de junho de 1926.

Jornal *Presse Libre*. Argel, 6 de dezembro de 1928.

Jornal *Presse Libre*. Argel, 6 de janeiro de 1929.

Jornal *The New York Times*. 11 de novembro de 1907

Jornal da Bahia. Sem data.

Jornal de Manaus. 18 de julho de 1934.

Jornal de Manaus. 25 de agosto de 1934.

Jornal de Piracicaba. Sábado, 28 de dezembro de 1918.

Jornal do Brasil. 23 de setembro de 1930.

Jornal do Brasil. Rio de Janeiro, 3 de junho de 1969.

Jornal do Comercio. 8 de outubro de 1922.

Jornal do Comercio. 9 de agosto de 1922.

Jornal do Comercio. Rio de Janeiro, 15 de dezembro de 1928.

Jornal do Comercio. São Paulo, 9 de agosto de 1922.

Jornal do Comercio. Terça-feira, 28 de agosto de 1917.

Jornal do Estado. 15 de junho de 1933.

Jornal sem identificação. 14 de fevereiro de 1919.

O Jornal. Domingo, 28 de novembro de 1920.

O Jornal. Domingo, 28 de novembro de 1920.

Periódico *Resenha Musical*. São Paulo, 1941.

Revista *A Cigarra*, 1914. Trata-se de uma fotocópia com a data manuscrita de 1914.

Revista *A Cigarra*. 1 de dezembro de 1920.

Revista *Harmonia*. São Paulo, 1º de junho de 1932.

Revista *O Eccho*. São Paulo, agosto de 1917.

Revista do Brasil. Anno VIII — Fevereiro, 1924.

Fontes eletrônicas

https://www.newyorker.com/culture/culture-desk/a-dangerous-and--evil-piano-piece

http://memoria.bn.br/pdf/843911/per843911_1920_00305.pdf

http://blog.fritzdobbert.com.br/pianistas/antonietta-rudge/

https://oswald.art.br/alfredo-oswald/

https://bibdig.biblioteca.unesp.br/handle/10/26323

http://bndigital.bn.br/acervo-digital/jornal-do-commercio/170054

https://gallica.bnf.fr/ark:/12148/bpt6k5617338c/f8.item

http://www.iea.usp.br/pesquisa/catedras-e-convenios/catedra-olavo--setubal-de-arte-cultura-e-ciencia/textos/catedraos_eduardo_sena_mario_de_andrade_final

http://memoria.bn.br/DocReader/DocReader.aspx?bib=720984&Pesq=symphonica&pagfis=1082

https://musicalgeography.org/concert-review-soiree-de-paris-mercure-june-16-1924-2

https://musicabrasilis.org.br/temas/darius-milhaud-no-brasil

http://blog.fritzdobbert.com.br/pianistas/antonietta-rudge/

https://gallica.bnf.fr/ark:/12148/bpt6k5617338c/f8.item

https://musicabrasilis.org.br/temas/darius-milhaud-no-brasil

http://www.leboucher.com/pdf/flaubert/b_fla_di.pdf.

https://clasica2

http://memoria.bn.br/DocReader/DocReaderaspx?bib=364568_05&Pesq=A%20sertaneja&pagfis=15703

https://www.letras.mus.br/mario-pinheiro/pinica-pau-passaro-atrevido/

https://www.revistas.ufg.br/musica/article/%20view/6007/12351

https://bibdig.biblioteca.unesp.br/handle/10/26323

www.revistafenix.pro.br

Anexos

Títulos e condecorações

- Chevalies de La Légion Dhonneur (França)
- Officier de lnstruction Publique (França)
- Officier de Louissam Alaquite (Marrocos)
- Commandeur de Nicllam Iftikar (Tunísia) -
- Membre Donateur de La Societá Nationale e Encouragament au Bien (França) – Comendador da Ordem de São Sebastião e Guilherme
- Gran Oficial da Ordem Militar do Templo da Jerusalém
- Cavaleiro Gran Cruz da Ordem Concórdia
- Medalha José Bonifácio de Andrade e Silva
- Medalha Imperatriz Leopoldina
- Medalha Segundo Centenário de José Bonifácio de Andrade e Silva
- Medalha Marechal Cândido Mariano da Silva Rondon
- Membro do Conselho Curador da RTV Cultura (1970)

Entrevista de Souza Lima

Em uma entrevista sem nenhuma identificação, mas que pertence aos apontamentos de Souza Lima e ao espólio de sua vida, algumas perguntas e respostas merecem ser colocadas, uma vez que trata da música moderna.

Pergunta: A música moderna é uma realidade estética ou é criação de 'snobs'?

Resposta: A música moderna é uma realidade estética quando baseada nos ensinamentos clássicos. As obras desde Wagner, Debussy, Ravel até Stravinsky e Shostakovitch estão aí para atestarem essa realidade o que podemos chamar de criação de 'snobs', e que não deixa de ser uma realidade, perniciosa por certo, é essa quantidade de obras elaboradas sem o mínimo critério estético e na maior despreocupação estrutural.

Pergunta: O que acha das frases "voltemos ao classicismo" e "voltemos ao romantismo"?

Resposta: em arte, como tudo que está sujeito à lei da evolução e transformação, não pode haver retrocesso. Assim essas frases têm apenas significados como uma preferência pessoal. Seria absurdo pretendermos que arte musical retornasse às épocas passadas. Nesse caso nós não podemos voltar, mas caminhar para um classicismo ou romantismo que conterá em seu amago, as características psicológicas da época.

Pergunta: Qual é a razão, em sua opinião, da repulsa do público pela música moderna?

Resposta: Não há repulsa, mas um desconhecimento da música moderna, pelo pouco que se tem feito para divulgá-la. E por ser o brasileiro um povo novo revela uma grande facilidade de assimilação e mesmo uma tendência para esse aspecto da música.

Pergunta: Como poderíamos fazê-lo compreender?

Resposta: Com a criação de estabelecimentos de ensino, racionalmente organizados nos moldes mais modernos e distribuídos por todo país, assim como proporcionar aos estudantes todas as facilidades para a frequência de concertos e de ambientes culturais. Os concertos deveriam ser realizados em todas as cidades no interior do país e nos grandes centros, como é o caso de nossa capital, em todos os bairros. Afinal de contas em toda a cidade e em todo bairro há uma escola. Porque não aproveitar os salões dessas mesmas escolas para se pôr em prática essa medida, essa delicada modalidade de cultura, tão necessária ao povo? A música não deve ser privilégio de uma elite, mas pertencer ao patrimônio das massas.

Pergunta: O que acha do politonalismo e do atonalismo? São sistemas artificiais?

Resposta: Acredito na sinceridade de um Schoenberg e de adeptos de sua estirpe. Parece-me, entretanto, que esses processos não trouxeram contribuição do ponto de vista da sinceridade emocional, concorrente, e que não se pode negar, para efeitos exteriores, sonoros e de fatura musical.

Pergunta: Quais são os mestres da música moderna em sua opinião?

Resposta: Wagner, Debussy e Stravinsky, para citar apenas três mestres, três notáveis reformadores que deram o exemplo do respeito ao passado, embora sacudissem o jugo incondicional das reformas acadêmicas. Foram colados de outros, magos da composição, criadores da música moderna como eu a entendo e a sentem os cultivadores sinceros de arte musical.

Pergunta: Qual é o gênero musical que julga mais educativo: câmara, dramático ou sinfônico?

Resposta: Para uma educação geral não cabe preferência por qualquer desses gêneros, porque a preferência redundaria numa especialização. Assim é que toda a educação bem-feita, bem orientada, exige o estudo dos três gêneros, que as completam para uma compreensão mais lata da arte musical. O que é necessário é o que o estudo seja feito com sinceridade e elevação de espírito.

Pergunta: Qual é a sua composição preferida? Por quê?

Resposta: Prefiro a última por me oferecer o sabor da novidade, principalmente do ponto de vista da evolução musical. Assim é que além de prazer que proporciona, oferece campos de estudos da exploração de novos processos.

Pergunta: Qual seria a causa do predomínio do "Bailado" na música moderna?

Resposta: Numa época agitada como a nossa é até certo ponto natural que o Bailado exerça esse predomínio, pois além de oferecer um prazer interior, puramente espiritual, proporciona à visão enlevos estéticos.

Pergunta: Acha que caminhamos para o internacionalismo musical? Por quê?

Resposta: Não, porque a música, como as demais artes, está em conjunção com a psicologia do povo que representa. Embora o caráter de universalidade que se lhe imprime nas composições eruditas, não pode fugir à influência de meio em que se produz e, em particular, do folclore em que se caracteriza as manifestações musicais dos povos, isto por se a música uma expressão sociológica, embora o caráter de independência que os gêneros lhe imprimem.

Documentos da Orquestra Sinfônica do Estado de São Paulo

Organização

A O.S.E., criada pela lei nº 2.733 de 14/09/54, é o produto de uma série de estudos que remontam a 1951. Funcionou durante 6 meses em caráter experimental em 1953, sob o título de "Conjunto Musical para a realização de concertos". Com grande sucesso, quer na capital (3 concertos e 2 missas), quer no interior (Santos: 2 concertos; São Vicente e Araraquara), sob a direção do maestro Souza Lima, assistido pelo maestro Bernardo Fedorowsky, tendo a orientação administrativa dos Srs. Archimedes Leal de Barros e Silvio de Loyola Aché.

Após a comprovação de sua utilidade, sob todos os aspectos, em setembro de 1953, foi encaminhada a Assembleia Legislativa, um projeto de Lei, em 14 de setembro de 1954.

Em virtude da lei 2.751/54, no seu artigo 28, suspender quaisquer nomeações, admissões ou contratações pelo prazo de 4 anos, necessário de tornou a remessa de nova mensagem à Assembleia, incluindo entre as exceções, o cumprimento de que determina a Lei 2.733/54, que foi transformada em Lei a 11/01/55, sob o n° 2.953.

Nos anos de 1953, 1954 e 1955, foram consignadas, através do Serviço de Fiscalização Artística no item 440-I – Certames promovidos pelo Estado – Organização de conjuntos e execução de espetáculos artísticos, com o fim expresso de organizar conjunto musical (Orquestra Sinfônica), como provam as papeletas das propostas parciais para aqueles anos, na aplicação em 1953, e a determinação expressa na Lei 2.733/54, para 1954.

O uso desta consignação, portanto, em 1955 é a única utilizável e não prejudica qualquer serviço da Secretaria do Governo, de vez que, em 1954, a Lei foi somente publicada em setembro e o item permanecia, como permaneceu intacto até 31/12/1954.

Para que a O.S.E. possa dar cabal cumprimento à Lei que a criou, seriam necessárias verbas para auxílio para entidades musicais, para premir vencedores de concursos de composições, idem para concursos de orquestras, idem para viagens ao interior, além das despesas necessárias à organização de uma orquestra sinfônica completa (tal como a do Município de São Paulo, a Orquestra Sinfônica Brasileira, e a Municipal do Rio de Janeiro etc.)

Entretanto com a dotação de Cr$ 7.081.375,00 (sete milhões, oitenta e um mil e trezentos e setenta e cinco cruzeiros) do item 440-I do Serviço de Fiscalização Artística, será possível a organização de uma Orquestra Sinfônica reduzida, mas de qualidade satisfatória, tendo em conta o valor dos musicistas remanescentes de 1953, dependendo a sucessão das viagens ao interior, das economias que a O.S.E. possa fazer e do custeio parcial ou total por parte das municipalidades interessadas.

Dentro do plano geral a desenvolver, paralelamente à orquestra, foram estudados e esboçados os seguintes serviços:

- Setor de Cadastro Musical – constando de levantamento do repertório já existente na O.S.E., levantamento de peças famosas e de valor musical bem como os respectivos comentários.
- Setor de Biografias e Museu – trata-se do biográfico de compositores e executantes nacionais e estrangeiros, sempre que possível acompanhado de fotografia; quando ao museu, o se3rviço deverá solicitar aos artistas, seus parentes e ao público em geral, manuscritos, originais, objetos de uso,

autógrafos, programas etc., com o fim de, no futuro próximo, poder ser instalado um museu musical.

- Setor de Cadastro dos Municípios – é o levantamento geral de todos os municípios de São Paulo, com dados de interesses direto ou indireto às finalidades da Orquestra, tais como: população geral e estudantil, relação de teatros, cinemas e auditórios com suas lotações, hotéis, alojamentos, cidades próximas etc.
- Setor de Pessoal e Administração – serviços gerais inerentes aos serviços burocráticos, de controle de pessoal, correspondência, protocolo, arquivo etc.

Todos esses trabalhos já estão devidamente estudados.

Providencias de caráter executivo para o funcionamento de Orquestra:

I. Decreto de transferência da dotação do item 440-I, para o item 491, no serviço de Fiscalização Artística, de Cr$ 7.081.375,00;
II. Autorização para contratação de músicos remanescentes do conjunto de 1953;
III. Autorização para admitir após os "testes", novos elementos, capazes para preencher os "[claros]cargos" existentes;
IV. Solicitar seja posto a distribuição da Secretaria do Governo o maestro Souza Lima, atual ocupante do cargo efetivo na Prefeitura Municipal, para organizar e dirigir a Orquestra Sinfônica Estadual.

Formação e funcionamento da Orquestra

1. A O.S.E. deve ser "artisticamente" autônoma e suas apresentações devem ser programadas pelo "REGENTE";
2. Toda e qualquer apresentação deverá ser determinada pelo Secretário de Governo, depois de ouvido o regente;
3. As apresentações no interior do estado, deverão ser feitas, de preferência, sob a forma de "tournée", de maneira de tornar menos dispendiosas as viagens;
4. A O.S.E. somente em caráter excepcional e em casos de festividades ou comemorações de âmbito extramusical, se apresentará em cidades de população inferior a 25.000 habitantes;
5. Deverá ser assegurado aos componentes da Orquestra, quando em viagem, acomodações e condução de primeira qualidade, bem como perfeito acondicionamento e transporte do instrumental.

ORGANIZAÇÃO

1. A O.S.E. funcionará administrativamente subordinada à S.F.A., mas disporá de pessoal próprio ao seu funcionamento;
2. Pessoal administrativo e técnico (excluindo os professores):

    a. 1 Secretário da Orquestra
    b. 2 Escriturários
    c. 2 Serventes
    d. 1 Arquivista e musicotecário
    e. 2 Copistas

3. O Secretário da Orquestra tem a seu cargo (subordinado direto a seu regente):

d. Controle de frequência pessoal;
e. Correspondência administrativa da Orquestra;
f. Responsabilidades pelos adiantamentos;
g. Substituir administrativamente o regente, nos seus impedimentos.

4. Os escriturários são auxiliares diretos e imediatos do secretário.
5. O Arquivista e musicotecário é subordinado ao regente e tem a seu cargo:

h. Conservação e guarda do arquivo musical;
i. Organização das pastas para os ensaios;
j. Distribuição das pastas nos ensaios e apresentações;
k. Controle das peças ensaiadas, apresentadas, anotando a data de execução, local, origem (propriedade, empréstimos, aluguel etc.)
l. Distribuição das tarefas aos copistas.

6. Os copistas poderão ser contratados ou remunerados por tarefas executadas.

7. Nas viagens, os serventes acompanharão o instrumental e se encarregarão das tarefas que lhes forem determinadas na instalação das estantes, carga e descarga do instrumental e material da O.S.E. etc.

8. Nas viagens, o regente designará uma pessoa que se antecipará à Orquestra, a fim de verificar as condições de alojamento, transporte urbano, do local de apresentação e demais tarefas necessárias; e outra que deverá acompanhar, juntamente com a Orquestra e que desempenhará as funções de auxiliar imediato.

Plano de Despesa Anual

FUNÇÕES	Mensal	Anual
Verba para remuneração do Regente (Gratificação, representação ou que o título melhor se apresente, se for funcionário)	Cr$ 12.000,00	Cr$ 144.000,00
Remuneração do Secretário (idem, como acima)	Cr$ 5.000,00	Cr$ 60.000,00
Arquivista e Musicotecário (mínimo) (Não sendo funcionário)	Cr$ 6.000,00	Cr$ 72.000,00

Material Permanente

Confecção ou compra de estante	Cr$ 25.000,00
Caixas para acondicionar instrumentos	Cr$ 30.000,00
Aquisição de outros móveis	Cr$ 15.000,00
Compra de músicas	Cr$ 240.000,00

Material de Consumo

Impressos e materiais de papelaria (administrativo)	Cr$ 20.000,00
Papel de Música	Cr$ 30.000,00
Diversos a discriminar	Cr$ 10.000,00

Material e Serviços

Despesas miúdas e de pronto pagamento		Cr$ 120.000,00
Impressão de programas e de propaganda		Cr$ 60.000,00
Pagamento de direitos autorais		Cr$ 120.000,00
Aluguel de locais para ensaios e apresentações	Cr$ 15.000,00	Cr$ 420.000,00
Pagamento de maquinistas e eletricista dos teatros		Cr$ 120.000,00
Aluguel de músicas	Cr$ 8.000,00	Cr$ 96.000,00
TOTAL		Cr$ 1.382.000,00

Professores da Orquestra (instrumentistas)

Média Mensal	Cr$ 300.000,00	Cr$ 3.600.00,00
Despesa de instalação no primeiro ano de função		Cr$ 1.382.000,00
Reserva para complementação (no que falta)		Cr$ 18.000,00
TOTAL GERAL		Cr$ 5.000.000,00

1. As despesas miúdas e de pronto pagamento incluem os gastos com reparações de instrumentos e estantes, além de compra de jornais, fotografias etc.;
2. A impressão de programas e de propaganda poderá ser excluída, uma vez que sejam confiadas tais tarefas a organizações particulares ou às municipalidades visitadas;
3. A estimativa dos direitos autorais é muito variável e imprevisível, em vista da programação estabelecida;
4. O local de ensaios poderá ser próprio do estado, desde que satisfaça as condições técnicas; quanto aos concertos, a previsão é feita na base de Cr$ 20.000,00 por concerto, apenas na capital;
5. A locação do ambiente para ensaios (teatros) exclui sempre a remuneração do maquinista e do eletricista e seus auxiliares, por outro lado, os locadores exigem a presença de tais técnicos;
6. O aluguel de peças musicais está reduzido a um mínimo, talvez abaixo das necessidades, considerando a modéstia da compra de músicas (preço elevadíssimo).

Observações:

1. Os escriturários deverão ser funcionários postos à disposição da O.S.E, podendo receber gratificações por serviços extraordinários e diárias por ocasião de viagens;
2. Os serventes estarão no mesmo caso acima;
3. Os copistas? Não houve precisão...
4. Os arquivistas, secretário, Regente etc., exceto os músicos, deverão receber diárias de viagens.

Reestruturação I em 1972

Decreto Lei nº 2733 de 13 de setembro de 1954
Reorganização e Estabelecimento do Regimento (1972)

LAUDO NATEL, Governador dO *Estado de São Paulo*, no uso de suas atribuições,

DECRETA:

Artigo 1º. A Orquestra Sinfônica Estadual, subordinada à Secretaria de Cultura, Esporte e Turismo dO *Estado de São Paulo*, passa a ter a seguinte organização:

- Um regente titular;
- Um regente assistente;
- Noventa professores (instrumentistas);
- Dois arquivistas;
- Um copista;
- Um encarregado de montagem;
- Um fiscal.

Parágrafo único. A Orquestra Sinfônica dO *Estado de São Paulo* terá 90 (noventa) professores, assim distribuídos:

- Violino Spalla;
- Violino Concertista (concertino);
- 14 primeiros violinos;
- 14 segundos violinos;
- 10 violas;
- 10 violoncelos;
- 8 contrabaixos;
- 3 flautas com flautim;

- 2 oboés;
- 1 corne inglês;
- 1 clarone
- 3 clarinetas com requinta;
- 3 fagotes com contrafagotes;
- 4 trombones com trombone baixo;
- 1 tuba;
- 4 pistões (trompetes)
- 1 timpanista;
- 3 percussionistas;
- 1 xilofonista com vibrafone;
- 2 harpas;
- 1 pianista;
- 4 trompas.

Artigo 2º. São considerados primeiras partes os seguintes instrumentistas:

Spalla, concertinos do 1º violino, do 2º violino, da viola, 1º violoncelo, 1º contrabaixo, 1ª flauta, 1ª clarineta e requinta, 1º oboé, corne inglês, 1º fagote, 1º pistão (trompete), timpanista, xilofonista, 1ª harpa e 1ª trompa.

Artigo 3º. As funções a que se refere o presente decreto serão preenchidas mediante seleção de provas e títulos, nomeada comissão de três membros que a realize.

Artigo 4º. Os classificados na seleção pelo artigo 3º poderão ser contratados pelo prazo de dois anos, prorrogáveis a juízo do Governo, ouvido o Conselho estadual de Cultura.

Artigo 5º. Os trabalhos da OSESP compreendem ensaios, concertos, participações em representação de óperas e bailados.

Artigo 6º. Os ensaios se realizarão de segunda a sexta-feira, em períodos de três horas, com intervalo de 20 minutos.

Artigo 7º. Nos dias de ensaio geral, de concerto ou espetáculo, a critério do regente titular, o ensaio poderá ter a duração de duas horas ininterruptas.

Artigo 8º. Nos casos de ausência ou impedimento de um instrumentista, será feita a substituição pelo mais próximo do mesmo naipe.

Artigo 9º. Poderá o Governo do Estado ceder a OSESP para concertos em cidades do interior e em outros estados, desde que reúnam os locais de apresentação ou espetáculo necessárias condições técnicas, acústicas e estéticas.

Artigo 10. As despesas de viagem e estadia da OSESP correrão por conta de verba própria.

Artigo 11. Nas apresentações, concertos ou espetáculos, os instrumentistas da OSESP vestirão smoking ou rigor longo.

Artigo 12. Os salários dos componentes da OSESP são os previstos na tabela anexa ao presente decreto e deste fazendo parte.

Artigo 13. As despesas com a execução do presente decreto correrão, neste exercício, pela verba.........

Artigo 14. Este decreto entra em vigor na data de sua publicação, revogadas as disposições em contrário.

Documentos da Orquestra Sinfônica Municipal da cidade de São Paulo

Fundação da OSM

Lei nº 5.829 de 28 de dezembro de 1949
Cria a "Orquestra Sinfônica Municipal de São Paulo"

Doutor Waldemar Teixeira Pinto, Presidente da Câmara Municipal de São Paulo, nos temos dos parágrafos 5º e 4º do artigo 38 da Lei nº 1, de 18 de dezembro de 1947, faço saber que esta Câmara Municipal decreta e promulga a seguinte Lei:

Artigo 1º. Fica criada a Orquestra Sinfônica Municipal de São Paulo, subordinada à Divisão de Expansão Cultural do Departamento de Cultura da Secretaria de Educação e Cultura da Prefeitura Municipal de São Paulo, que terá a seguinte organização:

- 4 maestros;
- 99 professores de orquestra efetivos;
- 1 arquivista;
- 1 arquivista auxiliar;
- 1 copista chefe;
- 2 copistas auxiliares;
- 1 redator musical;
- 1 fiscal e,

- 1 servente.

Parágrafo único: A Orquestra Sinfônica Municipal de São Paulo terá a seguinte organização:

- 1 violino spalla;
- 1 violino concertino;
- 16 violinos primeiros;
- 16 violinos segundos;
- 11 violas;
- 10 violoncelos;
- 8 contrabaixos;
- 3 flautas;
- 1 flautim (piccolo);
- 3 oboés;
- 1 corne inglês;
- 2 clarinetes;
- 1 clarone;
- 3 fagotes;
- 1 contrafagote;
- 6 trompas;
- 4 pistões (trompetes)
- 5 trombones;
- 1 tuba;
- 1 tímpano;
- 1 bateria;
- 1 acessório;
- 1 piano;
- 1 órgão;
- 2 harpas.

Total: 99 instrumentistas

Artigo 2º – Os componentes da Orquestra Sinfônica Municipal de são Paulo terão as seguintes obrigações:

Parágrafo 1º – Os maestros, conforme previsto no artigo 1º, serão classificados em: supervisor, assistente técnico, regente preparador e regente do conjunto de cordas, que formarão entre si e um representante da Divisão de Expansão Cultural do Departamento de Cultura, o Conselho Técnico da Orquestra Sinfônica Municipal de São Paulo, que, além das atribuições definidas no Regulamento respectivo, terão que reger os concertos sinfônicos, espetáculos, festivais, bailados, etc.; determinados pela Divisão de Expansão Cultural; ensaiar e preparar a Orquestra quando a mesma tiver que ser regida por maestros estrangeiros e preparar as execuções de obras desconhecidas e de interesse cultural para os programas artísticos do Departamento de Cultura.

Parágrafo 2º – Os componentes efetivos da Orquestra terão que trabalhar trinta e três horas semanais dividindo o serviço da seguinte forma: dois ensaios diários de duas horas e meia cada um, ou um ensaio de duas horas e meia e um concerto sinfônico, espetáculo, bailado, festivais etc. Havendo um terceiro serviço no mesmo dia, será considerado extraordinário. Nos sábados, ou um ensaio de duas horas e meia ou um espetáculo, concerto etc.

Parágrafo 3º – Ao arquivista compete: a) ter sob sua guarda a responsabilidade de todo o serviço da Orquestra, assim como o que lhe for entregue eventualmente; b) mandar colocar ou distribuir as estantes da Orquestra para os ensaios e espetáculos de acordo como desejo do maestro regente; c) distribuir as partes das obras musicais nas respectivas pastas; d) cumprir os regulamentos da Divisão de Expansão Cultural e às ordens emanadas pelo Conselho Técnico da Orquestra.

Parágrafo 4º – Ao copista chefe compete: copiar e completar os materiais orquestrais, eventuais ou necessários aos programas dos concertos da Orquestra, assim como distribuir aos seus auxiliares o serviço de cópias e controlar a perfeição do serviço para evitar reclamações dos senhores regentes.

Parágrafo 5º – Aos copistas auxiliares compete cumprir as ordens do copista chefe, mantendo sempre o trabalho em ordem e perfeição para o bom andamento dos ensaios da Orquestra.

Parágrafo 6º – O redator musical terá a seu cargo o comentário dos programas de obras a serem executados pela Orquestra, a fim de orientar o público e imprensa sobre atividades culturais de Divisão de Expansão Cultural.

Parágrafo 7º – O fiscal terá sob sua responsabilidade a parte disciplinar dos componentes da Orquestra, assim como o fiel cumprimento dos regulamentos da Orquestra e da Divisão de Expansão Cultural. O fiscal fará a ligação entre o Conselho Técnico e Orquestra.

Parágrafo 8º – Ao servente compete: ter sob sua responsabilidade a guarda dos instrumentos, material da Orquestra e tudo que seja indispensável para o funcionamento do conjunto; cumprir ordens do arquivista no que diz respeito à colocação de estantes, cadeiras, instrumentos etc., para os ensaios e concertos, e cumprir todos os serviços que se relacionam com o deslocamento da Orquestra, tanto no Teatro Municipal como fora dele.

Artigo 3º – VETADO

Parágrafo 1º – VETADO

Parágrafo 2º – Para todos os lugares vagos, existentes ou que venham a existir, o preenchimento se fará por concurso de títulos e provas, de acordo com o respectivo edital que será elaborado pelo Conselho Técnico mediante prévia aprovação do Secretário de Educação e Cultura.

Parágrafo 3º – NÃO CONSTA

Artigo 4º – VETADO

Artigo 5º – A Orquestra Sinfônica Municipal de São Paulo permanecerá à disposição da Prefeitura que a utilizará para: concertos, espetáculos de qualquer natureza, bailados etc., tanto no Teatro Municipal como em qualquer outro local no município de São Paulo.

Parágrafo 1º – A Orquestra Sinfônica dará, pelo menos, um concerto semanal nos bairros, observado o critério de escolha rotativa dos mesmos.

Parágrafo 2º – O primeiro concerto verificar-se-á dentro de três meses após a promulgação desta Lei.

Parágrafo 3º – A Prefeitura de São Paulo, no sentido de colaborar com as demais Prefeituras do interior do Estado, poderá ceder a sua Orquestra para realizar concertos de fins culturais nas respectivas cidades, mediante uma ajuda de custo aos componentes da Orquestra e respectivas passagens de ida e volta, de acordo com o Estatuto dos Funcionários Públicos Municipais.

Artigo 6º – NÃO CONSTA

Artigo 7º – Para efeito de ordenados, a Orquestra será dividida em três categorias, sendo:

a. Categoria A – 2
b. Categoria B – 13
c. Categoria C – 84
TOTAL: 99

Artigo 8º – A nomeação dos maestros, de acordo com o parágrafo 1º do artigo 2º, far-se-á por provas das atividades desenvolvidas em nosso Estado ou país.

Parágrafo 1º – Para o lugar de regente preparador, o candidato terá que apresentar documentos provando que já regeu, com proficiência, todos os gêneros a que se destina a Orquestra Sinfônica Municipal de São Paulo, como sejam: música sinfônica, lírica, bailado, corais etc.

Parágrafo 2º – os cargos supra somente poderão ser preenchidos pelos maestros que tenham exercido suas atividades do Departamento de Cultura, pelo menos durante um ano, desde o tempo em que o mesmo foi criado.

Artigo 9º – Para a efetivação da Orquestra Sinfônica Municipal de São Paulo e sua organização, proceder-se-á da seguinte forma:

Parágrafo 1º – No prazo de 15 dias, a contar da data da promulgação da Lei, serão nomeados os maestros e indicando representante da Divisão de Expansão Cultural, a fim de ser instalado o Conselho Técnico da Orquestra.

Parágrafo 2º – Em seguida à instalação do Conselho Técnico e no prazo de 15 dias, proceder-se-á verificação da contagem de tempo doa atuais componentes da Orquestra do Teatro Municipal, a fim de poder a Divisão de Expansão Cultural fazer a indicação dos professores efetivos da Orquestra.

Parágrafo 3º – O Conselho Técnico precederá a elaboração das bases do concurso de provas para os candidatos, marcando as datas para as provas com antecedência mínima de 15 dias.

Parágrafo 4º – O Conselho Técnico empregará todos os esforços para que, no prazo mínimo de 60 dias, esteja a Orquestra constituída e em condições de iniciar suas atividades artísticas.

Parágrafo 5º – Se o Conselho Técnico não conseguir completar a Orquestra Sinfônica Municipal de São Paulo, como é previsto nos itens anteriores, tomará todas as providencias de emergência ao seu alcance a fim de preencher os lugares vagos, dirigindo-se para tanto, aos poderes competentes, a fim de conseguir a vinda de profissionais de outros estados ou mesmo do estrangeiro, a fim de dar à Orquestra uma estrutura sólida e à altura do adiantamento artístico de São Paulo.

Artigo 10º – O Conselho Técnico, julgando oportuno, poderá propor à Secretaria de Educação e Cultura, por intermédio da Divisão de Expansão Cultural, o contrato de profissionais de orquestras especializados, fora do Estado ou mesmo do país, mediante contrato, além da obrigação do executor, a de preparar os músicos nacionais para serem aproveitados futuramente.

Artigo 11º – O Conselho Técnico fará um estudo geral sobre a organização do Arquivo Orquestral e mesmo literário propondo, em seguida, ao Secretário de Educação e Cultura, mediante minucioso relatório, a aquisição de materiais musicais.

Artigo 12º – O Conselho Técnico a fim de dar cumprimento ao programa artístico do Departamento de Cultura, quando julgar conveniente, desmembrará, da própria Orquestra Sinfônica Municipal de São Paulo, certo número de instrumentistas de cordas, a fim de apresentar ao público concertos de música de câmara, ficando essa inciativa à cargo do regente do conjunto de cordas, conforme o previsto no parágrafo 1º do artigo 2º.

Parágrafo Único – O previsto nesse artigo far-se-á sem prejuízo das atividades da Orquestra Sinfônica Municipal de São Paulo.

Artigo 13º – A Divisão de Expansão Cultural do Departamento de Cultura, em colaboração com o Conselho Técnico, elaborará o regulamento da Orquestra Sinfônica Municipal de São Paulo.

Artigo 14º – VETADO

Artigo 15º – As despesas para a execução da presente Lei correrão por conta da verba n] 611.8342, suplementada se necessário.

Artigo 16º – Esta Lei entrará em vigor na data de sua publicação, revogadas as disposições em contrário.

Câmara Municipal de São Paulo
27 de dezembro de 1949
Dr. Waldemar Teixeira Pinto – Presidente
Anis Aidar – Primeiro Secretário

Reestruturação da Orquestra Sinfônica Municipal

(Sem data)
A Câmara Municipal de São Paulo Decreta:

Artigo 1º – Passa a ter a seguinte redação ao artigo 1º da lei 3.829 de 28 de dezembro de 1949: a Orquestra Sinfônica Municipal de São Paulo. Subordinada à divisão de Expansão Cultural, do Departamento de Cultura, da Secretaria de Educação e Cultura, da Prefeitura Municipal de São Paulo, terá a seguinte organização:

- 1 maestro;
- 1 maestro assistente;
- 99 professores de orquestra;
- 1 técnico de montagem;
- 1 arquivista;
- 1 arquivista auxiliar;
- 3 copistas;
- 1 redator musical;
- 2 redatores auxiliares;
- 1 fiscal;
- 3 serventes.

Parágrafo único: Para efeito de distribuição de naipes, os componentes da Orquestra Sinfônica Municipal se constituirão em:

- 1 violino spalla;
- 1 violino concertino;
- 16 violinos primeiros;
- 16 violinos segundos;
- 12 violas;
- 10 violoncelos;
- 10 contrabaixos;

- 3 flautas;
- 1 flautim (piccolo);
- 3 oboés;
- 1 corne inglês;
- 3 clarinetes;
- 1 clarone;
- 3 fagotes;
- 1 contrafagote;
- 6 trompas;
- 4 pistões (trompetes)
- 3 trombones;
- 1 trombone baixo
- 1 tuba;
- 2 tímpanos;
- 4 percussões;
- 1 piano e instrumento de teclado;
- 1 órgão e celesta;
- 2 harpas.

Artigo 2º – Todos os cargos efetivos criados pela lei 3.829 de 28 de dezembro de 1949, à medida que se vagarem serão considerados extintos.

Parágrafo único – O preenchimento dos cargos ora reestruturados será feito por contrato, mediante concurso público de títulos e provas.

Artigo 3º – A Divisão de Expansão Cultural, do Departamento de Cultura, em colaboração com o Conselho Técnico da Orquestra deverá dentro de 30 dias elaborar o regulamento da Orquestra Sinfônica Municipal de São Paulo.

Artigo 4º – Esta Lei entrará em vigor na data de sua publicação, revogadas as disposições em contrário.

Relação de obras compostas por João de Souza Lima

COMPOSIÇÕES			
Nome da Obra	Ano de Composição e/ou Edição	Instrumentação	Observações
3 pequenas peças	Edição: Ricordi Brasileira – 1974 Composição: 1974 Número da Chapa: br3251	Flauta-doce e Piano	
10 Miniaturas Recreativas	Manuscrito Edição: Gerig Verlag – c. 1968 Composição: 1965	Piano	
A Canção Perdida	Manuscrito Composição: 1948	Voz média e piano	Letra de Corrêa Júnior
A Chica que manda	Manuscrito Composição: 1968	Soprano, declamante e piano	Letra de Cecília Meireles
A Dança inacabada – Bailado	Manuscrito Composição: 1953	2 flautas, piccolo, 2 oboés, 2 clarinetes, clarone, Corne inglês, 2 fagotes, contrafagote, 4 trompas, 3 trompetes, 3 trombones, tuba, tímpano, percussão e cordas.	Essa obra teve a coreografia realizada por Vaslav Veltchek. Consta depósito do manuscrito na Ricordi Brasileira.

Amour Avide	Manuscrito Composição: 1918	Tenor e Piano	Letra de Jacques D'Avray. Esse era o pseudônimo do Senador José de Freitas Valle (1870-1958), idealizador e mecenas da Villa Kyrial.
A viagem	Edição: Irmãos Vitale - 1972 Composição: 1972 Número da chapa: 20.352-c	Canto (voz média) e Piano	Letra de N. N.
Amor avacalhado: Maxixe	Edição: Sotero de Souza – s/d Composição: s/d Registro: 499.935	Piano	
Andrea del Sarto: drama lirico in due atti	Manuscrito Composição: 1957	2 flautas, piccolo, 2 oboés, 2 clarinetes, clarone, corne inglês, 2 fagotes, contrafagote, 4 trompas, 3 trompetes, 3 trombones, tuba, tímpano, percussão e cordas.	O libreto dessa ópera é de Ruggiero Jaccobi, extraído da peça de Alfred Musset. Consta redução para piano.
Arabesco n. 8, das Peças Românticas	Edição: Irmãos Vitale - 1972 Composição: 1968/1973 Número da chapa: 20.363-c	Piano	
As arvores do meu quintal	Edição: Irmãos Vitale - 1964 Composição: 1964 Número da chapa: 104-0	Vozes – SATB	Texto retirado do folclore

As neblinas	Edição: Ricordi Brasileira – 1950 Composição: 1940 Número da chapa: BR 684	Soprano e piano	Letra de Guilherme de Almeida
Berceuse	Manuscrito Composição: 1918	Violino e Piano	
Berimbau	Manuscrito s/d; s/l	Coro	
"Blues sobre um tema de Marcelo Tupynambá"		Piano	
Bota o navio no mar	Edição: Irmãos Vitale – 1964 Composição: 1962 Número da chapa: 105-0	Vozes – SATB	Texto retirado do folclore
Brasil Moderno – Bailado	Manuscrito Composição: 1960	2 flautas, piccolo, 2 oboés, 2 clarinetes, clarone, corne inglês, 2 fagotes, contrafagote, 4 trompas, 3 trompetes, 3 trombones, tuba, tímpano, percussão e cordas.	A coreografia dessa obra foi de Maria Olenawa. Consta que o manuscrito estava de posse do autor e da família.
Brincando	Edição: Irmãos Vitale – 1957 Composição: 1957 Número da chapa: 1857-c	Piano	

Brincando de jazz: n. 3 da "Coleção Infantil"	Edição: Ricordi Brasileira – 1933 Composição: 1930 Não consta número de chapa, mas dois registros: ba 6741 e br 462 162.902	Piano	Dedilhado e pedal de Francisco Mignone.
Burlesca	Manuscrito s/d; s/l	Piano	
Canção infantil: (Berceuse)	Edição: Irmãos Vitale – 1970 Composição: 1918 Número da chapa: 20.263-c	Piano	
Cantiga	Edição: Irmãos Vitale – 1979 Composição: 1971	Voz aguda, clarinete e piano	
Cantiga tristonha: Peças infantis, n. 2	Edição: Irmãos Vitale c. 1959 Número da chapa: 1928-c	Piano	
Vamos Brincar de Roda?	Manuscrito Composição: 1949	Piano	Consta que essa obra, com segunda edição e sem editor, faz parte das "Cantigas de Roda".
Caminho da União	Manuscrito S/l; s/d	Coro	
Cantiga	Editora Novas Metas, 1979 s/l; s/d Número da chapa: 200002	Voz aguda, clarinete e piano	Letra de Paulo Bomfim

Canto do matuto	Edição: Irmãos Vitale – 1962 Composição: 1936 Números da chapa: 5259 e 94-0	Canto – SATB	Texto retirado do Folclore
Cantos Infantis	Manuscrito Composição: 1972	Vozes Femininas	Texto de Guilherme de Almeida
Capricho: n. 2 das "Pecas Românticas"	Edição: Irmãos Vitale – 1968 Composição: 1968/1973 Número da chapa: 20.163-c	Piano	
Capricho Rústico	Edição: Irmãos Vitale – 1971 Composição: 1942 20.291-c	Violino e Piano	
Charmante: Valsa	Edição: Casa Luis Levy e Irmão – 1914 Composição: 1914 Número da chapa: 277	Piano	Essa obra recebeu a menção honrosa no I° Concurso Musical de 1914, organizado pela casa Luiz Levy, sob o patrocínio da revista *A Cigarra.*
Chorinho	Edição: Editora Novas Metas – 1979 Composição: 1965 Número da chapa: 20016	Viola e Piano	
Ciranda	Edição: Irmãos Vitale – 1964 Composição: 1962 Número da chapa: 106-0	Vozes – SATB	Texto retirado do folclore

Concerto em La menor	Manuscrito Composição: 1965 Número da chapa: 20.502-c	Piano, 2 flautas, piccolo, 2 oboés, 2 clarinetes, clarone, corne inglês, 2 fagotes, contrafagote, 4 trompas, 3 trompetes, 3 trombones, tuba, tímpano, percussão e cordas.	Existe também uma redução para dois pianos editado por Irmãos Vitale em 1978.
Concerto em Ré Maior	Manuscrito s/d; s/l	Flauta e Orquestra	
Coração Santo	Manuscrito Composição: 1940	Vozes Femininas	Texto da cultura popular
Cortejo	Edição: Irmãos Vitale – 1971 Composição: 1970 Número da chapa: 202-violão	Violão	Consta dedilhado de Geraldo Ribeiro
Dança no campo: Peças infantis, n. 5	Edição: Irmãos Vitale c. 1959 Número da chapa: 1931-c	Piano	
"Danza": Impressão de Valencia	Edição: Irmãos Vitale – 1970 Composição: 1970 Número da chapa: 20.253-c	Piano	
Dei a você	Edição: Irmãos Vitale – 1957 Composição: 1957 Não há número de chapa, mas registro: 270.938	Canto (voz média) e piano	Letra de Ilza das Neves.

Devaneio (N. 5 das "Pecas Românticas")	Edição: Irmãos Vitale – 1969 Composição: 1968/1973 Número da chapa: 20.231-c	Piano	
Divagação	Edição: Irmãos Vitale – 1962 Composição: 1959 Número da chapa: 20.017-c	Canto (soprano) e piano	Letra de Neyde Bonfiglioli
Divertimento	Edição: Irmãos Vitale – 1974 Composição: 1973	Violão	
Então, te Logo: Tango Brasileiro	Edição: Luiz Levy & Irmão Composição: c.1913/1914 Número da chapa: Casa-278-Levy	Piano	Essa obra foi vencedora do 1º Prêmio do Concurso Musical de 1914 da Revista A Cigarra.
Estudo-fantasia n. 6, das Peças românticas	Edição: Irmãos Vitale – 1973 Composição: 1968/1973 Número da chapa: 220.362-c	Piano	
Fantasia brasileira – Bailado	Manuscrito Composição: 1954	2 flautas, piccolo, 2 oboés, 2 clarinetes, clarone, Corne inglês, 2 fagotes, contrafagote, 4 trompas, 3 trompetes, 3 trombones, tuba, tímpano, percussão e cordas.	Essa obra foi encomendada pela Comissão Organizadora do IVº Centenário de São Paulo, com coreografia de Aurel Miloss. Consta também depósito do manuscrito na Ricordi Brasileira.

Gingando: Peças infantis, n. 3	Edição: Irmãos Vitale – 1959 Composição: 1959 Número da chapa: 1929-c	Piano	
Guerra insondável	Edição: Irmãos Vitale – c. 1972 Composição: 1972 Número da chapa: 20.350-c	Barítono e Piano	Letra de Neyde Bonfiglioli
Harmonizada	Manuscrito s/d; s/l	Flauta e violão	Consta que foi escrita sobre trechos de autores barrocos.
Hino: "Glória da Revolução Constitucionalista".	Edição: Editora Musical Brasileira, 1932 Composição: 1932	Vozes Mistas	Letra de Olivier Moraes
Hino: Partido Social Progressista	Manuscrito Composição: 1950	Vozes Mistas	Letra de Francisco Pati
Hino: Cavaleiros da Concordia	Manuscrito Composição: 1964	Vozes Mistas	
Hino: Improviso para meus irmãos	Manuscrito Composição: 1972	Vozes Mistas	Letra de Paulo Bomfim
Homenagem ao natal	Manuscrito s/d; s/l	Quinteto de flautas-doce	
Humoresque	Edição: Irmãos Vitale – 1972 Composição: 1970 Número da chapa: 20.328-c	Clarinete e Piano	
Improvisação n. 1 sobre o tema "Sereno" de Marcelo Tupynambá	Edição: Ricordi Brasileira – 1951 Composição: 1950 Número da chapa: br 879	Piano	Há também uma parte impressa pela CEMB, com chapa de número 3011

Improvisação n. 2 sobre o tema "Fiteiro" de Marcelo Tupynambá	Edição: Ricordi Brasileira – 1959 Composição: 1959 Número da chapa: br 2333	Piano	
Intermezzo	Manuscrito Composição: 1918	Piano, Violino e Violoncelo	
Introdução e Frevo	Manuscrito Composição: 1971	Piano a 4 mãos	
Introdução e Toccata	Manuscrito Composição: 1965	2 Pianos	
La belle aux fleurs	Edição: Irmãos Vitale – c. 1956/1957 Composição: 1918	Soprano e piano	Letra de Jacques D'Avray. Esse era o pseudônimo do Senador José de Freitas Valle (1870-1958), idealizador e mecenas da Villa Kyrial.
Lagrimas Brancas	Edição: Irmãos Vitale – c. 1972 Composição: 1965 Número da chapa: 20.351-c	Canto (voz média) e piano	Letra de Yara Ferraz
Lendas Brasileiras – bailado	Manuscrito Composição: 1941	2 flautas, piccolo, 2 oboés, 2 clarinetes, clarone, corne inglês, 2 fagotes, contrafagote, 4 trompas, 3 trompetes, 3 trombones, tuba, tímpano, percussão e cordas.	Essa obra foi escrita para a peça infantil "Dona Branca" de Alfredo Mesquita. Consta que está depositada na Ricordi Brasileira.
Lenda	Manuscrito Composição: 1958	Canto (voz média) e piano	Letra de René Cavé
Mansidão Tranquila	Manuscrito Composição: 1974	Canto (voz média) e piano	Letra de Neyde Bonfiglioli

Peças infantis, n. 1: marchando/ Cantiga tristonha/ Gingando/ Valsinha pretenciosa/ Dança no campo.	Edição: Irmãos Vitale – 1959 Composição: 1959 Número da chapa: 1927-c	Piano	Consta transcrição para piano e orquestra com o nome de "Suíte Mirim nº 5". Consta uma edição de Irmãos Vitale com a denominação de "Peças Infantis nº 4" e "Peças Infantis nº 2".
Maria: n. 4 das "Peças românticas"	Edição: Irmãos Vitale – 1969 Composição: 1968/1973 Número da chapa: 20.283-c	Piano	
Minueto	Manuscrito Composição: 1918	2 flautas, 2 oboés, 2 clarinetes, fagote, 2 trompas, tímpanos e cordas	Essa obra foi agraciada com o 2º prêmio no concurso no Centro Musical de São Paulo. Consta ainda que tal obra está em posse da família.
Mosteiro	Edição: Irmãos Vitale – 1962 Composição: 1959 Número da chapa: 20.018-c	Canto (voz média) e piano	Letra de Neyde Bonfiglioli

Música para o filme Simão, o caolho	Manuscrito Composição: c. 1951/1952	Orquestra	Trilha sonora original composta exclusivamente para o filme "Simão, o Caolho" de Alberto Cavalcanti de 1952. Alberto Cavalcanti tomou como referência seu próprio filme rodado anos antes na Inglaterra: Dead of Night. Nessa obra, a razão e a loucura são quase inseparáveis. O filme ganhou dois prêmios: um da ABCC (Associação Brasileira de Cronistas Cinematográficos, RJ) e o Prêmio Saci de melhor diretor, ator coadjuvante e adaptação de 1952.
Não sou teimoso: da coleção "Os primeiros passos, n. 2"	Edição: Irmãos Vitale – 1975 Composição: s/d Número da chapa: 20.418-c	Piano	
No passar dos anos	Edição: Irmãos Vitale – 1952 Composição: c. 1922 Número da chapa: 20.019-c	Canto (voz média) e piano	Letra de Neyde Bonfiglioli
Noturno	Manuscrito Composição: 1946	Voz média e piano	Letra de Guilherme de Almeida

Noturno: n. 1 das "Peças românticas"	Edição: Irmãos Vitale – 1968 Composição: 1968/1973 Número da chapa: 20.157-c	Piano	
Numa concha	Edição: Impressora Moderna – 1919 Composição: 1917 Números da chapa: 5354 e 4311	Soprano e piano	Letra de Olavo Bilac
Oferenda	Manuscrito s/l; s/d	Piano e voz	
Oração	Manuscrito s/d; s/l	Coro	
O rei mameluco: poema sinfônico	Manuscrito Composição: 1937	2 flautas, piccolo, 2 oboés, 2 clarinetes, clarone, 2 fagotes, contrafagote, saxofone, 4 trompas, 3 trompetes, 3 trombones, tuba, tímpano, percussão, órgão e cordas.	Essa obra foi vencedora do 1º Concurso do Departamento Municipal de Cultura de São Paulo em 1937. Consta ainda que está depositada na Ricordi Brasileira. O texto é de Mário de Andrade.
Os Futuros Pianistas (método infantil)	Manuscrito Composição: 1955	Piano	
Página d'Album	Manuscrito Composição: 1925	Violino e Piano	
Paráfrase sobre o hino Kyrial	Manuscrito Composição: 1918	Piano a 4 mãos	
Peça	Manuscrito Composição: 1974	Flauta e Violão	

Peça para flauta e violão	Edição: Musicalia – 1977 Composição: c. 1977 Número da chapa: MCM 0285	Conjuntos de câmara-Duos (sopro--cordas)	Essa obra foi composta e editada para o 1º Concurso Nacional de Violões 'Abel Carlevaro'.
Pequeno romance sem palavras	Edição: Irmãos Vitale – 1957 Composição: 1957 Número da chapa: 1855-c	Piano a 4 mãos	
Poem of the Americas	Manuscrito Composição: 1942	2 flautas, piccolo, 2 oboés, corne inglês, 2 clarinetes, clarone, 2 fagotes, contrafagote, 4 trompas, 3 trompetes, 3 trombones, tuba, piano, tímpano, percussão e cordas.	Essa obra ganhou a Menção Honrosa no Concurso Reichold em Nova York em 1942. Consta ainda está depositada na Ricordi Brasileira.
Poema da libertação: poema sinfônico	Manuscrito Composição: c. 1953/1954	Orquestra	Letra de Alfredo Mesquita
Poema de São Paulo: poema sinfônico	s/d; s/l	Orquestra	
Prelúdios – Série 1: Rápido e alegre/ Humoristicamente/ Triste e saudoso/ Si8mples e fluente/ Vivo.	Edição: Irmãos Vitale – 1956 Composição: 1954 Número da chapa: 115-A	Piano	

Prelúdios – Série 2: Bem vivo/ Tempo di Marcia/ Allegro/ Lentamente, expressivo (só para mão esquerda) / Allegro Vivace	Edição: Irmãos Vitale: 1973 Composição: 1972	Piano	
Primeira valsa brasileira	Edição: Ricordi Brasileira – 1942 Composição: 1942 Número da chapa: RB 565	Piano	
Quarteto de cordas	Manuscrito 1999	Conjuntos de Câmara-Quartetos	
Quarteto de cordas nº 1: moderato expressivo – Allegro animato/ Moderato assai ed expressivo/ Molto vivace	Manuscrito Composição: 1960	Conjuntos de Câmara-Quartetos	
Revelação	Edição: Irmãos Vitale: – 1957 Composição: 1957 Número da chapa: 1844-c	Canto (soprano) e piano	Letra de Ilza das Neves
Rêverie: n. 3 das Peças românticas	Edição: Irmãos Vitale – 1969 Composição: 1968/1973 Número da chapa: 20.230-c	Piano	
Rolando na areia	Edição: Irmãos Vitale – 1957 Composição: 1957 Número da chapa: 1856-c	Piano	Especialmente para "Nova iniciação pianístico-musical" de Lucy Ivancko

Rosa amarela	Edição: Irmãos Vitale – 1964 Composição: 1962 Número da chapa: 107-0	Vozes – SATB	Texto retirado do folclore
Scherzino	Edição: Irmãos Vitale – 1980 Composição: s/d Número da chapa: 20.605-c	Piano	
Segunda Valsa brasileira	Edição: Irmãos Vitale – 1970 Composição: 1969 Número da chapa: 20.259-c	Piano	
Serenata	Manuscrito s/d;s/l	Piano e Voz	
Siciliana e Variações	Manuscrito Composição: 1966	Flauta e Piano	
Sinhá-Flor	Manuscrito s/d;s/l	Coro	
Suíte Mirim: Berceuse/ Primeiro Sorriso/ Brinquedos	Edição: Irmãos Vitale – c.1970 Composição: 1966	Piano	
Suíte Mirim: Allegro marziale/ Canção tristonha/ Gingando/ Valsinha Pretenciosa/ Dança no campo.	Manuscrito Composição: 1959	Piano solista, flauta, fagote, piccolo, oboé, clarinete, trompa, trompete, percussão e cordas.	Essa é uma orquestração da obra original para piano, denominada de "Peças Infantis nº 5", com edição de Irmãos Vitale.

Serenidade n. 7, das Peças Românticas	Edição: Irmãos Vitale – 1972 Composição: 1968/1973 Número da chapa: 20368-c	Piano	
Simplicidade	Manuscrito Composição: 1973	Vozes Infantis	Texto retirado do folclore
Sonata em mi menor: Allegro enérgico/ Lento e molto expressivo/ Allegro non troppo	Manuscrito Composição: 1970	Violino e Piano	
Sonatina Caipira	Manuscrito s/d; s/l	Piano	
Sonatina	Manuscrito s/d;s/l	Flauta-doce e piano	
Sorri	Manuscrito Composição: 1931	Soprano e piano	Letra de Flavio da Silveira.
Suíte a antiga: Preludio/ Siciliana/ Rigaudon.	Edição: Irmãos Vitale – 1980 Composição: s/d Número da chapa: 20.606-c	Cravo ou piano	
Suíte infantil – Introdução: fanfarra/ Capricho: peraltagem/ Berceuse: na gangorra/ Estudo: alta virtuosidade/ Tema e Variações: reinação/ Final: fanfarra	Edição: Irmãos Vitale – 1966 Composição: 1966 Número da chapa: 163-A	Piano	Consta uma versão para orquestra

Suíte Ingênua: Tempo de minueto/ Tempo de gavota/ Tempo de giga	Manuscrito Composição: 1974	Violão	
Também sei tocar: da coleção "Os Primeiros passos", n. 1	Edição: Irmãos Vitale – 1975 Composição: s/d Número da chapa: 20.417-c	Piano	
Tema e Variações – Peça Sambada	Manuscrito	Flauta e Piano	
Toccatina: n. 1 da Suíte infantil	Edição: Ricordi Brasileira – 1940 Composição: 1940 Número da chapa: ba 7532 e BR 463	Piano	
Trem de Ferro	Manuscrito Composição: 1954	Soprano e piano	Letra de Manuel Bandeira
Três Pequenos Estudos: vivacidade/ Moderato/ Comodamente	Manuscrito Composição: 1973	Violão	
Trois Chansons des Geishas: La lettre/ Modèles/ Ah! Si je pouvais	Manuscrito Composição: 1928	Soprano, voz aguda e piano	Letra de Hidetaké-Iwamura, traduzidos para o francês por Steinler Oberlin.
Trovas da roca: Tango caipira	Edição: C.E.M.B. – s/d Composição: s/d Número da chapa: 533	Canto e piano	Letra de B. Chaves
Valsa Amorosa	Edição: Arthur Napoleão – 1973 Composição: 1927	Piano	

Valsa Chorosa	Edição: Arthur Napoleão – 1973 Composição: 1973	Piano	
Valsinha pretenciosa: Peças infantis, n. 4	Edição: Irmãos Vitale c. 1959 Número da chapa:1930-c	Piano	
Ziri Nego	Edição: Irmãos Vitale – 1964 Composição: 1964 Número da chapa: 103-0	Vozes – SATB	Texto retirado do folclore

Trabalhos de transcrições, revisões e orquestrações

TRANSCRIÇÕES, REVISÕES e ORQUESTRAÇÕES		
AUTOR	OBRA	Instrumentos
Joaquin Turina (1882-1949)	Fandanguillo	Piano
J.S. Bach (1685-1750)	Arioso	Piano
Niccolò Paganini (1782-1840)	Moto Perpétuo	Piano
Francesco Maria Veracini (1690-1768)	Pastoral	Piano
Lorenzo Fernandez (1897-1948)	Batuque	Piano
Pietro Domenico Paradies (1707-1791)	Siciliana	Piano
Lydia dias do Amaral	Devaneio	Piano
Vincenzo Bellini (1801-1835)	Canção	Piano
Domenico Cimarosa (1749-1801)	Allegro alla Francese	Piano
Francisco Mignone (1897-1986)	Congada	Piano
Francisco Mignone (1897-1986)	Pequena Valsa de Esquina	Piano a 4 mãos
Heitor Villa-Lobos (1887-1959)	O Trenzinho do Caipira	Piano
Agostinho Cantú (1878 -1943)	Dança Exótica	Orquestra: Flauta, clarinetes, fagote, 2 trompas, 2 trompetes, trombone, tímpano e cordas.

Agostinho Cantú (1878 -1943)	Zafan	Orquestra: piccolo, 2 flautas, 2 oboés, 2 clarinetes, clarone, 2 fagotes, 4 trompas, 3 trompetes, 3 trombones, tuba, tímpano, tambor e cordas.
Roger Ducasse (1873 – 1954)	Dois estudos	Orquestra: 2 flautas, oboé, 2 clarinetes, 2 fagotes, 2 trompas, 2 trombones, tímpano e cordas
Francis Poulenc (1899-1963)	*Mouvement Perpetuel*	Orquestra: 2 flautas, 2 oboés, 2 clarinetes, fagote, 2 trompas, 2 trombones e cordas.
Gabriel Grovlez (1879 -1944)	Recuerdos	Orquestra: 2 flautas, 2 oboés, 2 clarinetes, 2 fagotes, 2 trompas, 2 trompetes, 2 trombones, tímpano, triângulo, piano, tambor e cordas.
Fritz Kreisler (1875 – 1962) Esta é uma obra de autoria de Fritz Kreisler escrita ao estilo de Giulio Gaetano Pugnani (1731-1798)	Prelúdio e Allegro	Orquestra: 2 flautas, 2 oboés, 2 clarinetes, 2 fagotes, 2 trompas, 2 trompetes, tímpano e cordas.
Fructuoso Viana (1896-1976)	O Pequeno Robinson	Orquestra: 2 flautas, oboé, clarinete, fagote, trompa, 2 trompetes, trombone, celesta, triângulo, tantã, tambor, piano e cordas.
Eric Satie (1866-1925)	*Danse Cuirassüe*	Orquestra: 2 flautas, 2 oboés, 2 clarinetes, 2 fagotes, 2 trompas, 2 trompetes, trombone, tambor e cordas.
Albert Bertelin (1872-1951)	*Floraison d'Etoiles*	Orquestra: 2 flautas, 2 oboés, 2 clarinetes, 2 fagotes, 2 trompas, 2 trompetes, trombone, tambor e cordas.
Lydia dias do Amaral	Noturno	Orquestra: flauta, oboé, 2 clarinetes, fagote, 2 trompas, 2 trompetes, trombone, tímpano, piano e cordas.

João de Souza Lima (1898-1982)	Suíte Infantil	Orquestra: 2 flautas, oboé, clarinete, fagote, trompa, 2 trompetes, trombone, celesta, triângulo, tantã, tambor, piano e cordas.
João de Souza Lima (1898-1982)	Brincando de Jazz	Conjunto de metais
Jurandyr Aguiar	É de Branco Sim Sinhô – Resmungo dos Negros	Orquestra: flauta, oboé, 2 clarinetes, 2 fagotes, 2 trompas, trompete, trombone, caixa clara, pratos e cordas.
Heitor Villa-Lobos (1887-1959)	A Lenda do Caboclo	Violino e Piano
Jurandyr Aguiar	Valsa Banal	Violino e Piano
Alexandre Levy (1864-1892)	Tango Brasileiro	Violino e Piano
J. Sebastian Bach (1685-1750)	Prelúdio	Quarteto de Cordas
Louis Moreau Gottschalk (1829-1869)	Grande Fantasia sobre o Hino Nacional Brasileiro	Três Pianos
Alexandre Levy (1864-1892)	Samba	Três Pianos
G. Fridrich Haendel (1685-1759)	O ferreiro Harmonioso	Flauta-doce e Piano
Fructuoso Vianna (1896-1976)	7 Miniaturas sobre temas brasileiros	Revisão
Alexandre Levy (1864-1892)	Tango Brasileiro	Transcrição para violino e piano; dedilhados e ligaduras de Raul Larangeira
Heitor Villa-Lobos (1887-1959)	A Lenda do caboclo	Transcrição para violino e piano
Oscar Lorenzo Fernandez (1897-1948)	Batuque	Transcrição do concerto
Fructuoso Vianna (1896-1976)	Negrinha das Peças infantis nº 5	Revisão
Fructuoso Vianna (1896-1976)	Roda das flores das peças infantis nº 6	Dedilhado e pedal
Felix Mendelssohn (1809-1847)	Felicidade Perdida (*Bonheur Perdue*)	Revisão

Publicações

Artigos e outros

Título	Publicação	Data
Revisões para piano da Marcha Turca de Mozart e Mazurca de Chopin	Revista Harmonia, São Paulo	16 de maio de 1932
Revisão para piano do Momento Musical de Schubert	Revista Harmonia, São Paulo	01 e junho de 1932
Revisões dos Noturnos de Chopin	Revista Harmonia, São Paulo	16 e junho de 1932
Revisões para piano de La Danse d'Anittra de Grieg	Revista Harmonia, São Paulo	01 e julho de 1932
A Sinfonia do "Guarani" de Carlos Gomes do ponto de vista pianístico	Revista Problemas, São Paulo	15 de agosto de 1937
Artigo: Paganini	Revista Cultura, São Paulo	Agosto de 1940
Artigo: Música	Revista Vamos Ler, Rio de Janeiro	08 de maio de 1941
Livro: Comentários sobre a obra pianística de Villa-Lobos	Museu Villa-Lobos/MEC	1º Prêmio do Concurso sobre estudo técnico, estético e analítico da obra de Villa-Lobos

Obras dedicadas a Souza Lima

Obras de Compositores dedicadas a Souza Lima	
Autor	Obra
Arnaldo R. Pinto	Toccata
Eleazar de Carvalho (1912-1996)	Ladainha
Italo Izzo	Valsa não muito lenta
Ascendino Theodoro Nogueira	Seresta nº 6 e Canto Caipira nº 12
Agostinho Cantú (1878-1943)	O Jacy
Camargo Guarnieri (1907-1993)	Choro Torturado
Francisco Mignone (1897-1986)	Lenda Sertaneja e Valsa da Esquina nº 11
Oswaldo Guerra (1892-1980)	Esquisse nº 4
Fructuoso Vianna (1896-1976)	Corta Jaca
Luiz Levy (c.1861-1935)	Tango Grotesco (Burlesco)
Guarino	*Toccata*
Fernand Le Borne (1862-1929)	*Enlèvement*
Antônio Sérgio	*Toccata*
Amaral Vieira (1952)	*Hommage*
Heitor Villa-Lobos (1887-1959)	Caixinha de Música Quebrada e Concerto para piano nº 2
Eduardo Dutra	Canzone Antica
Luis Ellmerich	Preludio I
Clarisse Leite (1917-2003)	Nuvens

Agradecimentos

João de Souza Lima foi um desses artistas pouco conhecidos do grande público, ou mesmo esquecido, para além dos nomes de ruas, instituições e empresas. Esse foi um dos aspectos que me levou a escrever esse livro, além é claro, da inestimável amizade com o luthier Roberto Holz e com o filho do próprio Souza Lima. Antônio Augusto de Souza Lima foi de uma gentileza rara e de uma memória capaz de lembrar das práticas do pai e se mostrar preocupado com seu legado e, claro, com que seu pai fosse lembrado pela importância na música brasileira. Em um certo momento, na casa de Roberto Holz, quando fui buscar um violoncelo que deixei para reparos, ele me disse que o Antônio Augusto tinha vontade de fazer um estudo e uma biografia sobre o pai e perguntou-me se eu não gostaria e fazê-lo. Eu disse que sim, pelo pouco que conhecia dele e pelo que ouvia falar de suas obras e de sua seriedade com a música brasileira. Marcamos uma viagem até a residência do Antônio, em Piracicaba, e foi lá que essa ideia amadureceu. Ficamos uma tarde inteira conversando sobre Souza Lima, a ideia então fortificou-se e se tornou necessária. O Antônio Augusto me cedeu para estudos, uma parte significativa do espólio do pai, que contava entre outras coisas, algumas partituras, recortes variados, livros e imagens. Na medida do possível e sem nenhum tipo de financiamento, comecei a trabalhar as obras. Propus ao Departamento de

História da Universidade Federal de Ouro Preto, que esse estudo poderia ser um pós-doutoramento que seria dividido em três partes: um artigo, um levantamento das obras de Souza Lima e esse livro, tão dificultoso e demorado.

O professor Álvaro Antunes se prontificou em supervisionar como de praxe na vida acadêmica, lugar em que ainda todos nós seremos crisálidas – e é claro, não me esqueço de Celso Taveira. Assim, entrei para o pós-doutorado e essa seria minha saga, proposta com uma paixão musical e histórica e cada vez mais encantado com as obras e ações de Souza Lima. Yara Ferraz foi de uma gentileza sem tamanho, pois me recebeu em sua casa e falou muito sobre o maestro que foi seu mentor e parceiro em muitas andanças musicais – uso inclusive uma entrevista gravada por ela em Assis (SP). Na esteira das contribuições o valor fundamental de Alexandre Dias do Instituto Piano Brasileiro (IPB) foi também imprescindível, pois digitalizou e me enviou uma quantidade significativa dos documentos que lhe mandei. Yara Ferraz e Amaral Vieira foram fundamentais. Não me esqueço ainda das pessoas que gentilmente contribuíram para a publicação desse livro: Álvaro Antunes, Luiz Roberto Lucarelli, Coraci Malta, Lyedja Nara, Sérgio Basbaum, Margareth Monteiro, Eudóxia de Barros, Jailton Araujo, Marcelo Ribeiro, Wellington Bujokas, Antônio Carlos Lopes Petean, Celso, Ana Natali e Alexandre Mansur Barbosa.

Entretanto, um livro se faz com tempo, assunto, conversas e muita vontade, pois é visto, revisto, aumentado ou diminuído, conferido e confrontado o tempo inteiro. Numa dessas conversas, Ernani Aguiar, mais judeu que Mahler, menos ortodoxo que Stravinsky e cristão como José Maurício, falou-me de Erwin Schulhoff, um compositor pouco conhecido, mas que antecedeu John Cage em 30 anos. Não houve antecipação nisso, mas um experimento comum entre alguns dos vanguardistas: trabalhar as sonoridades do silêncio. Eu disse de Souza Lima e desse livro. Pronto! Ernani era irmão e éramos da mesma Confraria: a dos Irmãos Musicais Plenipotenciários das Ciências Sonoras. Ajudou a publicá-lo. Essas relações são mais importantes e fraternais.

Alameda nas redes sociais:
Site: www.alamedaeditorial.com.br
Facebook.com/alamedaeditorial/
Twitter.com/editoraalameda
Instagram.com/editora_alameda/

Esta obra foi impressa em São Paulo no verão de 2024. No texto foi utilizada a fonte Minion Pro em corpo 10,5 e entrelinha de 15 pontos.

Agradecimentos

Queremos agradecer às pessoas mencionadas a seguir por sua valiosa contribuição a este livro.

Dave Bellis, meu amigo e colega (de Josh) por 35 anos, pela colaboração conosco nas perguntas para o livro, pesquisando respostas, redigindo o rascunho e acompanhando todas as nossas edições e revisões para criar o esboço final. Reconhecemos a percepção de Dave e seu conhecimento geral sobre os assuntos tratados neste livro e somos profundamente gratos por sua contribuição.

Eric Johnson e *Alan Shlemon*, por fornecerem úteis conhecimentos em suas áreas de especialização.

Becky Bellis, por se empenhar no computador para preparar o original.

Terry Glaspey da Harvest House, por sua visão e orientação em moldar a direção e o tom deste trabalho.

Paul Gossard da Harvest House, pela experiente edição e pelo discernimento que ele trouxe à conclusão do manuscrito.

Josh McDowell

Sean McDowell

Sumário

Introdução

1. Todas as minhas perguntas podem ser respondidas? 9

Perguntas sobre Deus

2. Por que Deus parece estar oculto a nós? 15
3. Acreditar em Deus não requer fé? 18
4. É errado ter dúvidas a respeito de Deus? 23
5. Quais são as provas de que Deus existe? 26
6. O que diz o argumento da causa primeira sobre a existência de Deus? 30
7. O que diz o argumento do projeto sobre a existência de Deus? 32
8. O que diz o argumento da lei moral sobre a existência de Deus? 39
9. O que diz o argumento da experiência pessoal sobre a existência de Deus? 44
10. Se Deus fez todas as coisas, então quem ou o que fez Deus? 46
11. Como Deus realmente é? 48
12. Quem é o Espírito Santo? 55
13. O que significa Deus ser uma Trindade? 57
14. Deus é do sexo masculino ou feminino? 59
15. Deus pode cometer erros, como sentir ciúmes? 61
16. De onde veio o mal? 64
17. O que é exatamente o mal? 67

18. O que leva as pessoas a pecarem atualmente? 69
19. Se Deus é tão amoroso, por que ele não pode ser mais tolerante com o pecado? 73
20. Por que Deus criou os seres humanos? 76
21. Deus criou outros seres inteligentes além dos humanos? 79
22. É realmente possível conhecer a verdade? 81
23. A verdade é apenas uma preferência pessoal? 85
24. Deus faz discriminação de sexo? 88
25. Deus é racista? 95
26. Deus é legalista? 98
27. Deus é violento? 101
28. A religião é a verdadeira causa da violência no mundo? 104
29. Deus é genocida? 108
30. Como um Deus amoroso pode mandar pessoas para o inferno? 113
31. Deus castiga as pessoas por meio de desastres naturais? 117
32. Por que Deus permite o sofrimento? 120
33. Por que Deus não termina com o sofrimento agora? . 126
34. Deus tem sentimentos e emoções? 133
35. Deus ama a todos independentemente da orientação sexual? 137
36. Deus se envolve em política? 141
37. Como podemos conhecer a vontade de Deus em nossa vida? 145
38. Jesus realmente alegou ser Deus? 149

39. Não é arrogância alegar que o cristianismo é a única religião verdadeira? 152
40. Como sabemos que Jesus de fato existiu? 155
41. Como Jesus respaldou sua alegação de ser Deus? 159
42. Quais provas existem de que Jesus foi o Messias? 162
43. Há provas de que Jesus nasceu de uma virgem? 167
44. Há provas de que Jesus ressuscitou dentre os mortos? 171
45. Por que Jesus precisou morrer? 175
46. Por que a ressurreição de Jesus é tão fundamental para o cristianismo? 179
47. Como as pessoas se acertavam com Deus antes de Jesus ter morrido pelo pecado? 182
48. O que é a Igreja de Deus? 186
49. O que Jesus fará em sua segunda vinda? 189
50. Como posso experimentar um relacionamento pessoal com Deus? 192

Perguntas sobre a Bíblia

51. De onde veio a Bíblia? 199
52. O que significa a Bíblia ser inspirada? 203
53. A Bíblia é de autoria divina, humana ou ambas? 207
54. A Bíblia não está cheia de erros e contradições? 211
55. O Novo Testamento cita de forma errada o Antigo Testamento? 216
56. Como sabemos se a Bíblia que existe hoje é verdadeiramente a Palavra de Deus? 219
57. Alguns livros inspirados foram excluídos da Bíblia atual? 223

58. Como ensinos de antigas culturas da Bíblia podem ser relevantes para nós hoje? 228
59. Por que a Bíblia é tão mal interpretada? 233
60. Como interpretar corretamente a Bíblia? 239
61. Como os cristãos sustentam doutrinas contraditórias da Bíblia e ainda permanecem unidos? 245
62. Todas as leis do Antigo Testamento são obrigatórias para nós hoje? 250
63. Todas as festas judaicas bíblicas são significativas para os cristãos hoje? 255
64. Qual o verdadeiro propósito da Bíblia? 263
65. O Antigo Testamento é historicamente confiável? .. 268
66. O Novo Testamento é historicamente confiável? ... 273
67. Qual a diferença entre a Bíblia cristã e a Bíblia judaica? 280
68. Qual a diferença entre a Bíblia cristã e o Alcorão? .. 282
69. Qual a diferença entre a Bíblia cristã e o Livro de Mórmon? 286
70. A Bíblia católica romana é diferente da Bíblia protestante? 290
71. Quando a Bíblia foi traduzida para outras línguas? .. 294
72. Todas as traduções da Bíblia foram inspiradas? 300
73. Se os tradutores da Bíblia cometeram erros, isso não torna a Bíblia inexata? 302
74. Como escolher uma tradução que seja exata? 304
75. Por que existem tantas traduções da Bíblia? 308
76. Quais recursos são necessários para a interpretação correta da Bíblia? 309
77. Como posso ter uma experiência pessoal com a Bíblia? 312
Sobre os autores e o ministério de John McDowell 315

1

Todas as minhas perguntas podem ser respondidas?

Geralmente é difícil encontrar respostas ponderadas às perguntas mais frequentes sobre Deus e a Bíblia. Nós (Josh e Sean) estamos tentando apresentá-las a você aqui. Ao todo, falamos mais de 15 mil vezes a auditórios jovens e adultos. Procuramos pesquisar os assuntos e as perguntas que os cristãos e os não cristãos têm feito. Estudamos o que os eruditos e teólogos do passado disseram. E seria ótimo dizer que encontramos todas as respostas, mas isso simplesmente não é verdade.

Deus e sua divina Palavra compõem um tema tão imenso e profundo que precisamos confessar existirem muito mais perguntas do que respostas. De fato, quanto mais estudamos e aprendemos sobre Deus e a Bíblia, mais nos damos conta de quão pouco realmente sabemos. Todavia, isso não nos impede de acreditar.

Há muitas perguntas sobre Deus e a Bíblia com respostas satisfatórias. Mas, para algumas pessoas, elas talvez não sejam satisfatórias – de fato, podem parecer ridículas para os que não creem. Até mesmo o apóstolo Paulo disse que a mensagem da cruz é loucura para os que não creem (1Co 1.18)! Muitas das perguntas às quais respondemos aqui são perguntas espirituais que requerem respostas espirituais. Se você aceita apenas respostas "seculares", pode ficar desapontado.

Por isso, em muitas ocasiões pediremos que analise a resposta da perspectiva de Deus, porque é assim que recebemos o verdadeiro discernimento e direção. Nossa expectativa é que você encontre tais respostas neste livro. Ao mesmo tempo, estamos lidando com perguntas muito difíceis – perguntas sobre as quais a humanidade vem meditando há séculos. E algumas dessas respostas, embora nos satisfaçam até certo ponto, permanecem incompletas. Por vezes, devemos aceitar que há assuntos e situações que Deus conhece, mas que permanecem parcial ou totalmente um mistério para nós, humanos. Isso não significa que o cristianismo é uma questão de fé *cega*. Mas é importante reconhecer nossas limitações.

Por essa razão, nem todas as suas perguntas sobre Deus e a Bíblia poderão ser respondidas neste ou em qualquer outro livro. Mas vamos nos esforçar para tratar cada pergunta com honestidade e dar respostas claras e práticas. No entanto, a chave para obter respostas reais sobre as questões difíceis da vida está na atitude. Em sua sabedoria, o rei Salomão compreendeu esta atitude e a compartilhou conosco no capítulo 2 de Provérbios. As verdadeiras respostas vêm da conquista de sabedoria vinda de Deus.

> *Meu filho, se aceitares minhas palavras e guardares contigo meus mandamentos, para que faças teu ouvido atento à sabedoria e inclines o coração ao entendimento; sim, se clamares por discernimento e levantares tua voz por entendimento; se o buscares como quem busca prata e o procurares como quem procura tesouros escondidos; então entenderás o temor do Senhor e acharás o conhecimento de Deus. Pois*

o SENHOR *dá a sabedoria; o conhecimento e o entendimento procedem da sua boca; ele reserva para os justos a verdadeira sabedoria, como um escudo para os que caminham em integridade, guardando as veredas dos justos e protegendo o caminho dos seus santos.*

Então entenderás a retidão, a justiça, a equidade e todas as boas veredas. (Pv 2.1-9)

PERGUNTAS SOBRE DEUS

2

Por que Deus parece estar oculto a nós?

Digamos que eu (Sean) dissesse a você que tenho uma Lamborghini novinha em folha estacionada em minha garagem. Se você me conhecesse, provavelmente diria que eu, com o salário de professor do ensino médio, não possuo recursos para ter um carro tão caro. Claro, você estaria certo. Mas tudo o que você teria de fazer é pedir que eu mostrasse: "Mostre-me a Lamborghini". E, se eu não pudesse produzir a prova, seria considerado um farsante.

Mas é um pouco diferente quando falamos em produzir "provas" sobre Deus. Não podemos apenas fazer uma oração ou estalar os dedos e pronto! – Deus aparece e dissipa toda dúvida sobre sua existência. Para ser honesto, até isso talvez não chegue a persuadir alguém a crer nele. Mas o fato é que, num sentido real, Deus permanece oculto a nós como um ser *material*. As Escrituras dizem: *Deus é Espírito, e é necessário que os que o adoram o adorem no Espírito e em verdade* (Jo 4.24). E, como espírito, Deus é invisível a nós (v. 1Tm 1.17). Veja, ele está em outro plano de existência, diferente de nós, humanos. Não podemos vê-lo em todo o seu incrível poder e força. Ele disse a Moisés: *Não poderás ver a minha face, porque homem nenhum pode ver a minha face e viver* (Êx 33.20).

Na verdade, Deus está oculto a nós porque ele é Deus perfeitamente santo (Is 54.5 e Ap 4.8), e nós, humanos, somos imperfeitos e profanos (Rm 5.12). Estamos contaminados pelo mal, e as Escrituras dizem: *Tu, que és tão puro de olhos, que não podes ver o mal e não podes contemplar a maldade!* (Hc 1.13).[1]

A forma espiritual de Deus é demais para nós, mortais pecadores, suportarmos, e ele precisa permanecer oculto. No entanto, Deus deseja um relacionamento com sua criação e nos possibilita conhecê-lo pela morte sacrificial de Cristo, que expia nossos pecados. A expiação de Cristo pelo pecado significa que Jesus pagou o *salário do pecado* por nós, por meio da sua morte, e que ele *resgatou-nos* da *prisão* da morte (v. Rm 6.23 e 1Pe 1.18,19). Deus também se nos revela por meio da criação (Rm 1.18-21), de nossa consciência moral (Rm 2.14, 15), de sua Palavra (2Tm 3.16,17), da igreja (Ef 1.23), da história (1Sm 17.46,47) e pela habitação de seu Espírito Santo em nossa vida (Rm 8.9-11). Deus pode estar oculto a nós no sentido material, físico, porém está muito mais evidente na vida de um filho de Deus, redimido por Cristo.

Certamente Deus se revelou a nós na pessoa de Jesus Cristo quando esteve aqui na terra. Apresentaremos muitas evidências ou provas para apoiar uma fé inteligente de que Jesus foi de fato Deus encarnado. Jesus e os apóstolos afirmaram claramente que ele era a revelação de Deus a nós (v. Jo 1.1-14; 14.8-11; Cl 2.9 e Hb 1). Portanto, embora Deus possa estar oculto no mundo material, ele ainda se revelou a nós de uma forma vigorosa.

Em um sentido o aspecto oculto de Deus não é algo negativo. Seu ocultamento pode ter um resultado muito positivo. Ele disse aos filhos de Israel: *Vós me buscareis e me encontrareis, quando me buscardes de todo o coração. Eu me*

---

[1] V. "Como Deus realmente é?" na p. 48 e "O que leva as pessoas a pecarem atualmente?" na p. 69.

deixarei ser encontrado por vós (Jr 29.13,14a). Jesus disse: *Buscai, e achareis* (Lc 11.9). Como um tesouro oculto, Deus quer que busquemos, investiguemos e descubramos todas as riquezas que o seu relacionamento conosco oferece. Há um mistério naquilo que está oculto a nós. E esse mistério pode aprofundar nosso desejo de conhecer as riquezas ocultas de Deus.

3

Acreditar em Deus não requer fé?

Embora existam muitos argumentos para a existência de Deus – e nós vamos abordar vários deles neste livro –, acreditar em Deus não é realmente uma questão de fé? De fato, todos os questionamentos religiosos não pertencem à esfera da fé?

A fé é essencialmente importante, contudo muitas pessoas a compreendem mal, pensando que ela implica jogar fora a mente e apenas crer cegamente. Não é disso que trata a fé bíblica.

Garantia e prova

A Bíblia diz: *A fé é a garantia do que se espera e a prova do que não se vê* (Hb 11.1). Uma boa pergunta a fazer é: "De onde vêm a *garantia* e a *prova* de nossa fé?" Elas vêm do conhecimento ou da evidência de coisas esperadas ou não vistas. É o conhecimento de algo que nos permite confiar. E ver as evidências traz confiança à fé. Por isso, a fé bíblica não é uma fé cega que opera sem nenhuma razão para crer – ao contrário, ela olha para as evidências. De fato, essa é uma das razões pelas quais os apóstolos de Jesus registraram muitos dos sinais miraculosos realizados por Jesus: *Estes [sinais], porém, foram registrados para que possais crer que Jesus é o Cristo* (Jo 20.31).

Eis um exemplo: Você exerce fé sempre que viaja de avião. Você nem precisa ver o piloto, mas confia que ele pilotará o avião. Provavelmente você não viu os engenheiros, os mecânicos e os operários que construíram a aeronave, mas acredita que o avião no qual está voando é capaz de voar. Então, qual é a garantia de que você está viajando com segurança? Sem dúvida, você confia no desempenho histórico da companhia aérea e nas regras da agência governamental que regula e fiscaliza o setor aéreo. Existem evidências esmagadoras de que as viagens aéreas são seguras. E o conhecimento das evidências dão garantia e prova à sua fé.

O fato é que sua fé está baseada no conhecimento que você tem a respeito da companhia aérea e de suas rígidas normas de operação. Você obteve segurança baseada numa fé inteligente, ou no seu conhecimento ou em sua experiência pessoal. Sua fé não é uma fé cega que dispense informações ou evidências. Crer em algo sem evidências claras é como dar um salto no escuro; agir na fé fundamentada em evidências claras é como entrar na luz.

No Antigo Testamento, Deus enviou Moisés ao faraó, o líder do Egito. Deus operou atos milagrosos para convencer o faraó a libertar os filhos de Israel. Finalmente o governante cedeu. Mas as evidências do poder de Deus tiveram profundo impacto sobre Israel. *Israel viu a grande obra que o* SENHOR *havia realizado contra os egípcios, de modo que o povo temeu o* SENHOR *e creu no* SENHOR *e em Moisés, seu servo* (Êx 14.31).

Mas as evidências a respeito de Deus nem sempre são explícitas. Na maioria das vezes, ele está oculto a nós no mundo material, e devemos continuar a crer mesmo assim. No entanto, isso não significa que não podemos ter garantia ou profunda convicção sobre ele com base nas evidências. Neste livro, apresentaremos evidências sobre Deus e responderemos a perguntas sobre como ele é, o que nos ajudará a desenvolver uma fé firme.

A FÉ E AS EVIDÊNCIAS OPERAM JUNTAS

Independentemente de quão completas e convincentes sejam as evidências, ainda assim devemos exercer a fé. Quando conheci minha esposa, Stephanie, eu (Sean) não tinha um conhecimento profundo e completo sobre ela. Eu não podia ter certeza de que ela era uma pessoa 100% íntegra. Isso, claro, era importante para mim porque eu queria me casar com uma pessoa que me amasse o suficiente para ser fiel e verdadeira comigo. Mas, durante nosso período de namoro, eu realmente vim a conhecer a pessoa que ela era. Assim, obtive evidências suficientes para tomar uma decisão sábia e informada sobre o caráter moral da mulher com quem vim a me casar. No entanto, dei um passo de fé para que ambos entregássemos nosso amor e nossa confiança um ao outro.

Você raramente, ou talvez nunca, terá evidências exaustivas para acreditar em algo ou alguém. Mas poderá encontrar evidências suficientes para decidir que aquilo em que você crê é verossímil e objetivamente verdadeiro. Quando se trata de Deus, ele quer acima de tudo um relacionamento conosco, e a chave para qualquer relacionamento é a confiança. Por isso, quanto mais você conhecer o caráter, o coração e as motivações de Deus, mais profunda e mais forte será a sua fé nele.

A fé e as evidências andam de mãos dadas. Por exemplo, quando você enfrenta tempos de provação, sua fé em Deus pode ser testada. Tragédias como uma tempestade devastadora que destrói sua casa, a perda de um emprego ou uma terrível doença que tira de você um ente querido podem testar sua fé ao limite. Nesses momentos, é fácil questionar: "Por quê?" E às vezes não encontramos respostas satisfatórias. Podemos ser tentados a indagar: "Deus não vê o que está acontecendo? Ele não se importa? Por que ele não faz algo a respeito?" As Escrituras nos dizem: *Para que a comprovação da vossa fé, mais preciosa do que o ouro que perece, embora provado pelo fogo, redunde em louvor, glória e honra na revelação de Jesus Cristo* (1Pe 1.7).

Por que sua fé é tão "preciosa" e tão importante para Deus? Porque uma fé forte e pura é uma fé cheia de conhecimento de quem Deus é. Mais do que tudo, Deus quer que o conheçamos pelo Deus verdadeiro que ele é. O Senhor quer que confiemos nele nos tempos de provação. Quer que saibamos que ele está disponível a nós, não importa o que aconteça. Jesus orou a Deus, o Pai, dizendo: *E a vida eterna é esta: que conheçam a ti, o único Deus verdadeiro, e a Jesus Cristo, que enviaste* (Jo 17.3). Conhecer Deus é confiar nossa vida a ele. Quanto mais o conhecemos, mais podemos colocar nossa completa confiança nele.[2]

Muitas pessoas que conhecem a minha história (de Josh) sabem que me propus a refutar o cristianismo. Eu queria descobrir evidências comprovadoras de que a Bíblia era uma fraude, com todas as suas histórias incríveis. Claro, meu exame a respeito das evidências da divindade de Cristo, sua ressurreição e a confiabilidade das Escrituras provou o contrário. Por isso, algumas pessoas pensam que me converti a Cristo pelo caminho intelectual.

A verdade é que todas as evidências que documentei em meus livros não me levaram a um relacionamento com Cristo. Elas certamente prenderam minha atenção. Mas o que me levou a Deus foi, em primeiro lugar, o conhecimento do seu amor. Eu testemunhei o amor num grupo de seguidores de Jesus que se dedicavam a um Deus amoroso e uns aos

---

[2] V. "Como Deus realmente é?" na p. 48.

outros. E Deus demonstrou seu amor a mim por meio deles. Quando tive a experiência do seu amor por meio desses seguidores de Cristo, algo aconteceu. Foi aí que coloquei minha fé nele e, pelo poder do seu Espírito Santo, minha vida foi transformada. Exerci uma fé inteligente no Deus que me amou o suficiente para morrer por mim.

A Bíblia diz: *Sem fé é impossível agradar a Deus, pois é necessário que quem se aproxima de Deus creia que ele existe e recompensa os que o buscam* (Hb 11.6). Se a sua fé em Deus é fraca, este livro pretende fortalecê-la. Se a sua fé em Deus é forte, este livro a tornará ainda mais forte. Quanto mais você olhar para as evidências da existência de Deus – quem ele realmente é – e esclarecer por si mesmo os muitos equívocos relacionados, mais sua fé nele se aprofundará e florescerá.

4

É ERRADO TER DÚVIDAS A RESPEITO DE DEUS?

O desejo de Deus é que creiamos nele. Deus quer que coloquemos nossa fé nele e creiamos que ele visa o nosso melhor interesse. Então é errado ter dúvidas sobre o que Deus ordenou na Bíblia ou sobre como devemos viver a vida cristã?

A fé do grande João Batista pareceu balançar quando ele foi preso e as coisas começaram a ficar estranhas. Ele mandou que seus seguidores perguntassem a Jesus: *Tu és aquele que deveria vir, ou devemos esperar outro?*(Mt 11.3).

Lembre-se de que esse foi o homem que havia dito: *Eu mesmo vi e já vos dei testemunho de que este é o Filho de Deus* (Jo 1.34). Contudo, após ter sido lançado na prisão, João Batista deve ter questionado por que Jesus não o resgatara. A exemplo de muitos de nós quando enfrentamos dificuldades, João Batista teve dúvidas.

Quando outros discípulos de Jesus questionaram quem ele de fato era, Jesus lhes respondeu: *Crede em mim; eu estou no Pai e ele está em mim; crede ao menos por causa das mesmas obras* (Jo 14.11). Jesus não ficou contrariado porque seus seguidores manifestaram algumas dúvidas ou pediram alguma prova. Ele apelou para as evidências a fim de estabelecer que era quem alegava ser. Deus deseja que nossa fé nele seja afirmada e aprofundada por nossas convicções. E ter algumas incertezas não é necessariamente errado. Da mesma forma que João Batista, às vezes carecemos de evidências suficientes para apoiar nossa fé. Assim, buscar saber por que cremos no que cremos pode fortalecer nossa fé e, de forma alguma, é algo condenável.

Muitas de nossas dúvidas podem ser superadas quando nossa fé se torna mais inteligente com respeito às evidências de por que cremos. Mas as evidências não estão limitadas a coisas como a ressurreição de Cristo, sua divindade, a confiabilidade das Escrituras e assim por diante. Existem também evidências a respeito do caráter e da natureza de Deus que apoiarão nossa fé e dissiparão nossas dúvidas.

Certo homem procurou Jesus na esperança de que ele curasse seu filho. O homem disse:

> *Mas se podes fazer alguma coisa, tem compaixão de nós e ajuda-nos. Ao que lhe disse Jesus: Se podes? Tudo é possível ao que crê. Imediatamente o pai do menino clamou: Eu creio! Ajuda-me na minha incredulidade.* (Mc 9.22-24)

Aquele homem tinha fé, mas queria a ajuda de Jesus para não duvidar de que o mestre curaria seu filho. Provavelmente, aquele pai tinha ouvido histórias a respeito do mestre operador de milagres. Talvez ele conhecesse pessoalmente o cego que havia recuperado a visão por meio de Jesus. Talvez fosse vizinho de um dos milhares que foram alimentados com os cinco pães e os dois peixes abençoados por Jesus. Por isso aquele homem, sem dúvida, acreditava que Jesus tinha poder para curar seu filho, mas a grande questão era: *Jesus se importará em curar meu filho?*

Às vezes nossas dúvidas giram em torno da nossa fé quanto à natureza e à compaixão de Deus. Ele se importa o suficiente comigo para curar meu filho? Ele quer atender às minhas necessidades materiais? Ele me manterá seguro? É importante conhecer as evidências de seu coração atencioso para ajudar a remover nossas dúvidas.[3]

Certa vez, Jesus estava tirando uma soneca num barco ao atravessar o mar da Galileia com seus discípulos. Aconteceu uma violenta tempestade, e os discípulos pensaram que iriam naufragar, por isso acordaram Jesus. O mestre repreendeu o tempo ruim e interrompeu a tempestade. *Então lhes perguntou: Onde está a vossa fé?* (Lc 8.25). Parece que a tempestade estava ocupando a mente e as emoções dos discípulos. E isso os impedia de entregar a situação a Jesus. É claro que Jesus queria que os discípulos cressem que ele tinha o poder para acalmar a tempestade e se importava o bastante para mantê-los a salvo. Jesus queria que eles tivessem fé nele.

Jesus também instruiu seus discípulos a não se preocuparem com suas necessidades por alimento e vestuário. Se Deus cuidava dos pássaros e das flores, *quanto mais a vós, homens de pequena fé?* (Lc 12.28). Novamente, Jesus queria que seus seguidores focassem na natureza cuidadosa e supridora de Deus. Todavia, as preocupações e inseguranças podiam facilmente causar-lhes dúvidas. Elas podem causar dúvidas em nós também.

Colocar nosso foco na natureza supridora e protetora de Deus permite-nos seguir a admoestação de Pedro: *Lançando sobre ele toda a vossa ansiedade, pois ele tem cuidado de vós* (1Pe 5.7). O futuro é desconhecido, e a nossa vida é cheia de incerteza e insegurança. E, embora esteja em nossa natureza questionar como as coisas correrão, quando acrescentamos à nossa fé o conhecimento ou as evidências do cuidadoso coração de Deus, nossas dúvidas podem ser removidas. Assim, embora possa não ser errado ter dúvidas a respeito de Deus, ele quer removê-las para que possamos confiar nele independentemente das circunstâncias.

---

[3] V. "Como Deus realmente é?" na p. 48.

5

Quais são as provas de que Deus existe?

A maioria das pessoas na América e ao redor do mundo acredita que existe um Deus. Quando lhe pedem boas razões pelas quais elas creem dessa forma, muitas simplesmente dizem: "Um mundo lindo e criado primorosamente como este em que vivemos não pode ser fruto do acaso". E elas estão certas. Mas como você formula essa resposta intuitiva em um argumento ou prova de que Deus realmente existe?

As Escrituras afirmam: *Pois os seus atributos invisíveis, seu eterno poder e divindade, são vistos claramente desde a criação do mundo e percebidos mediante as coisas criadas* (Rm 1.20). Deus não precisa se materializar para provar sua existência – suas qualidades invisíveis fornecem prova suficiente de que ele existe.

Tudo se ajusta

Eu (Sean) cresci em Julian, uma cidade nas montanhas da Califórnia. Sempre gostei de andar pelas trilhas montanhosas e passear pela floresta. E iniciei meus filhos na exploração da mata.

Suponhamos que eu esteja passeando pela floresta com meu filho Scottie. Cerca de duas horas de caminhada depois, Scottie diz:

– Pai, estou ficando cansado. Estou com sede.

Logo em seguida avistamos, através das árvores, o que parece ser uma edificação. Ao nos aproximarmos, vemos uma cabana impecável no meio da floresta. A porta está escancarada.

Scottie e eu nos dirigimos à cabana. Para nossa surpresa, minha música favorita está tocando. O *video game* favorito de Scottie aparece na tela da TV. Vemos uma tabuleta no refrigerador informando: *Suas bebidas favoritas*. Scottie corre, abre a geladeira e tira de lá um delicioso refrigerante.

– Você acredita nisso, pai? – ele confessa, pouco antes de se deliciar com o refrigerante.

Isso seria surpreendente, certo?

A que conclusão você chegaria com tudo isso? Essas circunstâncias poderiam acontecer por puro acaso? Parece que alguém sabia que estávamos chegando e projetou a cabana, a música, o jogo e o refrigerante tendo nosso bem-estar em mente.

Embora a descoberta dessa fantástica cabana seja apenas um relato fictício, a realidade é que o planeta terra é ainda mais surpreendente e fantástico. Da mesma forma que na ilustração da cabana, é como se alguém tivesse cuidadosamente preparado nosso mundo tendo nosso bem-estar em mente. Certas leis da natureza se apoiam em parâmetros meticulosamente definidos que possibilitam a existência de seres humanos na terra.

Os cientistas estimam, de forma conservadora, existirem pelo menos 18 leis físicas operando em perfeita harmonia para que o universo e o planeta terra sejam adequados à vida complexa. Como exemplo, podemos citar as leis da gravidade, da conservação da energia, da termodinâmica, as poderosas forças nucleares, as forças magnéticas etc. Se alguma dessas leis variar, mesmo que ligeiramente, a vida não seria possível em nosso universo.

Pense na poderosa força nuclear. É a força que mantém unido o núcleo – o centro – dos átomos. Os prótons e os nêutrons dentro do núcleo do átomo trocam subpartículas. Os prótons permanecem então unidos pela poderosa força, embora suas cargas positivas tendam normalmente a repelir-se mutuamente. E o átomo permanece intacto.

Para ver os resultados dessa poderosa força, tome por exemplo a produção da energia nuclear do sol. Nosso sol "queima" e produz energia para sustentar o planeta terra fundindo átomos de hidrogênio. E, quando dois desses átomos se fundem, 0,7% de sua massa é convertida em energia. Mas e se a percentagem de matéria convertida em energia fosse ligeiramente menor? Se a conversão fosse de apenas 0,6% em vez de 0,7%, o próton não poderia se unir ao nêutron, e o universo consistiria apenas em hidrogênio. Não existiria o planeta terra para habitarmos, nem o sol para aquecê-lo.

E se a matéria convertida em energia fosse ligeiramente maior, digamos 0,8%? A fusão aconteceria tão rapidamente que não restaria nenhum hidrogênio. E isso também significaria que a vida como a conhecemos não poderia existir. Nosso universo está tão perfeitamente sintonizado que o diminuto átomo de hidrogênio, ao se fundir, deve abrir mão de uma quantidade exata entre 0,6% e 0,8% de sua massa em forma de energia![4]

---

[4] Deem, Rich. *Evidence for the Fine Tuning of the Universe*, artigo consultado originalmente em 17 de maio de 2001 em <www.godandscience.org/apologetics/designun.html> (em inglês).

Há dezenas de exemplos semelhantes a esse que demonstram como o nosso universo está perfeita e incrivelmente sintonizado. É inimaginável que sua origem tenha sido "por acaso". É como se algum Agente Inteligente preparasse o planeta terra com um cartaz de boas-vindas dizendo: "Eu fiz isto especificamente para você".

Aqueles que creem no Deus da Bíblia não se surpreendem ao descobrirem o universo perfeitamente sintonizado. De fato, é exatamente isso que *poderíamos* esperar encontrar caso Deus exista. A Bíblia afirma: *Ele* (Jesus) *é o resplendor da sua glória* [...] *sustentando todas as coisas pela palavra do seu poder* (Hb 1.3). A ideia da "sorte" ou do "acaso" serem responsáveis pela criação do mundo em toda a sua complexidade e precisão requer muito mais fé do que crer que existe um Deus criador que o preparou para nós.

> *Os céus proclamam a glória de Deus, e o firmamento anuncia as obras das suas mãos. Um dia declara isso a outro dia, e uma noite revela conhecimento a outra noite. Sem discurso, nem palavras; não se ouve a sua voz. Mas sua voz se faz ouvir por toda a terra, e suas palavras, até os confins do mundo.* (Sl 19.1-4)

O Deus invisível nos deu provas de sua existência no universo conhecido – aquilo que podemos ver com nossos olhos e ponderar com nossa mente. As evidências da existência de Deus podem ser examinadas no que chamamos de "argumentos" para sua existência. As quatro principais evidências, que discutiremos a seguir, são o argumento da causa primeira (argumento cosmológico), o argumento do projeto (teleológico), o argumento moral e o argumento da experiência pessoal.

6

O QUE DIZ O ARGUMENTO DA CAUSA PRIMEIRA SOBRE A EXISTÊNCIA DE DEUS?

Ainda quando garoto, eu (Sean) frequentemente questionava como tudo o que existe veio a existir. Eu pensava que, se o universo teve um princípio, então algo devia tê-lo criado. E esse algo, me parecia, devia ter sido Deus. Esta é a essência do *argumento da causa primeira* para a existência de Deus, também conhecido como *argumento cosmológico.*

A premissa é que tudo o que tem um início deve ter uma causa. Assim, se voltarmos o suficiente no tempo, encontraremos a causa primeira – e essa causa será Deus, o criador. Na realidade, este argumento se baseia em três premissas:

1. Tudo o que começa a existir tem uma causa.
2. O universo começou a existir.
3. Portanto, o universo tem um causa.

A primeira premissa parte da lógica simples de que algo existe (nosso universo) e esse algo não pode ter surgido do nada. É verdade que a combinação de coisas pode produzir coisas novas – por exemplo, duas partes de hidrogênio e uma parte de oxigênio dão origem à água – mas isso não é algo que surgiu do nada. A conclusão, então, é que tudo o que começa a existir tem uma causa – e o universo de fato começou a existir.

A segunda premissa se apoia, em parte, na segunda lei da termodinâmica. Essa lei declara que o universo está gastando toda a sua energia útil. Assim, se o universo não teve princípio – e fosse infinitamente velho –, já teria esgotado sua energia útil. Por exemplo, nosso sol está queimando sua energia e um dia se esgotará. Portanto, ele, junto com tudo o que começa no universo, começou a existir. (Há outras evidências científicas de que o universo começou a existir, incluindo o *redshift*,[5] o fundo cósmico de radiação de micro-ondas e as implicações da teoria geral da relatividade, elaborada por Einstein.)

A última premissa se baseia nas duas anteriores: o universo tem uma causa. Surge então a pergunta: "Quem causou a causa?" Podemos inferir nossa resposta das origens do tempo, do espaço e da matéria. É lógico concluir que, desde que o tempo, o espaço e a matéria não existiam antes do início do universo, então a "causa" do universo deve ser atemporal, ilimitada e incorpórea. Além disso, essa "causa" não pode ser física ou sujeita às leis naturais, visto que isso pressupõe uma existência envolvendo tempo, espaço e matéria. Esses pontos, tomados em conjunto, nos levam a concluir que essa "causa" atemporal, ilimitada e incorpórea foi Deus.

O argumento da causa primeira é forte. Em resumo, uma vez que o universo teve um princípio, então algo ou alguém teve de causá-lo. E esse alguém foi Deus. Isso pode não nos levar diretamente ao Deus de Abraão, Isaque e Jacó, mas exclui o ateísmo como uma explicação plausível para a origem do universo.

---

[5] "Desvio para o vermelho", correspondente a uma alteração na maneira pela qual a frequência das ondas de luz é observada por um receptor por meio de espectroscópio. [N. do R.]

7

O que diz o argumento do projeto sobre a existência de Deus?

O *argumento do projeto* (ou do desenho) é também chamado de *argumento teleológico*. Segundo ele, as leis da natureza e o universo como um todo demonstram uma imensa complexidade claramente identificada, a marca do projeto – portanto, o universo deve proceder de um Projetista Inteligente.

Há algum tempo, eu (Sean) colaborei com o dr. William Dembski na redação de um livro intitulado *Understanding Intelligent Design*.[6] Nele, abordamos as muitas facetas do argumento do projeto. Parte da explicação constante aqui foi extraída desse livro.

Se você já visitou a Disneylândia, provavelmente deve ter notado logo na entrada um canteiro de flores disposto num banco inclinado. Suas cores e seu padrão formam uma clara semelhança com Mickey Mouse. Ninguém atribuiria aquela maravilhosa jardinagem ao mero acaso. Por quê? Em primeiro lugar, porque flores daquelas variedades e cores simplesmente não crescem por acaso para formar a figura e a cor do famoso Mickey Mouse. Os vários tipos de flores e a sofisticação de seu posicionamento indicam claramente

[6] Harvest House Publishers, 2008.

complexidade. Complexidade nesse sentido equivale a dizer que é altamente improvável que aquelas flores tenham crescido aleatoriamente ali ou sido posicionadas de forma tão intrincada.

Além de ser complexo, o arranjo floral está disposto de uma forma muito específica. Algumas flores formam os olhos, outras o nariz, e outras ainda a boca e as famosas orelhas. A imagem apresenta um padrão independente – está, portanto, claramente *especificada.*

Essa combinação de complexidade (ou improbabilidade) e especificidade (ou padronização imposta) é chamada de *complexidade especificada.* A complexidade especificada é um marcador de inteligência. Como uma impressão digital ou assinatura, a complexidade especificada identifica a atividade de um agente inteligente. Os enormes canteiros de flores na Disneylândia mostram complexidade especificada e nos levam a crer que um jardineiro inteligente os criou. Existe o mesmo padrão na natureza?

O que declara uma única célula viva

Quanto mais alguma coisa mostra complexidade especificada – isto é, quanto mais complexa é e quanto mais sua forma segue obviamente padrões específicos –, mais ela aponta para um projetista inteligente. Tome, por exemplo, o bloco básico de construção da vida humana – uma única célula. Ela tem complexidade especificada?

> Observemos rapidamente uma célula ampliada um bilhão de vezes. Em sua superfície, encontramos milhões de aberturas, como janelas num navio. Mas não são simples janelas. Elas regulam o fluxo de materiais que entram e saem da célula. As células exibem nanoengenharia numa escala e

complexidade cuja compreensão os cientistas mal começaram a arranhar. Francis Crick, um dos co-descobridores da estrutura do DNA, descreveu a célula como "uma minúscula fábrica, agitando-se em rápida e organizada atividade química". Isso foi no início dos anos 1980. Os cientistas hoje pensam nas células como uma cidade automatizada.

Dentro da célula, encontramos muitas matérias-primas cuidadosamente manipuladas de um lado para outro por máquinas semelhantes a robôs, todas trabalhando em harmonia. De fato, muitos objetos diferentes se movem em perfeita harmonia através de canais aparentemente intermináveis. O nível de controle desses movimentos coreografados é verdadeiramente alucinante. E isso é apenas uma célula. Em organismos maiores, as células precisam trabalhar juntas para prover o bom funcionamento de órgãos como coração, olhos, fígado e ouvidos, e estes, por sua vez, precisam trabalhar em conjunto para assegurar a vida do organismo.

Se perscrutarmos ainda mais profundamente a célula, encontraremos espirais de DNA que armazenam a informação necessária para construir proteínas. As próprias proteínas são sistemas moleculares notadamente complexos. Uma proteína típica é composta por algumas centenas de aminoácidos organizados numa sequência precisamente ordenada que então se desdobra numa estrutura tridimensional altamente organizada. Essa estrutura permite que a proteína realize sua função dentro da célula.

> Os biólogos atuais não podem nem mesmo descrever as atividades dentro da célula sem as comparar a máquinas e outras façanhas da engenharia moderna. A razão é que quase todas as características de nossa avançada tecnologia podem ser encontradas na célula.[7]

Quando observamos cuidadosamente o funcionamento interno da célula, uma coisa se torna evidente: há tal complexidade e sofisticação que fazem a inovação tecnológica parecer pequena hoje. É por isso que cada vez mais cientistas estão concluindo que a melhor explicação para a célula é o projeto inteligente.

A vida requer grande quantidade de informação

A característica fundamental da vida é a informação. A vida, mesmo das células da menor bactéria, requer grande quantidade de informação para funcionar. A informação celular está armazenada no DNA. O DNA de uma célula no corpo humano guarda o equivalente a aproximadamente 8 mil livros de informação. Um corpo humano típico tem cerca de 100 trilhões de células, cada uma com um filamento de DNA que poderia ser desenrolado em cerca de 3 metros de comprimento. Assim, se todo o DNA de um ser humano adulto fosse emendado um no outro, ele se estenderia da terra até o sol e daria cerca de setenta voltas.[8]

Supondo que não houvesse nenhum Projetista Inteligente, como seria reunida a informação necessária para a vida? A resposta típica que os darwinistas apresentam é:

---

[7] Adaptado de Dembski, William A. e McDowell, Sean. *Understanding Intelligent Design.* Eugene, OR: Harvest House Publishers, 2008, p. 122-123.

[8] Roberts, Hill; Whorton, Mark. *Holman QuickSource Guide to Understanding Creation.* Nashville: B&H Publishing, 2008, p. 323.

dados tempo, matéria e oportunidade suficientes, tudo pode acontecer.

Mas quanto tempo, matéria e oportunidade estão de fato disponíveis? No início de 1913, o matemático francês Émile Borel argumentou que seria extremamente improvável que um milhão de macacos digitando dez horas por dia conseguissem reproduzir os livros de todas as bibliotecas do mundo. O universo é antigo e enorme, de acordo com Borel, mas não velho e grande o suficiente para algo tão improvável.

> Vamos limitar a esfera de ação de Borel. Em vez de nos concentrarmos em muitos livros, consideremos apenas as obras de Shakespeare. Eis a questão: Quantos macacos e quanto tempo seriam necessários para reproduzir uma das obras de Shakespeare, ou apenas algumas linhas?
>
> O físico quântico computacional do MIT, Seth Lloyd, realizou um trabalho sobre essa questão. De acordo com Lloyd, no universo físico conhecido, a probabilidade é de produzir somente 400 *bits* de informação pré-especificada (isto é, o equivalente a uma fila de 400 zeros e uns). Isso equivale a uma sequência de 82 letras e espaços comuns. Portanto, o maior segmento inicial do monólogo de Hamlet que o universo inteiro – dados o seu tamanho e o suposto histórico de bilhões de anos – poderia produzir por acaso seriam as duas linhas seguintes:
>
> SER OU NÃO SER, EIS A QUESTÃO: SERÁ MAIS NOBRE EM NOSSO ESPÍRITO SOFRER...

> Claramente, o fenômeno da probabilidade é limitado em sua capacidade de explicar certas características do universo. Toda probabilidade do universo conhecido não pode digitar aleatoriamente mais do que duas linhas de Shakespeare, quanto mais um livro inteiro.[9]

Se o acaso operando ao longo do tempo não pode criar informação suficiente para duas linhas de Shakespeare, como poderia criar a complexidade especificada de uma única célula primitiva? Uma única célula requer centenas de milhares de *bits* de informação exatamente sequenciada em seu DNA. Assim, os que negam a existência de um Projetista Inteligente têm a tarefa impossível de explicar como a informação (complexidade especificada) num único e simples organismo vivo poderia surgir de um processo não governado, cego. A vida simplesmente requer informação demais para ter ocorrido aleatoriamente. Por exemplo:

> A capacidade de armazenamento do DNA ultrapassa de longe até mesmo o mais poderoso sistema de memória eletrônico hoje conhecido. Michael Denton, biólogo molecular, observa que, para todos os tipos de organismos que já viveram, a informação necessária em seu DNA para a construção de suas proteínas "poderia caber numa colher de chá e ainda restaria espaço para toda a informação de todos os livros já escritos". Mas o DNA não apenas armazena informação. Em combinação com outros sistemas celulares, ele também processa informação. Por isso, Bill Gates compara o DNA a um programa de computador, embora muito mais avançado do que qualquer *software* inventado pelos seres humanos.

[9] Adaptado de Dembski e McDowell, p. 109-110.

> É por isso que o projeto inteligente explica melhor o conteúdo de informação do DNA. Imagine-se andando na praia e observar a mensagem "Sean ama Stephanie" escrita na areia. O que você concluiria? Você pensaria que Sean, Stephanie ou algum fofoqueiro estranho a tivesse escrito, mas nunca passaria por sua mente atribuir esse fato ao acaso, à necessidade ou a alguma cominação dos dois. O vento, a água e a areia simplesmente não geram informação significativa. A inferência mais razoável é que isso seja o produto de um projeto inteligente. Se, de forma justificável, inferirmos uma mente por trás de uma simples mensagem de 16 caracteres, então inferir uma inteligência para a origem da célula – que requer centenas de milhares de *bits* de informação – é plenamente justificado.[10]

Quando olhamos para a incrível complexidade e projeto em torno de nós, vemo-nos diante de uma escolha. Ou o universo todo, até uma única célula viva, foi projetado, ou ele se desenvolveu por alguma combinação do acaso e das leis da natureza. Ou o universo é produto da ação de um Projetista Inteligente, ou de um feliz acaso cósmico.

---

[10] Adaptado de DEMBSKI e MCDOWELL, p. 133-134; citação incorporada de DENTON, Michael, *Evolution: A Theory in Crisis*. Chevy Chase, MD: Adler and Adler, 1986, p. 264.

8

O QUE DIZ O ARGUMENTO DA LEI MORAL SOBRE A EXISTÊNCIA DE DEUS?

Toda cultura humana conhecida tem uma lei moral. Encontramos isso nos registros de culturas passadas, bem como em todas as sociedades atuais. E a moralidade de todas essas sociedades é surpreendentemente semelhante, independentemente de quão separadas elas estejam pelo tempo, pela geografia, pelo desenvolvimento cultural ou por crenças religiosas. A moralidade definida nos Dez Mandamentos judaicos, no código babilônico de Hamurabi, no Tao chinês e no Novo Testamento cristão difere nos detalhes e na ênfase, mas não na essência.

Por exemplo, algumas sociedades permitem que os indivíduos matem para vingar um erro, enquanto outras insistem que toda execução é prerrogativa do Estado. Algumas sociedades permitem liberdade nos relacionamentos sexuais antes do matrimônio ou permitem que os homens tenham mais de uma esposa, enquanto outras proíbem tal comportamento. Mas todas têm regras que dizem que as pessoas não podem matar outras à vontade nem se envolver sexualmente com quem quiser. Essas leis protegem a vida humana. São regras que regem o casamento e os relacionamentos familiares, condenam o furto e encorajam a prática do bem aos outros.

Ao longo da história, algumas sociedades reforçaram rigidamente a moralidade, enquanto outras têm sido complacentes em um ou mais pontos. E em qualquer sociedade tem havido pessoas que resistiram à imposição da moralidade sobre seu comportamento. Quando um número significativo dessas pessoas ganha poder ou apoio suficiente para sua posição, pode ocorrer uma significativa aberração ao senso moral universal, como aconteceu na Alemanha de Hitler ou na aceitação do assassinato de meninas em alguns países asiáticos. Normalmente essas aberrações tiveram vida curta porque elementos dentro ou fora da sociedade se indignaram de tal forma a ponto de interromper o comportamento anormal. Contudo, apesar de tais variações e distorções, o mesmo senso básico de moralidade aparece onde quer que seres humanos vivam em sociedade. É como se muitas orquestras diferentes estivessem tocando de acordo com a mesma partitura, mas adaptando a harmonia para adequá-la a seus instrumentos particulares.

Qual é a explicação?

Como podemos explicar a presença tão consistente de um código moral em todas as sociedades? Como explicar um senso de moralidade que dá a praticamente cada pessoa lúcida o senso de certo e errado? Por que deveria existir um senso moral, afinal de contas?[11] Sem apelar para uma origem superior, ou seja, Deus, o que ou quem seria responsável pelo senso moral comum a toda raça humana ao longo da história? De onde mais procederia a ética? Se dissermos que nossas intuições morais têm origem num processo de mero acaso, como a evolução, então a moralidade é um truque aleatório

[11] McDowell, Sean. *Ethics*. Nashville, TN: Broadman & Holman Publishers, 2006, p. 49-50; citação de Dostoyévsky, Fyódor. *The Brothers Karamázov*. New York, NY: Bantam Books, 1970, p. 95.

da natureza para nos fazer obedecer. Segue-se, então, que a moralidade não tem base objetiva e que nossas profundas intuições a respeito de determinados comportamentos são erradas. É esse o preço que você está disposto a pagar? Nós acreditamos existir uma explicação melhor.

Um padrão objetivo, universal e constante de verdade e moralidade aponta para a existência de um Deus pessoal e moral.

> Em *Os irmãos Karamázov*, o escritor russo Fyódor Dostoyévsky observou apropriadamente: "Se não existe a imortalidade da alma, não pode haver virtude e, portanto, tudo é permissível". Em outras palavras, se Deus não existe como fundamento da moralidade, então vale tudo. Isso não significa que ateus ou outros não crentes necessariamente praticarão mais imoralidade do que os crentes, mas significa que perdemos uma base objetiva pela qual fazer julgamentos morais. Se Deus não existe, perdemos o direito de julgar os nazistas e qualquer outra pessoa de quem discordemos moralmente. Eles acreditavam estar certos. Nós acreditamos que eles estavam errados. Sem uma lei superior sobre a humanidade, quem decide a verdade moral? Se não existe uma origem sobre os seres humanos, então a existência da moralidade é uma ilusão inexplicável.[12]

Mas se Deus existe, então temos uma base para moralidade objetiva. *Devemos* ser verdadeiros porque Deus é verdadeiro e fiel. *Devemos* praticar atos de amor porque Deus é amor. A moralidade brota do caráter e da natureza de Deus e é obrigatória sobre sua criação. A realidade

[12] Adaptado de McDowell, Josh; Williams, Thomas. *In Search of Certainty.* Wheaton, Il: Tyndale House Publishers, 2003, p. 46-47.

das leis morais objetivas aponta para a existência de um Legislador Moral. Somente a existência e o caráter de Deus podem responder adequadamente pela moralidade objetiva.

PODE HAVER UMA MORALIDADE INDEPENDENTE?

No entanto, alguns argumentam que a moralidade pode existir independentemente de Deus. Eles afirmam que não precisamos de um Deus para sermos bons – ou maus. Essa afirmativa, contudo, apresenta um problema: Como se define o bem ou o mal sem algum padrão moral transcendental? O mal, por exemplo, tem sido tradicionalmente entendido como a perversão do bem. Assim como a perversão implica um padrão de retidão, o mal implica um padrão de bem. C. S. Lewis disse, de forma memorável, que alegar que um bastão está torto só faz sentido à luz do conceito do que é reto. Da mesma forma, somente pode haver o mal se primeiro houver o bem.

Mas se Deus não existe, então o que é o *bem*? Sem Deus, precisamos descobrir o significado do bem por nós mesmos, e o conceito do bem objetivo desaparece. Deus se torna um termo relativo, pois ele é simplesmente o que quer que queiramos em dado momento, ou seja, o que a evolução nos tiver condicionado cegamente a crer.

A existência universalmente reconhecida dos valores morais objetivos é uma forte razão para crermos em Deus. Considere este simples argumento:

1. Se os valores morais objetivos existem, Deus deve existir.

2. Os valores morais objetivos existem.
3. Logo, Deus deve existir.

Sabemos que os valores morais objetivos existem. Não precisamos ser persuadidos de que, por exemplo, é errado torturar crianças. Todas as pessoas racionais sabem isso. Portanto, desde que os valores morais de fato existem, então Deus também deve existir. Esse argumento da lei moral fornece uma forte defesa para a afirmação de que um Deus de caráter moral realmente existe.

9

O QUE DIZ O ARGUMENTO DA EXPERIÊNCIA PESSOAL SOBRE A EXISTÊNCIA DE DEUS?

Não muito tempo depois de eu (Josh) ter me tornado cristão, tive um debate com o chefe do departamento de história de uma universidade do Meio-Oeste. Eu estava lhe contando sobre como meu relacionamento com Deus me dera significado e propósito. Ele me interrompeu:

– McDowell, você está tentando me dizer que crê em Deus e que ele mudou sua vida? Conte-me os detalhes.

Após me ouvir durante 45 minutos, ele finalmente concluiu:

– Está certo, basta!

As pessoas costumam me perguntar "Como você sabe que se tornou cristão?" ou "Como você sabe que Deus é real?" Eu explico: ele mudou minha vida. Essa transformação é uma forma de eu ter certeza da validade da minha conversão e da existência de um Deus real e pessoal.

Você talvez já tenha ouvido falar sobre a "faísca do relâmpago" que atinge algumas pessoas em sua primeira experiência religiosa. Bem, as coisas não foram assim tão dramáticas para mim. Depois de eu ter orado, nada aconteceu. Eu quero dizer *nada* mesmo. Ainda não brotaram asas nas minhas costas nem apareceu um halo sobre minha cabeça. Na verdade, após ter firmado meu compromisso com Deus, eu me senti pior. Realmente senti que estava prestes a vomitar. *Ah, não – o que eu havia engolido?* Eu me perguntei. Realmente senti que havia chegado ao fundo do poço (e tenho certeza de que algumas pessoas pensaram que eu havia chegado mesmo!)[13]

A mudança em minha vida não foi imediata, mas foi real. Por causa do que havia acontecido entre seis e dezoito meses após minha conversão, percebi que não havia chegado ao fundo do poço. Eu havia tido uma experiência com Deus, e aquilo havia mudado tudo.

Uma experiência pessoal com Deus é uma evidência de sua realidade. Algumas pessoas podem contestar essa afirmação, dizendo que essa experiência poderia facilmente ser uma ilusão ou uma fantasia emocional ou psicológica. Mas quem experimentou genuinamente encontros similares ao que Paulo, o apóstolo, experimentou na estrada de Damasco sabem bem sobre o que estou falando. Sabem que é real. Tais experiências são uma das muitas confirmações da declaração de Paulo: *E, se sois de Cristo, então sois descendência de Abraão e herdeiros conforme a promessa* (Gl 3.29).

A experiência pessoal com Deus pode não ser uma evidência convincente para outros, mas isso não a torna menos real. Em combinação com outras evidências ou argumentos para a existência de Deus, seu testemunho pessoal pode representar um argumento poderoso de que *ele existe e recompensa os que o buscam* (Hb 11.6).

---

[13] McDowell, Josh; McDowell, Sean. *More Than a Carpenter.* Wheaton, Il: Tyndale House Publishers, 2009, p. 161-162.

10

Se Deus fez todas as coisas, então quem ou o que fez Deus?

Embora possam existir evidências convincentes da existência de Deus, uma questão importante ainda permanece: Quem ou o que fez Deus? Parece que tudo o que existe teve um princípio em algum momento, então quando Deus teve início e quem ou o que o fez existir?

Vamos recordar as três premissas do argumento da causa primeira para a existência de Deus:

1. Tudo o que começa a existir tem uma causa.
2. O universo começou a existir.
3. Portanto, o universo tem uma causa.

É importante esclarecer que não afirmamos que *tudo o que existe precisa de uma causa.* Ao contrário, tudo o que *começa* a existir precisa ter uma causa.

Assim, a breve resposta à pergunta "Quem ou o que fez Deus?" é "Nada". Deus é eterno, o que significa que ele tem vida, sem princípio ou fim. Nunca houve um momento em que Deus não existisse, nem jamais ele terá fim. E, porque Deus sempre existiu, ele não precisa de uma causa. Essa não é uma defesa especial pelos cristãos, pois a própria definição de Deus implica um ser autoexistente. Se Deus pudesse ter uma causa para existir, não seria Deus! Veja, podemos apenas indagar consistentemente a causa de coisas que podem em princípio ser causadas, como cadeiras, livros e computadores. Mas, visto que Deus, por definição, não tem causa, não é o tipo de entidade que pode ter uma causa. Portanto, a pergunta "O que fez Deus?" é, na realidade, sem sentido.

Ao meditarmos nisso, nossa mente finita não consegue compreender ou mesmo expressar como algo ou alguém sempre existiu. Nossa tendência é pensar que tudo teve um princípio. Mas considere o seguinte: "Se o mundo nunca tivesse sido criado, seria verdade que 1 + 1 = 2?" Sim, claro. Podemos compreender que coisas como as verdades matemáticas e as leis da lógica sempre existiram e não têm causa.

Embora nossa mente não possa compreender *como* Deus sempre existiu, isso não significa ser ilógico crer *que* é verdadeiro. Sentimos naturalmente que algo fora do nosso universo teve de fazer que o universo viesse a existir. E o eterno Deus criador é a explicação mais razoável. *Não sabes? Não ouviste?*, Isaías indagou, *que o eterno Deus, o SENHOR, o criador dos confins da terra, não se cansa nem se fatiga?* (Is 40.28).

11

COMO DEUS REALMENTE É?

A Bíblia diz que Deus é Espírito (Jo 4.24) e que ninguém jamais o viu e continuou vivo (Êx 33.20). Então, como podemos nós, sendo humanos, e não espíritos, saber como ele é?

Embora seja verdade que Deus está oculto a nós de diversas maneiras,[14] ele, em grande medida, tem se revelado a nós. Ele tem se revelado em toda a criação. Quando vemos o mundo ao nosso redor, vislumbramos a natureza criativa de Deus, sua infinidade de gostos e sua incompreensível imensidão.

Deus se nos revelou também nas Escrituras. Por meio da confiável Palavra escrita de Deus, podemos nos aprofundar em

1. suas características infinitas
2. seu coração relacional
3. sua natureza santa

E porque ele se revelou a nós na pessoa de Jesus Cristo, vemos Deus em pessoa. Podemos ver de uma forma eficiente exatamente como ele quer se relacionar conosco e como ele é de forma relacional. Cada uma dessas dimensões de Deus nos dá uma compreensão maior de como ele realmente é.

---

[14] V. "Por que Deus parece estar oculto a nós?" na p. 15.

AS CARACTERÍSTICAS INFINITAS DE DEUS

Uma das primeiras coisas que sabemos a respeito de Deus é que ele é infinito, e isso ultrapassa nossa compreensão como seres humanos finitos. O que as Escrituras nos dizem?

Deus é eterno, o que significa que ele possui uma vida infinita, sem princípio nem fim (v. Is 40.28). Deus criou o tempo e se envolve no tempo, mas ele existe eternamente, fora do tempo. Nunca houve um momento em que ele não tenha existido, e ele jamais terá fim. Nós realmente não conseguimos compreender a ideia de um ser eterno, autoexistente, mas isso faz parte da natureza de Deus.

Deus é todo-poderoso. A Bíblia revela um Deus que é todo-poderoso – dizemos que ele é *onipotente.* Se ele quer fazer alguma coisa – qualquer coisa –, pode fazê-la. O rei Davi disse: *Grande é o nosso Senhor, forte em poder; não há limite para o seu entendimento!* (Sl 147.5). O Deus onipotente, como soberano do universo, tem o poder de conhecer o futuro e fazê-lo acontecer:

> *Eu sou Deus, e não há outro semelhante a mim. Sou eu que anuncio o fim desde o princípio, e desde a antiguidade, as coisas que ainda não sucederam; sou eu que digo: O meu conselho subsistirá, e realizarei toda a minha vontade.* (Is 46.9,10)

Deus é onipresente. Seu conhecimento e seu poder não têm limites – por isso, dizemos que ele é *onipresente.* Novamente, como seres finitos, não podemos imaginar um ser capaz de estar sempre presente tanto dentro quanto além do nosso universo de tempo e espaço (v. Jr 23.23,24). Todavia, isso faz parte da natureza de Deus.

Deus não muda. Por sua própria natureza, ele é confiável – dizemos que ele é *imutável.* Isso significa que ele não vacilará nem mentirá. E sempre fará o que diz (v. Sl 102.26,

27 e Nm 23.19). O fato de Deus não mudar significa que ele permanece infinitamente constante, firme e seguro de si mesmo – pode-se confiar que ele sempre será o que é.

Deus conhece tudo. Deus tem um conhecimento infinito. Ele sabe tudo: passado, presente e futuro – dizemos que ele é *onisciente* (v. Is 46.9,10 e Sl 139.1). Se considerarmos tudo o que há para conhecer no universo conhecido, por mais tempo que o universo tenha existido, isso nem sequer arranharia a superfície do conhecimento de Deus.

Até aqui descrevemos Deus como um ser eterno, onipotente e que está em toda parte, que conhece todas as coisas e nunca muda. Isso nos dá a noção de algumas das infinitas características desse Deus incrível, mas não chega ao seu lado pessoal ou ao núcleo do que ele é. É nesse nível pessoal que podemos nos relacionar mais diretamente com ele.

O coração relacional de Deus

Esse Deus infinito proferiu as palavras: *Haja...* e o mundo foi criado (Gn 1.3). E ele viu que isso era bom. Mas, quando Deus criou o mundo, não o fez sozinho, porque as três pessoas da Trindade estavam presentes. *O Espírito de Deus pairava sobre a face das águas* (Gn 1.2). O Filho, Jesus, também estava lá.

> *Ele é a imagem do Deus invisível, o primogênito sobre toda a criação; porque nele foram criadas todas as coisas nos céus e na terra, as visíveis e as invisíveis, sejam tronos, sejam dominações, sejam principados, sejam poderes; tudo foi criado por ele e para ele.* (Cl 1.15,16)

Esse aspecto triúno de Deus demonstra que ele é relacional. Assim, antes de haver seres humanos, antes do planeta terra, do universo ou do tempo como os conhecemos, Deus existe eternamente como um ser que se relaciona.

Moisés registrou nas Escrituras que esse criador eterno é o *Deus zeloso* (Êx 34.14) em seu relacionamento conosco. E, para definir mais detalhadamente a natureza do seu relacionamento, as Escrituras dizem que *o amor é de Deus* [...] *porque Deus é amor* (1Jo 4.7, 8). Podemos, então, dizer que *Deus existe como um ser relacional amoroso.*

Parte da razão pela qual Deus criou os seres humanos foi para ter um relacionamento com eles.[15] Deus não fez isso por precisar de um relacionamento; ele já existia como relacionamento. Ele nos criou como seres relacionais porque em seu coração ele é um ser amoroso relacional que quer se relacionar conosco. Toda a criação existe por causa de sua bondade e graça relacional.

O rei Davi descreve o coração relacional de Deus:

> *O* Senhor *é compassivo e misericordioso; demora para irar-se e é grande em amor.* (Sl 103.8)
>
> *Tua fidelidade estende-se de geração a geração* [...] Senhor, *tuas misericórdias são muitas.* (Sl 119.90,156)
>
> [Ele] *defende os oprimidos e dá alimento aos famintos. O* Senhor *liberta os encarcerados; o* Senhor *abre os olhos aos cegos; o* Senhor *levanta os abatidos; o* Senhor *ama os justos. O* Senhor *protege os peregrinos e ampara o órfão e a viúva, mas transtorna o caminho dos ímpios.* (Sl 146.7-9)
>
> [Ele] *sara os quebrantados de coração e cura suas feridas.* (Sl 147.3)

Você compreende a imagem? O sentimento relacional de Deus é altruísta. Ele é compassivo, misericordioso,

[15] V. "Por que Deus criou os seres humanos?" na p. 76.

infalível, fiel, justo e cuidadoso. Seu coração puro protege aqueles a quem ele ama e lhes dá o que é bom. Ele considera a segurança, felicidade e o bem-estar de outro tão importantes como se fossem dele mesmo. Seu amor é generoso e confiante, desprendido e sacrificial, certo e seguro, leal e eterno.

E, quando os seres humanos deixaram de acreditar que seu Deus amoroso visava seu bem-estar e se rebelaram contra ele, o que Deus fez? Em vez de deixá-los sozinhos em seu pecado, separados dele, Deus os alcançou em amor para trazê-los de volta para si.

> *Mas Deus, que é rico em misericórdia, pelo imenso amor com que nos amou, estando nós ainda mortos em nossos pecados, deu-nos vida juntamente com Cristo.* (Ef 2.4,5)

O preço, claro, foi a morte torturante de seu Filho numa rude cruz. O Filho inocente e santo se dispôs a sofrer e morrer para que pudesse restaurar um relacionamento com você e eu. Esse é o compassivo relacionamento de Deus.

A natureza santa de Deus

É impossível compreender ou expressar as infinitas características de Deus. Não podemos medir a profundidade do seu coração relacional. Embora ele nos tenha criado como seres relacionais e embora nós, de forma alguma, o compreendamos completamente, somos atraídos poderosamente e podemos nos relacionar com ele verdadeiramente. Fomos criados para, em troca, amá-lo e amar os outros como a nós mesmos. Mas onde nós, seres humanos, falhamos em amá-lo perfeitamente, Deus não falha. Porque *o infinito Deus de relacionamento é santo, perfeito e justo.* As Escrituras dizem: *Ele é a rocha! Suas obras são perfeitas, porque todos os seus caminhos são justos. Deus é fiel, e nele não há pecado; ele é justo e reto* (Dt 32.4).

As Escrituras revelam um Deus que é perfeitamente santo (Is 54.5 e Ap 4.8), justo (Ap 16.5) e reto (Sl 119.137). Isso não é algo que ele *decide* fazer. Em outras palavras, ele simplesmente não decide ser santo, justo e reto; isso é algo que ele é. Tudo o que é reto, justo e bom deriva do âmago de sua natureza. As Escrituras dizem: *Toda boa dádiva e todo dom perfeito vêm do alto e descem do Pai das luzes* (Tg 1.17).

Isso é incrivelmente importante. O que as pessoas esquecem e não compreendem a respeito de Deus é que ele é pura bondade. Tudo o que é perfeito, justo, bonito, completo, significante e eternamente pleno de contentamento, toda alegria e toda felicidade, se deve a ele e dele procede. A própria natureza e essência de Deus são boas. *O SENHOR é bom e justo* (Sl 25.8). Ele é *santo* e *verdadeiro* (Ap 3.7). *Santo, santo, santo é o SENHOR dos Exércitos* (Is 6.3). *O SENHOR é justo em todos os seus caminhos e bondoso em todas as suas obras* (Sl 145.17). *O Senhor é justo. Ele é minha rocha, e nele não há injustiça* (Sl 92.15).

A natureza imutável de um Deus santo (sua imutabilidade) torna impossível que ele minta ou contrarie sua perfeita bondade (Rm 3.3,4 e Hb 6.16-18). Por conseguinte, ele é o nosso padrão para definir o que é certo e errado, o que é o bem e o mal, o que é pura alegria e felicidade. Em última análise, viver e ser como Deus é experimentar a justiça, a bondade e a alegria que ele tem a oferecer. Viver e ser algo diferente dele é experimentar o mal, o sofrimento e a ausência de tudo o que é bom.

Para começar a compreender quem Deus realmente é, precisamos reconhecer que ele é infinito e reverenciá-lo, reconhecer sua natureza relacional e aceitá-lo, reconhecer sua bondade pura e adorá-lo. O rei Salomão, em sua sabedoria, declarou: *O temor do* SENHOR *é o princípio da sabedoria; e o conhecimento do Santo é o entendimento* (Pv 9.10).

Possuir sabedoria e entendimento a respeito de Deus, da Bíblia e da própria vida envolve conhecimento de suas infinitas características, seu compassivo relacionamento de amor e sua natureza de pura bondade. Tendo isso como nosso centro de gravidade moral, podemos começar a ver a vida claramente e ter um ponto de referência para fazermos escolhas morais corretas.

12

Quem é o Espírito Santo?

Quando pensamos em Deus, podemos imaginar o poderoso criador sentado em seu trono no céu. Podemos imaginá-lo na forma humana como Jesus, o Salvador do mundo. Mas nós o vemos como o Espírito Santo? E quem é Deus na pessoa do Espírito Santo?

Algumas pessoas creem que o Espírito Santo é simplesmente a influência do bem – como a "força boa" do universo. Mas o Espírito Santo é de fato uma pessoa – a terceira pessoa da Trindade (Deus Pai, Deus Filho e Deus Espírito Santo). Jesus se referiu ao Espírito como uma pessoa quando disse: *E eu rogarei ao Pai, e ele vos dará outro consolador, para que fique para sempre convosco. O Espírito da verdade* [...] *pois ele habita convosco e estará em vós* (Jo 14.16,17).

O Espírito Santo é uma das três pessoas de Deus. Ele tem uma mente e sentimentos. Ele faz escolhas. As Escrituras dizem: *E aquele que sonda os corações sabe qual é a intenção do Espírito* (Rm 8.27). As Escrituras também dizem que o Espírito pode sentir. Não devemos entristecer o Espírito Santo de Deus com a maneira como vivemos (Ef 4.30). Ele decide quem receberá dons espirituais: *Mas um só Espírito realiza todas essas coisas, distribuindo-as individualmente conforme deseja* (1Co 12.11). O apóstolo Pedro disse também a um homem chamado Ananias: *...para que mentisses ao Espírito Santo* (At 5.3).

Ananias não estava mentindo a uma influência; ele estava mentindo a uma pessoa. Pedro acrescentou: *Não mentiste aos homens, mas a Deus* (At 5.4).

Ao ser enviado por Deus, o Espírito Santo se tornou o agente interativo de Deus para nós. Quando ele foi "derramado" sobre o povo de Deus no dia de Pentecoste (v. At 2), podemos dizer que a palavra "Deus" não foi apenas um substantivo – tornou-se também um verbo. Em vez de apenas aprender quem é Deus ou seguir o ensino de Jesus de forma impessoal, nós experimentamos Deus realmente enviado à nossa vida pelo Espírito. Ele é ativo, o Deus agente que nos impele à ação. Deus, o Espírito Santo, consiste em viver, amar, responder, apreciar, respeitar, disciplinar, crescer, capacitar e um sem-número de tais verbos.

O Espírito Santo é a pessoa de Deus dinâmica, ativa e sempre presente. Nós o experimentamos em nosso viver diário. Além disso, ele demonstra a si mesmo em nossa capacidade de amar como Deus ama. *Se amamos uns aos outros*, disse João, *Deus permanece em nós, e seu amor é em nós aperfeiçoado. Assim, sabemos que permanecemos nele, e ele em nós, por ele nos haver dado do seu Espírito* (1Jo 4.12,13). O Espírito Santo é real. Ele se evidenciou poderosamente no dia de Pentecoste dois milênios atrás. E sua presença é uma prova adicional de que pertencemos a Deus, porque *o próprio Espírito dá testemunho ao nosso espírito de que somos filhos de Deus* (Rm 8.16).

13

O QUE SIGNIFICA DEUS SER UMA TRINDADE?

A ideia de Deus ser três pessoas em uma tem confundido muita gente. O que significa exatamente Deus ser uma Trindade?

A Bíblia ensina que existe apenas um Deus. Chamamos isso de *monoteísmo. Ouve, ó Israel: O SENHOR, nosso Deus, é o único SENHOR* (Dt 6.4). Jesus fez essa citação em Marcos 12.29, confirmando a existência de um único Deus. Então, como as pessoas dizem que Deus é uma Trindade – como podem existir três Deuses e, todavia, serem eles um só Deus?

Deus ser uma Trindade não significa existirem três Deuses. Deus existe como três pessoas e mesmo assim ele é um só ser. Cada *pessoa* da Trindade – o Pai, o Filho e o Espírito Santo – tem uma identidade separada ao mesmo tempo que possui a plena natureza de Deus.

Jesus é o divino Filho de Deus. Isso não significa que Jesus foi criado por Deus. De fato, as Escrituras dizem claramente que ele sempre coexistiu com Deus (v. Jo 1.1-3). O próprio Jesus declarou ter eternamente coexistido com seu Pai. E, com base nessa declaração, *os judeus procuravam ainda mais matá-lo, não só porque infringia o sábado, mas também porque dizia que Deus era seu Pai, fazendo-se igual a Deus* (Jo 5.18). O apóstolo Paulo declarou que Jesus era divino. *Deles são os patriarcas, e deles descende o Cristo segundo a carne, o qual é sobre todas as coisas, Deus bendito eternamente* (Rm 9.5). O escritor da carta aos Hebreus diz: *Ele é o resplendor da sua glória e a representação exata do seu Ser* (Hb 1.3).

Então, Deus, o Pai, coexiste com Deus, o Filho:

> *Ele é a imagem do Deus invisível, o primogênito sobre toda a criação; porque nele foram criadas todas as coisas nos céus e na terra* [...]. *Ele existe antes de todas as coisas, e nele tudo subsiste.* (Cl 1.15-17)

Paulo se refere tanto a Deus Pai quanto a Jesus como Deus. ... *mediante a pregação que me foi confiada segundo a ordem de Deus, nosso Salvador. Graça e paz da parte de Deus Pai e de Cristo Jesus, nosso Salvador* (Tt 1.3,4). Deus, o Pai, é divino. Deus, o Filho é divino.

Deus Espírito Santo é também divino. O apóstolo Pedro reconheceu isso quando apontou a transgressão de um homem na igreja de Jerusalém (At 5.3,4). O Espírito coexiste eternamente com o Pai e o Filho e estava presente na criação (v. Gn 1.2). A respeito dele Jesus disse: *E eu rogarei ao Pai, e ele vos dará outro consolador* [...]. *Mas o consolador, o Espírito Santo a quem o Pai enviará* [...], *vos ensinará todas as coisas e vos fará lembrar de tudo o que vos tenho dito* (Jo 14.16,26). Paulo disse: *Nele, também vós, tendo ouvido a palavra da verdade* [...] *e nele também crido, fostes selados com o Espírito Santo da promessa* (Ef 1.13). Jesus disse que o Espírito [é santo por ser ele o Espírito do Deus Santo. Ele é a terceira pessoa do Deus trino.

Concluindo, a doutrina da Trindade foi formulada em fidelidade aos ensinos da Bíblia sobre a natureza de Deus, num esforço de expressar sua verdade.[16]

---

[16] Para mais informações sobre a Trindade, v. o cap. 36 de Josh McDowell e Sean McDowell, *The Unshakable Truth*. Eugene, OR: Harvest House Publishers, 2010.

14

DEUS É DO SEXO MASCULINO OU FEMININO?

Perguntar "Deus é do sexo masculino ou feminino?" é como perguntar se Deus é destro ou canhoto. Ou se sua língua nativa é português ou inglês. A verdade é que Deus não está confinado por nosso mundo humano ou material. Ele nos criou à sua imagem e semelhança, mas difere de nós de muitas maneiras.

Jesus disse: *Deus é Espírito, e é necessário que os que o adoram o adorem no Espírito e em verdade* (Jo 4.24). É verdade que Deus assumiu a forma humana na pessoa de Jesus, que, claro, era do sexo masculino, mas Deus não existe como um ser material ou físico. Por isso, nesse sentido, ele não pertence nem ao sexo masculino nem ao feminino na forma como conhecemos o gênero humano.

Ao mesmo tempo, Deus escolheu criar e usar figuras de retórica de si mesmo tanto masculinas como femininas. Claro que ele se refere a si mesmo como Pai e a Jesus como Filho de Deus, ambas imagens masculinas. Todavia, Jesus referiu-se a si mesmo usando imagem feminina, ao dizer: *Quantas vezes eu quis ajuntar teus filhos, como a galinha ajunta seus filhotes debaixo das asas, e não quiseste!* (Mt 23.37).

Algumas pessoas têm sugerido que a atração natural do sexo masculino pelo feminino está radicado na natureza de Deus. O magnetismo do homem para com a mulher e da mulher para com o homem tem origem na união e completude de um Deus que comporta tanto as características masculinas quanto femininas. Essa ideia sugere que Deus tem inerentemente as características masculinas e femininas, e quando essas características são colocadas separadamente em cada sexo, elas se atraem como polos magnéticos opostos. Essa é, pelo menos, uma teoria de por que os sexos masculino e feminino se atraem mutuamente.

No entanto, pelas Escrituras Deus escolheu basicamente se caracterizar em termos masculinos mesmo não sendo ele inteiramente masculino nem inteiramente feminino. E, independentemente de termos nascido homem ou mulher, Deus se refere aos seus redimidos como filhos (Rm 8.14), sua esposa (Ef 5.25-27), seu templo santo (Ef 2.21, 22), seus coerdeiros (Rm 8.17) e geração eleita, sacerdócio real, nação santa e propriedade exclusiva (1Pe 2.9).

Assim, embora Deus não seja nem do sexo masculino nem feminino, ele pode se relacionar conosco como homem ou mulher igualmente, porque ele nos ama de igual forma e providenciou para que todos nós estivéssemos em comunhão com ele.

15

Deus pode cometer erros, como sentir ciúmes?

A Bíblia diz que Deus é um Deus ciumento. Mas sentir ciúmes é errado. Então, como isso pode ser correto se Deus não faz nada errado?

Se Deus é alguma coisa, ele é perfeitamente bom. *Ele é a rocha! Suas obras são perfeitas*, afirmam as Escrituras. *Suas obras são perfeitas, porque todos os seus caminhos são justos* [...] *ele é justo e reto* (Dt 32.4). Adicionalmente, o escritor do livro de Hebreus nos diz que Deus jurou por si mesmo ao fazer a promessa a Abraão, e essas duas coisas estão baseadas em seu caráter sem pecado, que é imutável. *Para que nós* [...] *tenhamos grande ânimo por meio de duas coisas imutáveis, nas quais é impossível que Deus minta* (Hb 6.18). Porque Deus mentir seria ir contra sua natureza e seu caráter, o que ele não pode fazer.[17]

Como pode ser correto Deus sentir ciúmes?

Mas se Deus não pode cometer erro, por que a Bíblia diz que ele sente ciúmes? Certamente sentir ciúmes é errado – pelo menos nós, seres humanos, não devemos ter ciúmes. Certo?

---

[17] Para saber mais a respeito do caráter puro de Deus, v. resposta a "Como Deus realmente é?" na p. 48.

Em 1Coríntios, Paulo diz: *Porque ainda sois carnais. Visto que há inveja e discórdias entre vós* (1Co 3.3). É claramente errado ser egoisticamente possessivo e litigioso para com aqueles que têm algo que você quer, e o apóstolo estava falando exatamente sobre isso. Todavia, logo na carta seguinte, Paulo escreveu aos coríntios: *Porque tenho ciúme de vós, e esse ciúme vem de Deus* (2Co 11.2). Aqui Paulo está preocupado com a pureza e a devoção dos coríntios a Cristo e por isso ele tinha ciúme da mesma forma que Deus é ciumento. Obviamente, Paulo não está condenando os ciúmes de Deus. Então, que tipo de ciúmes Deus demonstra?

Em Êxodo, está escrito: *Porque não adorarás nenhum outro deus; pois o SENHOR, cujo nome é Zeloso, é Deus zeloso* (Êx 34.14). Josué também disse aos filhos de Israel que o Deus deles era *Deus santo* e *Deus zeloso* (Js 24.19). Essas duas palavras *Deus zeloso* correspondem à expressão em hebraico *el qana*, que denota paixão e zelo. Embora a palavra "ciúmes" em português seja principalmente usada no sentido negativo, no hebraico ela expressa paixão e carinho, frequentemente em conexão com o relacionamento conjugal. Deus considerava os filhos de Israel como se fossem seu parceiro conjugal e queria que eles o amassem como uma esposa se dedicaria exclusivamente ao marido. Por isso disse que eles não deveriam adorar ninguém mais além dele. Ele quer ser amado com amor puro e apaixonado, reservado somente para ele.

UM EXEMPLO HUMANO

Como seres relacionais, queremos ser amados com exclusividade. Como você se sentiria se alguém dissesse que o ama verdadeiramente e depois o enganasse? Não é errado sentir-se mal em relação a alguém que esteja traindo você, é? Não é natural ser o primeiro na vida de alguém?

Imagine eu (Sean) em minha lua de mel. Enquanto Stephanie e eu estamos passeando romanticamente pela praia, eu me volto para ela, olho profundamente em seus olhos e digo: "Stephanie, querida, dos bilhões de mulheres deste planeta, você está na lista das dez melhores". Imagine minha jovem esposa inclinando a cabeça em meu ombro e me olhando nos olhos. "Oh, Sean, obrigada. Isso significa muito para mim. Emociona-me saber que estou entre as dez mulheres que você ama! Apenas estar em sua lista, querido, para mim é suficiente".

Você pode imaginar esse tipo de resposta? Eu não. Stephanie ficaria ofendida, magoada e preocupada se eu amasse outra mulher além dela. E deveria mesmo ficar. Minha esposa quer ser a número um em minha vida. Você e eu fomos relacionalmente criados dessa forma. Fomos projetados para querer, de modo ciumento, o amor exclusivo um do outro.

E porque Deus é perfeitamente bom e santo, seus ciúmes não são, de forma alguma, egoístas. Ele sabe que quando o amamos com exclusividade – de todo o nosso coração, alma e força –, isso nos permite experimentar a alegria e o significado do que estamos procurando na vida. É por isso que ele nos convida a adorá-lo, e a ele somente. Não é, de forma nenhuma, errado Deus querer de modo exclusivo nosso amor e nossa devoção. Na verdade, seu amor ciumento é um modelo para seguirmos.

16

De onde veio o mal?

O mal deve ter vindo de algum lugar, certo? Mas de onde? As Escrituras declaram que *Deus é fiel, e nele não há pecado; ele é justo e reto* (Dt 32.4). E a Bíblia ainda afirma que *todas as coisas foram feitas por intermédio dele, e, sem ele, nada do que foi feito existiria* (Jo 1.3). Então, se o criador de todas as coisas é bom, sem pecado, como existe o mal no mundo? Sabendo que o mal existe e que Deus criou todas as coisas, como podemos dizer que Deus não criou o mal? E se ele não o criou, de onde o mal procede?

Deus é perfeitamente bom e santo e criou somente criaturas perfeitas. Todavia, ele deu à sua criação humana o poder da livre escolha ou livre-arbítrio. Os primeiros seres humanos tiveram a escolha de confiar nele, crer que ele era bom e que tinha o melhor interesse deles em mente ao lhes dar uma ordem para obedecer. Infelizmente eles usaram esse poder bom numa escolha contra Deus, e isso trouxe o mal a este mundo.

A possibilidade do mal

Assim, a possibilidade do mal surgiu de Deus, mas não diretamente. O mal veio do abuso de um poder bom chamado livre-arbítrio. Deus pode ser responsável pela possibilidade da existência do mal no mundo, no entanto o mal foi a escolha dos seres humanos que tornaram o mal uma realidade no mundo. Podemos dizer que Deus produz o *fato* da livre escolha, mas é o homem ou a mulher individualmente que efetuam o *ato* da livre escolha.

É claro que Deus poderia ter criado um mundo sem livre-arbítrio. Os humanos poderiam ter sido "programados" para fazer o bem e adorá-lo perfeitamente. No entanto, num mundo sem escolhas o verdadeiro significado de "Eu te amo" seria perdido. O efeito e a realidade satisfatórios de amar outra pessoa são nulos e sem sentido se não existir o poder da livre escolha. Deus quis que experimentássemos a realidade de um relacionamento amoroso com ele. O grande risco foi a possibilidade do mal. E a responsabilidade de agir sobre essa possibilidade ficou com os seres humanos, não com Deus.

A realidade do mal

Deus tornou o mal possível, e os seres humanos o fizeram real. Mas o que levou os primeiros seres humanos a escolherem o mal?[18] No caso de Eva, a primeira mulher, a escolha foi comer um fruto que Deus havia ordenado que ela e o marido, Adão, não comessem. O primeiro casal teve o poder do livre-arbítrio. Eles poderiam ter escolhido obedecer a Deus e não comer do fruto proibido. Mas quando a serpente – o tentador – disse a Eva que, na realidade, Deus não sabia do que estava falando, ela deu atenção. A serpente disse que ela se tornaria igual a Deus, conhecedora tanto do bem quanto do mal. As Escrituras registram: *Então, vendo a mulher que a árvore era boa para dela comer, agradável aos olhos e desejável para dar entendimento* [por ato de sua livre vontade], *tomou do seu fruto, comeu* (Gn 3.6).

[18] V. "O que leva as pessoas a pecarem atualmente?" na p. 69.

Deus tinha dado a Eva uma boa coisa. Ela recebeu o poder de escolher entre o que *ela* considerou ser certo e errado em contraste com permitir que Deus fosse o único árbitro sobre o que era certo e errado. Deus foi, e é, o soberano que julga entre o certo e o errado. Todavia, Eva quis essa prerrogativa – quis ser soberana em si mesma, com a capacidade de escolher o que pensava ser o seu melhor interesse.

Resumindo: De onde veio mal, e o que fez o primeiro ser humano o escolher? Eva cobiçou a sabedoria de Deus – sua soberana determinação sobre o que era do melhor interesse para os seres humanos. Deus concedeu ao primeiro casal o poder do livre-arbítrio, e eles escolheram seguir os próprios desejos em vez da vontade de Deus. O mal nasceu de uma escolha de crer que Deus estava negando à criação humana o que era bom. Como resultado, os primeiros seres humanos cometeram um ato pecaminoso de soberania, em desobediência à ordem do seu criador.

17

O que é exatamente o mal?

Os seres humanos tiveram a experiência do mal pela primeira vez quando o casal original exerceu o poder do livre-arbítrio, escolhendo não confiar em Deus e ir contra ele.[19] Visto sabermos que o mal existe, o que exatamente ele é? O mal é uma entidade, uma coisa que existe em si e por si, independentemente do livre-arbítrio de um ser humano?

As Escrituras afirmam claramente que *Deus criou todas as coisas* (v. Jo 1.1-3 e Cl 1.15-17). E, se aceitamos que o mal é uma realidade, como podemos dizer que Deus não o criou? A resposta está no fato de que o mal não é uma coisa ou substância ou entidade que foi criada. Em vez disso, o mal é a corrupção de uma coisa boa que Deus de fato criou. Vamos explicar.

Deus fez os humanos, e isso foi bom. Essa afirmação aparece várias vezes em Gênesis 1. Deus concedeu aos seres humanos o poder do livre-arbítrio, e isso também foi bom. Isso significa que Deus lhes deu a escolha de crerem ser ele o árbitro do certo e do errado, e que Deus sabia o que era melhor para eles ao instruí-los a não comerem de certo fruto – e isso era bom. Quando os primeiros seres humanos acreditaram que Deus *não* sabia o que era o melhor para eles – e

[19] V. "De onde veio o mal?" na p. 64.

isso foi corromper uma coisa particularmente boa –, o mal nasceu.

O mal, então, não é uma substância ou entidade, mas a corrupção do que é bom. Isso significa que o mal é um parasita do bem. Em outras palavras, o mal depende da existência do bem, mas o bem não depende do mal. Assim, enquanto pode existir o bem sem o mal, não pode haver o mal sem a existência do bem. Assim como o conceito de "tendência ao erro" requer "retidão", a existência do mal requer que o bem seja previamente existente.

O mal se tornou uma realidade quando houve 1) rejeição ao que Deus disse ser verdade e digno de obediência, e 2) um ato em oposição à sua ordem. Deus queria que os seres humanos confiassem nele e lhe obedecessem. De fato, ele projetou todos nós para vivermos de modo pleno e expressivo, adorando-o e vivendo em correto relacionamento com ele. E, quando a humanidade tomou a decisão de parar de confiar nele e seguir seus caminhos, o mal se tornou uma realidade.

18

O QUE LEVA AS PESSOAS A PECAREM ATUALMENTE?

Provavelmente você já ouviu alguém que fez algo errado apresentar a seguinte justificativa para sua ação: "O Diabo me fez praticá-la". Será que Satanás, as pessoas ou a tentação nos fazem cometer erros? O que leva as pessoas a pecarem? Por pecado, queremos dizer qualquer pensamento, atitude ou ação que não expresse ou confirme o santo caráter e natureza de Deus.[20]

A CONDIÇÃO HUMANA

Para compreender a *causa* do pecado das pessoas, precisamos entender a *condição* da pessoa que peca. E não precisamos analisar mais do que nós mesmos ou nossos filhos para alcançar essa compreensão. Se você conviver com crianças durante algum tempo, comprovará que uma criança sem nenhuma orientação manifesta uma tendência independente centrada no "eu". Desde a infância, ao que parece, nós lutamos por controle para obter o que queremos e da maneira como queremos. De uma forma ou de outra, esse impulso independente de manter-se no comando está por trás de toda luta pelo poder, todo preconceito, todo conflito

[20] V. "Como Deus realmente é?" na p. 48.

e todo uso indevido de relacionamentos desde a aurora dos tempos. Essa propensão ao pecado vem de dentro de nós. Mas devemos perguntar: "De onde vem a compulsão por fazer coisas erradas?"

Quando Adão e Eva, o primeiro casal, se viram diante de uma escolha, estavam vivendo num mundo perfeito, em um perfeito relacionamento com Deus. Mas, como lhes foi dado o livre-arbítrio – o poder da escolha –, existia a possibilidade do mal.[21] Eles poderiam ter acreditado que a ordem de Deus para não comerem da árvore do conhecimento do bem e do mal era uma proibição altruísta e que o interesse de Deus era o melhor para eles. Mas não creram.

Portanto, assim como o pecado entrou no mundo por um só homem, e pelo pecado, a morte, dizem as Escrituras, *assim também a morte passou a todos os homens, pois todos pecaram* (Rm 5.12). Isso significa que, desde o nascimento, começamos com uma natureza egocêntrica, atuando em causa própria, exigindo coisas no exato momento em que as queremos. Por isso, não é o Diabo ou qualquer outra coisa que nos faz pecar. O Diabo não é uma entidade fora de nós que nos seduz ao pecado. A natureza pecaminosa dentro de nós resulta de estarmos espiritualmente separados de um relacionamento íntimo e contínuo com um Deus santo. E é essa natureza pecaminosa que tem *o desejo da carne, o desejo dos olhos e o orgulho dos bens* (1Jo 2.16). *Pois onde há inveja e sentimento ambicioso, aí há confusão e todo tipo de práticas nocivas* (Tg 3.16).

NÃO É TÃO RUIM ASSIM, É?

O pecado é a condição depravada de toda a raça humana. No entanto, preferimos pensar que a nossa disposição para o pecado não é tão ruim assim. Mas a depravação

---

[21] V. "De onde veio o mal?" na p. 64.

dos seres humanos vem do âmago e lhes dá a capacidade de atos de crueldade e falta de compaixão contra o inocente. Por exemplo, de 1932 a 1933, milhões de ucranianos foram forçados a morrer de inanição por motivos políticos. Houve os campos de morte de Dachau, Buchenwald e Auschwitz, onde milhões de judeus – homens, mulheres e crianças – foram envenenados com gás pelos nazistas durante a II Guerra Mundial. Outros enfrentaram nesse mesmo período as insanas experiências médicas de Josef Mengele, que realizou procedimentos torturantes com homens, mulheres e crianças pelo "progresso da raça ariana".

Historicamente, a brutalidade da guerra incluiu torturas terríveis de todo tipo, estupro e fome em massa. A imprensa narrou os atos de "limpeza étnica" na Croácia, Bósnia e Herzegovina durante os anos 1980 e 1990. Continuam vindo à tona os horrores que acontecem no Sudão e em Darfur. A maldade humana é tão novidade quanto os jornais de hoje. Enquanto escrevíamos este livro, ficamos sabendo que "uma investigação das Nações Unidas concluiu que as forças sírias cometeram crimes contra a humanidade, matando e torturando centenas de crianças, incluindo uma menina de 2 anos de idade, ao que consta, morta a tiros para que ela não crescesse e se tornasse uma manifestante".[22] Durante séculos, o mundo tem testemunhado o bárbaro abuso de humanos por humanos.

Dizemos que esses atos terríveis são desumanos e cruéis. Mas a realidade é que são totalmente humanos – o resultado da depravada natureza das pessoas. A raça humana tem uma capacidade inimaginável de praticar o mal. Em cada coração humano, estão as sementes da crueldade e da

[22] Karam, Zeina; Heilprin, John. *U.N. Says Children Tortured in Syria, Akron* (Ohio) *Beacon Journal*, 29 de novembro de 2011.

corrupção. As Escrituras dizem: *Todos se desviaram e juntos se corromperam; não há quem faça o bem, não há um sequer* (Sl 14.3). A causa do pecado vem de dentro, não de forças externas.

A boa notícia, entretanto, é que Deus mandou seu único Filho para nos perdoar os pecados e purificar nosso coração. Jesus disse: *Bem-aventurados os limpos de coração, pois verão a Deus* (Mt 5.8).

19

Se Deus é tão amoroso, por que ele não pode ser mais tolerante com o pecado?

Todos nós sabemos que Deus tem um sério problema com o pecado, mas por que ele não pode ser menos exigente e mais compreensivo com nossa imperfeição? Podemos pensar algo como "Por que Deus não pode ser mais perdoador e fazer vistas grossas a nossas fraquezas e fracassos?" Se ele é verdadeiramente amoroso, deveria ser mais tolerante com nossas deficiências, certo?

A realidade é que Deus é misericordioso, mas isso não é exatamente o mesmo que ser tolerante. Em primeiro lugar, muitas pessoas não compreendem a seriedade do pecado e o grande custo que representa para Deus pessoalmente perdoar nossos pecados. Quando vemos a combinação de sua santidade e justiça, obtemos uma compreensão maior de sua misericórdia. E é preciso muito tempo para responder por que ele não pode tolerar o pecado e ser misericordioso ao mesmo tempo.

Há uma razão para Deus não suportar o pecado. Veja, sua natureza essencial é santa e pura. Não há impureza de intenção ou de ação nele, porque ele é perfeito e sem pecado (v. Dt 32.4; Is 54.5 e Ap 4.8.) Assim, um Deus santo não pode se relacionar com o pecado de maneira alguma. A respeito dele, a Bíblia diz: *Tu, que és tão puro de olhos, que não podes ver o mal e não podes contemplar a maldade!* (Hc 1.13). Ele é tão santo que não pode permitir o pecado de forma alguma. Fazer isso seria violar a essência de quem ele é.

A SEPARAÇÃO

Por isso, nosso pecado nos separa naturalmente de Deus. E a separação relacional dele causa a morte espiritual. *O salário do pecado*, diz a Bíblia, *é a morte* (Rm 6.23). É essa morte ou separação que preserva sua santidade de Deus.

E, porque ele é um Deus de amor, a Bíblia declara que *ele tem prazer na misericórdia* (Mq 7.18b). O rei Davi disse que *seu amor dura para sempre* (Sl 107.1). No Novo Testamento, lemos: *Deus [...] é rico em misericórdia, pelo imenso amor com que nos amou* (Ef 2.4). No entanto, mesmo Deus sendo misericordioso para conosco, há o problema que mencionamos anteriormente – o problema com o pecado. Deus não pode ter nenhum relacionamento com o pecado, e nós, como seres humanos, temos uma doença chamada pecado. Então o que Deus precisa fazer?

COMO AS CARACTERÍSTICAS DE DEUS COMBINAM

A resposta está na combinação do misericordioso amor e da perfeita justiça de Deus. A misericórdia em si não pode ignorar ou mesmo perdoar o pecado sem tratar o pecado com justiça. Tem de haver pagamento pelo pecado. E é onde entra a justiça de Deus.

O SENHOR é justo, diz a Bíblia. *Ele é minha rocha, e nele não há injustiça* (Sl 92.15). *Todas as suas obras são corretas, e os seus caminhos, justos* (Dn 4.37). É a natureza justa de Deus que exige que o pecado seja separado da pureza, que o erro seja corrigido e que o mal seja vencido. Todavia, em sua justa insistência sobre a justiça, Deus ainda é misericordioso. *Quanto ao todo-poderoso, não conseguimos compreendê-lo; ele é grande em poder e justiça, pleno de retidão. Ele não oprimiria ninguém* (Jó 37.23). Assim, em vez de ser tolerante com nosso pecado, o senso de justiça de Deus, combinado com a sua misericórdia, realiza o pagamento por ele.

Desse modo, em sua misericórdia, Deus paga por nosso pecado com nada menos do que a morte do seu único Filho. Herdamos nossa condição pecaminosa no nascimento desde o primeiro casal humano que pecou (Rm 5.12). Entretanto, *sabemos que não foi com coisas perecíveis, como prata ou ouro, que fostes resgatados da vossa maneira fútil de viver, recebida por herança dos vossos pais. E, sim, pelo precioso sangue, como de um cordeiro sem defeito e sem mancha, o sangue de Cristo* (1Pe 1.18,19).

O *Cordeiro sem mancha* satisfaz a exigência tanto da santidade de Deus como de sua justiça. Sua santidade é satisfeita porque Jesus foi sem pecado – um sacrifício perfeito, sem pecado. Somos *justificados gratuitamente pela sua graça, por meio da redenção que há em Cristo Jesus, a quem Deus ofereceu como sacrifício propiciatório, por meio da fé, por seu sangue, para demonstração da sua justiça* (Rm 3.24,25). A justiça de Deus é satisfeita porque a morte de Cristo pagou o "salário do pecado", que é a morte. Deus pagou um preço muito alto para nos conceder perdão. Embora não possa ser tolerante com o pecado, ele pagou o preço para poder estender sua misericórdia a nós por meio de Cristo.

20

Por que Deus criou os seres humanos?

Deus estava solitário e queria alguém com quem se relacionar... por isso criou os seres humanos? Ele estava entediado e certo dia se sentiu especialmente criativo e então produziu um universo que incluiu pessoas? Por que Deus criou os seres humanos?

Após ter criado o primeiro humano, Deus fez uma surpreendente declaração: *Não é bom...* (Gn 2.18). Ele havia criado tudo antes disso e, após cada etapa da criação, constatou que *isso era bom*. No entanto, nesse mundo perfeito, antes de os seres humanos pecarem, Deus afirmou que algo não era bom. O que era essa coisa "não boa"? Era a solidão do homem.

Algumas pessoas têm especulado o seguinte: uma vez que a solidão não era boa mesmo num mundo perfeito, Deus deve ter se sentido também solitário, e essa é a razão para ter criado os seres humanos. Talvez ele quisesse ou mesmo precisasse de um relacionamento, por isso criou os seres humanos para acabar com a própria solidão. Um grande problema nesse raciocínio é que isso implica algo estar *faltando* em Deus. Todavia, se Deus é perfeito, nada podia estar faltando.

Outro problema nessa ideia é que o Deus eterno nunca está só. Constituído de três pessoas, Deus existe num relacionamento eterno. Um ciclo contínuo de perfeito relacionamento tem existido eternamente em Deus Pai, Filho e Espírito Santo.[23]

É verdade que o primeiro ser humano criado era solitário. Mas Deus consertou o que "não era bom" ao criar outro ser humano com a finalidade de estabelecer relacionamentos humanos. Então, por que Deus criou os seres humanos em primeiro lugar se ele não estava sozinho?

O PRAZER DO RELACIONAMENTO

Quando Deus disse: *Façamos o homem à nossa imagem, conforme a nossa semelhança* (Gn 1.26), estava projetando cada um de nós para vivermos e desfrutar a vida em relacionamento como ele fazia. Embora jamais possamos compreender o perfeito relacionamento na Trindade em sua plenitude, temos a capacidade de experimentar o prazer do que o relacionamento verdadeiramente oferece.

Jesus disse: *Eu vos tenho dito essas coisas para que a minha alegria permaneça em vós, e a vossa alegria seja plena* (Jo 15.11). Na realidade, Deus está dizendo: "Tornem-se íntimos meus, permitam que a minha alegria esteja em vocês e, por meio do nosso íntimo relacionamento, vocês experimentarão a verdadeira alegria de viver, porque produzirão o fruto da minha natureza – amor, alegria, paz, paciência, benignidade, bondade, fidelidade, amabilidade e domínio próprio [v. Gl 5.22,23]. E, agindo assim, vocês refletirão minha presença e me darão glória!" *E foi por isso que Deus criou os humanos – para glorificá-lo.*

Em 1647, os reformadores ingleses criaram o *Catecismo de Westminster*, composto por 107 perguntas e respostas. A primeira era: "Qual a principal finalidade do ser humano?" A

---

[23] V. "O que significa Deus ser uma Trindade?" na p. 57.

resposta: "A principal finalidade do ser humano é glorificar a Deus e deleitar-se nele para sempre". Isso declara de forma muito sucinta a razão pela qual Deus criou o ser humano.

Porque todas as coisas são dele, declaram as Escrituras, *por ele e para ele. A ele seja a glória eternamente* (Rm 11.36). *Tributai ao* SENHOR *a glória devida ao seu nome* (1Cr 16.29). Não importa o que se diga, se pense ou se faça, a Bíblia nos admoesta a realizar *tudo para a glória de Deus* (1Co 10.31), *para que em tudo Deus seja glorificado* (1Pe 4.11).

Dar glória a Deus – isto é, exaltá-lo, enaltecê-lo, louvá-lo, refletir sobre ele honrosamente – é, de fato, o nosso propósito na vida. Embora o pecado tenha rompido o nosso relacionamento com Deus, nossa semelhança com ele pode ser restaurada por causa de Cristo, quando *todos nós, com o rosto descoberto, refletindo como um espelho a glória do Senhor, somos transformados de glória em glória na mesma imagem, que vem do Espírito do Senhor* (2Co 3.18). Assim, Deus nos criou para que pudéssemos desfrutar eternamente um relacionamento com ele e, fazendo isso, dar-lhe grande honra e glória.

21

Deus criou outros seres inteligentes além dos humanos?

Somos os únicos seres finitos inteligentes do universo? Existem outros seres em algum lugar, criados por Deus, nossos "parentes alienígenas"? Muitos têm especulado sobre a existência de vida inteligente em algum lugar no distante universo – argumentando que apenas ainda não fizemos contato com eles.

O rei Davi escreveu: *Quando contemplo os teus céus, obra dos teus dedos, a lua e as estrelas que estabeleceste, que é o homem, para que te lembres dele? E o filho do homem, para que o visites?* (Sl 8.3,4). O espaço que Deus criou, em sua vastidão e mistério, é majestoso, impressionante e além da nossa compreensão.

Os cientistas dizem que a matéria se espalha por mais de pelo menos 93 bilhões de anos-luz. Existem provavelmente mais de 100 bilhões de galáxias no universo observável, com incontáveis bilhões de planetas.[24] Isto nos deixa aturdidos! E nos faz perguntar: Somos os únicos seres inteligentes criados por Deus neste vasto universo?

Muitos livros, estudos e relatórios alegam haver evidências confiáveis que confirmam a existência de seres

---

[24] *Age and Size of the Universe* em <www.en.wikipedia.ong/wiki/universe>, 2009.

extraterrestres. E muitos livros e relatórios refutam e contradizem essas afirmações. Uma coisa parece certa – se existem extraterrestres capazes de visitar a terra, eles não optaram por tornar sua presença amplamente conhecida do público.

Nada na Bíblia revela a existência de vida inteligente em outros planetas. As Escrituras silenciam sobre esse assunto. Somos informados da existência de demônios, anjos, serafins e querubins, mas não há referência a outros tipos de vida inteligente.

No entanto, se houver vida em outros planetas distantes, isso não contradiz as convicções cristãs. Deus é o criador do universo e, se ele criou outras formas de vida e não nos revelou a respeito – isso é prerrogativa dele. E apenas porque ele escolheu não nos dizer, isso não significa que não existam outros seres inteligentes lá fora. A conclusão é: simplesmente não sabemos.

22

É REALMENTE POSSÍVEL CONHECER A VERDADE?

Até aqui tentamos responder a 21 perguntas neste livro. E muitas delas consideram que existem verdades sobre Deus e as Escrituras – verdades que fornecem respostas satisfatórias. Em outras palavras, se descobrimos certas verdades, obtemos conhecimento a respeito ou respostas às nossas perguntas. Mas existem de fato verdades universais que possam responder a essas perguntas... ou tudo na verdade se reduz àquilo em que nós subjetivamente escolhemos acreditar? Em outras palavras, há uma forma de saber se existe uma verdade universalmente exata?

ALGUMAS DEFINIÇÕES

Primeiro, comecemos por definir *verdade*. O que queremos dizer quando nos referimos a *verdade*? Tipicamente, duas definições são oferecidas para o mesmo conceito. O *Webster* define verdade, em parte, como "fidelidade a um original ou padrão". Por exemplo, digamos que eu (Sean) lhe perguntasse "Que horas são?". Você provavelmente olharia para seu relógio ou celular e diria algo como "São 14h23". Mas, e seu olhasse para o meu relógio e dissesse "Não, são 14h26", qual afirmação seria a verdade, a sua ou a minha?

Poderíamos discutir o dia inteiro sobre qual seria o relógio mais preciso. Contudo, para determinar o tempo correto, teríamos de comparar nossos relógios com um padrão internacional no qual todo o tempo é medido. Esse padrão seria Greenwich, na Inglaterra, onde se define o horário GMT (*Greenwich Mean Time* – tempo médio de Greenwich). GMT é o *tempo mundial*, a base de todas as zonas de tempo do mundo. E, embora tenha sido substituído pelo *tempo atômico* (UTC) como padrão internacional, o GMT é amplamente utilizado como medida oficial de tempo no mundo todo.

Assim, para estabelecer qual "afirmação verdadeira" é de fato verdade – seus 2h23 ou meus 2h26 –, simplesmente compararíamos as respostas com o "padrão original" de marcação de tempo em Greenwich. O tempo que estivesse de acordo com o GMT seria o tempo correto. Aplicando a mesma definição de verdade à verdade moral, afirmamos que Deus é o padrão absoluto para toda verdade moral. É sua natureza e caráter que definem o que é certo e errado, o bem e o mal, o verdadeiro e o falso.

A segunda definição de verdade é "o que corresponde à realidade". É mais ou menos a ideia de que uma declaração verdadeira só é exata se for compatível com aquilo que é de fato o mundo real. Por exemplo, eu (Josh) posso dizer que Dottie e eu temos quatro filhos adultos, dois rapazes e duas moças. A pergunta é: "Esta afirmação é verdadeira ou falsa?" A afirmação pode ser comprovada se corresponder à realidade. E na realidade eu tenho quatro filhos, três garotas e um rapaz. Assim, visto que a minha declaração não corresponde à realidade, ela não é verdade. E, quando aplicamos essa definição de verdade à verdade moral, afirmamos que a verdade moral é a que corresponde à realidade que Deus criou.

NEGANDO A EXISTÊNCIA DA VERDADE

Mas algumas pessoas simplesmente dizem: "A verdade não existe". O problema com essa frase é que ela é *autocontraditória.* Em outras palavras, a sentença refuta a si mesma. Permita-me (Sean) explicar. No início de sua carta a Tito, Paulo dá alguns conselhos a seu discípulo, que está começando algumas igrejas entre o povo de Creta. Ele está sendo confrontado com algumas ideias hostis. Paulo cita Epimênides, um cretense, dizendo a Tito: *Um dos seus próprios profetas disse: Os cretenses são sempre mentirosos, animais ferozes, glutões preguiçosos* (Tt 1.12). Qualquer leitor perspicaz da Bíblia captaria a ironia desta declaração. Se *todos* os cretenses são mentirosos, como então pode se confiar em Epimênides? Seria como eu, como californiano, dissesse: "Não se pode confiar em ninguém da Califórnia".

As declarações "Os cretenses são sempre mentirosos" e "A verdade não existe" sofrem da mesma falha. *Ambas se contradizem.* A declaração "A verdade não existe" é uma alegação verdadeira a respeito de pelo menos uma coisa – a saber, que "a verdade não existe". Todavia, essa declaração se contradiz ao alegar que a verdade não existe. Eis alguns outros exemplos de declarações autocontraditórias:

- Não há sentenças em português com mais de cinco palavras. (Você acabou de dizer uma!)
- Não existe verdade absoluta. (Isso é totalmente verdadeiro?)
- Não podemos ter certeza de nada. (Você tem certeza disso?)
- Nunca diga a palavra "nunca". (Tarde demais – você acaba de dizer!)

Todas as quatro declarações – assim como a frase "A verdade não existe" – contêm as sementes de sua destruição. Elas solapam a si mesmas por contradizerem o próprio padrão de verdade. Não há como escapar do fato de que a verdade existe e pode ser conhecida. Assim, a pergunta mais importante não é se podemos conhecer a verdade, mas o que *é* a verdade?

Jesus deixou claro o que era a verdade quando disse: *Eu sou o caminho, a verdade e a vida* (Jo 14.6). Em outras palavras, a verdade é realmente uma pessoa com quem podemos nos relacionar. Deus não é somente o nosso padrão de verdade moral, que corresponde à realidade que ele criou, mas é uma pessoa que foi a extremos extraordinários para formar um relacionamento conosco. E o relacionamento é a chave para o conhecimento e a vivência da verdade.

23

A verdade é apenas uma preferência pessoal?

Provavelmente você já ouviu alguém dizer: "Bem, isso pode ser verdade para você, mas não é para mim". Embora essa seja uma frase usada com frequência, devemos perguntar se é possível que a verdade exista apenas para a pessoa que nela acredita? Algo pode ser verdade para uma pessoa e não ser para outra?

Esclarecendo a confusão

Por trás da frase citada anteriormente, reside uma confusão enraizada entre os conceitos de *verdade* e *crença.* Evidentemente, todos nós temos direito às próprias crenças (pelo menos na América, terra da liberdade), mas isso significa que cada um de nós tem as próprias verdades? A verdade independe de nossas crenças. Crenças, por outro lado, são necessariamente pessoais. Portanto, quando consideramos a natureza da verdade, não faz sentido dizer que algo é verdade para você e não é para mim.

Por exemplo, imagine que você e seu amigo encontrem uma maçã verde sobre a mesa. O seu amigo acredita que, por dentro, a fruta está podre e cheia de bichos. Mas você, por sua vez, acredita que ela está crocante e não tem bichos. Suas crenças divergentes sobre a maçã podem criar duas verdades distintas, defendidas por vocês como realidade? A única forma de resolver o dilema é fatiar a maçã e verificar seu interior. Então, vocês terão condições de descobrir a verdade sobre a maçã – se a fruta tem bichos ou não. No momento em que a maçã é fatiada, a verdade será revelada e as falsas crenças serão expostas. A verdade sobre a maçã existe independentemente das suas crenças a respeito.

Verdades e crenças morais

O mesmo acontece quanto se trata de verdades morais. Deus e sua Palavra tornam-se padrão do que é moralmente verdadeiro ou não porque as verdades morais derivam do seu caráter.[25] Assim, embora as verdades morais não sejam passíveis de consideração como assunto pessoal ou subjetivo, as crenças o são. Crenças pessoais podem equivaler ao que algumas pessoas chamam de "convicções pessoais". No livro de Romanos, o apóstolo Paulo abordou o fato de que alguns seguidores judeus de Cristo estavam em conflito a respeito do que fazer quanto às restrições sobre o que comer, aos dias de festas a observar e ao dia em que se devia celebrar o descanso semanal (*Sabbath*). Ele lhes disse: *Quem come não despreze quem não come; e quem não come não julgue quem come; pois Deus o acolheu* (Rm 14.3). E, quanto ao dia para adorar, ele disse: *Uma pessoa considera um dia mais importante do que outro, mas outro julga iguais todos os dias. Cada um esteja inteiramente convicto em sua mente* (Rm 14.5).

Paulo estava defendendo a existência de questões fora da lei moral universal de Deus que exigiam uma decisão pessoal entre a pessoa e Deus. Eu (Sean) conheço algumas pessoas que defendem enfaticamente que, para honrar o Dia do

---

[25] V. "É realmente possível conhecer a verdade?", na p. 81.

Senhor, elas devem se abster de comprar qualquer coisa no domingo. Algumas pessoas acham certo colocar seus filhos em escolas cristãs e errado matriculá-las em escolas públicas. Muitas dessas pessoas não condenam as que agem de forma diferente, mas acham que essas são convicções pessoais ou crenças que elas devem seguir. O apóstolo Paulo deixou esse assunto bastante claro quando se referiu às regras judaicas sobre quais alimentos eram puros ou impuros. *Eu sei, e estou certo no Senhor Jesus, que nada por si mesmo é ritualmente impuro, a não ser para quem assim o considere; para esse é impuro* (Rm 14.14).

O ponto principal que Paulo estava defendendo era que, quando alguém tem uma convicção pessoal sobre questões não claramente tratadas na lei moral, não deve condenar os outros por violar sua crença particular. Esses tipos de convicções pessoais são desenvolvidos entre Deus e a pessoa e não são impostos sobre os outros. Deve-se chegar à convicção pessoal com muito cuidado, após o estudo das Escrituras e o sábio conselho de outros cristãos idôneos.

24

Deus faz discriminação de sexo?

Como cristãos, vemos Deus através de um conjunto de lentes completamente diferentes do ateu, do não crente e das culturas do mundo. Mas, como você deve saber, Deus tem sido retratado de muitas formas distorcidas. Por exemplo, diz-se que ele é misógino (odeia mulher), chauvinista, patriarcal e sexista (faz discriminação de gênero) – com muitas outras características depreciativas – pelos ateus modernos e por muitas outras pessoas. O ateu Richard Dawkins afirmou em seu livro *The God Delusion* que

> O Deus do Antigo Testamento é comprovadamente a personagem mais desagradável de toda ficção: ciumento e orgulhoso disso; mesquinho, injusto, maníaco por controle implacável; vingativo, sedento de sangue e exterminador étnico; misógino, homofóbico, racista, infanticida, genocida, filicida, pestilento, megalomaníaco, sadomasoquista e um valentão caprichosamente malévolo.[26]

Como alguém pode dizer que Deus é sexista, racista, vingativo, genocida etc.? Para chegar a essas visões distorcidas a respeito dele, alguém tem de tomar as Escrituras completamente fora de contexto. Considere, por exemplo, a

---

[26] Dawkins, Richard. *The God Delusion.* New York Mariner, 2008, p. 51.

acusação de discriminação sexual. Como alguém pode acusar Deus de discriminar gêneros?

Bem, diz-se que Deus criou Adão primeiro e depois Eva como uma cidadã de segunda classe, mostrando, com isso, sua concepção inferior da mulher. Depois, após Adão e Eva terem pecado, Deus disse a Eva: *O teu desejo será para o teu marido, e ele te dominará* (Gn 3.16). Novamente, afirma-se que, para mostrar sua visão desdenhosa das mulheres como inferiores, Deus disse que elas estariam numa função submissa, como servas, em relação ao homem. Então, algumas pessoas alegam que é possível ver em todo o Antigo Testamento como os costumes e as leis dos filhos de Israel refletem a posição inferior da mulher em relação ao homem.

Por exemplo, uma mulher adulta era considerada menor pela lei e vivia sob a autoridade do parente mais próximo do sexo masculino. Seus votos a Deus podiam até ser anulados pelo pai ou marido (Nm 30.3-16). O marido podia se divorciar da mulher (Dt 24.1-4) e tomar outra esposa (Êx 21.10; Dt 21.15-17). Todavia, a esposa não podia se divorciar do marido. A mulher podia herdar as terras de seu pai apenas se não houvesse herdeiros do sexo masculino, e somente se contraísse matrimônio dentro de sua tribo ancestral (Nm 27.1-11; 36.1-13). Todos esses pontos são apresentados novamente para mostrar que Deus via as mulheres como inferiores e sem os mesmos direitos dos homens.

Como Deus realmente vê homens e mulheres

A verdade é que, apesar dessas afirmações, *Deus não discrimina o sexo.* Isso não quer dizer que historicamente a igreja não tenha tratado as mulheres como inferiores ou que alguns homens cristãos não tenham sido de fato discriminadores. É claro que o comportamento discriminatório nos atormentou durante séculos. No entanto, Deus não é assim e não considera as mulheres inferiores aos homens.

Deus disse: *Façamos o homem à nossa imagem, conforme nossa semelhança [...] homem e mulher os criou* (Gn 1.26, 27). A mulher foi feita à mesma imagem e semelhança de Deus, tal como o homem (na verdade, os homens foram feitos de barro e a mulher, de um ser humano!). Os homens não receberam uma imagem de Deus superior, com o criador de alguma forma criando as mulheres com uma imagem inferior. Homens e mulheres compartilham de igual modo a imagem de Deus.

A Bíblia diz que Deus fez a mulher como "ajudadora" do homem. A palavra hebraica traduzida por "ajudadora" é *ezer*. Denota alguém que cerca, protege ou ajuda. É a mesma palavra usada por Jacó a respeito de Deus, ao dizer: *pelo Deus de teu pai, que te ajudará* (Gn 49.25). Moisés a empregou quando disse: *O Deus de meu pai foi o meu auxílio* (ajudador) (Êx 18.4). O salmista Davi a usou repetidas vezes em passagens como: *Nossa esperança está no Senhor; ele é o nosso auxílio* (ajudador) *e escudo* (Sl 33.20). Deus é antes de tudo retratado pelos escritores do Antigo Testamento como o *ezer* – aquele que nos cerca e nos ajuda.

Isso de forma alguma é um papel humilhante de servo. Ao contrário, é sublime ajudar quem precisa. E eu (Sean) posso confirmar pessoalmente a realidade de que este homem – eu – precisa de apoio e ajuda não somente de Deus, mas também de uma mulher chamada Stephanie. Quando Deus criou a mulher à imagem de Deus para ajudar o homem, esse foi um papel altamente honrado, e não uma função de inferioridade ou de servidão. Ao decidir que o homem precisava de uma mulher, tampouco Deus quis dizer que Adão era inferior. E as mulheres não são inferiores por serem congêneres para os homens.

Mais comparações

As consequências do pecado sobre Eva são outro suposto exemplo de Deus ser machista. No entanto, as consequências negativas do pecado tiveram um efeito poderoso sobre *toda* a humanidade e além. Entre as consequências estão a morte espiritual e física para todos os seres humanos, o sofrimento físico das mulheres no parto, o governo do marido sobre a mulher e a terra amaldiçoada afetando a vida da flora e tornando difícil aos humanos o cultivo de lavouras (v. Gn 3.14-19). Mas essas consequências negativas não significam ser aceitas como normas. O próprio Deus colocou em ação um plano para reverter essas consequências antes de ter criado os seres humanos. Ele planejou mandar seu Filho não apenas para oferecer vida eterna aos seres humanos que estavam mortos em seu pecado, mas para acabar revertendo os efeitos do pecado em todo o planeta e na vida animal (v. Is 25.7,8 e 65.17).

Pense nisto: Devemos, como criação de Deus, ficar parados e não participar com ele de seu plano de redenção e restauração? Não devemos descobrir formas novas e melhoradas de lavrar a terra e aumentar a produtividade da lavoura? Devemos aceitar as dores no parto e não buscar recursos médicos para amenizá-las? É claro que usamos tecnologia moderna de agricultura para obtermos colheitas melhores e mais saudáveis. Aproveitamos as descobertas médicas para aliviar as dores do parto. Não aceitamos essas consequências negativas do pecado para vivermos com elas. Nem devemos aceitar as consequências negativas de maridos que dominam a esposa. Não foi essa a intenção de Deus desde o princípio, e está claro que ele não quer esse tipo de relacionamento distorcido no casamento agora.

Embora o Novo Testamento diga que a esposa deve se submeter ao marido, isso, de forma alguma, é opressivo. De fato, as Escrituras ordenam que todos nós nos submetamos uns aos outros (v. Ef 5.21). Jesus tornou claro, em Marcos 10.42-44, que tanto homens como mulheres devem servir uns aos outros, uma declaração que o incluía também: *Pois o próprio Filho do homem não veio para ser servido, mas para servir e dar a vida em resgate de muitos* (Mc 10.45). Só porque marido e esposa servem em papéis diferentes, isso não significa que a mulher seja inferior. É verdade que o pecado trouxe consequências negativas aos nossos relacionamentos, mas Deus não quer que isso continue. Ele quer que tanto o marido como a esposa se respeitem e se amem como ele demonstrou respeito e amor a nós por meio de Cristo.

E, finalmente, vemos pelas Escrituras que Deus elevou a mulher a lugares de autoridade e liderança cristã. Um ser machista não faz isso. De fato, Gênesis é a única história da criação do antigo Oriente Próximo que menciona mulheres. E o relato chega ao clímax com a criação da mulher. Claramente, Deus valorizou as mulheres desde o princípio.

Fazendo uma comparação

Há mais, porém. Na nação de Israel, as mulheres deviam estar presentes na leitura das Escrituras (Dt 31.9-13), o que era altamente honroso. As mulheres ficavam de serviço na entrada do tabernáculo (Êx 38.8), o que representava uma tarefa honrosa, e elas ofereciam sacrifícios (Lv 12.1-8), o que demonstrava o reconhecimento de Deus ao direito das mulheres à adoração. Ele nomeou Miriã, irmã de Moisés, como profetisa (Êx 15.20,21). Débora foi profetisa e juíza. Ela falou e julgou publicamente em nome de Deus (Jz 4.4-7). E

Hulda também foi profetisa de Deus, que falou em nome do Senhor (2Rs 22.14-20). Está claro que Deus não considerava as mulheres inferiores e incapazes de liderar e falar em seu nome.

Além disso, embora os críticos aleguem falsamente que Deus é machista, muitos desses mesmos críticos ignoram que líderes de outras grandes religiões foram claramente machistas. No livro *Apologetics for a New Generation*,[27] o autor e líder cristão Jonalyn Grace Fincher oferece uma visão mais profunda sobre esse assunto. No capítulo 16, ele ressalta que Maomé, fundador do islamismo, tinha uma visão depreciativa das mulheres. Segundo o autor, o *Alcorão* afirma: *As mulheres são campos para se semear o que se quiser*, (as esposas) *são prisioneiras com vocês* (maridos), *não tendo controle de suas pessoas* e *Coloquem as mulheres numa posição inferior, visto que Deus assim o fez*.[28]

Siddhartha Gautama (Buda), fundador do budismo, abandonou a esposa, o filho e as concubinas para encontrar a "iluminação". Consta que Charles Taze Russell, fundador das Testemunhas de Jeová, molestou sua filha adotiva, Rose Ball. Quando a esposa de Russell pediu o divórcio, a justiça julgou seu comportamento para com a esposa como "insultante", "dominador" e "impróprio".[29]

Em contraste, Jesus, o Filho de Deus, confirmou o direito das mulheres quando falou à mulher samaritana (Jo 4.1-42). Jesus valorizou Maria quando ela se sentou aos seus

---

[27] Harvest House Publishers, 2009.

[28] Fincher, Jonalyn Grace. *Defending Feminity: Why Jesus is Good News for Women*, in: McDowell, Sean (Ed. geral). *Apologetics for a New Generation*. Eugene, OR: Harvest House Publishers, 2009, p. 223.

[29] Fincher, p. 224-225.

pés como sua discípula. E elogiou calorosamente as mulheres que o ungiram antes de sua morte (Mc 14.3-9). Para Jesus, as mulheres eram iguais aos olhos de Deus. Do ponto de vista relacional, Deus não vê diferença entre homem e mulher. Como afirmamos, marido e mulher podem servir em papéis diferentes, mas isso não os torna superiores uns aos outros. Com as seguintes palavras, o apóstolo Paulo deixou claro que Deus não se envolve em favoritismos:

> *Pois todos sois filhos de Deus pela fé em Cristo Jesus. Porque todos vós que em Cristo fostes batizados vos revestistes de Cristo. Não há judeu nem grego, não há homem nem mulher, porque todos vós sois um em Cristo Jesus.* (Gl 3.26-28)

25

Deus é racista?

Racista é alguém que acredita que certa raça é superior a alguma ou a todas as outras – que uma ou mais raças têm características diferenciadoras determinadas por fatores hereditários, que as dotam de superioridade intrínseca. E isso significa que essa discriminação racial é justificada. Assim, baseado nesta definição, Deus é racista? Alguns dizem que sim.

No livro de Gênesis, consta que Deus escolheu um homem chamado Abrão e disse:

> *E o Senhor disse a Abrão: Sai da tua terra, do meio dos teus parentes e da casa de teu pai, para a terra que eu te mostrarei. E farei de ti uma grande nação, te abençoarei e engrandecerei o teu nome; e tu serás uma bênção. Abençoarei os que te abençoarem e amaldiçoarei quem te amaldiçoar; e todas as famílias da terra serão abençoadas por meio de ti.* (Gn 12.1-3)

Se você tomar essa promessa de Deus e depois examinar como ele favoreceu os filhos de Israel (o povo judeu), diria não haver dúvida de que ele discrimina racialmente. Em toda a história, como está registrado nas Escrituras, Deus teve uma raça escolhida. Isso, alguém diria, é a prova de que Deus é racista.

Outro exemplo do suposto racismo de Deus é quando ele, como dizem alguns, amaldiçoou o povo africano para ser escravo. Muitas pessoas costumas alegar que Deus amaldiçoou os descendentes de Cam, filho de Noé, por haver dito aos irmãos mais velhos que havia descoberto seu pai nu, embriagado com vinho. A maldição foi *ele será escravo de escravos de seus irmãos* (Gn 9.25). E, desde que os descendentes de Cam foram considerados africanos, é lógico concluir que Deus discriminou todas as gerações de africanos, condenando-os até mesmo à escravidão.

Corrigindo interpretações errôneas

Ambas as acusações contra Deus vêm de desvirtuamento e má compreensão a respeito da narrativa bíblica. Primeiro, Deus nunca amaldiçoou Cam pelo que ele fez – foi Noé que proferiu a maldição. E Noé não amaldiçoou seu filho Cam, e sim Canaã, o filho de Cam. *Maldito seja Canaã.* Noé disse: *Bendito seja o Senhor, o Deus de Sem; e Canaã seja seu escravo* (Gn 9.25,26). Foi mais drástico amaldiçoar o filho de um homem do que amaldiçoar o pai, por isso Noé nivelou sua maldição para Canaã, filho de Cam.

É verdade que pelo menos dois filhos de Cam – Cuxe e Mizraim – habitaram a África (v. Gn 10.6-20). Mas os descendentes de Canaã se estabeleceram apenas a leste do mar Mediterrâneo, numa região que depois se tornou conhecida como terra de Canaã – atualmente Israel (v. Gn 10.15-19). Assim, é absurdo alegar que Deus é racista com base numa interpretação completamente errada dos textos de Gênesis. Todavia, durante muitos anos as pessoas justificaram seus pontos de vista racistas em relação aos negros africanos e afro-americanos com apoio nessa distorção das Escrituras.

E quanto à perspectiva de Deus em relação ao povo judeu? É verdade que ele fez um pacto especial com Abraão e seus descendentes, o povo judeu – e por boas razões. Antes da criação, Deus planejou redimir os humanos pecadores e faria isso tomando a forma da humanidade pelo nascimento de Jesus. Por isso, ele identificou um povo. Ele lhes deu sua santa Palavra, as Escrituras; firmou com eles um sistema de sacrifícios que levaria a uma solução final para o pecado e a morte. Ele profetizou em sua Palavra que o sacrifício perfeito – o Cordeiro de Deus – nasceria dos descendentes de Abraão (v. Mt 1.1-17). E foi o Deus-homem, Jesus, que veio redimir todos os que nele cressem, tanto judeus quanto gentios.

Assim, Deus escolher Israel não envolvia somente Israel – tratava-se de tornar seu nome conhecido e oferecer salvação ao resto do mundo. E, além disso, Deus julgou Israel da mesma forma que fez com outras nações (v. 2Rs 17). Ele não tinha favoritos. Judeus ou gentios, todos nós igualmente devemos prestar contas a Deus.

26

Deus é legalista?

Legalista é uma pessoa que acredita na estrita observância da lei ou de um código em particular como um fim em si mesmo. Para o legalista, seguir a lei é tudo o que importa. Assim, Deus é legalista?

Muitos veem a aparente obsessão de Deus com a entrega de leis como uma prova do seu legalismo. E ele transmitiu muitas leis e instruções. No Antigo Testamento, existem muitas leis específicas – a lei moral, a lei civil de Israel, as leis cerimoniais ou sacrificiais, as leis de purificação; existem regras quanto ao que comer, como se vestir, quando e como adorar, com quem se pode casar e não se casar – as leis, instruções e normas parecem não ter fim. E com as leis vêm algumas duras punições para os infratores. Superficialmente, pode parecer que Deus é muito legalista.

Os que veem Deus como legalista, entretanto, não levam em conta a razão pela qual ele entregou as leis. Existe uma "razão central" que motivou Deus a dar suas instruções. Ele disse aos filhos de Israel: *Pois eu bem sei que planos tenho a vosso respeito, diz o Senhor; planos de prosperidade e não de mal, para vos dar um futuro e uma esperança* (Jr 29.11). A lei de Deus – seus planos – existiram para tornar Israel próspero. Existiram para o bem desse povo.

As duas amorosas motivações que Deus tem em nos dar suas leis são nossa provisão e nossa proteção. São razões relacionais. A verdade é que Deus quer que sigamos suas instruções porque elas representam seus caminhos – caminhos que nos proveem, nos protegem e nos dão alegria. Por isso, sempre que formos obedientes à sua lei, estaremos de fato agindo de acordo com seus caminhos.

O que muitas pessoas parecem esquecer é que os caminhos de Deus refletem como ele é. E, quando passamos a agir de maneira piedosa, vivemos da maneira exata que fomos criados para viver. Veja, Deus, por sua natureza e caráter define tudo o que é perfeito, reto, bom – coisas que nos proporcionam alegria verdadeira. *Toda boa dádiva e todo dom perfeito*, diz a Bíblia, *vêm do alto e descendo do Pai das luzes* (Tg 1.17). Por isso, quando agimos de acordo com seus caminhos, experimentamos alegria porque seus caminhos refletem o supremo Deus bom e perfeito. Ser honestos nos dá alegria porque Deus é verdade. Permanecer sexualmente puros nos dá alegria porque Deus é santo. Tratar os outros corretamente nos dá alegria porque Deus é justo. Seus mandamentos para agirmos de determinadas maneiras fluem de quem ele é e de como ele próprio age. Seus caminhos simplesmente refletem quem ele é – perfeitamente justo –, e esse jeito de viver produz alegria: ele nos sustenta e nos protege.

Deus não é, em hipótese nenhuma, legalista. Ele nos deu suas leis e instruções como limites para nos dizer o que é certo e errado e para mostrar que viver de acordo com seus caminhos visa o nosso bem. Deus quer que nos relacionemos com ele e vivamos como ele, porque isso trará alegria à nossa vida. E isso também lhe trará alegria. Eu vos tenho dito essas coisas para que a minha alegria permaneça em vós, e a vossa alegria seja plena (Jo 15.11).

27

Deus é violento?

Qualquer pessoa, ao ler o Antigo Testamento, reconhecerá que ele descreve um povo que sofre grande tragédia e obtém grande triunfo, o que inclui muitos atos de violência. Há histórias de traição, terrorismo, estupro, assassinato, guerra, massacre de inocentes, tortura, escravização e assassinatos em massa. Embora a Bíblia documente todo esse comportamento violento, não podemos admitir que Deus sempre o aprovasse. Mas a pergunta é: Deus é violento? Ele se envolve em atos de violência?

Por que Deus comete violência?

A breve resposta às duas perguntas da seção anterior é: sim. Contudo, a menos que tenhamos um contexto para a violência de Deus, corremos o risco de compreender mal sua natureza.[30] Ele é misericordioso e amoroso (Sl 103.8). Ele é justo e bondoso (Sl 145.17 e Ap 3.7). Ele é reto. *Senhor, tu és justo, e teus juízos são retos. Ordenaste teus testemunhos com justiça, e com toda fidelidade* (Sl 119.137,138). *Ele é a rocha!*, afirmam as Escrituras. *Suas obras são perfeitas, porque todos os seus caminhos são justos. Deus é fiel, e nele não há pecado; ele é justo e reto* (Dt 32.4).

Assim, quanta violência comete um Deus justo, e por que ele faz isso? O livro de 2Reis relata: *Naquela noite, o anjo do*

[30] V. "Como Deus realmente é?" na p. 48.

SENHOR saiu e feriu cento e oitenta e cinco mil no acampamento dos assírios (19.35). Temos aqui Deus de fato envolvido no massacre de 185 mil homens, possivelmente quando estavam dormindo! Por que ele cometeria tal atrocidade? O que está por trás desse ato de violência?

Primeiro, precisamos admitir que vivemos num mundo de violência que é causada não por Deus, mas por humanos violentos. Todos os jornais e fontes noticiosas *on-line* ao redor do mundo hoje estão cheios de manchetes e histórias de ambição, desconfiança, assaltos, conflitos, assassinatos, guerra, destruição e morte. E Jesus explica que não são circunstâncias externas que causam a violência no mundo; ao contrário, *do coração é que saem os maus pensamentos, homicídios, adultérios, imoralidade sexual, furtos, falsos testemunhos e calúnias* (Mt 15.19). A violência neste mundo não é um problema sociológico, econômico ou até mesmo patológico; é um problema espiritual ou do coração. O pecado e a propensão humana ao egocentrismo estão no coração dos atos egoístas.

No entanto, Deus, que é a antítese do pecado e do egoísmo, às vezes se envolve em violência por ser o supremo protetor do inocente e julgar os injustos. Quando Deus matou 185 mil assírios, ele estava matando soldados que tentavam tomar Jerusalém e destruir Judá, seu povo. O exército assírio comandado pelo rei Senaqueribe já havia destruído Israel e estava pronto para aniquilar o povo de Deus.

A Assíria era uma nação agressiva que torturava e matava brutalmente homens, mulheres e crianças inocentes. O comandante supremo do perverso rei assírio Senaqueribe zombou de Deus em sua resposta a Judá.

> *Dentre todos os deuses das terras, quais são os que livraram a sua terra da minha mão? E o SENHOR livrará Jerusalém*

> *da minha mão? [...] Que o teu Deus em quem confias não te engane, dizendo: Jerusalém não será entregue na mão do rei da Assíria.* (2Rs 18.35; 19.10)

Um império pagão que assassinava inocentes e zombava do Deus verdadeiro merecia punição. O justo juiz do universo veio em defesa do seu povo. Sim, Deus usa violência para defender e proteger seu povo e para dar o julgamento merecido a malfeitores. A respeito do rei da Assíria, ele disse: *Porque eu defenderei esta cidade para livrá-la, por causa de mim e por amor do meu servo Davi* (2Rs 19.34).

O DEFENSOR E O JUIZ

Não deveríamos pensar menos em Deus por defender os justos e julgar os injustos. Ele é o nosso herói que vem em socorro do oprimido. O que Deus deveria fazer quando, antes da criação, sua santidade, sua justiça e seu poder foram desafiados por Satanás? Ele deveria ficar apenas em estado de alerta e não lutar contra a rebelião e o mal? Não, foi certo e justo Deus ter recorrido à violência para expulsar Satanás do céu. E é certo e justo que ele continue essa guerra até vencer Satanás, o mal e a morte para que um dia haja paz eterna (v. Ap 12.21).

Deus é amoroso, *compassivo e misericordioso* [...] *e é grande em amor* (Sl 103.8), todavia não fica à espera nem deixa que o mal continue sem julgamento. Ele *vem julgar a terra, e julgará o mundo com justiça, e os povos, com fidelidade* (Sl 96.13). Deus é justo e usa a violência para executar justiça perfeita – que no fim trará paz perfeita e eterna. E Cristo é o nosso herói e rei que virá – aquele que é o *príncipe da paz. O seu domínio aumentará, e haverá paz sem fim sobre o trono de Davi e sobre o seu reino, para estabelecê-lo e firmá-lo em retidão e em justiça, desde agora e para sempre. O zelo do* SENHOR *dos Exércitos fará isso* (Is 9.6,7).

28

A religião é a verdadeira causa da violência no mundo?

A religião está por trás de toda violência no mundo? É a causa de toda luta de certo modo enraizada em crenças religiosas? Alguns dizem que sim.

Por exemplo, Deus aceitou a oferta de Abel e rejeitou a oferta de Caim. *Por isso*, diz a Bíblia, *Caim ficou furioso* (Gn 4.5). Mais tarde, Caim matou Abel. O primeiro ato de violência entre os humanos registrado pela Bíblia estava ligado a uma questão religiosa. Muitos outros atos de violência que se seguiram pela história humana estão direta ou indiretamente relacionados à religião.

O autor e professor J. Harold Ellens, em seu livro de 2007, *The Destructive Power of Religion*, aponta para a religião como a causa da violência no mundo. O seguinte trecho publicado na internet apresenta o livro:

> Quer eles voem para o *World Trade Center* quer para o Pentágono, causem a explosão de navios, portos e edifícios federais, matem médicos e enfermeiras em clínicas de aborto, exterminem palestinos contemporâneos ou matem soldados israelenses com bombas suicidas, os religiosos destrutivos são todos modelados pelas mesmas metáforas

> apocalípticas e pelo divino exemplo e imperativo à violência.[31]

Desde Caim até a escravização egípcia dos filhos de Israel e as cruzadas religiosas dos séculos 11, 12 e 13, até os conflitos atuais ao redor do mundo, a religião é vista mais como uma força rumo à violência do que uma contribuição para a paz. Talvez seja por isso que um ateu como o falecido autor e conferencista Christopher Hitchens tenha escrito: "A religião envenena tudo".[32] O ateu do século 19 Friedrich Nietzsche ofereceu uma visão igualmente degradante do cristianismo, ao declarar: "[A religião cristã] busca a corrupção definitiva, nada permanece intocado por sua depravação, ela transformou todo valor em inutilidade, toda verdade numa mentira e toda integridade em baixeza da alma".[33]

Mas a religião, mais especificamente o cristianismo, é a causa de violência no mundo? Não há dúvida de que tem havido guerras violentas no mundo em nome de Deus. Mas a religião não é a única, nem mesmo a maior, causa da violência no mundo. Devemos também reconhecer que o maior derramamento de sangue do século 20 foi perpetrado por regimes seculares, como os governos marxistas. Pelo menos 100 milhões de pessoas foram mortas na China comunista, na União Soviética, no Camboja e em outros regimes comunistas somente no século 20.

---

[31] Ellens, J. Harold. *The Destructive Power of Religion: Violence in Judaism, Christianity and Islam.* Greenwood Publishing Group, 2007, acessado em 8 de setembro de 2011 e citado em <http//books.google.com/books?id=0fooSsaO6rMC&dq=the+destructive+power+of+religion+by+j+Harold+ellens&source=gbs_navlinks_s>.

[32] Hitchens, Christopher. *God Is Not Great: How Religion Poison Everything.* New York: Twelve Books, 2007, p. 13.

[33] Nietzsche, F. W. *The Antichrist,* trad. de Mencken, H. L. Torrance, CA: The Noontide Press, 1980, p. 180.

Considerando as causas fundamentais

Mas não é o cristianismo, a religião ou a ideologia secular a causa *fundamental* da violência – ao contrário, esta se origina dos corações humanos egocêntricos.[34] Jesus disse que não são as circunstâncias externas ou as visões religiosas conflitantes que causam o mal e a violência no mundo – e sim *do coração é que saem os maus pensamentos, homicídios, adultérios, imoralidade sexual, furtos, falsos testemunhos e calúnias. São essas coisas que tornam o homem impuro* (Mt 15.19,20).

O coração egoísta dos seres humanos que estimulam a ambição e o ódio é que causa a violência destrutiva no mundo. E infelizmente isso é quase sempre feito em nome da religião. De fato, foram a inveja e o coração arrogante que fizeram Satanás se levantar em violência contra Deus. Assim, a violência tem estado conosco desde o princípio. Mas não é nisso que consiste a religião de Jesus.

Deixada sem controle, a natureza humana sempre se voltará para formas de autogratificação à custa dos outros. E as pessoas frequentemente usarão de violência para conseguir seus objetivos. Mas do outro lado da equação está a mensagem de Jesus de tornar o interesse e o cuidado pelos outros tão importante como os próprios. Isso está, de fato, no centro do seu ensino e representa o coração de Deus. Jesus disse: *Tudo o que quereis que os homens vos façam, fazei também a eles; porque esta é a Lei e os Profetas* (Mt 7.12).

Embora existam aqueles que, no passado e no presente, sob a bandeira da religião, guerrearam, escravizaram pessoas e tentaram violentamente dominar os outros, esse não é o estilo do verdadeiro cristianismo. Por que o cristianismo seria culpado quando as pessoas *agem contrariamente*

---

[34] V. "O que leva as pessoas a pecarem atualmente?" na p. 69.

aos ensinos e ao exemplo de Jesus? Porque Cristo é o *príncipe da paz* (Is 9.6) e ao longo da história não há dúvida de que dedicados seguidores de Cristo têm sido uma poderosa força redentora em direção à paz e ao bem em nosso mundo.

É a cosmovisão de Jesus que tem levado seus seguidores a promover a paz e os esforços humanitários para estabelecer leis de proteção a bebês e aos nascituros, a separação entre a igreja e o Estado, a liberdade e a justiça e o cuidado dos necessitados no mundo todo. É Jesus e sua marca religiosa que têm afastado a violência e promovido contribuição mais positiva à sociedade do que qualquer outra força na história.

29

Deus é genocida?

Cometer genocídio é matar deliberadamente um grande grupo racial, político ou cultural, especialmente quando se trata de um grupo étnico ou nação em particular. A palavra "genocídio" é a combinação de um termo grego e latino que significa "matança da raça".

As atrocidades de Hitler e do exército nazista sobre o povo judeu constituíram genocídio. Os nazistas prenderam e assassinaram cerca de 6 milhões de judeus entre 1938 e 1945. Houve mais de 2 milhões de assassinatos genocidas de cambojanos pelo exército do Khmer Vermelho de Pol Pot entre 1975 e 1979. Ao longo de um período de cem dias em 1994, cerca de 800 mil tutsis, em Ruanda, foram brutalmente assassinados pela milícia da tribo Hutu. E entre 1992 e 1995 os sérvios da Bósnia-Herzegóvina cometeram "limpeza étnica" ao assassinar mais de 200 mil muçulmanos. Estes são apenas alguns exemplos de genocídio que os seres humanos perpetraram uns aos outros na história recente.

Tais cruéis assassinatos de grupos são repulsivos; vão contra nosso senso de moralidade, liberdade e justiça. Assim, Deus poderia se envolver em tais atrocidades contra um povo ou uma raça? É possível que ele seja genocida?

No livro de Deuteronômio, foi dito aos filhos de Israel: *tu os destruirás por completo: os heteus, os amorreus, os cananeus, os perizeus, os heveus e os jebuseus, conforme te ordenou o* SENHOR*, teu Deus* (Dt 20.17). Anos depois, *Josué derrotou toda aquela terra* [...] *Ele não deixou uma pessoa sequer; mas tudo o que tinha fôlego destruiu totalmente, como ordenara o* SENHOR*, o Deus de Israel* (Js 10.40). Por isso, pessoas como o ateu Christopher Hitchens têm acusado Deus de genocídio e dito que os cananeus foram "cruelmente expulsos de suas casas para dar espaço aos ingratos e rebeldes filhos de Israel".[35] Por isso, Deus é uma divindade cruel que destrói raivosamente toda uma raça?

A MOTIVAÇÃO DE DEUS

Em primeiro lugar, nenhuma matança no Antigo Testamento foi genocídio. A motivação de Deus estava relacionada a problemas morais, não de raça. O genocídio simplesmente não faz parte de sua natureza. Ao responder às perguntas "Como Deus realmente é?" e "Deus é violento?", descobrimos que ele é misericordioso e amoroso (Sl 103.8), santo e reto (Sl 145.17 e Ap 3.7), justo e equânime (Sl 119.137,138). Deus não se apressa em julgar – ele é *compassivo e misericordioso; demora para irar-se e é grande em amor* (Sl 103.8). Entretanto, ele *julgará o mundo com justiça, e os povos, com fidelidade* (Sl 96.13). Não faz parte da natureza de Deus ser injusto.

Deus não poderia ser um Deus perfeito e amoroso sem ser igualmente um Deus justo que julga com

---

[35] HITCHENS, Christopher. *God Is Not Great: How Religion Poison Everything,* p. 101.

perfeição. Ele não pode reagir de outra forma quando a maldade é cometida e ainda permanecer bom. O teólogo J. I. Packer nos ajuda a vermos esse ponto com clareza:

> Poderia um Deus que não se importa com a diferença entre o certo e o errado ser bom e admirável? Seria moralmente perfeito e digno de louvor um Deus que não faz distinção entre as bestas da história, os Hitlers e Stalins (se nos atrevemos a usar nomes) e seus próprios santos? A indiferença moral seria imperfeição em Deus, não perfeição. Não julgar o mundo seria mostrar indiferença moral. A prova final de que Deus é um ser moral perfeito, não indiferente a questões do certo e do errado, é o fato de ele ter se comprometido a julgar o mundo.[36]

Deus julga retamente porque ele é perfeito, santo e amoroso. Se ele agisse de forma diferente, seria menos do que Deus.

As razões de Deus

Em segundo lugar, devemos determinar por que Deus ordenou que todo um povo fosse destruído. Moisés disse aos filhos de Israel: *É pela culpa destas nações que o* Senhor*, teu Deus, as expulsa da tua frente, para confirmar a palavra que o* Senhor*, teu Deus, jurou a teus pais, Abraão, Isaque e Jacó* (Dt 9.5). O livramento da terra dos cananeus que fora prometida a Abraão não ocorreu por algo que os filhos de Israel tivessem feito ou por estarem vivendo fielmente a Deus – eles não estavam. A terra lhes seria dada porque Deus a prometera a Abraão.

---

[36] Packer, J. I. *Knowing God*, ed. de 20º aniversário. Downers Grove, IL: InterVarsity Press, 1993, p. 143.

Além disso, os cananeus foram destruídos por causa de sua impiedade. Eles eram idólatras, estavam envolvidos em incesto, prostituição cultual, adultério, homossexualidade e bestialidade, e ainda sacrificavam crianças. Eram um povo depravado. Todavia, Deus foi paciente e lhes estendeu misericórdia. O povo de Canaã teve mais de quatrocentos anos para se arrepender de seus maus caminhos (Gn 15.16). Deus não tinha nada contra eles como povo – entretanto, não tolerava o comportamento depravado e mau.

Mesmo assim, Deus estava disposto a salvar as pessoas em Canaã que fossem justas. De fato, ele salvou Raabe, em Jericó, porque ela era uma pessoa justa. Deus acaba exercendo o juízo sobre todos os que não se arrependem do seu pecado. E com o povo de Canaã não foi diferente. Isso não torna Deus um genocida; reflete apenas sua santa justiça e seu reto julgamento.[37]

Uma das objeções mais comuns contra Deus é a prevalência do mal no mundo. Por que ele não interrompe o mal e o sofrimento? Todavia, quando Deus age para interromper o mal, como no caso do julgamento dos cananeus, as pessoas se queixam de que ele é implacável demais. Mas, se realmente existe um Deus santo, justo e onisciente, não devemos esperar que ele aplique julgamento aos malfeitores? Mesmo não podendo compreender *por que* Deus destruiu os cananeus, podemos confiar que ele teve boas razões. Deus é Deus, e nós não somos.

---

[37] Para uma abordagem mais completa, v. o cap. 13 "Deus é um tirano genocida?" em *Is God a Human Invention?*

Os meus pensamentos não são os vossos pensamentos, nem os vossos caminhos são os meus caminhos, diz o SENHOR (Is 55.8).

Embora às vezes possamos lutar para compreender os métodos de Deus de justiça e julgamento, pela fé devemos reconhecê-lo como o impressionante e santo Deus que ele é. Como disse o rei Davi:

> *Ó Deus, teus atos são santos; que Deus é tão grande como o nosso Deus? Tu és o Deus que faz maravilhas; tens feito notória a tua força entre os povos. Com teu braço, remiste teu povo.* (Sl 77.13-15)

30

Como um Deus amoroso pode mandar pessoas para o inferno?

Muitos pensam que não é certo Deus condenar algumas pessoas a arderem num lugar de fogo. Deus é amor, e punir eternamente pessoas não combina com isso, certo? Então, como um Deus amoroso pode mandar pessoas para o inferno?

Para começar, seria de grande ajuda compreender para onde se pensa que Deus está mandando as pessoas. A maioria dos norte-americanos acredita num lugar chamado inferno. Muitos o consideram um lugar de punição eterna de "fogo e enxofre" – como uma câmara flamejante de tortura. Mas isso é o que o inferno é – uma fornalha eterna sofrível onde as pessoas são torturadas eternamente?

Esclarecendo as palavras das Escrituras

Para compreender o ensino das Escrituras, precisamos entender quando as palavras são usadas literalmente ou em sentido figurado. Se não o fizermos, podemos facilmente interpretar mal o ensinamento ali contido. Jesus se referiu ao inferno como um lugar onde há fogo, que normalmente produz luz (Mc 9.48). Ao mesmo tempo, ele fez menção ao inferno como um lugar de *trevas exteriores* (Mt 22.13). Parece razoável que essas palavras sejam figurativas. Se um significado literal lhes fosse aplicado, as trevas e a luz do fogo se anulariam mutuamente. Jesus quase sempre usou metáforas em seus ensinos, e aqui cremos que ele estava usando uma figura de linguagem para a indescritível natureza do inferno.

O inferno é mais bem compreendido por aquilo que *não* é. Paulo o descreve como um lugar *longe da presença do Senhor e da glória do seu poder* (2Ts 1.9). Tente imaginar um lugar longe da comunhão com Deus. Um lugar sem Deus é um lugar sem relacionamentos, sem amor, sem alegria, paz, beleza, satisfação, contentamento, aceitação, afeição, realização, riso e tudo mais que é chamado de bom. Isso seria o inferno – literalmente. Um lugar sem nada do que Deus é seria um lugar de eterna solidão – um lugar chamado inferno. Nós cremos que as *trevas exteriores* às quais Jesus se referiu descrevem essa completa ausência de relacionamento. E esse completo isolamento seria a fonte de indescritível angústia.

Da mesma forma, cremos que a metáfora do fogo eterno para descrever o inferno sugere a decomposição da alma. Essa figura descreve a infindável decomposição de tudo o que é bom numa pessoa. A verdade é que somos almas viventes que estão se tornando algo. Estamos nos tornando pessoas que amam de forma altruísta Deus e os outros, o que equivale à verdadeira vida, ou estamos amando egoisticamente a nós mesmos, o que equivale à verdadeira morte. O pastor, apologista e autor Tim Keller nos traz uma visão perspicaz para esse conceito:

> Até mesmo nesta vida podemos ver o tipo de desintegração da alma que o egoísmo cria. Sabemos como o egoísmo e a autoabsorção conduzem a amargura perceptível, inveja repugnante, ansiedade paralisante, pensamentos paranoicos, recusa

> mental e distorções que os acompanham. Agora faça a pergunta: "E se quando morremos não acabarmos, mas a nossa vida se estender espiritualmente por toda a eternidade?" O inferno, então, é a trajetória de uma alma, vivendo uma vida egoísta e autocentrada, prevalecendo eternamente.[38]

Jesus nos advertiu: a vida egocêntrica terminaria em perda. *Pois quem quiser preservar a sua vida, este a perderá; mas quem perder a vida por amor de mim, este a preservará. Que adianta ao homem ganhar o mundo inteiro e perder-se, ou prejudicar a si mesmo?* (Lc 9.24,25). Viver uma vida egocêntrica é semelhante a viver como uma pessoa morta-viva.

O verdadeiro desejo de Deus

O inferno, então, é um lugar ausente de relacionamentos, é a solidão absoluta. O inferno é um lugar de perpétua desintegração da alma num egocentrismo cada vez maior. É difícil imaginar a angústia de tal lugar – a completa solidão do morto-vivo. Todavia, é um Deus amoroso que está mandando pessoas para esse lugar?

As Escrituras deixam claro que Deus *não quer que ninguém pereça, mas que todos venham a se arrepender* (2Pe 3.9). Ele ama o mundo inteiro e morreu para que pudéssemos experimentar sua presença e toda a alegria e o bem que isso produz. Mas Deus não nos forçará a amá-lo e a desfrutar o relacionamento com ele. Assim, na verdade, Deus não manda pessoas para o inferno; elas é que fazem uma livre escolha ao rejeitá-lo. Deus não obriga ninguém a um relacionamento com ele. E, ao permitir livre escolha aos seres humanos, ele abriu consequências que podem ser extremamente

---

[38] Keller, Timothy. *The Reason for God: Belief in an Age of Skepticism.* New York: Dutton, 2008, p. 76-77.

negativas.[39] Quando as pessoas escolhem servir a si mesmas em vez de servir a Deus, no final das contas estão escolhendo um lugar ausente de relacionamento e cheio do ego – um lugar chamado inferno.

C. S. Lewis afirmou: "Todos os que estão no inferno o escolheram [...] A porta para o inferno é fechada por dentro".[40] As pessoas fazem a escolha de servir a si mesmas porque é desconfortável para elas servirem a Deus e aos outros. O céu – onde Deus reside – é um lugar de perpétuo louvor e serviço a ele (v. Ap 4). A pessoa que escolheu uma vida egocêntrica não toleraria o céu.

O inferno não é o lugar para onde Deus quer que alguém vá. Deus não forçará ninguém a escolher ter uma eternidade de alegria com ele. Ele simplesmente se oferece como salvação das pessoas, livrando-as de uma eternidade sem ele. *Eu sou a ressurreição e a vida*, disse Jesus. *Quem crê em mim, mesmo que morra, viverá; e todo aquele que vive, e crê em mim, jamais morrerá* (Jo 11.25,26).[41]

---

[39] V. "De onde veio o mal?" na p. 64.

[40] Lewis, C. S. *The Abolition of Man*. New York: Macmillan, 1947, p. 69.

[41] Para uma visão bíblica mais ampla do inferno, v. o cap. 12, "O inferno é uma câmara divina de tortura?", em *Is God Just a Human Invention?*

31

Deus castiga as pessoas por meio de desastres naturais?

A pequena nação do Haiti foi devastada em 2010 por um grande terremoto. Em 2005, o furacão Katrina devastou a costa do golfo dos Estados Unidos. O terremoto e o *tsunami* de 2011, no Japão, causaram enorme destruição. Todos os anos, milhares de terremotos, *tsunamis*, ciclones, enchentes, furacões, tornados, vulcões, estiagens e deslizamentos de terra causam bilhões de dólares de prejuízos e matam dezenas de milhares de homens, mulheres, crianças e animais. A Bíblia diz que em Cristo *tudo subsiste* (Cl 1.17) [...], então ele é responsável por esses desastres naturais? Deus está punindo as pessoas ao mandar-lhes terremotos, vulcões, furacões e todo tipo de catástrofe natural?

O Antigo Testamento registra incidentes nos quais Deus reteve a chuva de Israel (1Rs 17.1), mandou pragas sobre o Egito (Êx 1.19,20) e abriu o chão para engolir a família de Coré, que estava se rebelando contra Moisés (Nm 16.29-33). Vemos que Jesus tinha controle do tempo ao acalmar a tempestade para seus discípulos (Lc 8.24). Deus está plenamente no controle de cada átomo do universo. Por causa disso, algumas pessoas hoje dizem que ele usa os elementos naturais para realizar sua vontade, especialmente ao executar julgamento sobre nações, cidades, vilas e vilarejos.

Deus é de fato soberano sobre todo o universo. Ele está no controle máximo de toda a sua criação. Todavia, isso não significa que ele escolhe manipular os fenômenos naturais. Inquestionavelmente, Deus tem o poder de intervir no mundo natural – e ele tem feito e o faz agora –, mas não necessariamente ele causa toda mudança climática, por exemplo. Nem todo desastre natural é um "ato de Deus".

Aprendemos em Gênesis que o mundo era um lugar perfeito. Porém, depois que os seres humanos se rebelaram (pecaram) contra Deus, a consequência natural foi a morte – separação de Deus, que é o verdadeiro sustentador da vida e de tudo o que é bom. Nessa separação, Adão e Eva encontraram um mundo em que a vida passou a ser difícil e desastres naturais começaram a ocorrer. O planeta pareceu sofrer uma transição para a violência. E, desde então, o ar frio e o ar quente colidem, formam padrões de ventos turbulentos, tornados, furacões, chuvas, enchentes, deslocamentos de terra, terremotos e erupções vulcânicas. Hoje a terra recebe duas mil tempestades de raios a todo momento. Além disso, nosso planeta é alvejado por surpreendentes cem golpes de raios a cada segundo – 3,6 trilhões de raios por ano![42] Nós vivemos numa terra violenta.

Mas Deus fica tão descontente com os desastres naturais quanto nós. E um dia ele trará paz a uma terra violenta. As Escrituras dizem que

> *... a criação aguarda ansiosamente a revelação dos filhos de Deus [...] na esperança de que também a própria criação seja libertada do cativeiro da degeneração, para a*

[42] Como divulgado em <www.thecomputerwizard.biz/lightning.htm>.

> *liberdade da glória dos filhos de Deus. Pois sabemos que toda a criação geme e agoniza até agora, como se sofresse dores de parto.* (Rm 8.19,21,22)

Os meteorologistas nos informam que as inundações são as principais assassinas entre as calamidades da natureza. Talvez a mensagem não seja a de que Deus está punindo os que se desviaram, e sim de que precisamos ser mais cuidadosos quanto aos locais onde construímos nossas casas e nossos negócios. As estruturas modernas têm possibilitado construir aterros e outros artifícios que abriram milhões de acres para que comunidades cresçam ao redor do mundo. E, quando esses aterros transbordam ou se rompem, as comunidades que ficam abaixo do nível são destruídas. Isto não sugere que Deus não pode falar por meio de desastres naturais ou julgar pessoas por meio deles. Mas este planeta segue as leis da física e da natureza. Assim, é aconselhável que, diante de tragédias naturais, não lancemos a culpa nas vítimas ou em Deus.

A vida é incerta neste planeta – nada é garantido. As boas coisas de Deus acontecem a pessoas ruins, e coisas ruins acontecem a pessoas boas. Jesus disse que Deus *faz nascer o sol sobre maus e bons e faz chover sobre justos e injustos* (Mt 5.45). Quando ocorrem desastres naturais, em vez de querermos saber se Deus nos está punindo pessoalmente, é melhor seguir o conselho de Pedro: *Humilhai-vos sob a poderosa mão de Deus, para que ele a seu tempo vos exalte, lançando sobre ele toda a vossa ansiedade, pois ele tem cuidado de vós* (1Pe 5.6,7).

32

Por que Deus permite o sofrimento?

Nem todos os livros do mundo poderiam conter os relatos de todo o sofrimento que os seres humanos experimentaram desde a aurora dos tempos. Como indaga Bart Ehrman, agnóstico, professor e autor de *God's Problem*:

> Vivemos num mundo em que uma criança morre de fome a cada cinco segundos. A cada minuto, 25 pessoas morrem por não terem água limpa para beber. A cada hora, 700 pessoas morrem de malária. Onde está Deus em tudo isto?[43]

Como explicar todo o mistério e sofrimento do mundo se Deus é verdadeiramente soberano e está no controle de todas as coisas? Existe uma resposta è pergunta "Por que Deus permite o sofrimento?"

Alguns dizem que o sofrimento é "a punição de Deus ao pecado" ou "um teste de fé" ou "o ataque do Diabo sobre os humanos e ao planeta terra" ou "os meios de redenção de Deus" ou "um enorme mistério, e não temos o direito de questionar Deus quanto às razões por que as coisas acontecem dessa forma". Contudo, cremos que a pergunta

---

[43] Ehrman, Bart D. ***God's Problem: How the Bible Fails to Answer Our Most Important Question – Why We Suffer.*** New York: Harper Collins Publishers, 2008, como citado no artigo disponível em <blog.beliefnet.com> "Bart Ehrman: How the Problem of Pain Ruined My Faith".

é válida e merece uma resposta. Reconhecemos que uma breve discussão sobre esse assunto é inadequada, mas esperamos dar ao menos uma perspectiva inicial.

Primeiro, não achamos que exista alguma explicação lógica que satisfaça o profundo clamor emocional por solução ao terrível problema da dor e do sofrimento. Por isso, reconhecemos que argumentos e discursos filosóficos não podem responder plenamente aos clamores do coração. Mas isso não significa que não devamos pensar profundamente a respeito. Dito isso, cremos que a visão cristã fornece a resposta intelectualmente mais satisfatória e mais emocionalmente gratificante ao problema do sofrimento e do mal.

Desde o início, Deus deu aos humanos criados à sua imagem o poder da livre escolha e do livre-arbítrio.[44] Sob a perspectiva humana, houve um grande risco em Deus fazer isso – os seres humanos podiam escolher o próprio caminho, e não o caminho de Deus. E, claro, eles escolheram. Isso pode não parecer, a princípio, o fim do mundo, mas é.

Se for aceita a premissa de que *Toda boa dádiva e todo dom perfeito vêm do alto e descem do pai das luzes* (Tg 1.17), provavelmente se aceita a ideia de que experimentar uma vida de alegria, paz, suavidade, beleza, bondade, amor e tudo o que se chama de bom depende e resulta de estar em relacionamento com Deus e de viver de acordo com seus caminhos. Então, se um ser humano finito, criado para estar em relacionamento com Deus, decide ir contra esse relacionamento, qual é a alternativa? Uma vida sem alegria, paz, amor, bondade etc., ou seja, uma vida oposta à de Deus – resultando em dor e sofrimento.

[44] V. "De onde veio o mal?" na p. 64.

Imagine que a primeira família de peixes fosse formada por seres inteligentes com almas eternas. Claro, como peixes, eles foram projetados para viver na água com guelras que respiravam "bom oxigênio" do lago Paraíso. Mas e se esse primeiro casal de peixes escolhesse "viver" fora do seu lar perfeito no lago Paraíso? Como sabemos, esse seria um erro trágico. Peixes não são feitos para respirar o ar livre porque isso é o "mau oxigênio" para eles. E, se eles agirem assim, experimentarão a dor e o sofrimento. Mas, porque esses peixes em particular têm uma alma eterna, eles experimentam o sofrimento de uma "morte em vida". E quanto a toda a descendência desses peixes? A experiência da "morte em vida" é passada para cada novo peixe nascido fora do lago Paraíso. Essa tragédia é falha do criador do peixe? Ou o sofrimento é causado pelo primeiro peixe que escolheu viver contrariamente ao projeto original e fora do Paraíso em relacionamento com seu criador?

Admitamos, essa ilustração não responde a todos os complexos detalhes de por que o sofrimento acontece. Mas talvez nos ajude a lembrar que um criador infinito, que é perfeito, santo e bom, criou os seres humanos para desfrutarem vida em relacionamento com ele. Deus concedeu ao primeiro casal algo muito bom – o poder de escolher entre amá-lo de forma altruísta e crer que ele sabia o que era melhor (algo muito bom)... ou amar a si mesmos, egoisticamente, e crer que *eles* sabiam o que era melhor (algo muito ruim). O que Deus queria era que os seres humanos finitos confiassem que ele (o Deus infinito) sabia o que era melhor para eles (seres finitos). Deus queria que eles, de forma altruísta, o colocassem em primeiro lugar e aprendessem que o estilo dele de viver era o caminho da alegria, paz e bondade. Se o primeiro casal tivesse seguido esse caminho, teria evitado dor e sofrimento.

O QUE DEUS ESTÁ FAZENDO A RESPEITO DO SOFRIMENTO

De certa forma, podemos produzir uma resposta teológica ou filosófica sobre por que existe sofrimento e por que a livre escolha de fato o permitiu. Mas, em muitos aspectos, a intensidade do sofrimento humano é por demais devastadora para que a razão ou a lógica forneçam uma resposta totalmente satisfatória. E, de fato, a Bíblia, de modo geral, não trata diretamente da questão por que existe o sofrimento. Entretanto, desde o primeiro livro de Gênesis até o último livro de Apocalipse, ela não nos fala o que Deus está fazendo a respeito. *Ele não ignorou o sofrimento; está redimindo o mundo que lhe pertence.*

Quando os seres humanos escolheram rejeitar Deus e seus caminhos, isso produziu imensurável dor e sofrimento à humanidade. Mas não foi só a humanidade que sofreu. Deus não teve uma resposta impessoal ao sofrimento. Ele também sofreu, porque a Bíblia diz: *E isso lhe pesou no coração* (Gn 6.6). Embora seja verdade que Deus *demora para irar-se e é grande em amor* (Sl 103.8), ele se ira. Ele fica irado pelo fato de o pecado produzir dor e sofrimento à sua criação. Ele fica irado pelo fato de a morte tê-lo separado dos filhos que ele criou. Ele está irado com seu arqui-inimigo, que detém o poder da morte.

Mas, em sua ira santa e amor infalível, Deus agiu. Há muito tempo ele prometeu a Abraão que, por meio de seus descendentes, daria uma solução final ao sofrimento, à dor e à morte. Naquele dia, Deus prometeu aos filhos de Abraão que ele *destruirá o manto que cobre todos os povos e o véu que está sobre todas as nações. Aniquilará a morte para sempre, e assim o* SENHOR

Deus enxugará as lágrimas de todos os rostos e tirará de toda a terra a humilhação do seu povo (Is 25.7,8).

A solução de Deus para todo sofrimento significou assumir a forma de um ser humano e também sofrer. Jesus experimentaria todo o peso do sofrimento humano – isto é, a fome, a traição, a rejeição, a solidão e a torturante morte da crucificação. Assim, num sentido real, Deus sabe o que é sofrer e simpatiza conosco (v. Hb 2.18; 4.15). Mas ele não deixou o Filho nessa situação. Jesus ressuscitaria para resgatar o seres humanos do poder da morte e do poder do seu antigo inimigo, o próprio Diabo. *Para que pela morte destruísse aquele que tem o poder da morte, isto é, o Diabo* (Hb 2.14).

Deus não permitirá que Satanás destrua sua criação. Ele tem um plano de redenção e restauração. *Cristo primeiro*, diz a Bíblia:

> *E depois os que lhe pertencem na sua vinda. Então virá o fim, quando ele entregar o reino a Deus, o Pai, quando houver destruído todo domínio, toda autoridade e todo poder. Porque é necessário que ele reine até que tenha posto todos os inimigos debaixo de seus pés. E o último inimigo a ser destruído é a morte.* (1Co 15.23-26)

> *Para isto o Filho de Deus se manifestou: para destruir as obras do Diabo.* (1Jo 3.8)

> *E, quando todas as coisas lhe estiverem sujeitas, então o próprio Filho se sujeitará àquele que todas as coisas lhe sujeitou, para que Deus seja tudo em todos.* (1Co 15.28)

Deus, é claro, sabia que nós, humanos, não confiaríamos que ele sabia o que era melhor para nós e que acabaríamos escolhendo nosso caminho. Mas, para que o amor fosse genuíno, tinha de ser por nossa escolha. Deus estava disposto a nos permitir escolher mesmo que isso lhe causasse grande dor.

Pode-se ouvir a tristeza na voz de Jesus quando ele se lamenta sobre a nação de Israel, que, como representante da raça humana, o rejeitou: *Jerusalém, Jerusalém, que matas os profetas e apedrejas os que te são enviados! Quantas vezes eu quis ajuntar teus filhos, como as galinhas ajunta seus filhotes debaixo das asas, e não quiseste!* (Mt 23.37). Não é maravilhoso como Deus respeita e honra nossas escolhas, embora compreenda plenamente as devastadoras consequências dessas escolhas sobre ele e nós? Isso por si só demonstra quanto nosso Deus relacional honra a realidade de que o amor é uma escolha.

Mas, com tudo o que foi dito, ainda resta esta questão perturbadora: Se o sofrimento é uma consequência natural da livre escolha, então por que o inocente precisa sofrer? E por que Deus não age para acabar com o sofrimento de vez? Se ele irá finalmente vencer a morte, por que ele demora tanto para fazê-lo? Esse é o assunto da nossa pergunta seguinte.

33

Por que Deus não termina com o sofrimento agora?

Este mundo está cheio de sofrimento e dor, e Deus permite que assim seja. E, embora possamos compreender até certo ponto por que Deus teve de permitir o sofrimento,[45] por que ele não o interrompe agora mesmo? Por que ele permite que o sofrimento perdure por tanto tempo? Essa é uma pergunta perturbadora.

Um Deus perfeito e santo criou um mundo perfeito. Ele *viu tudo quanto fizera, e era muito bom* (Gn 1.31). Mas não por muito tempo. Por causa do livre-arbítrio, os seres humanos tiveram a possibilidade de escolher entre o caminho de Deus e o caminho deles. Eles escolheram o caminho deles, e o pecado e o mal entraram no mundo. O paraíso perfeito que Deus criara foi destruído. Desse momento em diante – milhares de anos –, fome, doença, ódio, guerras e incontáveis desgostos atormentaram a raça humana. É verdade que Deus prometeu redimir os que confiarem em seu Filho para salvação e também restaurar a criação a seu projeto original. Mas por que Deus está demorando tanto para corrigir a trágica confusão que os humanos criaram neste mundo?

---

45 V . "Por que Deus permite o sofrimento?" na p. 120.

Uma pergunta difícil

Admitimos nossa incapacidade de explicar satisfatoriamente por que Deus tem permitido o sofrimento por tanto tempo. Concordamos com o agnóstico Bart Ehrman com o fato de que a pergunta "Onde está Deus em tudo isto?", mencionada no capítulo anterior, é um questionamento válido, embora discordemos de suas respostas e conclusões.

Mas por que Deus está demorando *tanto* para dar um fim à dor e ao sofrimento é realmente uma pergunta desconcertante. Há mais de 2.500 anos, Habacuque, um profeta de Judá, fez a mesma indagação. Ele viveu numa época de grande violência e perversidade em Judá, na qual muitos inocentes sofreram. O profeta perguntou: *Até quando clamarei, e não escutarás, Senhor? Ou gritarei a ti: Violência! E não salvarás? Por que razão me fazes ver a maldade e a opressão? A destruição e a violência estão diante de mim; também há contendas, e o litígio é comum* (Hc 1.2,3). Parecia a Habacuque que Deus estava ignorando o problema da dor e do sofrimento.

Jó levantou a mesma queixa. Seu enorme rebanho de animais havia sido roubado, e todos os seus empregados, mortos. Sua casa fora destruída, e todos os seus filhos, assassinados. Ele contraiu um terrível caso de tumores que o cobriu da cabeça aos pés. E, sentado na miséria raspando as feridas com cacos de cerâmica, o único conforto e conselho que obteve da esposa foi: *Amaldiçoa a Deus e morre* (Jó 2.9).

Em vez disso, Jó amaldiçoou o dia do seu nascimento e perguntou: *Sim, por que se concede luz ao homem cujo caminho está encoberto, e a quem Deus cercou de todos os lados?* [...] *Não tenho tranquilidade, nem sossego, nem descanso, somente perturbação* (Jó 3.23,26). Ele não podia compreender por que Deus permitia tamanho sofrimento àqueles sem nenhum futuro.

O rei Davi também fez esses questionamentos a Deus. Ele fora maltratado, traído e sofrera nas mãos dos inimigos. Então clamou:

> *Até quando, SENHOR? Tu te esquecerás de mim para sempre? Até quando esconderás o rosto de mim? Até quando relutarei dia após dia, com tristeza em meu coração? Até quando o meu inimigo se exaltará sobre mim? Atenta para mim, ó SENHOR, meu Deus, e responde-me.* (Sl 13.1-3)

Qual é a resposta de Deus? Por que ele não acaba com a maldade? A violência está em toda parte hoje, no século 21. Vemos a miséria e a desesperança dos famintos e arruinados. Onde está Deus? Por que ele permite que isso continue?

ATÉ JESUS FEZ A PERGUNTA

Uma última pergunta antes de apresentarmos uma resposta. Jesus, verdadeiro Deus e verdadeiro homem, também fez essa pergunta. Ele sabia que deveria sofrer e padecer morte cruel pelos pecados do mundo. Todavia, pouco antes de sua crucificação, perguntou: *Meu Pai, se possível, afasta de mim este cálice; todavia, não seja como eu quero, mas como tu queres* (Mt 26.39). Não é de estranhar que, no nível humano, Jesus não quisesse sofrer. Está claro que ele estava lutando com a ideia de que experimentaria grande dor e sofrimento. Do ponto de vista humano, Jesus não queria suportar a morte torturante da cruz – todavia, ele o faria por seu Pai.

E, horas depois, Jesus faz a pergunta mais desconcertante de todos os tempos. Pendurado na cruz, sofrendo morte horrível, ele reúne forças para perguntar: *Deus meu, Deus meu, por que me desamparaste?* (Mt 27.46). Que pergunta para ser dirigida pelo Filho de Deus a seu Pai! Jesus estava, na verdade, citando Salmos 22.1, onde o rei Davi fez a mesma pergunta. Davi continuou: *Por que estás longe de dar-me livramento, longe das palavras do meu clamor? Meu Deus, eu clamo de dia, mas não me ouves; também de noite, mas não encontro sossego* (Sl 22.1,2).

É como se Jesus falasse em nome de toda a raça humana, ao indagar: "Por que, Deus, nos abandonaste?" Foi como se o seu clamor se ampliasse de volta até a expulsão do primeiro casal do jardim do Éden e seguisse em frente até o fim dos tempos, perguntando: "Por que não fazes algo a respeito agora?"

Deus deseja mais relacionamentos

Não sabemos se ou como Deus respondeu a seu Filho na cruz. As perguntas de Habacuque, Jó e Davi ficaram sem explicação. Vasculhe as Escrituras, e você encontrará bem poucas respostas. O apóstolo Pedro sugere que Deus está aguardando que mais pessoas o busquem *O Senhor não retarda a sua promessa*, diz Pedro. *Mas ele é paciente para convosco e não quer que ninguém pereça, mas que todos venham a se arrepender* [...] *Considerai como salvação a paciência de nosso Senhor* (2Pe 3.9,15).

É verdade que, quanto mais Deus tarda em retornar, mais pessoas o encontram. Estudos feitos pela Operation World e relatados no livro *Perspectivas* mostram que, por volta de 1887, após cem anos de trabalho missionário no mundo, havia 3 milhões de protestantes convertidos de uma população mundial de 1,5 bilhão. Hoje, mais de cem anos depois, esses números mudaram substancialmente.

O cristianismo pode ter declinado em relação à população ocidental, mas não é assim em outras áreas de grande população no mundo. Por exemplo, em 1900 havia 8 milhões de cristãos na África; por volta de 2000, eram 35 milhões. O cristianismo se tornou agora a maior religião na África subsaariana. Em 1900, havia 22 milhões de cristãos na Ásia; em 2005, algo em torno de 370 milhões. De 1900 a 2000, os evangélicos cresceram na América Latina de cerca de 700 mil para mais de 55 milhões. E mais muçulmanos estão se voltando para Cristo no Oriente Médio do que em qualquer outra época na história. O relatório da *Operation World* de 2006 resumiu o assunto da seguinte maneira:

> O cristianismo evangélico é atualmente o movimento religioso com crescimento mais rápido no mundo. O crescimento evangélico representa mais que o dobro da taxa de crescimento da religião mais próxima (islamismo) e mais que o triplo da taxa de crescimento da população mundial.[46]

Isso significa que, enquanto a terra estiver sendo povoada e as pessoas estiverem se convertendo a Cristo, Deus esperará para dar fim a tudo? Não sabemos. Mas Deus sabe, e parece claro que simplesmente escolheu não explicar totalmente por que ele tem permitido que o mal, o sofrimento, a dor e a morte durem tanto quanto têm durado.

Preste atenção no que Deus disse a Habacuque: *Vede entre as nações, e olhai; maravilhai-vos e admirai-vos; porque realizo em vossos dias uma obra que não acreditareis, quando vos for contada* (Hc 1.5). Todavia, Deus tinha um plano na época e ainda tem. Ele tinha motivos para fazer o que estava fazendo; apenas não explicaria todas as suas razões a Habacuque. Claro, Deus poderia nos explicar hoje por que existe sofrimento e por que está demorando séculos para ele realizar seu objetivo supremo de reconciliar *consigo mesmo o mundo* (2Co 5.19). Ele poderia explicar por que ainda não recriou este mundo

---

[46] Institute of International Studies, *Perspectives on the World Christian Movement*. Pasadena, CA: William Carey Library, 2009, p. 362-364.

como um lugar onde *não haverá mais morte, nem pranto, nem lamento, nem dor* (Ap 21.4). No entanto, ele escolheu não explicar isso para nós. Mas isso não significa que não tenhamos uma resposta.

Focando no próprio Deus

Parece que Deus deu a Habacuque uma compreensão sobre como encarar essa pergunta – e que vale para todos nós também. Em vez de tentarmos imaginar os detalhes do seu *plano*, Deus quer que foquemos nele como uma *pessoa*. Ele disse a Habacuque:

> *Pois a visão é ainda para o tempo determinado e se apressa para o fim. Ainda que demore, espera-a; porque certamente virá, não tardará. Vede o arrogante! A sua alma não é correta; mas o justo viverá por sua fé.* (Hc 2.3,4)

Aí está: Deus quer que confiemos nele pessoalmente, mesmo que não entendamos seu plano. Jó finalmente compreendeu a mesma mensagem – que devia colocar sua fé na pessoa de Deus –, e lhe disse: *Bem sei que tudo podes e que nenhum dos teus planos pode ser impedido. Quem é este que sem conhecimento obscurece o conselho? De fato falei do que não entendia, coisas que eram maravilhosas demais e eu não compreendia* (Jó 42.2,3). E como Jó chegou à conclusão de que os caminhos de Deus e seus planos estavam além de sua compreensão? Conhecendo a pessoa de Deus. *Com os ouvidos eu tinha ouvido falar a teu respeito*, disse Jó, *mas agora meus olhos te veem* (Jó 42.5). Seu foco não estava mais num plano, mas numa pessoa em quem ele confiava.

O rei Davi também compreendeu a mensagem de que ele precisava viver pela fé na pessoa de Deus. Logo depois de ter perguntado a Deus: *Por que me desamparaste?*, o salmista declarou: *Tu és santo, entronizado sobre os louvores de Israel. Nossos pais confiaram em ti; confiaram, e tu os livraste. Clamaram a ti e foram salvos; confiaram em ti e não se decepcionaram* (Sl 22.3-5). Leia todo o Salmo 22 e você verá que Davi compreendeu a mensagem. Ele pode não ter compreendido por que Deus demorou em consertar as coisas, mas acreditou que Deus era bom e sabia o que estava fazendo.

E, embora Jesus, como Deus, soubesse que seu sofrimento era a única solução para o pecado, o sofrimento e a morte, ele serviu de modelo para nós quanto ao que devemos fazer – colocar nossa fé e confiança em Deus, que faz tudo certo, no tempo oportuno. Pedro disse:

> *Para isto fostes chamados, pois Cristo também sofreu por vós, deixando-vos exemplo, para que sigais os seus passos. Ele não cometeu pecado, nem engano algum foi achado na sua boca; ao ser insultado, não retribuía o insulto, quando sofria, não ameaçava, mas entregava-se àquele que julga com justiça.* (1Pe 2.21-23)

Podemos não compreender o plano de Deus, mas ainda assim confiar na pessoa dele. Ele é fiel e justo e sempre julga retamente. E sempre está conosco. Jesus disse: *Deixo--vos a paz, a minha paz vos dou. Eu não a dou como o mundo a dá. Não se perturbe o vosso coração nem tenha medo* (Jo 14.27). Jesus orou ao Pai para que este nos mandasse seu Espírito – o Espírito Santo para nos guiar, nos confortar e estar conosco independentemente do que aconteça. E assegurou: *Eu estou convosco todos os dias, até o final dos tempos* (Mt 28.20).

34

Deus tem sentimentos e emoções?

As emoções se constituem em um estado ou na vivência de certos sentimentos com base em influências internas ou externas. Existem muitas teorias, que remontam a Platão e Aristóteles, sobre o significado das emoções e sua procedência. Nós, como seres humanos, e até mesmo os animais, temos emoções. Entre as emoções humanas mais básicas, estão a *alegria* – estar feliz, satisfeito, alegre, contente, realizado, completo etc. – a *tristeza* – estar aflito, desalentado, inconsolável, deprimido etc.; o *entusiasmo* – estar empolgado, disposto, estimulado, agitado etc.; o *susto* – estar amedrontado, apavorado, ansioso, tenso etc.; a *ira* – estar irritado, angustiado, furioso, nervoso, descontente etc.; a *delicadeza* – ser amoroso, generoso, amigável, simpático etc.

Muitos teóricos definem algumas emoções como básicas e outras como complexas. E, aparentemente, não há consenso em como determinar qual é qual. Todavia, é universalmente aceito que somos seres emocionais complexos com emoções saudáveis, emoções doentias e até mesmo desordens emocionais. De onde vêm nossas emoções? Deus nos criou dessa forma porque ele também tem sentimentos e emoções?

Está escrito no livro de Gênesis que *disse Deus: Façamos o homem à nossa imagem, conforme nossa semelhança* (Gn 1.26). Portanto, se Deus tem emoções, talvez as tenha passado para nós. Ele é infinito em sua eterna existência, é onipotente, onipresente, onisciente etc.[47] Como seres humanos finitos, não podemos ter essas características de Deus. Sabemos que ele é também santo, perfeito e justo. Ele não pode fazer nada pecaminoso ou errado. E nós sabemos, como seres humanos pecadores, que não podemos herdar tampouco sua natureza santa. Mas herdamos sua imagem relacional.

Deus existe como relacionamento – três pessoas que compartilham a substância e a essência de ser Deus.[48] As Escrituras se referem ao nosso criador como *o SENHOR, cujo nome é Zeloso, é Deus zeloso* (Êx 34.14). E, como um Deus relacional, ele expressa emoções relacionais. Por exemplo, antes mesmo de tomar a forma humana na pessoa de Jesus, a Bíblia nos informa algumas emoções que ele expressou.

- Satisfação (Gn 1.31)
- Tristeza (Gn 6.6)
- Descontentamento (2Sm 11.27)
- Alegria (Ne 8.10)
- Arrependimento (Gn 6.6)
- Cuidado (Dt 1.31)
- Agrado (Sl 18.19)
- Exasperação (Êx 32.9)
- Prazer (Sl 16.3)
- Ciúme (Êx 20.5)

---

[47] V. "Como Deus realmente é?" na p. 48.

[48] V. "O que significa Deus ser uma Trindade?" na p. 57.

No entanto, em nenhuma dessas emoções Deus cometeu pecado (Dt 32.4). Suas emoções não o mudam, porque ele é imutável (Sl 102.26,27 e Nm 23.19). Suas emoções são a expressão de sua santa natureza e relação de amor. Não existe desordem emocional em Deus. Nós, seres humanos, diferentemente de Deus, temos emoções que refletem os desejos de uma natureza pecaminosa; as Escrituras afirmam que

> *as obras da carne são evidentes, a saber: imoralidade, impureza e indecência; idolatria e feitiçaria; inimizades, rivalidades e ciúmes; ira, ambição egoísta, discórdias, partidarismo e inveja [...] Mas o fruto do Espírito é: amor, alegria, paz, paciência, benignidade, bondade, fidelidade, amabilidade e domínio próprio.* (Gl 5.19-23)

Emoções divinas

Quando alguém é levado ao relacionamento com Deus pela confiança em Cristo e sua morte sacrificial e ressurreição, a Bíblia diz que essa pessoa deve se *revestir do novo homem, criado segundo Deus em verdadeira justiça e santidade* (Ef 4.24). Deus começa então a mudar nossas reações emocionais de profanas para divinas, porque *seu divino poder nos tem dado tudo o que diz respeito à vida e à piedade* (2Pe 1.3).

Nosso modelo para emoções divinas é Jesus – o Deus-homem. Deus assumiu a forma de um humano e demonstrou como expressar emoções de modo divino. *Jesus vivenciou alegria* e disse aos seus discípulos: *Eu vos tenho dito essas coisas para que a minha alegria permaneça em vós, e a vossa alegria seja plena* (Jo 15.11). *Ele manifestou ira santa* e expulsou os cambistas do templo (Mt 21.12,13). *Ele sentiu tristeza* e chorou com Maria (Jo 11.35). E imagine a *solidão que Jesus sentiu* quando foi rejeitado por seu povo, abandonado por seus discípulos, seu amigo íntimo. Isaías profetizou que Jesus seria *desprezado e rejeitado pelos homens; homem de dores e experimentado nos sofrimentos* (Is 53.3). Jesus, o Filho, a segunda pessoa da Trindade, teve as mesmas emoções humanas que Deus nos deu, e as expressou perfeitamente. A Bíblia diz que ele é capaz de se *compadecer das nossas fraquezas* porque *à nossa semelhança, foi tentado em todas as coisas, porém sem pecado* (Hb 4.15).

De todas as emoções, a alegria talvez seja a maior e mais desejada. E nada dá a Deus maior alegria do que ter um relacionamento com cada um de nós, que estávamos perdidos e fomos levados a Deus por meio de Cristo. Jesus disse: *Eu vos digo que assim há alegria na presença dos anjos de Deus por um pecador que se arrepende* (Lc 15.10). Então, quando entrarmos na eternidade com Deus, com emoções perfeitamente transformadas, Jesus disse que ouvirá o Pai convidar: *Participa da alegria do teu senhor* (Mt 25.23). E por toda a eternidade poderemos experimentar as emoções do nosso criador da forma que ele planejou que as experimentássemos.

35

Deus ama a todos independentemente da orientação sexual?

Não faz muito tempo, os meios de comunicação publicaram a foto de um homem e um jovem protestando em Tulsa, Oklahoma. O jovem segurava um cartaz com os dizeres: "Deus odeia os homossexuais". Esse grupo específico da igreja acredita que Deus odeia os *gays* acima de todos os tipos de pecadores e que a homossexualidade deveria ser um crime mortal. Em seu *site*, eles afirmam que toda tragédia no mundo está ligada à homossexualidade, especificamente ao aumento da tolerância da sociedade e à aceitação desse estilo de vida como legítimo.

O ressentimento nutrido por esse grupo eclesiástico não é um problema apenas para esses poucos piqueteiros. David Kinnaman, em seu livro *UnChristian*, sugere que, infelizmente, mais de nove entre dez observadores veem todos os cristãos como anti-homossexuais.

E Deus, o que pensa sobre os homossexuais? Ele os ama tanto quanto ama aos heterossexuais, ou Deus realmente odeia os *gays*?

Primeiro, vejamos como Jesus encarava os pecados. Um líder religioso altamente respeitado (um fariseu judeu) aproximou-se de Jesus na tentativa de descobrir quem ele realmente era. A primeira coisa que Jesus disse ao homem foi que ele precisava "nascer de novo" e que Deus havia mandado seu Filho *não para que julgasse o mundo, mas que o mundo fosse salvo por meio dele* [Jesus] (Jo 3.17).

Jesus continuou a esclarecer o assunto sobre o pecado e os pecadores. Disse que não haveria julgamento contra os pecadores que nele cressem. Mas os pecadores que se recusassem a crer que ele era o meio de Deus prover perdão seriam julgados. Jesus explicou que ele era a luz de Deus, ou a salvação, porque *todo aquele que pratica o mal odeia a luz e não vem para a luz, para que as suas obras não sejam expostas. Mas quem pratica a verdade vem para a luz, a fim de que se manifeste que suas obras são feitas em Deus* (Jo 3.20,21).

Parece que o tipo de pecado cometido não importava para Jesus, desde que o pecador voltasse as costas para o pecado (ou seja, que se arrependesse) e colocasse a confiança e a esperança em Cristo. Na verdade, os únicos pecados que ele considerava imperdoáveis eram os não confessados. Isso não quer dizer que alguns pecados não são piores que os outros. Jesus disse a Pilatos que *aquele que me entregou a ti incorre em pecado maior* (Jo 19.11). Ele também ensinou: *A quem muito é dado, muito será exigido; e a quem muito se confia, mais ainda se pedirá* (Lc 12.48). Punições e recompensas podem não ser iguais – alguns pecados *são* piores que outros –, porém o perdão de Deus está franqueado igualmente a todos que o buscam.

O apóstolo Paulo listou inúmeros pecados – incluindo imoralidade sexual de todos os tipos – que precisavam do perdão de Deus (v. Rm 1.24-27; 1Co 6.9,10; Gl 5.19-21; e Cl 3.5,6). Mas não parece que ele ou os outros escritores do

Novo Testamento tenham selecionado a homossexualidade como o mais vil dos pecados. O julgamento de Deus está reservado, ao contrário, a todos os que não colocam sua confiança em Cristo como sacrifício por seus pecados.[49] Então, como devemos tratar os pecadores e, mais especificamente, os homossexuais?

Há alguns anos, eu (Sean) fui aos Jogos Olímpicos com um grupo cristão. Certa ocasião, eu estava trabalhando numa banca onde se vendiam camisetas com estampas de orientação cristã. Um homem usando uma camiseta cheia de bandeiras de arco-íris se aproximou da minha barraca. Perguntei sobre as bandeiras e que país elas representavam.

– Ah, é apenas uma coisa excêntrica – ele respondeu. – Sabe, eu sou *gay*.

Educadamente, perguntei-lhe se as pessoas o ridicularizavam pelo fato de ser *gay*. Ele respondeu imediatamente:

– Ah, sim, recebo declarações humilhantes lançadas contra mim o tempo todo.

Olhei direto em seus olhos e pude ver um homem que havia sido magoado e humilhado pelo sarcasmo e pela zombaria dos outros. Senti compaixão por ele e disse:

– Lamento muito que as pessoas o tenham tratado dessa forma. Não está certo.

Ele me agradeceu repetidas vezes. De fato, ele perguntou se podia tirar uma foto de nós dois juntos. Disse que eu era a pessoa mais gentil que ele havia encontrado em todos os Jogos Olímpicos.

---

[49] V. "Por que Jesus precisou morrer?" na p. 175.

As pessoas, não importa qual seja sua orientação sexual, são amadas por Deus, e nós, como seus representantes, devemos amá-las também. A mensagem de Jesus é a mesma a todos os pecadores, incluindo nós mesmos: *Eu sou a ressurreição e a vida; quem crê em mim, mesmo que morra, viverá; e todo aquele que vive, e crê em mim, jamais morrerá* (Jo 11.25,26).

36

Deus se envolve em política?

Uma pesquisa conduzida pelo Instituto Gallup em 2010 constatou que um em cada cinco norte-americanos acredita que "Deus está ativamente envolvido na vida diária do mundo e tem uma visão econômica conservadora que se opõe às normas do governo e defende o livre mercado".[50] Então, Deus é a favor de um governo reduzido, de impostos mais baixos e de uma economia de livre mercado? Deus é democrata, republicano, socialista ou o quê? Deus se filia a partidos políticos ou se envolve em programas partidários?

A questão do reino

Se alguma vez Deus se envolver em política, isso aconteceu no século 1. O povo judeu havia sofrido muitos anos sob o regime de outros governos, em alguns casos tendo sido até mesmo escravizado. Durante séculos eles haviam esperado por seu Messias, o Cristo que tiraria sua nação da tirania e a conduziria para um novo reino de justiça e glória.

Quando Jesus entrou em cena, seus discípulos pensaram que havia chegado o tempo em que seu Messias reuniria um exército, derrotaria os opressores romanos e estabeleceria um novo reino de prosperidade e liberdade.

---

[50] Como citado em Grossman, Cathy Lynn. "Baylor Religion Survey Reveals Many See God Steering Economy", *Usa Today*, 20 de setembro de 2011.

Como se sabe, as esperanças por um reino terreno foram frustradas com a morte do seu líder. O que é claro é que os seguidores de Jesus entenderam mal o envolvimento de Deus com política.

Quando Jesus foi levado à presença de Pôncio Pilatos, governador romano, este também tentou obter algum esclarecimento sobre o ponto de vista do prisioneiro e de suas ambições. E Pilatos lhe perguntou se ele era o rei dos judeus.

Jesus respondeu: O meu reino não é deste mundo. Se o meu reino fosse deste mundo, os meus servos lutariam para que eu não fosse entregue aos judeus. Entretanto, o meu reino não é daqui (Jo 18.36). Parece que o Senhor do universo não considera este mundo seu reino. Então, o que ele quis dizer com *o meu reino não é deste mundo*?

Onde está o conflito

O tipo de reino e de política de Jesus não consistia em derrubar o Império Romano. Sua oposição não era ao Império Romano ou mesmo aos líderes judeus. Sua oposição era a Lúcifer, seu arqui-inimigo. Por meio da escolha dos primeiros seres humanos de pecarem e de se rebelar contra Deus, Satanás obteve controle das coisas antes que o reino deste mundo pudesse se tornar o reino de Deus. O discípulo João confirmou: *Sabemos que somos de Deus e que o mundo inteiro jaz no Maligno* (1Jo 5.19). Existem agora dois reinos com duas cosmovisões bastante diferentes – o reino deste mundo, que tem Satanás como seu rei, e o reino do céu, que tem Deus como seu rei. Isso significa que estamos vivenciando atualmente um conflito entre esses dois reinos.

O conflito não é realmente de natureza política, como Pilatos presumiu. A luta nem sequer é cultural. O principal inimigo não é uma pessoa ímpia, um regime perverso ou uma ideologia política. Essa guerra é entre Deus e Satanás. A nossa luta não é contra pessoas, mas *contra os príncipes deste mundo de trevas, contra os exércitos espirituais da maldade nas regiões celestiais* (Ef 6.12).

No que Deus está interessado

Mas isso significa que Deus não está envolvido ou interessado nos assuntos deste mundo? De modo nenhum. Jesus disse que devíamos dar *a César o que é de César* (Mt 22.21). Devemos orar pelos líderes do governo (1Tm 2.1,2) e honrá-los (1Pe 2.13-17). Mas o objetivo de Deus não é reformar os reinos deste mundo por meio de um programa político. Seu plano é vencer Satanás, dar um fim ao sofrimento e à morte, recriar os céus e a terra e estabelecer um reino eterno com todos os que nele confiaram.

Acrescentemos que isso não significa que nós, cristãos, não devamos nos envolver na busca por uma saudável mudança social e econômica em nossas comunidades, cidades, países e nas nações no mundo todo. E há princípios bíblicos que podem ser aplicados a estruturas governamentais e econômicas. Jesus disse que seus seguidores devem ser fundamentalmente *sal da terra* [...] *luz do mundo* [...] *diante dos homens, para que vejam as vossas boas obras e glorifiquem vosso Pai, que está no céu* (Mt 5.13,14,16).

Uma expressão usada com frequência para descrever o coração de Jesus era "movido por compaixão". Ao ver o cego, o leproso, o enfermo, o faminto, Jesus foi "movido por compaixão". Na essência, a cosmovisão de Jesus representa um foco em cuidar dos outros espiritual, física, econômica, social e relacionalmente – em todos os sentidos. Esse tipo de compaixão para com os outros é uma mensagem radical agora e certamente também foi durante o tempo de Jesus.

Deus pode não se alinhar a um partido político, mas sua missão é redimir seus filhos perdidos presos pelo pecado e acabar restaurando toda a criação ao seu projeto original. E, como "sal e luz", seus seguidores não devem apenas amar a Deus com todo o seu ser, mas ao próximo como a si mesmos. E é evidente, mesmo desde o começo da igreja primitiva, como a mudança social e política resultaram do fato de os seguidores de Cristo propagarem a cosmovisão de Jesus.

Os fiéis seguidores de Cristo devem ser os melhores cidadãos deste mundo, embora não façam parte dele. Jesus fez esta distinção quando orou para que seus seguidores estivessem no mundo – mas não fossem do mundo – *pois não são do mundo, assim como eu também não sou* (Jo 17.14). Os que vivem uma cosmovisão bíblica – a cosmovisão de Jesus – fazem do reino de Deus a primazia em sua vida e além disso se tornam uma poderosa força para o bem neste mundo presente.

37

COMO PODEMOS CONHECER A VONTADE DE DEUS EM NOSSA VIDA?

Uma das perguntas mais comuns hoje entre os jovens e os adultos diz respeito a conhecer a vontade de Deus. Durante anos, eu (Sean) pensei que a vontade de Deus estava oculta, e era tarefa minha tentar descobri-la – como se eu tivesse de sair à caça de um tesouro. Mas as coisas não são assim. Deus praticamente expôs a sua vontade para que todos vejam. E, quando conhecemos as grandes áreas que formam sua vontade, podemos compreender mais facilmente como tomar decisões sábias nos detalhes de nossa vida, tais como comprar um carro, adquirir uma casa, ir à faculdade, encontrar o emprego ideal, casar com a pessoa certa etc.

As Escrituras nos revelam muito da vontade de Deus. Vejamos alguns exemplos.

A vontade de Deus é que as pessoas venham a conhecê-lo e amá-lo. Jesus orou ao Pai, dizendo: *E a vida eterna é esta: que conheçam a ti, o único Deus verdadeiro, e a Jesus Cristo, que enviaste* (Jo 17.3). O apóstolo Paulo assegurou que Deus *deseja que todos os homens sejam salvos e cheguem ao pleno conhecimento da verdade* (1Tm 2.4). O discípulo Pedro nos disse que Deus *não quer que ninguém pereça, mas que todos venham a se arrepender* (2Pe 3.9). Assim, a vontade de Deus é que as pessoas confiem em

Cristo para alcançar um relacionamento com Deus e receber o dom da vida eterna.

A vontade de Deus é que seus seguidores falem aos outros sobre a salvação em Cristo. Jesus ordenou a seus seguidores: *Ide, fazei discípulos de todas as nações* (Mt 28.19). E continuou: *E sereis minhas testemunhas* (At 1.8). Paulo disse que Deus *nos encarregou da mensagem da reconciliação. Portanto, somos embaixadores de Cristo* (2Co 5.19,20). É a vontade de Deus que nos tornemos o que Jesus chamou de *sal da terra* e *luz do mundo* para que outros saibam que ele é o caminho para Deus (v. Mt 5.13-16).

A vontade de Deus é que as pessoas sejam como Cristo e tenham uma vida pura. As Escrituras dizem que Deus *conheceu* [seus seguidores] *por antecipação,* [e] *também os predestinou para serem conformes à imagem de seu Filho* (Rm 8.29). *Nele fostes instruídos* [...] *a vos renovar no espírito da vossa mente, e a vos revestir do novo homem, criado segundo Deus em verdadeira justiça e santidade* (Ef 4.22-24).

É a vontade de Deus que nos tornemos conformes à imagem de Cristo e tenhamos vida pura. A Bíblia diz: *A vontade de Deus para vós é esta: a vossa santificação; por isso afastai-vos da imoralidade sexual. Cada um de vós saiba manter o próprio corpo em santidade e honra* (1Ts 4.3,4). A imoralidade sexual é rotina hoje em dia, mas a vontade de Deus é que as pessoas solteiras permaneçam puras até o casamento e que as casadas permaneçam sexualmente fiéis a seu cônjuge.

A vontade de Deus é que nos amemos uns aos outros. Jesus disse que as Escrituras dependem disto: *Amarás o Senhor teu Deus de todo o coração, de toda a alma e de todo o entendimento. Este é o maior e o primeiro mandamento. E o segundo, semelhante a este, é: Amarás o teu próximo como a ti mesmo* (Mt

22.37-39). Pouco antes de ser crucificado, ele declarou aos discípulos: *Eu vos dou um novo mandamento: que vos ameis uns aos outros; assim como eu vos amei, que também vos ameis uns aos outros. Nisto todos saberão que sois meus discípulos, se vos amardes uns aos outros* (Jo 13.34,35).

É a vontade de Deus que o amemos com todo o nosso ser – tornando-o nossa prioridade – e vivamos esse amor amando outras pessoas. E amar os outros inclui coisas como aceitar uns aos outros (Rm 15.7), perdoar uns aos outros (Ef 4.32), ser paciente uns com os outros (Ef 4.2), viver em harmonia mútua (Rm 12.16), servir (Gl 5.13), submeter-se (Ef 5.21), confortar uns aos outros (2Co 1.4), e assim por diante.

Essas são algumas áreas importantes nas quais as Escrituras revelam qual é a vontade de Deus. Mas como saber mais especificamente como ele nos está dirigindo para fazer isto ou aquilo na vida? Primeiro, devemos ter certeza de que estamos fazendo tudo o que podemos para seguir a "vontade de Deus" nas áreas mais importantes da nossa vida. Então temos liberdade para fazer escolhas – escolhas que têm consequências. Se fizermos escolhas sábias, experimentaremos boas consequências. Se fizermos escolhas imprudentes, sofreremos consequências negativas. Mas, novamente, decisões como que faculdade frequentar, com quem namorar ou casar, que carro ou casa comprar, que emprego aceitar etc., não são escolhas morais certas ou erradas. Deus nos dá a liberdade de tomar essas decisões e quer que façamos escolhas sensatas nesses quesitos.

Para fazer escolhas sensatas em nossa vida, é bom contar com pelo menos cinco fontes:

1. *Recorrer a Deus em oração* (Tg 1.5). A pessoa prudente busca a sabedoria de Deus para saber se uma decisão transgride de alguma forma sua vontade moral.
2. *Buscar orientação nas Escrituras* (2Tm 3.16). A pessoa prudente busca orientação na Palavra de Deus a fim de encontrar força e percepção para continuamente buscar Deus e o seu reino em primeiro lugar.
3. *Ponderar* (Pv 18.13). Reúna os fatos. É sábio fazer uma lista dos pontos favoráveis e contrários para obter direção antes de tomar uma decisão.
4. *Buscar conselho cristão dos outros* (Pv 15.22). Há grande sabedoria no conselho de muitos.
5. *Permitir que as experiências da vida* nos ensinem (Sl 90.12). Pode-se aprender muito com experiências passadas. A pessoa sábia não comete o mesmo erro duas vezes.

A vontade de Deus não envolve tanto o que você faz, mas *quem você é*. Se você procurar conhecê-lo, colocá-lo em primeiro lugar em sua vida, amar os outros, ter uma vida pura semelhante à de Cristo, falar a respeito dele aos outros, você aumentará as probabilidades de tomar decisões sábias em sua vida.

38

JESUS REALMENTE ALEGOU SER DEUS?

Críticos como o ateu Richard Dawkins dizem que foi o excesso de zelo dos seguidores de Jesus que o tornaram uma divindade. Dawkins escreve: "Não existe evidência histórica de que Jesus tenha ao menos acreditado ser divino".[51] Esses críticos também apontam para o fato de que Jesus se referiu a si mesmo como o "Filho do homem", e não como "Filho de Deus". Isso, segundo eles, prova que Jesus se considerava um ser humano, não uma divindade. Isso é verdade? Jesus realmente nunca alegou ser o Filho de Deus?

O SIGNIFICADO DE "FILHO DO HOMEM"

É verdade que Jesus se referiu a si mesmo inúmeras vezes como o "Filho do homem", mas isso estava longe de admitir ser apenas mais um ser humano na terra. O emprego da expressão "Filho do homem" pode ser rastreado até o livro de Daniel. E, quando Daniel descreveu o "filho de homem" numa visão, a expressão está longe de ser uma referência a um homem comum. Daniel profetizou que viu *alguém parecido com filho de homem* [vindo] *nas nuvens do céu* [...] *e foi-lhe dado domínio, e glória, e um reino* [...] *o seu domínio é um domínio eterno, que não passará, e o seu reino é tal que não será destruído* (Dn 7.13,14). Essa não é a descrição de um simples mortal.

---

[51] DAWKINS, Richard. *The God Delusion*, p. 117.

O "filho de homem" de Daniel faz clara referência a uma figura divina – o Senhor soberano cujo reino é eterno. Alguém alegar ser o Filho do homem equivaleria, de fato, a alegar ser divino. E foi exatamente isso o que Jesus fez.

As afirmações de Jesus

Jesus também deixou claro que era Deus, e essa afirmação não passou despercebida aos líderes religiosos da época. De fato, foi exatamente o motivo pelo qual tentaram desacreditá-lo e, por fim, acabou sendo a razão para tramarem vê-lo morto: *Por isso, os judeus procuravam ainda mais matá-lo, não só porque infringia o sábado, mas também porque dizia que Deus era seu Pai, fazendo-se igual a Deus* (Jo 5.18). Jesus continuou afirmando: *Em verdade, em verdade vos digo que virá a hora, e já chegou, em que os mortos ouvirão a voz do Filho de Deus, e os que a ouvirem viverão* (Jo 5.25). Jesus deixou muito claro quem ele era.

Em mais de uma ocasião, a clara afirmação de Jesus quanto à própria divindade fez que seus companheiros judeus tentassem apedrejá-lo. Certa vez, Jesus disse aos líderes judeus: *Abraão, vosso pai, regozijou-se por ver o meu dia; ele o viu e alegrou-se.* Seus ouvintes ficaram indignados e retrucaram: *Ainda não tens cinquenta anos e viste Abraão? Jesus lhes respondeu: Em verdade, em verdade vos digo que, antes que Abraão existisse, Eu sou. Diante dessa afirmação, eles pegaram em pedras para apedrejá-lo; mas Jesus se escondeu e saiu da área do templo* (Jo 8.56-59). Em outra ocasião, quando Jesus disse que era um com o Pai, os líderes judeus novamente pegaram em pedras para matá-lo (v. Jo 10.30-31). Quando Jesus perguntou por que eles queriam matá-lo, a resposta foi: *... por blasfêmia, pois sendo tu apenas um homem, te fazes Deus* (Jo 10.33).

Ao afirmar ser Deus, Jesus demonstrou também sua autoridade para perdoar pecados. Ele disse a um paralítico:

Filho, os teus pecados estão perdoados e, novamente, os líderes religiosos reagiram com indignação. *Por que esse homem fala dessa maneira? Ele está blasfemando! Quem pode perdoar pecados senão um só, que é Deus?* (Mc 2.5-7).

Nas horas finais antes de sua morte, Jesus deixou claro – até para o Sinédrio (o alto conselho judeu) – exatamente quem ele era: *E o sumo sacerdote voltou a interrogá-lo, perguntando-lhe: Tu és o Cristo, o Filho do Deus bendito? Jesus respondeu: Eu sou* [...] *Então o sumo sacerdote rasgou suas vestes e disse* [...] *Acabais de ouvir a blasfêmia* [...] *e todos o condenaram como réu digno de morte* (Mc 14.61-64).

Tudo o que Jesus disse e fez confirmou sua afirmação e reivindicação de ser Deus na carne.[52]

> *No princípio era o Verbo, e o Verbo estava com Deus, e o Verbo era Deus* [...] *E o Verbo se fez carne e habitou entre nós, pleno de graça e de verdade; e vimos a sua glória, como a glória do unigênito do Pai.* (Jo 1.1,14)

[52] Para um tratamento mais extenso sobre a alegação de Jesus de ser Deus e as evidências históricas que apoiam essa afirmação, v. *Is God just a human invention?*, capítulo 18.

39

Não é arrogância alegar que o cristianismo é a única religião verdadeira?

A maior crítica feita aos cristãos é que eles têm a arrogância de dizer que o cristianismo é a única religião verdadeira e a única forma de obter a vida eterna. Essa visão parece irritantemente exclusiva e intolerante para a maioria das pessoas. Por consequência, grande parte dos que professam o cristianismo na América não alega mais que o cristianismo é exclusivo. Uma pesquisa do *Pew Forum* feita em 2008 entre os norte-americanos constatou que 65% de todos os cristãos professos afirmam existirem muitos caminhos para a vida eterna, e 80% dos que responderam à pesquisa citaram pelo menos uma religião não cristã que pode levar à salvação.[53]

Quem está fazendo a alegação?

Então é arrogância um cristão hoje alegar ser o único a ter a verdadeira religião e o único ensino que leva à vida eterna? Isso pode causar surpresa a você, mas nós acreditamos que alguém alegar que tem a única e verdadeira religião de fato passa a impressão de arrogância. Seria arrogância

---

[53] The Pew Forum on Religion and Public Life Washington DC Survey: "Many Americans Say Other Faiths Can Lead to Eternal Life", 18 de dezembro de 2008, como relatado em <http://pewforum.org/Many-Americans-Say-Other-Faiths-Can-Lead-to-Eternal-Life.aspx>.

alguém fazer tal reivindicação exclusiva, a menos que essa pessoa fosse Deus. E a realidade é que Jesus, como Filho de Deus, de fato alegou ser a única forma de obter a vida eterna. E nós, como cristãos, podemos evitar a impressão de arrogância deixando claro que foi *ele* que fez a alegação de haver "um só caminho – uma só verdade".

A maioria dos líderes religiosos do tempo de Jesus também pensou ser arrogante dizer o que ele disse a respeito de si mesmo. Jesus alegou ser o Filho de Deus que existia eternamente, capaz de perdoar o pecado e dar a vida eterna.[54] E Jesus não teria sido apenas arrogante, mas um impostor ao fazer uma afirmação tão bizarra de exclusividade se não fosse Deus – mas ele era. E ele deu muitas evidências para comprovar sua afirmação.

Jesus cumpriu profecias sobre o Escolhido de Deus (o Messias), nasceu de uma virgem e realizou muitos milagres antes de realmente ter dito: *eu sou a ressurreição e a vida; quem crê em mim, mesmo que morra, viverá; e todo aquele que vive, e crê em mim, jamais morrerá* (Jo 11.25,26). Ele podia fazer essa afirmação aparentemente arrogante porque era o único Filho de Deus, que podia confirmar de fato essa filiação. Leia estas palavras dele: *Se não crerdes que Eu sou, morrereis em vossos pecados* (Jo 8.24). *Eu sou o caminho, a verdade e a vida; ninguém chega ao Pai, a não ser por mim* (Jo 14.6).

Foi Jesus quem fez afirmação exclusiva de ser o único caminho para Deus – e por uma boa razão. Ninguém mais tinha as qualificações que um Deus santo e justo aceitaria. Os seguidores de Cristo precisam ter cuidado para não afirmar que *eles* têm o monopólio da verdade ou detêm a única verdadeira religião. Ao contrário, *Jesus* é o caminho, a verdade

[54] V. "Jesus realmente alegou ser Deus?" na p. 149.

e a vida – seus seguidores estão apenas compartilhando a mensagem *dele*. Assim, como cristãos, precisamos apontar na direção dele como o único caminho para a vida eterna. Nossa tarefa é espalhar as boas-novas a respeito dele. E somos sensatos em compartilhar essa notícia entusiasticamente, mas com humildade.

É claro que as pessoas podem ser arrogantes a respeito da verdade e estar certas. Elas podem ser arrogantes a respeito da verdade e estar erradas; podem ser humildes e estar certas; e podem ser humildes e estar erradas. O importante para nós, como cristãos, não é quem vence a discussão sobre quem está certo ou errado. Esse não é o ponto. O importante é convidarmos as pessoas a considerarem Jesus por quem ele é e por aquilo que ele tem para lhes oferecer. E não precisamos ficar tímidos em mostrar a nossa fé de que ele é o único caminho. Podemos dizer como Paulo:

> *Porque não me envergonho do evangelho, pois é o poder de Deus para a salvação de todo aquele que crê; primeiro do judeu e também do grego. Pois a justiça de Deus se revela no evangelho.* (Rm 1.16, 17)

40

Como sabemos que Jesus de fato existiu?

Nos últimos anos, algumas pessoas têm questionado a real existência de Jesus. Alguns alegam que a ideia de um Salvador foi inventada por certas pessoas e que isso acabou se tornando uma religião.

O problema com esse pensamento é que simplesmente existem muitos textos bíblicos e extrabíblicos confirmando a existência da pessoa que conhecemos como Jesus Cristo, que viveu e morreu no século 1.

Uma ideia indefensável

Primeiro, é absurdo crer que no século 1 milhares de pessoas se dedicariam a uma pessoa que nunca existiu. Por volta do ano 100 d.C., cerca de 65 anos após Jesus ter estado na terra, havia algo em torno de 25 mil pessoas que se autodenominavam cristãs – em homenagem ao Cristo em quem elas creram. Muitos desses seguidores de Cristo foram perseguidos não apenas pelo governo, mas pela família e por amigos. Alguns chegaram a dar a vida como mártires por essa pessoa. Será que tantas pessoas fariam isso por alguém que nunca viveu? E em duzentos anos (300 d.C.) o grupo de fiéis seguidores de Jesus aumentou para mais de 20 milhões.[55] É

[55] Estatísticas obtidas de Hirsh, Alan. *The Forgotten Ways*. Grand Rapids, MI: Brazos Press, 2006, p. 18.

inconcebível que um número tão grande de seguidores tivesse sobrevivido se houvesse se baseado num Cristo fantasma.

AS EVIDÊNCIAS DO NOVO TESTAMENTO

Claro que temos também as evidências confiáveis do Novo Testamento, que registram a vida e os ensinos de Jesus. Pedro, um dos discípulos, escreveu uma carta no início da década de 60, pouco antes de seu martírio sob o imperador Nero em 64 ou 65 d.C. Ele escreve:

> *Porque não seguimos fábulas engenhosas quando vos fizemos conhecer o poder e a vinda de nosso Senhor Jesus Cristo, pois fomos testemunhas oculares da sua majestade. Porque ele recebeu honra e glória de Deus Pai.* (2Pe 1.16,17)

Pedro estava se referindo ao momento em que esteve presente no monte da Transfiguração, quando Jesus recebeu a visita de Moisés e Elias. Ele estava confirmando a existência de Jesus na qualidade de testemunha ocular. Temos treze cartas de Paulo, quatro Evangelhos, o livro de Atos e outros livros do Novo Testamento que atestam a historicidade de Jesus. Muitos dos escritores do Novo Testamento escreveram no período de uma geração contemporânea de Jesus formada por testemunhas oculares ou pessoas que conheceram testemunhas oculares dos relatos de Jesus.

EVIDÊNCIAS DE OUTRAS FONTES

No entanto, além dos relatos do Novo Testamento, existem os escritores "seculares" – os escritos extrabíblicos que ratificam que Jesus Cristo de fato viveu. Por exemplo, o historiador Josefo escreveu *Antiguidades judaicas* em 93 d.C. No livro 18, parágrafo 3, ele escreve:

> No tempo em que viveu Jesus, um homem sábio, se de fato deve-se chamá-lo de homem [...]. Ele foi o Messias. Quando Pilatos, ao ouvir ser acusado por homens da mais alta posição entre nós, o condenou a ser crucificado, aqueles que primeiramente o amaram não desistiram de sua afeição por ele.[56]

Josefo também fez referência a "Tiago, o irmão de Jesus, que foi chamado de o Cristo".[57]

Plínio, o Jovem, foi um dos maiores escritores de cartas do mundo. Dez volumes de sua correspondência sobreviveram até o presente. Ele escreveu ao imperador Trajano a respeito dos cristãos de sua província no ano 112 d.C., revelando como um não cristão via o cristianismo. Ele escreve sobre os seguidores de Cristo, que "tinham o costume de se reunirem num determinado dia fixo da semana antes do amanhecer, quando cantavam em versos alternados um hino a Cristo, como a um Deus".[58]

Cornélio Tácito, nascido por volta de 56 d.C., tornou-se senador romano e é considerado o mais confiável dos antigos historiadores. Em seus *Anais* de 116 d.C., ele faz declarações sobre a morte de Cristo como um fato histórico.[59]

---

[56] McDowell, Josh; Wilson, Bill. *Evidence for the Historical Jesus.* Eugene, OR: Harvest House Publishers, 2011, p. 38.

[57] Ibid., p. 36.

[58] Ibid., p. 44.

[59] Ibid., 47.

E muitos outros,[60] como Suetônio, outro historiador romano (120 d.C.); Luciano de Samósata, escritor satírico (170 d.C.); e Marabar-Serapion, filósofo estoico (70 d.C.), confirmaram na história escrita que Jesus de Nazaré viveu e morreu.[61]

[60] Para um argumento mais amplo e convincente em relação à vida e às afirmações de Jesus, v. *Evidence for the Historical Jesus.*

[61] McDowell, Josh; Wilson, Bill. *Evidence for the Historical Jesus,* p. 49-51.

41

Como Jesus respaldou sua alegação de ser Deus?

Jesus afirmou ser o Filho de Deus e o único caminho para Deus. E ele não estava sendo arrogante a respeito disso.[62] Mas Jesus realmente deu provas de que era Deus? Como ele respaldou essa reivindicação à divindade?

Os discípulos de Jesus estavam tendo um pouco de dificuldade para compreender exatamente quem era seu mestre e do que ele era capaz. Por isso, ele declarou: *Crede em mim; eu estou no Pai e ele está em mim; crede ao menos por causa das mesmas obras* (Jo 14.11). Aqui Jesus estava apelando tanto para o seu ensino confiável sobre o reino de Deus quanto para seus muitos milagres, com o objetivo de comprovar e ratificar que ele era de fato Deus na forma humana. Com relação aos milagres, ele estava na verdade dizendo: "Vocês estão achando difícil crer que eu sou Deus na carne – bem, vejam como eu, criador de todas as coisas, tenho domínio total das forças do universo – da água, do corpo humano, da gravidade, da vida e da morte".

---

[62] V. "Jesus realmente alegou ser Deus?" na p. 149.

Preste atenção nestas palavras:

> *Mas o testemunho que eu tenho é maior que o de João; porque as obras que o Pai me concedeu realizar, essas mesmas obras que realizo, dão testemunho de que o Pai me enviou.* [...] *As obras que eu faço em nome de meu Pai dão testemunho de mim.* (Jo 5.36; 10.25)

Os milagres de Jesus tornaram-se provas verossímeis de que ele era quem alegava ser. Por isso, vejamos alguns milagres que ele realizou.

Mas, primeiro, o que realmente é um milagre? O milagre pode ser definido como uma intervenção religiosamente significativa de Deus no sistema de causas naturais. Algumas pessoas afirmam que milagres não podem ocorrer por ser impossível violar as leis da natureza. Mas os que fazem essa contestação presumem que nada existe fora da natureza. Eles acreditam que vivemos num sistema fechado.

Entretanto, se Deus existe como criador do universo, então existe fora das leis da natureza que ele mesmo criou. Ele pode, dessa forma, entrar em sua criação e intervir quando quiser. E ele o faz. Deus entrou na esfera da humanidade assumindo a forma humana na pessoa de Jesus. E, para nos dar evidência de que era Deus, Jesus realizou milagres.

Eis alguns exemplos do seu poder de realizar milagres registrados no Novo Testamento, que documenta que ele era capaz de:

- Acalmar uma tempestade (v. Mt 8)
- Fazer um mudo falar (v. Mt 9)
- Alimentar 5 mil pessoas com cinco pães e dois peixes (v. Mt 14)

- Expulsar demônios (v. Mc 5)
- Andar sobre as águas (v. Mc 6)
- Dar vista a um cego (v. Mc 10)
- Fazer uma figueira murchar ao amaldiçoá-la (v. Mc 11)
- Predizer o futuro (v. Mc 14)
- Curar um paralítico (v. Lc 5)
- Ressuscitar um menino (v. Lc 7)
- Curar uma hemorragia incurável (v. Lc 8)
- Purificar leprosos (v. Lc 17)
- Transformar água em vinho (v. Jo 2)
- Fazer um coxo andar (v. Jo 5)
- Perdoar pecados (v. Jo 8)
- Ressuscitar um homem (v. Jo 11)

Jesus não foi simplesmente um grande mestre. Foi o Filho do Deus vivo, e seus milagres ressaltam essa verdade.

42

QUAIS PROVAS EXISTEM DE QUE JESUS FOI O MESSIAS?

Deus prometeu à nação de Israel que levantaria um descendente do rei Davi que estabeleceria um trono para sempre (v. 2Sm 7.11-16). A palavra hebraica *Messias*, equivalente a *Cristo* em grego, significa "ungido". E essa pessoa iria proclamar o reino eterno de Deus na terra.

Mais de quatrocentos anos antes de Jesus nascer, existiam mais de sessenta importantes profecias no Antigo Testamento sobre a vinda do Messias, feitas havia centenas de anos. Isso é de grande significado histórico e espiritual, porque o Messias profetizado por Isaias um dia

> *Neste monte ele destruirá o manto que cobre todos os povos e o véu que está sobre todas as nações. Aniquilará a morte para sempre, e assim o SENHOR Deus enxugará as lágrimas de todos os rostos e tirará de toda a terra a humilhação do seu povo; porque o SENHOR o disse.* (Is 25.7,8)

A EVIDÊNCIA DA PROFECIA

Claro que Jesus afirmou ser o "ungido". Mas as profecias do Antigo Testamento confirmam que ele de fato foi o Messias? A resposta é *sim*. É como se Deus nos tivesse dado uma forma específica de reconhecer quem seria o "ungido", por meio de profecias *messiânicas.*

Parece impossível, mas, por causa dessas profecias, entre bilhões de pessoas nascidas ao longo de milhares de anos, somos capazes de identificar uma pessoa na história como o Messias. É como se Deus tivesse uma resposta esperando por nós quando perguntássemos: "Como saberemos quem é o Messias?" Imagine nós conversando com Deus enquanto ele usa essas profecias para detalhar exatamente quem seria esse Messias.

Deus começa dizendo:

– Vocês saberão que ele é o Messias porque eu o farei nascer como israelita, um descendente de Abraão (Gn 22.18; Gl 3.16).

– Mas Deus – nós protestamos – os descendentes de Abraão serão muitos!

– Então eu vou reduzir para a metade da linhagem de Abraão e fazê-lo descendente de Isaque, não de Ismael (Gn 21.12; Lc 3.23-34).

– Isso ajuda, mas ainda não é uma quantidade muito grande de pessoas?

– Deixemos que ele nasça da linhagem de Jacó, eliminando assim metade da linhagem de Isaque (Nm 24.17; Lc 3.23-34).

– Mas...

– Vou ser mais específico. Jacó terá doze filhos; farei que o Messias nasça da tribo de Judá (Gn 49.10; Lc 3.23-33).

– Ainda não é muita gente? De novo, talvez não o reconheçamos quando ele chegar.

– Não se preocupem! Procurem por ele na descendência de Jessé (Is 11.1; Lc 3.23-32). E, da casa e linhagem de Davi, será o filho mais novo de Jessé (Jr 23.5; Lc 3.23-31). E então eu lhes direi *onde* ele irá nascer: Belém, uma pequena cidade chamada Judá (Mq 5.2; Mt 2.1).

– Mas como saberemos qual pessoa nascida ali será o Messias?

– Ele será precedido por um mensageiro que preparará o caminho e anunciará sua chegada (Is 40.3; Mt 3.1,2). Ele começará seu ministério na Galileia (Is 9.1; Mt 4.12-17) e ensinará por meio de parábolas (Sl 78.2; Mt 13.34, 35) e realizará muitos milagres (Is 35.5, 6; Mt 9.35).

– Certo, isso ajuda muito.

– Ah – Deus responde –, deixarei a melhor dica agora. Ele entrará em Jerusalém montado num jumentinho (Zc 9.9; Mt 21.2; Lc 19.35-37), aparecerá repentina e vigorosamente no templo e com zelo limpará a casa (Sl 69.9; Ml 3.1; Jo 2.15,16). Ora, em *um dia* eu cumprirei nada menos que 29 profecias específicas sobre ele ditas quinhentos anos antes! Preste atenção nisto:

1. Ele será traído por um amigo (Sl 41.9; Mt 26.49).
2. O preço de sua traição serão trinta moedas de prata (Zc 11.12; Mt 26.15).
3. O dinheiro da traição será jogado ao chão do meu templo (Zc 11.13; Mt 27.5).
4. O dinheiro de sua traição será usado para comprar o campo do oleiro (Zc 11.13; Mt 27.7).
5. Ele será renegado e abandonado por seus discípulos (Zc 13.7; Mc 14.50).

6. Ele será acusado por falsas testemunhas (Sl 35.11; Mt 26.59,60).
7. Ele ficará em silêncio perante seus acusadores (Is 53.7; Mt 27.12).
8. Ele será magoado e ferido (Is 53.5; Mt 27.26).
9. Ele será odiado sem motivo (Sl 69.4; Jo 15.25).
10. Baterão e cuspirão nele (Is 50.6; Mt 26.67).
11. Ele será zombado, ridicularizado e rejeitado (Is 53.3; Mt 27.27-31).
12. Ele cairá de fraqueza (Sl 109.24,25; Lc 23.26).
13. Ele será insultado com palavras específicas (Sl 22.6-8; Mt 27.39-43).
14. Ao vê-lo, as pessoas balançarão a cabeça (Sl 109.25; Mt 27.39).
15. As pessoas olharão para ele (Sl 22.17; Lc 23.35).
16. Ele será executado entre pecadores (Is 53.12; Mt 27.38).
17. Suas mãos e seus pés serão perfurados (Sl 22.16; Lc 23.33).
18. Ele orará por seus perseguidores (Is 53.12; Lc 23.34).
19. Seus amigos e sua família ficarão de longe, observando-o (Sl 38.11; Lc 23.49).
20. Suas vestes serão divididas e dadas como prêmio no lançamento de sortes (Sl 22.18; Jo 19.23,24).
21. Ele terá sede (Sl 69.21; Jo 19.28).
22. Ser-lhe-ão dados vinagre e fel (Sl 69.21; Mt 27.34).
23. Ele se entregará a Deus (Sl 31.5; Lc 23.46).
24. Seus ossos não serão quebrados (Sl 34.20; Jo 19.33).

25. Seu coração será rompido (Sl 22.14; Jo 19.34).
26. Seu lado será perfurado (Zc 12.10; Jo 19.34).
27. As trevas cobrirão a terra ao meio-dia (Am 8.9; Mt 27.45).
28. Ele será enterrado no túmulo de um homem rico (Is 53.9; Mt 27.57-60).
29. Ele entrará em Jerusalém como rei 483 anos após a declaração de Artaxerxes para reconstruir o templo (444 a.C.) (Dn 9.24).[63]

– Como testemunho derradeiro, no terceiro dia após sua morte, ele ressuscitará dentre os mortos (Sl 16.10; At 2.31), subirá ao céu (Sl 68.18; At 1.9) e se sentará à minha direita com total majestade e autoridade (Sl 110.1; Hb 1.3).

Como se pode ver, Deus foi às últimas consequências para identificar seu Filho Jesus como o Cristo – o Messias que daria sua vida por nós. E um dia, *quando todas as coisas lhe estiverem sujeitas, então o próprio Filho se sujeitará àquele que todas as coisas lhe sujeitou, para que Deus seja tudo em todos* (1Co 15.28).

Podemos estar confiantes de que Jesus foi o Messias profetizado nas Escrituras. De fato, por haver sessenta importantes profecias no Antigo Testamento (com cerca de 270 ramificações adicionais) cumpridas em uma pessoa chamada Jesus, podemos estar mais do que confiantes. A probabilidade de todas essas profecias se cumprirem numa única pessoa por acaso é impressionantemente pequena.[64]

---

[63] Para uma abordagem detalhada desta profecia, v. McDowell, Josh. *The New Evidence That Demands a Verdict*. Nashville: Thomas Nelson Publishers, 1999, p. 195-201.

[64] Para saber mais sobre o fator de probabilidade e outros detalhes das profecias messiânicas, v. o capítulo 11 de *Mais que um carpinteiro*. São Paulo: Hagnos, 2012.

43

Há provas de que Jesus nasceu de uma virgem?

Não é preciso saber muito sobre como nascem as crianças para saber que virgens não têm filhos permanecendo virgens. A reprodução humana requer que um óvulo (ovo) feminino seja fertilizado por um gameta (esperma) masculino para que a concepção humana aconteça. Simplesmente não há outra opção, a não ser por um milagre.

Os que não acreditam em milagres certamente recusam o nascimento virginal. De fato, Maria, mãe de Jesus, questionou a ideia quando o anjo Gabriel lhe anunciou. *Então Maria perguntou ao anjo: Como isso poderá acontecer, se não conheço na intimidade homem algum?* (Lc 1.34). O anjo explicou que a concepção aconteceria pelo Espírito Santo: *O Espírito Santo virá sobre ti, e o poder do altíssimo te cobrirá com sua sombra; por isso aquele que nascerá será santo e será chamado Filho de Deus* (Lc 1.35). O anjo reconheceu que tudo aquilo era milagroso e acrescentou: *Para Deus nada é impossível* (Lc 1.37). Deus realiza milagres e, nesse caso, ele causou a gravidez de Maria.[65]

---

[65] V. os parágrafos sobre milagres em "Como Jesus respaldou sua alegação de ser Deus?" na p. 159.

UM ERRO DE TRADUÇÃO?

O profeta Isaías profetizou que Jesus nasceria de uma virgem sete séculos antes de o evento acontecer. Uma objeção que os críticos fazem é que o escritor do Novo Testamento "cita erroneamente" a palavra "virgem" de Isaías 7. A palavra hebraica empregada em Isaías 7.14 é *'almah*, que significa "mulher jovem". Todavia Mateus, o escritor do Evangelho, mencionando a tradução grega do Antigo Testamento, usou a palavra *parthenos*, que significa "virgem". Os críticos dizem que Mateus está torcendo o que Isaías disse.

A verdade é que a palavra hebraica *'almah* pode significar ou "mulher jovem" ou "virgem", embora exista uma palavra específica para *virgem* em hebraico. Entretanto, por causa do uso tradicional da palavra, os leitores do tempo de Isaías compreenderam que ele quis dizer que uma virgem conceberia. E é por isso que, mais de duzentos anos antes de Jesus nascer, os estudiosos judeus traduziram a palavra *'almah* por *virgem* ao verterem Isaías 7.14 para a Septuaginta. Mateus não estava torcendo as coisas, de forma alguma – ele estava citando a tradução grega, considerada exata tanto naquela época quanto agora na tradução de Isaías.

COMO AS PESSOAS REAGIRAM

A profecia fornece clara evidência de que Jesus nasceu de uma virgem. Observe como as Escrituras dizem que as pessoas de Nazaré, cidade onde Jesus morava, reagiu depois que ele começou seu ministério público. Certa ocasião, após Jesus ter ensinado na sinagoga, as pessoas com quem ele havia crescido disseram: *Este não é o carpinteiro, filho de Maria* [...] *E escandalizavam-se por causa dele* (Mc 6.3). O rótulo "filho de Maria" era um claro insulto numa sociedade que chamava os filhos pelo nome de seus pais – exceto, é claro, no caso de filhos cuja paternidade era duvidosa.

Em outra ocasião, os adversários de Jesus lançaram uma farpa contra ele quando responderam: *Não somos filhos de prostituição* (Jo 8.41). O insulto e a referência a Jesus como o "filho de Maria" e a referência a "filhos de prostituição" indicam que era de conhecimento comum na cidade de Jesus que ele havia sido concebido antes do casamento de Maria – e sem a participação de José. Em outras palavras, parece provável que as circunstâncias do nascimento milagroso de Jesus, concebido por uma virgem, o tenha feito ser rotulado como filho ilegítimo.

Além disso, quando Maria engravidou, por que ela teria insistido que era virgem? Ela sabia que tal história certamente seria espantosa demais para ser considerada; por que ela não surgiu com algo mais convincente? Ela podia ter tramado uma desculpa para parecer inocente, ou pelo menos poderia colocar parte da culpa em outra pessoa. Ela podia alegar que fora estuprada, ou que José a havia pressionado a ceder ao desejo dele. Ele saberia mais do que ninguém, porém ninguém mais saberia. Contudo, em vez de uma explicação lógica que se encaixasse nas leis conhecidas da época, ela disse às pessoas que tinha engravidado pelo Espírito Santo de Deus. Por que ela teria dito tal coisa quando essa era a explicação menos verossímil? Apenas uma razão faz sentido. Porque era verdade.

E uma pontinha final de evidência. Quando Maria engravidou, o que fez José, seu noivo? Naturalmente presumiu que ela tivera relações sexuais com outro homem e planejou desfazer o noivado e o casamento iminente. O relato da história, feito por Mateus, entretanto, narra que um anjo contou a José a verdade sobre a concepção. E, com base nisso,

José creu que o filho de Maria havia sido concebido pelo Espírito Santo e prosseguiu com as bodas.

José tomou sua decisão consciente de suas implicações. A princípio, ele não acreditou em Maria e resolveu romper o compromisso, exatamente como qualquer bom homem faria. Parece-nos que ele conhecia muito bem as implicações de violar as expectativas sociais sobre a pureza e a santidade do matrimônio. Um homem bom e prudente, como Mateus o chama, estaria consciente de que casar-se com Maria estragaria sua reputação pelo resto da vida. Então por que ele foi em frente e se casou com ela? Somente uma razão faz sentido. Ele conhecia a verdade. Ele creu na mensagem do anjo e que se tratava de uma completa verdade. Maria era de fato uma virgem que estava gestando em seu útero o Filho de Deus, concebido pelo Espírito Santo.

44

Há provas de que Jesus ressuscitou dentre os mortos?

Quando uma pessoa morre, ela permanece morta; é enterrada, não tem volta. Naturalmente as pessoas não ressuscitam dentre os mortos. Isso é impossível sem uma intervenção milagrosa. Então há prova de que aconteceu um milagre – quando Jesus morreu e depois ressuscitou corporalmente?

Existem muitas evidências para apoiar a ressurreição de Jesus. Muitas fontes confiáveis estão disponíveis sobre o assunto.[66] Entretanto, várias teorias alternativas tentam explicar a ausência do corpo de Jesus em seu túmulo. Entre elas estão a "teoria do corpo roubado", a "teoria do corpo mudado de lugar", a "teoria da alucinação", a "teoria da ressurreição espiritual", entre outras. Cada uma dessas teorias tenta explicar fatos sobre os quais há pouco debate. A questão não é se esses fatos são verdadeiros, mas qual melhor teoria os explica. Vamos considerar três desses fatos.

---

[66] Escrevemos nosso livro sobre o assunto, intitulado *Evidence for the Resurrection*. Ventura, CA: Regal Books, 2009.

Fato nº 1: Jesus morreu na cruz

A evidência da morte de Jesus por crucificação nas mãos dos romanos é importante:

1. Os quatro Evangelhos relatam a morte de Jesus.
2. A natureza da crucificação era realmente morte certa. A crucificação havia sido metodicamente desenvolvida pelos romanos para causar o máximo sofrimento pelo mais longo tempo possível. Dada a brutal flagelação de Jesus, a coroa de espinhos, a carga da trave e o fato de ter sido fixado na cruz com cravos ou pregos, é praticamente certo que ele estava morto.
3. O fato de ele ter sido ferido com uma lança, conforme registrado no livro de João, fez sair água e sangue, evidência médica de que Jesus morreu. Muitos médicos concordam que o fato de ter saído sangue e água do ferimento a lança é um sinal certo de morte.
4. Escritores extrabíblicos registram a morte de Jesus. Entre eles, estão Cornélio Tácito (cerca de 55-120 d.C.), que é considerado por muitos o maior historiador romano; o erudito judeu Josefo (cerca de 37-97 d.C.); e o Talmude judaico (compilado por volta de 70-200 d.C.).

Fato nº 2: O túmulo de Jesus estava vazio

No domingo após a crucificação, Maria e as outras mulheres foram ungir o corpo de Jesus. Para surpresa delas, o túmulo estava aberto, e o corpo não se encontrava lá. Há boas razões para crer que o túmulo estava realmente vazio como as mulheres relataram:

1. Os discípulos de Jesus não foram ao Egito ou à China para pregar a ressurreição de Cristo; eles foram direto à cidade de Jerusalém, onde Jesus fora crucificado. Se o túmulo de Jesus estivesse ocupado, eles não poderiam sustentar a ressurreição por um único momento.
2. Você pode ter certeza de que, se Jesus não tivesse ressuscitado, os líderes religiosos e políticos da época teriam rápida e efetivamente reprimido a seita nascente do cristianismo, localizando o cadáver e transportando-o pelas ruas de Jerusalém. Isso teria destruído o cristianismo praticamente antes de ele começar. Mas isso nunca aconteceu, porque Jesus ressuscitou corporalmente da morte.
3. Uma das evidências irrefutáveis que apoiam a história do túmulo vazio é: ela relata que foram as mulheres que primeiro descobriram a ausência do corpo de Jesus. Na Palestina do século 1, as mulheres tinham baixo *status* como cidadãs ou testemunhas legais. Exceto em raras circunstâncias, a lei judaica impedia as mulheres de testemunharem num tribunal. Então por que os discípulos, se estivessem inventando a história, relataram as mulheres como as primeiras testemunhas do túmulo vazio? Geralmente, quando alguém planeja uma história para enganar outros, não inventa informação que a desacredite. O fato de os discípulos incluírem mulheres como as primeiras testemunhas do túmulo vazio aponta para uma coisa – *elas estavam relatando a verdade.*

Fato nº 3: Os discípulos de Jesus acreditaram sinceramente que ele lhes apareceu

Os estudiosos concordam que os primeiros discípulos acreditaram sinceramente que Jesus ressuscitou dentre os mortos e lhes apareceu. Uma convincente linha de evidências pode ser encontrada em 1Coríntios 15.3-8, que é um breve credo registrando a morte, o sepultamento, a ressurreição e a aparição de Jesus a Pedro, Tiago, aos doze discípulos, a um grupo de quinhentos crentes e, finalmente, a Paulo.

Embora o livro de 1Coríntios tenha sido escrito por volta de 55 d.C., os estudiosos acreditam que o breve credo do capítulo 15 antecede a redação do próprio livro. Uma razão é que no início do credo Paulo diz: *Porque primeiro vos entreguei o que também recebi* (1Co 15.3). Em outras palavras, Paulo está passando à igreja de Corinto o que anteriormente lhe havia sido dado. Quando Paulo recebeu o credo? Visto que Paulo primeiro visitou Pedro e Tiago em Jerusalém três anos após sua conversão (Gl 1.18-20), muitos estudiosos críticos acreditam que Paulo recebeu o credo nesse encontro inicial. Isso o dataria dentro de um período de cinco anos após a morte de Jesus. Do ponto de vista histórico, essa é uma evidência notavelmente precoce para a crença na morte, sepultamento e aparições de Jesus.

Examine todas as teorias alternativas, e somente uma conclusão leva em conta todos os fatos e não os ajusta a ideias preconcebidas. A ressurreição de Cristo é um evento histórico causado por um ato sobrenatural de Deus.

45

Por que Jesus precisou morrer?

A Bíblia diz que todos nós pecamos (Rm 3.23) e precisamos de perdão. Mas por que Jesus precisou morrer para que pudéssemos ser perdoados por Deus? Não é uma medida extrema para Deus usar a fim de perdoar as pessoas por fazerem escolhas erradas?

O papel do pecado

Para compreendermos por que Jesus teve de morrer, precisamos entender um pouco mais o que é o pecado e a natureza de Deus.[67] Vamos resumir esses assuntos para colocar essa pergunta num contexto adequado.

Deus é um Deus relacional que é, por natureza, perfeitamente santo (Is 54.5 e Ap 4.8) e absolutamente justo (Ap 16.5). As Escrituras dizem: *Ele é a rocha! Suas obras são perfeitas, porque todos os seus caminhos são justos. Deus é fiel, e nele não há pecado; ele é justo e reto* (Dt 32.4). Fazer o que é santo e justo não é algo que Deus decide fazer; é algo que ele *é*. Por natureza, ele é santo e justo.

Porque Deus é perfeitamente santo, por natureza não pode pecar, nem estar em relacionamento com o

[67] V. "O que leva as pessoas a pecarem atualmente?" na p. 69 e "Como Deus realmente é?" na p. 48.

pecado.[68] A respeito dele, a Bíblia diz: *Tu, que és tão puro de olhos, que não podes ver o mal e não podes contemplar a maldade!* (Hc 1.13). Então Deus é um Deus puro e santo que nunca pratica o mal, e isso é muito bom.

No entanto, como afirmamos, Deus é também justo. *O* SENHOR *é justo*, diz a Bíblia. *Ele é a minha rocha, e nele não há injustiça* (Sl 92.15). É esse Deus justo e santo que reconhece o mal e exige que o pecado esteja eternamente separado dele, ou seja feito o pagamento pelo pecado de maneira a absolver a culpa.

E QUANTO AOS HUMANOS?

É aqui que nós, seres humanos, entramos. O primeiro casal humano fez a livre escolha de não confiar em Deus e desobedecer. Isso resultou em pecado, e o pecado resultou na separação do casal de um Deus perfeito e santo – o que é chamado de morte. Assim, para Adão e Eva, o pecado foi uma escolha. Mas, para todos os seus descendentes, o pecado e a morte tornaram-se uma condição. Dizem as Escrituras: *Portanto, assim como o pecado entrou no mundo por um só homem, e pelo pecado, a morte, assim também a morte passou a todos os homens, pois todos pecaram* (Rm 5.12).

Então, o que Deus faria? Ele não podia ter um relacionamento com os seres humanos naquele estado, por causa do pecado – isso violaria sua santidade e pureza. Ele não podia ignorar o pecado e dizer: "Ah, tudo bem – vou esquecer o que passou". Isso violaria sua justiça. Mas, se Deus não fizesse nada, os seres humanos permaneceriam eternamente separados dele.

A santidade de Deus não podia tolerar o pecado, e sua justiça não podia ignorá-lo. Além disso, seu amor não podia

68 V. "Se Deus é tão amoroso, por que ele não pode ser mais tolerante com o pecado?" na p. 73.

ficar em compasso de espera, sem nada fazer. Então, Deus desenvolveu um plano magistral e misericordioso. Só que isso lhe custou muito caro – a morte do seu único Filho.

Mas por que foi exigida a morte de Jesus? Nós não poderíamos realizar algum tipo de penitência para conseguirmos perdão e satisfazer a santidade e a justiça de Deus? Nem em um milhão de vidas! Por quê? Porque estamos todos espiritualmente mortos para Deus. Nossa condição de pecadores nos deu em troca a morte, e os mortos não podem fazer nada para remediar sua condição.

Era nesse dilema em que se encontravam os seres humanos. É por isso que a Bíblia diz: *Ora, quando ainda éramos fracos, Cristo morreu pelos ímpios no tempo adequado* (Rm 5.6). Nenhuma soma de boas obras da nossa parte é aceitável a Deus, porque estamos mortos para ele. É por isso que somente a morte de Jesus nos tornaria aceitáveis. Ele foi o *cordeiro sem defeito e sem mancha* (1Pe 1.19). E, quando colocamos nele a nossa fé, somos *justificados gratuitamente pela sua graça, por meio da redenção que há em Cristo Jesus* (Rm 3.24). *Daquele que não tinha pecado Deus fez um sacrifício pelo pecado em nosso favor, para que nele fôssemos feitos justiça de Deus* (2Co 5.21).

Não havia como a santidade e a justiça de Deus ser satisfeita, a menos que Jesus, o Filho de Deus sem pecado, morresse por nós. E, porque a perfeita justiça de Deus foi satisfeita, Jesus pôde fazer o aparentemente impossível – romper o poder da morte sobre nós. *Visto que os filhos compartilham de carne e sangue*, diz a Bíblia, *ele também participou das mesmas coisas, para que pela morte destruísse aquele que tem poder da morte, isto é, o Diabo* (Hb 2.14).

A morte e a ressurreição de Jesus foram indispensáveis para nos tornar justos diante de um Deus santo e justo. E, porque Deus quis tanto um relacionamento eterno conosco, ele se dispôs a pagar um alto preço. E é então que a vida eterna de Cristo se torna a nossa herança. *O próprio Espírito dá testemunho ao nosso espírito de que somos filhos de Deus. Se somos filhos, também somos herdeiros, herdeiros de Deus e coerdeiros de Cristo [...] para que também com ele sejamos glorificados* (Rm 8.16,17).

46

POR QUE A RESSURREIÇÃO DE JESUS É TÃO FUNDAMENTAL PARA O CRISTIANISMO?

Alguns líderes e pastores cristãos fazem da ressurreição de Jesus o ponto fundamental do cristianismo. Outros dizem que é como se essas pessoas acreditassem que não foi suficiente Jesus morrer por nossos pecados. E a questão central do cristianismo não é a morte de Cristo na cruz, em vez de sua ressurreição? Porque é a morte de Jesus que nos redime, certo?

Há uma razão pela qual a ressurreição de Jesus é tão fundamental para a fé cristã. Não se trata de um artigo de fé opcional – é *a* fé propriamente dita! Ou a ressurreição de Jesus Cristo e o cristianismo permanecem de pé ou caem juntos. Um não pode ser verdade sem o outro. A fé na verdade do cristianismo não é meramente fé pela fé – a nossa fé ou a fé de alguém –, e sim é a fé no Cristo ressurreto da história. Sem a ressurreição histórica de Jesus, a fé cristã é mero placebo. O apóstolo Paulo disse: *E, se Cristo não ressuscitou, a vossa fé é inútil* (1Co 15.17). Adoração, comunhão, estudo bíblico, vida cristã e a própria igreja seriam exercícios inúteis e totalmente sem valor, se Jesus não tivesse literal e fisicamente ressuscitado dentre os mortos. Sem a ressurreição, poderíamos muito bem esquecer Deus e a igreja e passar a seguir regras morais, a comer e a beber, porque amanhã morreríamos (v. 1Co 15.32).

Por outro lado, se Cristo ressuscitou dentre os mortos, então ele está vivo neste exato momento e podemos conhecê-lo pessoalmente. Todo o texto de 1Coríntios 15.1-58 nos dá a garantia de que os nossos pecados estão perdoados (v. 3) e de que Cristo destruiu o poder da morte (v. 54). Além disso, Jesus prometeu que nós também ressuscitaremos um dia (v. 22). Podemos confiar em Jesus porque ele é soberano sobre o mundo (v. 27). E ele nos dará a vitória final (v. 57), bem como um plano para nossa vida (v. 58).

A ressurreição de Cristo, por conseguinte, é fundamental para o cristianismo. O teólogo contemporâneo J. I. Packer se expressa da seguinte forma a respeito desse tema:

> O evento da Páscoa [...] demonstrou a divindade de Jesus; validou seu ensino; confirmou a conclusão de sua obra de expiação pelo pecado; confirma seu presente domínio cósmico e sua reaparição como juiz; garante-nos que seu perdão pessoal, sua presença e seu poder na vida das pessoas hoje é um fato; e garante a reencarnação de cada crente pela ressurreição no mundo vindouro.[69]

Deus pode nos fazer retornar à vida nele por causa do Jesus ressurreto. O poder de sua ressurreição não somente venceu a própria morte, como também um dia derrotará Satanás e seu domínio da morte sobre todos nós:

> *Porque é necessário que ele reine até que tenha posto todos os inimigos debaixo de seus pés. E o último inimigo a ser destruído é a morte. Pois sujeitou todas as coisas debaixo*

---

[69] Como citado em Zacharias, Ravi; Geisler, Norman. *Who Made God?* Grand Rapids, MI: Zondervan, 2003, p. 97.

de seus pés [...] E, quando todas as coisas lhe estiverem sujeitas, então o próprio Filho se sujeitará àquele que todas as coisas lhe sujeitou, para que Deus seja tudo em todos.
(1Co 15.25,26,28)

47

Como as pessoas se acertavam com Deus antes de Jesus ter morrido pelo pecado?

Se a confiança na morte sacrificial de Cristo na cruz e em sua ressurreição é o que nos leva ao correto relacionamento com Deus, como ficam as pessoas que viveram antes de Cristo? Alguns dizem que, antes dele, a obediência à lei do Antigo Testamento era o que salvava as pessoas, mas, depois que Cristo veio, todos nós somos salvos pela graça mediante a fé nele. Outros dizem que era o sistema sacrificial da Lei mosaica que salvava as pessoas naquela época. Qual das alternativas é a correta?

A salvação sempre foi pela graça mediante a fé em Cristo

Na realidade, obter o perdão do pecado e um correto relacionamento com Deus dependia das mesmas coisas, tanto para os que viveram antes de Cristo como para os que viveram e vivem agora, depois de sua vinda. Todos nós somos feitos justos com Deus por sua graça mediante a fé em sua provisão de salvação, ou seja, seu Filho, Jesus.

Desde o início, Deus fez da fé nele a condição de um relacionamento com ele. Quando Deus disse para Adão e Eva não comerem do fruto de certa árvore, estava pedindo que eles confiassem nele. Deus queria que eles cressem que sua ordem visava o bem-estar deles e vinha de um Deus que se importava com suas criaturas. Isso jamais mudou ao longo dos tempos. Deus sempre quis que os seres humanos cressem que ele os amava e que estes o amassem em retribuição.

Então, quando os seres humanos pecaram, Deus não queria apenas que eles corrigissem as coisas seguindo suas normas – ou um sistema de sacrifício. Deus queria restaurar um relacionamento de confiança no qual eles o adorassem como seu Deus amoroso. A obediência, então, torna-se um subproduto natural desse relacionamento de confiança e amor. Quando o rei Davi pecou, ele orou: *Purifica-me com hissopo, e ficarei limpo; lava-me, e ficarei mais branco do que a neve* (Sl 51.7). Davi não via o perdão vindo por obras ou por obediência e sabia que os sacrifícios não eram o que Deus mais procurava. *Pois não tens prazer em sacrifícios*, Davi orou, [...] *do contrário eu os ofereceria a ti. Sacrifício aceitável para Deus é o espírito quebrantado; ó Deus, tu não desprezarás o coração quebrantado e arrependido* (Sl 51.16,17).

Mais exatamente, Davi compreendeu que um relacionamento com Deus se dava pela graça de Deus quando colocou sua confiança nele. *Preserva minha vida, pois sou piedoso; ó meu Deus, salva teu servo, que confia em ti* (Sl 86.2). Observe que isso não significa que a morte de Cristo foi desnecessária. Ela foi indispensável para nos levar a um relacionamento amoroso e confiante com Deus.[70]

O apóstolo Paulo expande sua explicação sobre a fé e explica como Abraão se tornou justo com Deus.

> *Porque, se foi justificado pelas obras, Abraão tem do que se gloriar, mas não diante de Deus. Que diz a Escritura?*

[70] V. "Por que Jesus precisou morrer?" na p. 175 e "Por que a ressurreição de Jesus é tão fundamental para o cristianismo?" na p. 179.

> *Abraão creu em Deus, e isso lhe foi atribuído como justiça [...] Contudo, ao que não trabalha, mas crê naquele que justifica o ímpio, sua fé lhe é atribuída como justiça. Assim também Davi fala da bem-aventurança do homem a quem Deus atribui a justiça sem as obras, dizendo: Bem-aventurados aqueles cujas iniquidades são perdoadas, cujos pecados são cobertos. Bem-aventurado o homem a quem o Senhor nunca atribuirá o pecado.* (Rm 4.2,3,5-8)

Os que viveram nos tempos do Antigo Testamento sacrificaram animais, mas isso era um substituto temporário que apontava para o Messias que se sacrificaria por eles. *Pois, quando ofereceu a si mesmo, fez isso de uma vez por todas* (Hb 7.27).

Assim como a morte e a ressurreição de Cristo avançam no tempo para nos levantar da morte espiritual a fim de obter um correto relacionamento com Deus, da mesma forma elas retroagem no tempo para livrar todos os que nasceram antes de Jesus. O apóstolo Paulo disse que

> *Deus ofereceu* [Jesus] *como sacrifício propiciatório* [...] *para demonstração da sua justiça. Na sua paciência, Deus deixou de punir os pecados anteriormente cometidos; para demonstração da sua justiça no tempo presente, para que ele seja justo e também justificador daquele que tem fé em Jesus.* (Rm 3.25,26)

Em outras palavras, os que viveram antes de Jesus obtiveram crédito por esse sacrifício antes mesmo que Jesus morresse por eles. É semelhante à situação hoje em dia quando compramos algo a crédito – passamos a usar a mercadoria ou o serviço, embora, tecnicamente, ainda não tenhamos pagado por ele. É isso o que as Escrituras querem dizer ao afirmar que *Abrão creu no* Senhor; *e o* Senhor *atribuiu-lhe isso como justiça* (Gn 15.6). Abraão teve a salvação aplicada a ele, embora a transação final por Jesus ainda não tivesse sido completada. Resumindo, o perfeito sacrifício de Jesus soluciona o pecado e o problema da morte por todos os que creem na provisão de Deus – passada, presente e futura. Todos os que morreram confiando na provisão de Deus, todos os que ainda estamos vivos e todos os que virão depois de nós devem colocar a fé na morte e na ressurreição de Cristo como sua salvação e em sua promessa de um dia nos ressuscitar para a vida eterna.

48

O que é a Igreja de Deus?

Algumas pessoas hoje têm problemas quanto à atuação da igreja e seus vários ensinamentos . Mas de onde veio a ideia da religião cristã organizada? O que realmente queremos dizer quando falamos a respeito da "igreja"?

Jesus perguntou aos discípulos: *Vós, quem dizeis que eu sou?* E Pedro respondeu: *Tu és o Cristo, o Filho do Deus vivo.* Jesus replicou: *Tu és Pedro* [que significa rocha], *e sobre esta pedra edificarei a minha igreja* (Mt 16.15-18). Que tipo de igreja Jesus tinha em mente quando disse isso?

Estava claro que, quando Jesus se referiu à "igreja", ele não estava se referindo a um edifício. A palavra em grego era *ekklesia*, que significava um ajuntamento de pessoas. Na cultura daquele tempo, a palavra *ekklesia* era claramente entendida como uma assembleia pública de cidadãos. O termo hebraico correspondente significava uma assembleia perante o Senhor. Seja em grego, seja em hebraico, "igreja" significava "o povo de Deus", e não um edifício.

Na cultura atual, o termo "igreja" é entendido com mais frequência como um edifício ou uma organização. Mas isso está longe do que os discípulos e apóstolos compreenderam após a descida do Espírito Santo no dia de Pentecostes. Uma vez cheios do Espírito Santo, eles compreenderam o conceito – a igreja era o povo de Deus. Era o agente de Cristo para disseminar a mensagem do reino. Era a representação visível do próprio Cristo.

Quando Jesus disse aos discípulos: *Ide, fazei discípulos de todas as nações* (Mt 28.19), ele estava dando um mandamento ao seu povo, isto é, à igreja que em breve seria estabelecida. Essa igreja recebeu uma missão, que fazia parte de uma missão maior de redenção e restauração de todas as coisas. O passo inicial de Cristo nessa missão foi dar sua vida como resgate. Ele completou isso por meio de sua morte na cruz e de sua ressurreição, mas ele completaria o restante de sua missão por outros meios. Tendo ele como cabeça, a igreja se expandiu rapidamente – pelo poder do Espírito Santo ela sobreviveu na comunidade de seus seguidores –, e todos os cantos da terra acabaram sendo alcançados.

A nova igreja de Jesus não poderia ser uma organização estática, mas uma organização viva. Não seria a construção de uma instituição ou de um memorial, mas propagaria a mensagem e transformaria o coração das pessoas. O Novo Testamento usa pelo menos seis imagens para descrever a igreja, e nenhuma delas está relacionada a organizações, instituições ou edifícios materiais:

1. A igreja é o novo povo de Deus (v. Gl 6.15,16 e Ef 3.10,11).
2. A igreja é a família de Deus (v. Ef 2.19,20 e Rm 8.14-17).
3. A igreja é o corpo de Cristo (v. Ef 2.19,20 e Rm 12.4,5).
4. A igreja é o templo santo onde Deus habita (v. Ef 2.21,22 e 1Co 3.16).
5. A igreja é a noiva pura de Cristo (v. Ef 5.25-27).

6. A igreja é agente de Cristo para cumprir sua missão de redimir o perdido (v. 1Pe 2.9 e 2Co 5.18-20).[71]

Quando as pessoas são justificadas em Deus pela graça por meio da fé em Cristo, elas se tornam parte dessa comunidade viva chamada igreja.

---

[71] Adaptado de McDowell, Josh; McDowell, Sean. *The Unshakable Truth*, p. 379-380.

49

O QUE JESUS FARÁ EM SUA SEGUNDA VINDA?

Muitas pessoas têm escrito sobre as profecias bíblicas a respeito dos últimos dias e sobre o que acontecerá antes e depois de Jesus voltar à terra. Há os que ensinam opiniões chamadas de *pré-milenarismo, pós-milenarismo e amilenarismo.* E às vezes isso pode parecer um pouco confuso. Para chegar ao ponto principal, porém, o que Jesus realmente fará em sua segunda vinda?

O PLANO DE RESTAURAÇÃO DE DEUS

Jesus disse aos discípulos que ia preparar um lugar para eles e todos os que nele cressem. E fez a promessa: *E, se eu for e vos preparar lugar, virei outra vez e vos levarei para mim, para que onde eu estiver estejais vós também* (Jo 14.3). Depois do Pentecostes, Pedro pregou essa mesma mensagem ao povo de Jerusalém, dizendo: *É necessário que o céu o receba* [a Jesus] *até o tempo da restauração de todas as coisas, sobre as quais Deus falou pela boca dos seus santos profetas* (At 3.21). E o que disseram os profetas sobre os planos divinos de restauração?

> *Pois crio novos céus e nova terra; e as coisas passadas não serão lembradas, nem serão mais recordadas.* (Is 65.17)

> *Pois, assim como as águas cobrem o mar, a terra se encherá do conhecimento da glória do* SENHOR. (Hc 2.14)

> *Assim como os novos céus e a nova terra que farei durarão diante de mim, assim a vossa posteridade e o vosso nome durarão.* (Is 66.22)

Essas promessas que Deus declarou foram dirigidas aos filhos de Israel, mas nos incluem também como beneficiários. Quando Pedro perguntou o que estava reservado para os discípulos que seguiram Jesus, obteve a resposta: *Em verdade digo a vós que me seguistes que, na regeneração, quando o Filho do homem se assentar em seu trono glorioso, vós também vos assentareis em doze tronos, para julgar as doze tribos de Israel* (Mt 19.28). Mais tarde, Pedro escreveu: *Nós, porém, segundo sua promessa, aguardamos novos céus e nova terra, nos quais habita a justiça* (2Pe 3.13). Jesus também nos disse:

> *Quando, pois, o Filho do homem vier na sua glória, e todos os anjos com ele, então se sentará no seu trono glorioso* [...] *Então o Rei dirá aos que estiverem à sua direita: Vinde, benditos de meu Pai. Possuí por herança o reino que vos está preparado desde a fundação do mundo.* (Mt 25.31,34)

Deus não desistiu do seu plano original. Ele não abandonou a ideia de uma terra perfeita, nem deixou de lado seu plano para seus filhos viverem nesse lugar perfeito para sempre. Ele não tem intenção de nos levar para algum céu distante e depois destruir a terra que ele projetou para ser nosso lar. Após a ressurreição, Jesus subiu ao céu com a promessa de voltar. Ele voltará e restaurará a terra a seu plano original. O plano perfeito de Deus é *fazer convergir em Cristo todas as coisas, tanto as que estão no céu como as que estão na terra* (Ef 1.10).

Deus restaurará não somente a terra a seu plano original, como também o nosso corpo. O nosso corpo terreno será transformado em um corpo celestial que nunca morrerá. Quando isso acontecer, finalmente as Escrituras se cumprirão: *A morte foi engolida pela vitória* (1Co 15.54).

E, acima de tudo, a restauração de nosso corpo e de um novo mundo depende de Jesus Cristo voltar e destruir tanto a morte quanto, é claro, seu arqui-inimigo, o Diabo. Jesus primeiro teve de morrer como uma expiação por nosso pecado. E ele o fez. E depois teve de vencer a morte por meio de sua ressurreição para se tornar o Sumo Sacerdote. E ele o fez. E, em sua segunda vinda, ele destruirá a morte e o Maligno para renovar e restaurar todas as coisas.

> *E, quando todas as coisas lhe estiverem sujeitas, então o próprio Filho se sujeitará àquele que todas as coisas lhe sujeitou, para que Deus seja tudo em todos.* (1Co 15.28)[72]

[72] McDowell, Josh; McDowell, Sean. *The Unshakable Truth*, p. 409-411.

50

Como posso experimentar um relacionamento pessoal com Deus?

Podemos fazer muitas perguntas a respeito de Deus. E até este ponto do livro tentamos responder a 49 delas. Porém, esta é realmente a mais importante: Como podemos experimentar um relacionamento pessoal com o Deus vivo?

Deus não poupou esforços para criar um relacionamento com você. Na pessoa de seu Filho, Jesus, ele deixou o céu, sofreu morte terrível e ressuscitou para elevar você a uma nova vida nele. E fez tudo isso porque ele *é Deus zeloso* (Êx 34.14).

Eis uma apresentação simples da história do evangelho que você pode usar como guia para estabelecer um relacionamento com Deus.

1. **Você pode realmente conhecer a Deus pessoalmente?**

- Deus *ama* você. *Nisto está o amor: não fomos nós que amamos a Deus, mas foi ele quem nos amou* (1Jo 4.10).
- Deus tem um *plano* para você conhecê-lo pessoalmente. *E a vida eterna é esta: que conheçam a ti, o único Deus verdadeiro, e a Jesus Cristo, que enviaste* (Jo 17.3).

2. **O que impede você de conhecer a Deus pessoalmente?**

- Os seres humanos têm uma natureza pecaminosa. *Porque todos pecaram e estão destituídos da glória de Deus* (Rm 3.23). Embora tenhamos sido criados para manter um relacionamento com Deus, devido ao nosso egocentrismo, escolhemos seguir nosso caminho independente, em desobediência a ele. Essa teimosia, caracterizada por uma atitude de rebelião ativa ou indiferença passiva, é uma evidência do que a Bíblia chama de pecado.
- Os seres humanos estão *separados*. *O salário do pecado é a morte* (Rm 6.23). A morte que Paulo menciona aqui não é a mera morte física, mas a separação espiritual de Deus. Ela significa que

> *os que não conhecem a Deus e os que não obedecem ao evangelho de nosso Senhor Jesus [...] sofrerão como castigo a perdição eterna, longe da presença do Senhor e da glória do seu poder.* (2Ts 1.8,9)

3. **Deus providenciou um meio de transpor essa separação.** Jesus Cristo, o Filho de Deus, é a *única* provisão de Deus para o nosso pecado. Somente por meio dele podemos conhecer Deus pessoalmente e vivenciar o seu amor.

- Cristo morreu em nosso lugar. *Deus ofereceu Cristo como sacrifício para que, pela sua morte na cruz, Cristo se tornasse o meio de as pessoas receberem o perdão dos seus pecados* (Rm 3.25, NTLH).
- Cristo ressuscitou dentre os mortos. *Cristo morreu pelos nossos pecados [...] foi sepultado; e ressuscitou ao terceiro dia, segundo as Escrituras* (1Co 15.3,4).

- Cristo é o único caminho para Deus. Jesus disse: *Eu sou o caminho, a verdade e a vida* (Jo 14.6).

Mas...

4. Não basta apenas conhecer essas verdades.

- Precisamos individualmente *receber* Jesus Cristo como Salvador e Senhor; então podemos agora conhecer Deus pessoalmente e vivenciar o seu amor. *Mas a todos que o receberam, aos que creem no seu nome, deu-lhes a prerrogativa de se tornarem filhos de Deus* (Jo 1.12).
- Nós recebemos Cristo pela fé, colocando a nossa confiança nele e em seu poder e autoridade. *Porque pela graça sois salvos, por meio da fé, e isto não vem de vós, é dom de Deus; não vem das obras, para que ninguém se orgulhe* (Ef 2.8,9).
- Recebemos Cristo aceitando seu convite pessoal.

E...

5. Ao receber Cristo, você é transformado.

- Ao receber Cristo pela fé, como ato de sua vontade, você experimenta uma nova vida. *Ele morreu por todos para que os que vivem não vivam mais para si mesmos, mas para aquele que por eles morreu e ressuscitou* (2Co 5.15).

Apenas concordar intelectualmente que Jesus Cristo é o Filho de Deus e morreu na cruz pelos nossos pecados não pode ser qualificado como fé. A fé requer uma renúncia séria dos caminhos anteriores e a confiança em Deus para dirigir o futuro. A mera crença intelectual não é adequada para que Cristo entre em sua vida. Nem é suficiente ter uma experiência religiosa emocional. Receber Cristo envolve voltar-se para Deus (em arrependimento) e confiar que Cristo entrará em sua vida para perdoá-lo dos seus pecados e fazer de você o que ele quer que você seja.

6. **A Bíblia promete vida eterna a todos que recebem Cristo.**

- Quando o recebemos, temos a garantia da vida eterna no céu e de alegria aqui na terra.

> *Deus nos deu a vida eterna, e essa vida está em seu Filho. Quem tem o Filho tem a vida; quem não tem o Filho de Deus não tem a vida. Eu vos escrevo essas coisas, a vós que credes no nome do Filho de Deus, para que saibais que tendes a vida eterna.* (1Jo 5.11-13)

Se você ainda não confiou em Cristo pela fé, pode fazê-lo neste exato momento. As palavras da oração a seguir não são mágicas; são simplesmente uma sugestão para permitir que você expresse um desejo sincero de se voltar para Deus:

> *Senhor Jesus, eu creio que tu és quem alegaste ser e quero conhecer-te pessoalmente. Agradeço a ti por teres morrido na cruz por meus pecados. Aceito o teu perdão e coloco minha confiança em ti como meu Salvador e Senhor. Entra no meu coração e faze-me a pessoa para a qual me criaste. Em nome de Cristo. Amém.*[73]

[73] McDOWELL, Josh; McDOWELL, Sean. *The Unshakable Truth*, p. 231-233.

PERGUNTAS SOBRE A BÍBLIA

51

De onde veio a Bíblia?

Nos dias de hoje, a Bíblia, contendo o Antigo e o Novo Testamentos, é o livro mais amplamente divulgado na história. Foi traduzida para mais de 2.400 línguas, e sua distribuição chega a bilhões de exemplares. Mas de onde veio esse livro extraordinário? Quem o escreveu e quando?

O Antigo Testamento

A parte da Bíblia denominada Antigo Testamento foi escrita num período de cerca de mil anos, na língua hebraica, exceto por algumas passagens registradas em aramaico. A primeira pessoa que a Bíblia identifica como escritor é Moisés. Ele tem o crédito da autoria dos seus primeiros cinco livros. A data do manuscrito de Moisés é posicionada durante o período conhecido como Idade do Bronze (1500-1200 a.C.). Os registros da criação, o relato de Noé e o Dilúvio, as jornadas de Abraão etc. provavelmente foram passados oralmente de geração em geração. É também possível que, centenas de anos antes de Moisés, Abraão tenha escrito o que seus tataravôs sabiam sobre as primeiras histórias da criação. Mas foi Moisés quem compilou aquelas primeiras narrativas.

O Antigo Testamento inteiro é composto por 39 livros: os 5 livros de Moisés (conhecidos como Pentateuco),

12 livros históricos, 5 livros poéticos e 17 livros dos profetas maiores e menores. Embora a autoria de muitos livros do Antigo Testamento esteja clara, para outros livros essa informação simplesmente não existe.

O Novo Testamento

O Novo Testamento só foi escrito após a morte de Jesus, sua ressurreição e ascensão ao céu. Em sua época, os territórios judeus estavam principalmente sob o governo romano e dos descendentes de Herodes, o Grande. O grego e o aramaico eram as línguas dominantes. A maioria dos estudiosos acredita que os primeiros escritos do Novo Testamento tenham sido redigidos em grego pelo apóstolo Paulo cerca de vinte anos após a ressurreição e ascensão de Jesus. A Paulo atribui-se o crédito de autoria da maior parte das epístolas do Novo Testamento. Os quatro Evangelhos (Mateus, Marcos, Lucas e João) são anônimos e não citam seus autores. Mas os Pais da igreja primitiva eram quase unânimes ao afirmar que os apóstolos cujos nomes constam nos Evangelhos são de fato seus autores. Acredita-se que os relatos tenham sido escritos entre 65 e 90 d.C., mas existem algumas evidências de que possam ter sido escritos antes. O Novo Testamento contém 27 livros ao todo.

Entre os materiais usados para escrever nos primeiros tempos, incluem-se

- Argila (Ez 4.1);
- Pedra (Êx 24.12);
- Metal (Êx 28.36);
- Papiro, na verdade duas camadas de cana de papiro fendido prensadas juntas para formar a folha de escrita (Ap 5.1);

- Velino, feito de pele de cabra; pergaminho, de pele de cordeiro; ou couro, extraído de vaca (2Tm 4.13).

Em algum momento, cada texto das Escrituras tinha de ser copiado do texto original do autor a fim de ser preservado para as gerações futuras. A tinta desbotava, o couro e o pergaminho se decompunham e o papiro esfarelava. Isso tornava necessário que pessoas transcrevessem cuidadosamente a escrita original, chamada de *autographon* (plural, *autografa*), numa cópia cuidadosa conhecida como manuscrito. O processo de fazer cópias das cópias anteriores preservou os escritos que agora conhecemos como Escrituras.[74]

Embora possamos saber algo sobre como obtivemos a Bíblia de que dispomos hoje, permanece a pergunta: "De onde vieram as palavras da Bíblia?" O Novo Testamento nos diz claramente:

> *No passado, por meio dos profetas, Deus falou aos pais muitas vezes e de muitas maneiras; nestes últimos dias, porém, ele nos falou pelo Filho.* (Hb 1.1,2)

> *Toda a Escritura é divinamente inspirada e proveitosa para ensinar, para repreender, para corrigir, para instruir em justiça; a fim de que o homem de Deus tenha capacidade e pleno preparo para realizar toda boa obra.* (2Tm 3.16,17)

> *Sabei antes de tudo que nenhuma profecia das Escrituras é de interpretação particular. Pois a profecia nunca foi produzida por vontade humana, mas homens falaram*

[74] V. "O Antigo Testamento é historicamente confiável?" na p. 268 e "O Novo Testamento é historicamente confiável?" na p. 273.

da parte de Deus, conduzidos pelo Espírito Santo. (2Pe 1.20,21)

Assim, a Bíblia de fato vem de Deus. São as palavras dele registradas por escrito. Um grupo seleto de homens (conhecidos como profetas e apóstolos) escreveu as Escrituras sob a direção e a inspiração de Deus.

O criador onipotente falou verbalmente aos filhos de Israel do monte Sinai mais de 3 mil anos atrás (v. Êx 31.18). E depois, ao longo de séculos, ele inspirou mais de quarenta profetas e apóstolos diferentes para registrarem suas palavras para nós. Esses autores pertenciam a várias classes sociais – pastores, soldados, profetas, poetas, reis, estudiosos, estadistas, mestres, servos, cobradores de impostos, pescadores e fazedores de tendas. A Palavra de Deus foi escrita numa variedade de lugares: no deserto, num palácio, numa prisão, no campo, na masmorra e no exílio, nos continentes da Ásia, África e Europa. E foi escrita numa variedade de gêneros, incluindo biografias, narrativas, poesias, leis, cartas e muito mais. Com toda a sua variedade de autores, origens e conteúdo, ela alcança um propósito notável: comunicar a seres humanos finitos exatamente a mente e o coração de um Deus infinito.

52

O que significa a Bíblia ser inspirada?

Você já teve inspiração para escrever uma poesia ou uma canção? Já foi inspirado por seu pai ou sua mãe, por um técnico ou um orador? Poesias, romances, músicas, filmes e palestrantes podem nos trazer inspiração. Quando dizem que a Bíblia é inspirada, é isso o que se quer dizer – que as palavras da Bíblia são inspiradoras?

A comunicação de Deus

Quando o apóstolo Paulo disse que *toda a Escritura é divinamente inspirada* por Deus (2Tm 3.16), não quis dizer que a Bíblia era meramente um livro inspirador. Ele usou uma palavra específica da língua grega – *theopneustos*, que literalmente significa "Deus respirou" (*theos*, Deus; *pneo*, respirar). Toda a Escritura é "respirada por Deus", o que significa que as palavras escritas na Bíblia provêm de Deus. É por isso que nos referimos às Escrituras como a Palavra de Deus.

Jesus referiu-se às Escrituras dessa forma quando disse aos fariseus que eles estavam usando o ensino das Escrituras de forma inadequada. Jesus afirmou: *Assim, por causa da vossa tradição invalidastes a palavra de Deus* (Mt 15.6). O apóstolo Paulo declarou que *as palavras de Deus foram confiadas aos judeus* (Rm 3.2). Portanto, quando você estiver lendo a Bíblia, não estará simplesmente lendo um livro inspirador; estará lendo as palavras de Deus.

Embora as Escrituras sejam a Palavra de Deus, isso não significa que o próprio Deus escreveu as palavras ou colocou as pessoas em transe e usou as mãos delas junto com penas e tintas para registrar por escrito seus pensamentos e ideias. Ao contrário, ele escolheu pessoas que tinham um relacionamento espiritual com ele para serem seus porta-vozes. E Deus falou por meio dessas pessoas para que escrevessem suas palavras e sua mensagem através de suas personalidades específicas.

Deus falou diretamente a Moisés, e Moisés retransmitiu a Palavra de Deus aos filhos de Israel verbalmente e por escrito (v. Êx 19,20,24). Mais tarde, Moisés disse a Israel: *O SENHOR, teu Deus, levantará um profeta semelhante a mim* [...] *Então o SENHOR me disse* [...] *e lhe porei na boca as minhas palavras, e ele lhes falará tudo o que eu lhe ordenar* (Dt 18.15,17,18).

Embora alguns profetas tenham ouvido as palavras diretamente de Deus, outros as receberam através de sonhos (Gn 37.1-11), num arbusto em chamas (Êx 3.1-4), por meio de visões (Dn 7 e Ap 1.1,2), de anjos (Gn 19.1-29) ou através de uma voz interior como em *A palavra do SENHOR, que veio a Oseias* e *a palavra do SENHOR que veio a Joel* (Os 1.1 e Jl 1.1), e assim por diante.

Por isso, quando dizemos que as Escrituras são inspiradas por Deus, significa que ele supervisionou o que queria que fosse dito por meio dos seus instrumentos humanos. O apóstolo Paulo explicou: *Também falamos dessas coisas, não com palavras ensinadas pela sabedoria humana, mas com palavras ensinadas pelo Espírito Santo, comparando coisas espirituais com espirituais* (1Co 2.13). O apóstolo Pedro também chamou a atenção para esse fato ao escrever que *nenhuma profecia das Escrituras é de interpretação particular. Pois a profecia nunca foi produzida por vontade humana, mas homens falaram da parte de Deus, conduzidas pelo Espírito Santo* (2Pe 1.20,21).

Mais de 3 mil vezes, os escritores bíblicos alegaram ter recebido suas palavras diretamente de Deus, usando frases como *A palavra do Senhor veio a mim novamente* (Ez 12.1), *E o Senhor disse a Moisés* (Lv 6.1), *Assim diz o Senhor* (Is 50.1), *Esta é a palavra do Senhor que veio a Jeremias* (Jr 14.1) etc. O apóstolo Paulo disse: *Mas, irmãos, quero que saibais que o evangelho por mim anunciado não se baseia nos homens; porque não o recebi de homem algum nem me foi ensinado, mas o recebi por uma revelação de Jesus Cristo* (Gl 1.11,12).

A Palavra de Deus falada e escrita por seus profetas e apóstolos é uma revelação especial. As Escrituras foram inspiradas por Deus para que ele pudesse revelar seus pensamentos, palavras e promessas e eles permanecessem preservados de geração em geração. Então a Bíblia é uma revelação especial de Deus, escrita por autores humanos, inspirados diretamente por ele. É por isso que a Bíblia transmite poder e influência, ou o que podemos chamar de autoridade. Por trás das Escrituras, está o soberano Deus do universo. E, quando ele fala, sua Palavra define a essência da autoridade.

Deus teve um cuidado especial durante milhares de anos para revelar sua Palavra e escolher pessoas que registrariam cuidadosamente seus pensamentos e mensagem. E ele supervisionou esse processo a fim de que o que ele queria que fosse escrito, fosse realmente escrito. E nós temos esse registro permanente nas Escrituras. Como disse Jesus: *Pois em verdade vos digo: Antes que o céu e a terra passem, de modo nenhum passará uma só letra ou um só traço da Lei, até que tudo se cumpra* (Mt 5.18). Nada suprimirá a Palavra de Deus e nada impedirá seu supremo propósito. *Céu e terra passarão, mas as minhas palavras nunca* (Mt 24.35).

53

A Bíblia é de autoria divina, humana ou ambas?

Diz-se que a Bíblia é a Palavra de Deus – inspirada ou "soprada por Deus". Então a Bíblia foi ditada por ele palavra por palavra a um grupo seleto de homens – como se ele estivesse milagrosamente dirigindo suas penas para escreverem as palavras divinas?[75] Ou talvez Deus tenha dado a certos homens alguns pensamentos inspiradores e ao mesmo tempo liberdade para escrever a própria interpretação da mensagem? Seria isso mesmo?

Os meios de Deus

Como tratamos no capítulo anterior, a Bíblia é a Palavra "inspirada" por Deus, ou falada através de seus porta-vozes. Mas os cerca de 40 autores dos 66 livros da Bíblia não eram máquinas de ditado sem inteligência, por assim dizer. Deus selecionou autores humanos específicos com vários antecedentes, talentos diferentes, formações educacionais e experiências de vida por uma razão muito boa. Deus, sendo infinito, quis que sua Palavra fosse comunicada de forma clara a seres humanos finitos. Por isso, ele transmitiu seus pensamentos e palavras por meio de seres humanos

---

[75] V. "O que significa a Bíblia ser inspirada?" na p. 203.

diferentes, com personalidades, estilos e vozes distintas. Ele escolheu pastores, soldados, profetas, monarcas, eruditos, servos, cobradores de impostos, pescadores e fabricantes de tendas porque cada um tinha uma experiência humana característica que o capacitava a transmitir uma trama de significados que todos nós poderíamos compreender.

É como se Deus estivesse compondo uma obra-prima musical usando quarenta instrumentos da orquestra. Pense num maestro que criou uma composição musical específica. Ele usa diferentes instrumentos musicais para propósitos diferentes: os vários tambores ditam o ritmo, os trompetes convocam para a ação, os violinos e os violoncelos acalmam, as flautas elevam a alma, e assim por diante. Nas mãos do maestro, os diferentes e variados instrumentos produzem uma sinfonia que move a alma, o coração e as emoções do ouvinte com a mensagem da música. De forma semelhante, Deus usou diferentes autores para nos transmitir sua mensagem de forma clara, independentemente de quem somos ou de quão variada possa ser nossa experiência humana.

Os servos de Deus

Tomemos como exemplo as experiências de vida do rei Davi. Ele começou como pastor, matou um gigante, foi músico, teve sua vida ameaçada por Saul, tornou-se rei, cometeu adultério, participou de batalhas e venceu guerras etc. Davi sabia o que significava ter altos e baixos na vida, e Deus usou suas variadas experiências para comunicar de forma poderosa sua Palavra... por meio do devoto coração de Davi, seu desejo de servir, seus fracassos e pecado, sua profunda paixão pelo conhecimento. Houve o rei Salomão, dotado de percepção e sabedoria, e Deus o usou para se comunicar por meio dele. O profeta Oseias teve um casamento infeliz com uma esposa infiel. Deus falou por meio de suas experiências de vida para ilustrar a infidelidade de Israel e o amor infalível e fiel de Deus a seu povo.

Pedro, o discípulo superconfiante e que falava sem rodeios, na prática negou Jesus. Todavia, na primeira carta de Pedro (o livro de 1Pedro), encontramos uma das principais mensagens já escritas sobre como manter uma vida de devoção e santidade em meio a tentações e sofrimentos. Assim como vários instrumentos numa orquestra, Deus fez uso das muitas e variadas experiências de seus porta-vozes para compor o que queria que soubéssemos em palavras e que nos capacitaria a compreender claramente o seu coração e a sua mente.

Deus não somente falou através de seus porta-vozes com experiências humanas variadas; ele também expressou sua Palavra em inúmeros estilos e formas literárias. Às vezes, a Bíblia está escrita como um romance; em outras, como um livro de normas e regulamentos. As Escrituras se movem dos tristes lamentos de Jeremias à exaltada poesia de Isaías e dos salmos. A Bíblia usa essa ampla gama de formas literárias para se comunicar claramente com sua audiência humana. A Palavra de Deus está cheia de narrativas, parábolas, alegorias, metáforas, símiles, sátiras e hipérboles.

Uma vez que Deus falou suas palavras por meio de seres humanos, as Escrituras são redigidas em várias formas e estilos literários, e também sob as diferentes perspectivas humanas, emoções e culturas de seus porta-vozes. Ao se comunicar dessa forma, Deus captura o pleno caráter daqueles por meio de quem fala, desde a lógica integrada de um erudito (Paulo, em suas epístolas) até a perspectiva sacerdotal de um teólogo (o escritor de Hebreus), passando pelo talento poético de um músico (Davi, nos salmos) até o desespero e a agonia de um profeta (Jeremias, em Lamentações). Cada livro das Escrituras é apresentado através das lentes de seu porta-voz humano e, todavia, ainda assim transmite a exata mensagem que Deus quer que recebamos.

Por isso, em certo aspecto, podemos dizer que a Bíblia é um produto tanto de Deus como de homens. No entanto, sua redação foi sobrenaturalmente guiada e divinamente supervisionada para transmitir precisamente o que Deus quer comunicar. Consequentemente, é correto chamá-la de Palavra de Deus.

54

A Bíblia não está cheia de erros e contradições?

A Bíblia contém 66 livros escritos por mais de quarenta pessoas diferentes sobre centenas de assuntos, incluindo quem é Deus e como ele interage com sua criação. Poderiam esses diferentes autores, que escreveram em intervalos de centenas de anos, ser consistentes e estar em harmonia com relação à mensagem da Bíblia? Os críticos alegam que é impossível e insistem que há milhares de erros e contradições na Bíblia. Isso é verdade?

Quando os teólogos cristãos conservadores dizem que a Bíblia não contém erros (é infalível), eles querem dizer que, quando todos os fatos são conhecidos e quando adequadamente interpretadas, as Escrituras se revelarão verdadeiras, e não falsas, em tudo o que afirmam. Isso, claro, é verdade se consideramos Deus de fato o autor das Escrituras.[76] É lógico que, se Deus inspirou seres humanos para revelar suas palavras, ele teria segurança de não se contradizer, de modo que sua Palavra ficasse isenta de erro.

---

[76] V. "O que significa a Bíblia ser inspirada?" na p. 203.

Problemas aparentes

Então, alguém pode encontrar erros e contradições na Bíblia? Pode haver contradições *aparentes*, mas afirmamos que não existem erros ou contradições *de fato* nos escritos originais, os quais são chamados de autógrafos. Mas esses autógrafos não existem mais. O que temos são cópias do que foi originariamente escrito. De fato, temos milhares de cópias.

Pelo fato de não existirem máquinas de impressão na época em que as Escrituras foram registradas (nem houve nenhuma por mais de mil anos), era necessário manuscrever cópias para preservar os documentos de uma a outra geração. E, embora aqueles que faziam as cópias (os escribas) se esmerassem para copiar com exatidão, alguns erros eram cometidos.[77] Contudo, apenas porque houve erros de cópia, isso não significa que toda a Bíblia esteja cheia de contradições e erros. Porque, quando se examinam os "erros", fica claro por que eles foram ocasionados e também que eles não alteram o significado original do texto.

Por exemplo, alguns manuscritos do Novo Testamento registram o nome de João (*Ioannes*, em latim) com um só "n"; outras vezes, com dois. Tecnicamente, isso constitui um erro ou contradição. E, sempre que um "erro" especial como esse ocorre, digamos, em 3 mil manuscritos, ele é contado como 3 mil "erros". No entanto, é evidente que esse tipo de "erro" não altera de forma alguma o significado da Palavra de Deus.

Outros erros podem ser encontrados tanto no Antigo como no Novo Testamento, como, por exemplo:

---

[77] V. "O Antigo Testamento é historicamente confiável?" na p. 268 e "O Novo Testamento é historicamente confiável?" na p. 273.

- Em 2Crônicas 9.25, alguns manuscritos registram que Salomão tinha 4 mil estábulos para as 14 mil carruagens que possuía. Mas, em 1Reis 4.26, outros manuscritos indicam 40 mil estábulos. Está claro que Salomão não precisava de 40 mil estábulos para acomodar 14 mil carruagens. Isso provavelmente resultou de excesso de trabalho e talvez de um escriba sonolento que copiou o número 40 no lugar do 4. Esse é um erro humano compreensível.
- Em 2Reis 8.26, muitos manuscritos dizem que o rei Acazias tinha 22 anos quando começou a reinar. Mas, em 2Crônicas 22.2, alguns manuscritos relatam que ele tinha 42 anos. Claro que ele não podia ter 42 anos, ou pelo cálculo de idades seria mais velho que seu pai. Novamente, esse foi um erro de cópia.
- Mateus 28.2,3 registra que um anjo estava junto ao túmulo de Jesus. Mas Lucas 24.4 faz referência a dois anjos nesse lugar. Trata-se de uma contradição? Não é mais uma contradição do que se eu (Sean) disser a você que fui à Disneylândia no ano passado. E depois outra pessoa lhe disser que minha esposa, Stephanie e nossos dois filhos também foram. A primeira declaração pode ter deixado você com a impressão de que fui ao parque temático sozinho, enquanto outro relato explica que minha família me acompanhou. Mas isso não é uma contradição.
- Alguns veem problema no fato de Jesus dizer que seria morto e ressuscitaria em três dias (Mc 8.31). Tecnicamente, Jesus não ficou na sepultura

durante três dias inteiros de 24 horas. Ele errou no que disse? Não, porque na cultura judaica qualquer parte do dia era considerada um dia inteiro. Não houve contradição aqui.

A exatidão da transmissão da Bíblia

Pelo fato de estarmos lidando somente com cópias dos manuscritos originais, e não com os originais propriamente ditos, estamos fadados a ter alguns erros de cópia. E é lógico que as cópias mais próximas dos originais têm menor probabilidade de apresentar erros. Pelo fato de um erro ser cometido na cópia de um manuscrito, futuras cópias do manuscrito reproduzirão esse erro. Por isso, os manuscritos mais antigos tendem a ser mais precisos porque estão mais próximos do original. E não sabemos quão incrivelmente exatas foram as cópias do Antigo Testamento até a descoberta dos manuscritos do mar Morto em 1947.

Antes de 1947, o mais antigo manuscrito hebraico completo datava de 900 d.C. No entanto, com a descoberta de 223 manuscritos em cavernas no lado oeste do mar Morto, entramos na posse de manuscritos do Antigo Testamento datados pelos paleógrafos de 125 a.C. Esses rolos eram mil anos mais antigos do que os manuscritos anteriormente conhecidos.

Aqui está, porém, a parte mais emocionante: quando os manuscritos do mar Morto foram comparados com cópias mais posteriores, a Bíblia hebraica então existente demostrou ser idêntica, palavra por palavra, em mais de 95% do texto. Os outros 5% consistiam principalmente em variações ortográficas. Por exemplo, das 166 palavras em Isaías 53, somente 17 letras estavam em questão. Delas, 10 letras eram relativas a ortografia, apenas 4 diziam respeito a mudanças de estilo; e as 3 restantes formavam a palavra "luz", que foi acrescentada no versículo 11.

Em outras palavras, a maior descoberta de manuscritos de todos os tempos revelou que mil anos de cópias do Antigo Testamento haviam produzido variações bem pequenas, nenhuma das quais alterando o claro significado do texto ou colocando em dúvida a integridade fundamental do manuscrito.[78]

Se existem erros ou contradições aparentes em manuscritos copiados das Escrituras, três princípios ou regras fundamentais devem ser usados na investigação:[79]

1. Aborde as Escrituras da mesma forma que qualquer outra literatura antiga, concedendo o benefício da dúvida ao documento em si e não fazendo críticas.
2. Tenha a mente aberta.
3. Submeta o texto a controles externos e objetivos.

[78] McDowell, Josh; McDowell, Sean. *The Unshakable Truth*, p. 96.

[79] Detalhes desses princípios podem ser encontrados no cap. 18 de *Novas evidências que exigem um veredito*, Editora Hagnos.

55

O Novo Testamento cita de forma errada o Antigo Testamento?

Os 39 livros do Antigo Testamento foram escritos para e sobre os filhos de Israel, ou a nação judaica. Alguns críticos alegam que os escritores do Novo Testamento distorcem passagens do Antigo Testamento e as descontextualizam para ajustá-las às suas visões sobre Jesus e seus ensinamentos. Quais são essas supostas distorções a que se referem os críticos?

Por exemplo:

- Mateus cita Isaías 7 ressaltando a profecia de que Jesus nasceria de uma virgem e seria chamado Emanuel (Mt 7.14). Os críticos assinalam que uma leitura completa do capítulo 7 de Isaías demonstra ser mais provável uma referência ao nascimento de Ezequias, que se tornou um rei piedoso de Israel.
- Oseias, o profeta, diz que, quando Israel era menino, Deus o amou e *do Egito chamei o meu filho* (Os 11.1). Todos sabemos que Deus realmente chamou seu povo do Egito. Todavia, Mateus afirma que essa profecia falava sobre José e Maria tirando Jesus do Egito e retornando posteriormente. Eles fizeram isso para escapar do decreto de Herodes

que ordenava a matança de todos os recém-nascidos do sexo masculino em Belém.

- E depois os críticos dizem que Mateus cita Jeremias a respeito do choro de Raquel por causa de seus filhos mortos. Todavia, o escritor do Novo Testamento alega que essa era uma referência às mães do século 1 chorando depois da ordem de Herodes para que os bebês do sexo masculino nascidos em Belém fossem mortos.

Os escritores do Novo Testamento são acusados de distorcer e descontextualizar passagens do Antigo Testamento como essa a fim de reforçar sua estratégia de disseminação do cristianismo. Os escritores dos Evangelhos e das epístolas parecem tomar certas liberdades com textos do Antigo Testamento a fim de estabelecer sua religião totalmente nova. Isso é verdade?

O contexto irrevogável de Deus

O que os críticos negligenciam é que Jesus veio para cumprir a promessa de Deus a Israel e prover meios para que todos os seus filhos perdidos pudessem ser redimidos. Isso significa que muitas das profecias e promessas a Israel foram prefigurações do plano de Jesus para levar Israel e sua igreja ao seu reino eterno.

Jesus veio estabelecer seu reino, e foi ele quem disse: *Não penseis que vim abolir a Lei ou os Profetas; não vim abolir, mas cumprir* (Mt 5.17). Jesus foi a realização de tudo o que os profetas e a lei ensinaram. Ele foi o cumprimento da mensagem de Deus a Israel, e, por esse motivo, devemos entender o Antigo Testamento à luz de Jesus.

Por isso, Mateus e outros escritores do Novo Testamento não distorceram ou descontextualizaram as passagens do

Antigo Testamento. Ao contrário, eles compreenderam como Deus tinha inspirado seus escritores a compreendê-las – Israel foi o meio de Deus trazer salvação ao mundo, e Jesus foi o cumprimento literal de seu plano magistral e misericordioso. Jesus foi o verdadeiro Filho chamado do Egito que Israel fracassou em ser. Não foi um erro de interpretação de Oseias 11.1. Isaías de fato predisse que uma criança nasceria para libertar Israel. Ezequias foi apenas uma salvação temporária para o povo de Deus. Deus revelou por meio de Mateus que Jesus era a salvação permanente não apenas para Israel, mas para o mundo todo.

Uma vez que Jesus subiu ao céu e enviou seu Espírito Santo, ele abriu a mente e o coração do seu grupo de seguidores. E eles viram que Jesus era a personificação ou dos eventos do Antigo Testamento e das imagens que Deus lhes dera tantos anos antes.

Os apóstolos receberam poder pelo Espírito Santo com as palavras inspiradas por Deus para revelar seu plano, formado mesmo antes da fundação do mundo. O apóstolo Paulo disse:

> *E como por revelação me foi manifestado o mistério [...] que em outras gerações não foi manifestado aos homens, da forma como se revelou agora no Espírito aos seus santos apóstolos e aos profetas. Isto é, que os gentios são coerdeiros, membros do mesmo corpo e coparticipantes da promessa em Cristo Jesus por meio do evangelho.* (Ef 3.3,5,6)

Os escritores do Novo Testamento não citaram erroneamente passagens do Antigo Testamento – eles simplesmente deram a elas o contexto planejado por Deus, ou seja, centrado em Cristo.

56

Como sabemos se a Bíblia que existe hoje é verdadeiramente a Palavra de Deus?

Hoje nossa Bíblia completa é composta por 39 livros do Antigo Testamento e 27 livros do Novo Testamento. Mas como sabermos se esses são livros inspirados que Deus preparou para nós? Quem decidiu quais livros fariam parte da Bíblia? Talvez alguns livros inspirados por Deus tenham sido esquecidos. Como saber que temos todos os escritos que foram inspirados por Deus?[80]

O processo do cânon

Determinar quais textos foram inspirados por Deus não foi um evento específico, e sim um processo que se desenrolou ao longo do tempo. Levou certo tempo até que se reconhecessem quais textos eram inspirados por Deus e se estabelecesse um processo para saber com certeza quais livros refletiam a Palavra de Deus. Os 66 livros aceitos como palavra inspirada de Deus são chamados de o *cânon* das Escrituras. O termo *cânon* vem da palavra grega *kanon*, que significa "padrão" ou "princípio". Em outras palavras, houve um padrão elevado ou um instrumento de medida para julgar um texto "inspirado por Deus".

---

[80] V. "O que significa a Bíblia ser inspirada?" na p. 203.

Contrariamente ao que dizem alguns críticos modernos, os judeus e os líderes da igreja primitiva não criaram o cânon. Em outras palavras, um grupo de líderes religiosos não determinou quais livros seriam chamados de Escrituras, a Palavra inspirada de Deus. Ao contrário, esses líderes apenas reconheceram ou descobriram quais livros eram "inspirados por Deus" desde seu início. Quer dizer, um escrito não recebeu a autoridade de ser parte das Escrituras porque os judeus ou os líderes cristãos o aceitaram como tal. Em vez disso, o texto foi aceito pelos líderes e pelo povo porque estava claro para eles que o próprio Deus havia conferido ao texto sua autoridade divina.

PRINCÍPIOS ORIENTADORES PARA O RECONHECIMENTO

Com base no que encontramos na história bíblica e da igreja, podemos identificar pelo menos quatro princípios orientadores que qualificaram uma carta ou um livro para serem reconhecidos como texto divinamente inspirado.

1. A autoria do texto foi atribuída a um profeta ou apóstolo de Deus ou a alguém ligado a eles.
2. A mensagem do livro era consistente com o que já havia sido revelado a respeito de Deus.
3. A composição literária evidenciou a presença confirmadora de Deus.
4. O livro foi amplamente aceito pela igreja desde o começo.[81]

Tão cedo quanto o ano 300 a.C. e certamente não depois de 150 a.C., todos os 39 livros do Antigo Testamento haviam sido escritos, reunidos e oficialmente reconhecidos

[81] McDOWELL, Josh. *More Evidence That Demands a Verdict*, p. 21-22.

como livros canônicos.[82] O texto hebraico desses 39 livros foi originariamente dividido em 24 livros: 5 livros da Lei (de Moisés), 8 livros proféticos e 11 escritos.

Não poderia haver maior autoridade dada ao Antigo Testamento do que a do próprio Jesus. Ele o citou repetidas vezes, e seus ensinamentos nele se baseavam. Certa ocasião, Jesus afirmou: *Era necessário que se cumprisse tudo o que estava escrito sobre mim na Lei de Moisés, nos Profetas e nos Salmos* (Lc 24.44). Para confirmar sua aceitação de todo o cânon do Antigo Testamento, Jesus fez referência ao primeiro e ao último mártir em seu texto, ao dizer *desde o sangue de Abel, até o sangue de Zacarias* (Lc 11.51). Ele estava se referindo a todo o espaço de tempo, desde o primeiro livro, Gênesis, até Crônicas, que era o último livro na sequência hebraica do Antigo Testamento. (Visto que hoje temos registrados os 24 livros do texto hebraico e os dividimos em 39, foi como se Jesus houvesse dito "de Gênesis a Malaquias.") Jesus confirmou claramente a autoridade e a inspiração do cânon hebraico.

Logo depois que Paulo escreveu suas epístolas, elas foram reconhecidas pela igreja primitiva como inspiradas por Deus. O apóstolo Pedro reconheceu isso e declarou, em 2Pedro 3.15,16, que considerava as cartas de Paulo pertencentes à categoria de Escrituras. Os Pais da Igreja, do século 1 e 2, como Clemente de Alexandria, Inácio e Policarpo, também reconheceram a autoridade dos escritos que compõem o Novo Testamento.

Por volta dos anos 200 e 300, os presbíteros da sgreja começaram a estabelecer critérios para reconhecer os escritos dos apóstolos como inspirados por Deus. Em 367 d.C.,

---

[82] McDOWELL, Josh. *More Evidence That Demands a Verdict*, p 26.

Atanásio de Alexandria forneceu a primeira lista oficial dos 27 livros do Novo Testamento que temos hoje. E, por volta de 300 d.C., chegou-se ao consenso. Todos os 27 livros foram canonizados pelos concílios de Hipona (393 d.C.) e Cartago (397 d.C.). Lembremos que não se tratou de um grupo de presbíteros da igreja autorizando uma coleção de escritos religiosos – ao contrário, eles estavam reconhecendo que aquela coleção de livros era autorizada por Deus.

É claro que várias outras cartas, escritos e livros circularam na comunidade judaica e na igreja primitiva. Mas esses registros não foram reconhecidos como Escrituras. Por que eles não foram incluídos na Bíblia? E por que não estamos ainda acrescentando escritos espirituais à nossa Bíblia hoje? Isso será abordado na pergunta seguinte.

57

Alguns livros inspirados foram excluídos da Bíblia atual?

Mais de cem anos antes de Cristo nascer, todos os 39 livros do Antigo Testamento haviam sido escritos, reunidos e oficialmente reconhecidos pelos líderes judeus como Escrituras inspiradas por Deus (ou seja, textos canonizados). Por volta do fim de 300 d.C., os 27 livros do Novo Testamento foram reconhecidos como inspirados por Deus.[83] Mas será que houve alguns bons escritos espirituais talvez inspirados por Deus e que acabaram sendo negligenciados ou excluídos da Bíblia oficial? Se isso aconteceu, por que aconteceu? E por que Deus não continua inspirando pessoas a escreverem sua Palavra hoje?

O que é "inspiração"?

Muitas pessoas ao longo da história escreveram livros e cartas espiritualmente inspirados. Mas existe uma boa razão pela qual esses registros não são considerados iguais às Escrituras. E é verdade que o Espírito Santo está vivo hoje e orienta pessoas para escreverem literatura inspiradora. Mas os líderes judeus e da igreja há muito tempo concluíram que

---

[83] V. "Como sabemos se a Bíblia que existe hoje é verdadeiramente a Palavra de Deus?" na p. 219.

o período chamado de inspiração e revelação especial de Deus é passado.

Deus falou diretamente por meio de seus profetas no Antigo Testamento nos tempos remotos para revelar a si mesmo. O escritor do livro de Hebreus, no Novo Testamento, disse: *No passado, por meio dos profetas, Deus falou aos pais muitas vezes e de muitas maneiras; nestes últimos dias, porém, ele no falou pelo Filho* (Hb 1.1,2). E, uma vez que Deus entregou sua mensagem completa por meio dos seus profetas, ele "fechou o livro" sobre o Antigo Testamento. No início dos anos 300 d.C., todos os 39 livros do Antigo Testamento eram considerados a completa revelação de Deus ao povo judeu.

Jesus confirmou a perfeição e a autoridade de toda a Escritura hebraica (os 39 livros do nosso Antigo Testamento atual) quando disse que *era necessário que se cumprisse tudo o que estava escrito* [...] *na Lei de Moisés, nos Profetas e nos Salmos* (Lc 24.44). Jesus estava se referindo a todo o Antigo Testamento hebraico. Ele nunca citou outro texto que não fossem os 39 livros do Antigo Testamento para indicar que havia outra literatura inspirada por Deus. E, ao aplicar a expressão *em todas as Escrituras* (Lc 24.27) com relação ao Antigo Testamento, Jesus mostrou que aceitava o mesmo cânon judaico completo que era adotado pelo judaísmo da época.

O Novo Testamento está centrado na revelação de Deus por meio de seu Filho, Jesus Cristo, como foi escrito por seus apóstolos. Obviamente, o melhor e mais exato escrito sobre Jesus e tudo o que ele revelou seria feito por aqueles que tiveram contato direto com ele. Portanto, os homens inspirados por Deus para revelar a verdade sobre seu Filho e sua mensagem seriam ou testemunhas oculares, ou conheceriam quem havia pessoalmente ouvido a mensagem do evangelho. Ao final do século 1, ficou claro para a igreja primitiva que a revelação especial de Deus e a inspiração das Escrituras estavam concluídas.

Assim, a "inspiração" que Deus dá aos escritores hoje não é uma revelação especial de si mesmo, e sim uma reflexão sobre o que foi dado nas Escrituras inspiradas. Quando comparamos as Escrituras ao que as pessoas escrevem e ensinam hoje, podemos saber se isso é de fato a verdade de Deus.

OS TEXTOS APÓCRIFOS

Ainda no início surgiram alguns escritos que alguns acreditaram ser Escrituras "inspiradas de Deus". Depois que o cânon do Antigo Testamento foi reconhecido por líderes judeus e oficialmente encerrado, certos textos de natureza espiritual permaneceram ou surgiram. Hoje esses escritos são conhecidos como *textos apócrifos*, que significa "aqueles que estão ocultos".

Na tradução da Septuaginta grega do texto do Antigo Testamento, algumas pessoas acrescentaram 14 livros aos 39 livros canonizados. Esses 14 livros – os apócrifos – não foram aceitos pela igreja primitiva, mas acabaram sendo incluídos no Antigo Testamento pela Igreja Católica Romana em 1546 d.C.[84]

Esses livros apócrifos surgiram entre cerca de 200 a.C. e o século 2 d.C.[85] São eles:

- 1Esdras
- 2Esdras
- Tobias

[84] V. "A Bíblia católica romana é diferente da Bíblia protestante?" na p. 290.

[85] Para mais detalhes sobre esses 14 livros, v. o cap. 2 de *More Evidence That Demands a Verdict*.

- Judite
- Adições a Ester
- Sabedoria de Salomão
- Eclesiástico
- Baruque
- Susana
- Bel e o dragão (adições a Daniel)
- O cântico dos três jovens hebreus (adições a Daniel)
- A oração de Manassés
- 1Macabeus
- 2Macabeus

Os livros apócrifos não fazem parte da Bíblia protestante hoje por boas razões. Por exemplo, nenhum dos 14 livros apócrifos do Antigo Testamento reivindica inspiração divina – na verdade, alguns realmente a rejeitam. Vários historiadores confiáveis, filósofos e tradutores como Josefo, Filo e Jerônimo os rejeitam. Eles nunca foram citados como Escrituras no Novo Testamento. E os Pais da Igreja os excluíram por completo.

O caso do Novo Testamento

E quanto ao Novo Testamento – foram excluídos certos livros ou cartas que alguns consideravam Escrituras? Ao final do século 1, as epístolas de Paulo e os quatro Evangelhos foram amplamente aceitos pela nova igreja cristã como divinamente inspirados. O próprio Pedro escreveu por volta de 65 d.C. que todos os escritos conhecidos de Paulo pertenciam à categoria de Escrituras (v. 2Pe 3.15,16). Contudo, por volta da metade do século 2, houve um crescente número de outros escritos que ganharam a atenção, e algumas pessoas questionaram se esses textos eram também inspirados por Deus. Eles se tornaram conhecidos como apócrifos do Novo Testamento e escritos gnósticos (ou seja, relacionados ao conhecimento).

Entretanto, os escritos gnósticos foram rejeitados pela igreja primitiva porque contradiziam largamente os Evangelhos e as epístolas de Paulo. Entre eles, estavam o *Evangelho da Infância de Tomé*, o *Evangelho de Judas*, o *Evangelho de Pedro* e o *Evangelho de Tomé*. Esses escritos ensinavam que havia muitos criadores; que a ignorância – não o pecado – é o problema fundamental; e que a salvação se dava pelo "conhecimento espiritual" apenas para algumas pessoas. Um escritor gnóstico descreve um Jesus jovem batendo em outras crianças por esbarrarem nele.

Assim, em fins do ano 300, quando os Pais da Igreja estabeleceram meios claros para reconhecer a autorizada Palavra de Deus, essas obras já tinham sido rejeitadas havia muito tempo. Em 367 d.C., Atanásio de Alexandria apresentou a primeira lista oficial dos 27 livros do Novo Testamento que temos hoje. E, por volta de 397 d.C., os concílios eclesiásticos de Hipona e Cartago também os aceitaram.

58

Como ensinos de antigas culturas da Bíblia podem ser relevantes para nós hoje?

Convenhamos, a Bíblia foi escrita numa época e num lugar bem diferentes do Ocidente em que vivemos no século 21. Os costumes, tradições e cultura em geral não estavam nem perto daquilo que praticamos hoje. As situações que eles enfrentavam e as formas pelas quais lidavam com os assuntos da vida simplesmente não têm nenhuma relação conosco. Então, como os ensinos da Bíblia podem ser relevantes para a sociedade moderna?

É verdade que o Antigo Testamento foi escrito de 2.500 a mais de 3 mil anos atrás. O Novo Testamento foi escrito por volta de 2 mil anos atrás. As culturas eram diferentes; não há dúvidas sobre isso. O que as pessoas faziam e como elas se expressavam não se parecem nada com o nosso mundo moderno.

É também verdade que o Novo Testamento, por exemplo, mandou que os homens saudassem seus irmãos em Cristo com "beijo santo". O texto instruiu os donos de escravos sobre como tratar seus escravos e como os escravos deveriam responder a seus donos. Durante os tempos bíblicos, a filha era dada ao homem em casamento arranjado, e as esposas não tinham direitos legais.

No entanto, com todas essas diferenças culturais, a Bíblia ainda é extremamente relevante para nós hoje. Isso se deve a tudo o que se relaciona à sua essência.

UMA REVELAÇÃO RELACIONAL

A Bíblia é uma revelação de Deus à humanidade. Ela explica quem ele é, como ele é, quanto ele é apaixonado por um relacionamento conosco, quem somos nós, por que estamos aqui, por que estamos separados dele e como podemos restaurar o nosso relacionamento com ele. A Bíblia apresenta uma visão da vida muito diferente da que nós, humanos, temos. Ela apresenta a visão do mundo do ponto de vista de Deus – sua cosmovisão, para ser exato. (*Cosmovisão* é o que presumimos ser verdade sobre a composição básica do mundo.) E é a cosmovisão dele que Deus quer que abracemos.

A Palavra de Deus atinge o nível profundo da cosmovisão de uma pessoa. É onde as crenças são formadas, os valores são estabelecidos e os relacionamentos com Deus e com as outras pessoas são definidos. É nesse nível que são feitas as escolhas. O texto hebraico e todos os ensinos de Jesus visam esse nível de cosmovisão. A cultura, então, não está em questão, e sim a maneira pela qual os humanos respondem à mensagem da cosmovisão de Deus. As Escrituras deixam à escolha individual ter um relacionamento com Deus, aceitar sua cosmovisão e viver no ambiente e nas circunstâncias de cada pessoa. Isso torna a Bíblia relevante para qualquer cultura.

Uma vez que a Bíblia trata do relacionamento com Deus e de experimentar sua cosmovisão, ela é transcultural. A verdade sobre Deus e a realidade deste mundo que ele criou é universal e relevante para todas as pessoas, em todas as culturas, em todas as épocas. Em última análise, então, o objetivo do leitor da Bíblia deve ser compreender o que Deus está lhe dizendo pessoalmente – como as Escrituras são relevantes e aplicáveis à sua vida no mundo presente.

CONTEXTO HISTÓRICO

Interpretar e compreender a relevância das Escrituras para a nossa vida envolve dois passos. O primeiro é *determinar o que as passagens específicas significavam para os que originariamente as falaram ou escreveram e o que significavam para os que as ouviram ou as leram.* É aí que o cenário histórico ou cultural se torna importante. Pelo fato de a Bíblia ter sido escrita em vários períodos de tempo, precisamos compreender seu contexto histórico. A maneira pela qual determinada verdade se aplica a nós precisa ser entendida por meio das atitudes, cenário, estilo de vida e estrutura política dos tempos em que ela foi escrita. Nós começamos a compreender a Bíblia quando aprendemos o que foi dito, quem o disse, como isso foi dito, onde foi dito, quando foi dito e por que razão foi dito.

Nesse primeiro passo, precisamos lembrar que nada dito ou escrito nas Escrituras foi dito ou escrito a nós que vivemos no século 21. Moisés e os profetas falaram aos filhos de Israel. Jesus falou aos seus discípulos, às multidões e a vários indivíduos. Quando os apóstolos escreveram os Evangelhos e quando Paulo, Pedro, Tiago e outros escreveram os outros livros do Novo Testamento, eles se dirigiram a determinados ouvintes ou leitores da sua época. É improvável que qualquer um dos autores das Escrituras compreendesse que dali a dois ou 3 mil anos seus escritos existiriam como Bíblia sagrada autorizada para o mundo inteiro ler.

A verdade é que eles escreveram o que escreveram num contexto histórico e para uma audiência consideravelmente diferente da nossa hoje. No entanto, embora as palavras das Escrituras possam não ter sido escritas especificamente *para nós* do século 21, isso não significa que não foram escritas *para* nós também, tanto quanto para os destinatários originais. Uma vez que Deus revelou a si mesmo e à sua verdade a uma audiência específica, num tempo específico da história, nossa primeira tarefa é interpretar o que ele pretendeu lhes comunicar naquela época.

A VERDADE RELEVANTE

Mas então vem o segundo passo muito importante: *compreender qual verdade universal e relevante Deus nos está revelando agora.* Lembre-se de que a Bíblia não é uma obra literária comum. É a Palavra viva proveniente do Deus vivo. E sua Palavra é relevante para cada pessoa que vive hoje e aplicável a cada um em todas as situações da vida, não importa qual seja o ambiente cultural. O escritor do livro de Hebreus disse:

> *Porque a palavra de Deus é viva e eficaz, mais cortante que qualquer espada de dois gumes; penetra até o ponto de dividir alma e espírito, juntas e medulas, e é capaz de perceber os pensamentos e intenções do coração. E não há criatura alguma encoberta diante dele; antes todas as coisas estão descobertas e expostas aos olhos daquele a quem deveremos prestar contas.* (Hb 4.12,13)

A verdade da Palavra de Deus transcende a história, as culturas, os costumes, as línguas e a linha do tempo. Por isso, quando estamos tentando compreender o que Deus quis que as pessoas soubessem quando ele lhes deu sua Palavra, também estamos desejando compreender o que ele quer que saibamos hoje em nossa vida. Precisamos lembrar que as Escrituras constituem um documento sempre vivo, tornado real pelo Espírito Santo. Paulo disse que podemos conhecer essas coisas porque Deus *revelou-as a nós pelo seu Espírito. Pois o Espírito examina todas as coisas, até mesmo as profundezas de Deus* (1Co 2.10).

O apóstolo Paulo prossegue afirmando ter dito palavras que lhe foram dadas pelo Espírito, *comparando coisas espirituais com espirituais* (1Co 2.13). Há verdades do Antigo e do Novo Testamentos que o Espírito Santo quer aplicar a nós. Nossa resposta pode, então, ser: "Deus, o que queres que eu experimente das palavras do teu livro? O meu coração está aberto. Ajuda a verdade das Escrituras a penetrar no meu íntimo". A Bíblia é real e relevante hoje em todas as culturas porque Deus, o autor do livro, é real e relevante para toda a sua criação.[86]

[86] Para saber mais sobre como a Bíblia é relevante e como você pode experimentá-la, leia *How to Experience Your Bible.*

59

Por que a Bíblia é tão mal interpretada?

A Bíblia procede de Deus, por isso você pode pensar que, quando os cristãos a leem, deveriam todos receber a mesma mensagem. Mas existem variados ensinamentos procedentes da Bíblia porque as pessoas a interpretam mal. Qual é a principal causa dessa interpretação equivocada? Como é possível que cristãos honestos à procura da verdade possam interpretar mal o significado da Palavra de Deus?

Existem várias razões para isso. E todos nós precisamos aprender como interpretar corretamente a Palavra.[87] Mas existem dois erros cruciais que as pessoas geralmente cometem quando tentam interpretar o significado da Bíblia:

- Elas tomam versículos ou palavras das Escrituras fora do contexto.
- Elas aplicam ao texto seu ponto de vista ou suas emoções.

E, quando isso acontece, nós interpretamos mal o significado e a mensagem da Palavra de Deus.

---

[87] V. "Como interpretar corretamente a Bíblia?" na p. 239.

FALTA DE CONTEXTO

Imagine você andando ao meu lado (Sean) enquanto converso com três dos meus quatro amigos. Você me ouve dizer:

– Não, semana que vem vou deixar Stephanie. Scottie ficará com ela.

Você não se detém para saber mais a respeito, mas conta para um de seus amigos. O que segue é o que você diria.

– Você sabe da última sobre Sean e Stephanie McDowell?

– Não – responde o seu amigo. – O quê?

– Acabei de ouvir Sean dizer que ele vai deixá-la e que ela ficará com a custódia do filho deles.

Chocado, o seu amigo dá uma olhada na minha direção.

– Inacreditável! Aí está outro daqueles conferencistas cristãos que está sempre enfatizando o relacionamento e não vive a própria mensagem que prega. Realmente é uma vergonha!

O que aconteceu realmente? Você interpretou corretamente minhas palavras? Você deve ter me ouvido corretamente porque eu de fato disse que deixaria minha esposa na semana seguinte e que Scottie, nosso filho, ficaria com ela. Mas o que você não ouviu foram as sentenças ditas antes e depois. Aqui estão as palavras no contexto:

– Você deve estar animado com a próxima turnê de palestras no Canadá – diz o meu amigo.

– Sim, estou realmente ansioso por isso – eu respondo.

– Você parte no final desta semana, certo? Scottie vai com você?

– Não, semana que vem deixo Stephanie – respondo.

– Scottie vai ficar com ela. – Então faço uma pausa. – Vou estar fora apenas uma semana, por isso não será tão difícil para nós. Na verdade, eu detesto ficar longe da família.

O detalhe é que podemos omitir o verdadeiro significado do que é dito ou escrito quando tomamos palavras fora do contexto. A interpretação correta requer um contexto correto. Podemos manter as Escrituras dentro do contexto quando compreendemos o cenário da passagem – o que vem imediatamente antes e o que vem depois de um versículo. Seja numa declaração como "Vou deixar Stephanie", seja numa passagem das Escrituras que isolamos e não a compreendemos dentro de toda a narrativa, corremos o risco de interpretar mal o significado.[88]

Aplicando seu ponto de vista

Outra importante razão pela qual as pessoas interpretam mal a Bíblia é que elas aplicam o próprio ponto de vista a uma passagem. Às vezes, as pessoas são culpadas por usar versículos bíblicos apenas para confirmar sua opinião. E, quando descontextualizamos um ou mais versículos, podemos apoiar qualquer opinião. Além disso, por vezes a experiência passada e os relacionamentos doentios de uma pessoa a impedem de fazer interpretações corretas.

As coisas que você tem feito ou os relacionamentos que você tem vivido, especialmente com seus familiares, desempenham um papel crítico na formação de sua visão de si mesmo e de sua vida. E essa formação quase sempre afeta negativamente como você aborda e interpreta pessoalmente a Bíblia – porque a maneira como você se relacionou com seus pais e como eles se relacionaram com você influencia

---

[88] McDowell, Josh; McDowell, Sean. *Experience Your Bible*. Eugene, OR: Harvest House Publishers, 2012, p. 9.

significativamente sua percepção de Deus. Por exemplo, se você foi criado por pais autoritários e vivenciou grande desaprovação ou indiferença da parte deles, provavelmente projetará esses sentimentos no seu relacionamento com Deus. Naturalmente você levará essas lentes distorcidas para a sua leitura das Escrituras e acabará vendo Deus como uma figura autoritária e distante.

Para mim (Josh), ter crescido num lar com um pai alcoólatra contaminou fortemente minha visão a respeito de Deus, das Escrituras e da vida cristã e, por consequência, acabei interpretando mal algumas passagens da Bíblia. Veja, desenvolvi um padrão de pensamento e comportamento que me tornou alguém que os psicólogos chamam de "resgatador". Sempre que eu via meu pai ferir minha mãe, eu entrava em cena e tentava impedi-la de ser machucada. Isso se tornou um padrão psicológico e emocional vitalício para mim. Eu sempre tentava resgatar pessoas feridas em situações de dificuldade.

Quando me tornei cristão, mantive esse padrão comportamental doentio, embora não me desse conta de que era doentio. Sempre que eu via alguém fazendo mal, minha compulsão protestava. Mas eu não sabia que se tratava de uma compulsão; eu pensava tratar-se de compaixão. Eu pensava estar demonstrando o amor de Deus. Quando li a passagem *Levai os fardos uns dos outros e assim estareis cumprindo a lei de Cristo* (Gl 6.2), pensei que isso significava ser emocionalmente responsável por resolver os problemas das pessoas, tirando delas qualquer que fosse seu fardo. Eu pensava estar cumprindo a "lei de Cristo" e agindo como ele agia. Na realidade, eu estava me prejudicando e, em muitos casos, prestando um desserviço a essas pessoas. Tudo isso estava se reforçando em minha vida porque eu estava interpretando mal a Palavra de Deus ao olhar por meio de minhas lentes desfocadas do "resgate".

Procurei ajuda de outras pessoas para que pudesse ver essa passagem claramente. Aprendi que as Escrituras não ensinavam que levar o fardo de alguém significava assumir a responsabilidade pelo problema ou ferimento daquela pessoa. Ao contrário, significava andar junto e gentilmente ajudar uma pessoa a carregar o próprio peso. Levar as cargas dos outros não significa *assumir a responsabilidade por seus problemas*; significa *ser responsável diante delas* – confortar, encorajar e apoiá-las em sua dor ou dificuldade.

Sim, Gálatas 6.2 nos diz que devemos *levar os fardos uns dos outros*. A chave para minha virada foi a passagem que descobri apenas três versículos adiante. Gálatas 6.5 declara: *Porque cada um carregará o seu próprio fardo*.

Ora, isto pode parecer confuso a princípio, mas se ajusta quando percebemos que existe uma importante diferença entre "responsabilidade" e "fardo, carga". A palavra grega para *fardo* é *baros*, que denota um grande peso. Jesus usou essa palavra quando descreveu os trabalhadores na vinha que tinham suportado *a fadiga do dia inteiro e o calor intenso* (Mt 20.12). Esse foi um pesado fardo a carregar.

Todos nós enfrentamos situações que pesam sobre nós, e Deus fica satisfeito de que outros experimentem Gálatas 6.2 conosco, andando ao nosso lado para nos apoiar em nossa dificuldade. Pense na imagem de um homem carregando uma pesada trave nos ombros. Agora observe quando dois amigos chegam perto dele. Eles colocam seus ombros um em cada lado da trave e o ajudam a levantar sua carga. Esse é o quadro aqui. Quando estamos sobrecarregados por um ferimento, uma enfermidade, a perda de um emprego ou de um ente querido, precisamos de apoio; precisamos que outros nos ajudem a levantar nosso fardo pesado.

No versículo 5, porém, Paulo usa uma palavra diferente. Ao afirmar que *cada um carregará o seu próprio fardo* (Gl 6.5), ele emprega o termo grego *phortion*, que se refere a algo de pouco peso que é carregado, como a bolsa com suprimento que um soldado do século 1 carregava no campo. Um termo mais natural é dado na tradução *New Living Translation*: *Cada um de nós é responsável por sua própria conduta* (Gl 6.5). Em outras palavras, essa carga é incumbência sua, e levá-la é de sua inteira e exclusiva responsabilidade. É a mesma ideia que Paulo estava transmitindo quando disse: *Assim, cada um de nós dará conta de si mesmo a Deus* (Rm 14.12).

Todos nós temos responsabilidades pessoais e, quando deixamos de cumpri-las – fazendo um julgamento ruim, tomando decisões erradas ou cultivando atitudes negativas –, devemos enfrentar as consequências. Interferir e remover as consequências naturais e corretivas do comportamento irresponsável das pessoas pode privá-las de lições valiosas – lições que podem ser cruciais para seu crescimento e maturidade.[89]

Interpretamos mal a Bíblia quando tomamos palavras ou até mesmo versículos fora do contexto e quando aplicamos nosso ponto de vista ou nossas emoções disfuncionais ao texto. Há um meio correto de interpretar a Palavra de Deus, que requer um estudo cuidadoso e um processo específico. Discutiremos isso na pergunta seguinte: "Como interpretar corretamente a Bíblia?"

[89] McDOWELL, Josh; McDOWELL, Sean. *Experience Your Bible*, p. 68-70.

60

Como interpretar corretamente a Bíblia?

A Bíblia ensina muitas verdades e doutrinas. Quando Deus inspirou seus profetas e apóstolos, sem dúvida quis que entendêssemos *um* único e claro significado pretendido. O apóstolo Pedro disse que *nenhuma profecia das Escrituras é de interpretação particular* (2Pe 1.20). Assim, todos nós precisamos buscar o significado objetivo – a interpretação de Deus – de cada doutrina ou verdade das Escrituras. É por isso que Paulo desafiou cada um a ser *aprovado* [...] *que maneja bem a palavra da verdade* (2Tm 2.15). Nossa tarefa como cristãos é interpretar as palavras das Escrituras para compreendermos o significado originariamente pretendido. Então, como interpretarmos corretamente a Bíblia para saber o que Deus teve intenção que soubéssemos?

Interpretar os ensinamentos das Escrituras corretamente requer extrair o significado de Deus. Não devemos criar nossos significados ou ler um texto da maneira que *nós* pensamos que ele esteja nos ensinando. Quando as pessoas aplicam sua visão particular sobre uma passagem, não é difícil perceber que acabaremos tendo pontos de vista diferentes e contraditórios sobre uma verdade específica.[90] Mas muito disso pode ser evitado se seguirmos um processo para descobrir o significado de Deus. Esse processo chama-se *exegese*.

A palavra "exegese" vem do termo grego *exegeomai*, que significa "tornar conhecido, revelar o ensino, declarar tornando conhecido". A palavra é usada por João ao dizer que Jesus *revelou* Deus a nós (Jo 1.18).

Para interpretar adequadamente ou explicar e revelar o significado de uma passagem das Escrituras, devemos nos envolver no processo de exegese. Fazemos isso levantando várias perguntas sobre a passagem, como *o que*, *onde*, *por que como* etc. a fim de determinarmos as respostas. E no processo devemos fazer o seguinte:

1. Examinar o texto para compreendermos sua construção gramatical.
2. Compreender o significado das palavras individualmente – literalmente, figurativamente, culturalmente etc.
3. Descobrir o contexto histórico, incluindo autor, ambiente cultural, época etc.
4. Examinar a mensagem dentro do contexto dos parágrafos, capítulos, livros e de todo o escopo da verdade bíblica.
5. Compreender qual foi a verdade eterna aplicada a quem primeiro ela foi dirigida e depois compreender como essa verdade eterna se aplica a nós hoje.[91]

---

[90] V. "Por que a Bíblia é tão mal interpretada?" na p. 233.

[91] V. "Como ensinos de antigas culturas da Bíblia podem ser relevantes para nós hoje?" na p. 228.

Interpretar adequadamente as Escrituras envolve várias ferramentas e disciplinas cuidadosamente empregadas.[92] Por enquanto, vamos considerar resumidamente dois elementos-chave da interpretação bíblica: compreender o significado das palavras e entender o contexto dessas palavras.

O SIGNIFICADO DAS PALAVRAS

A língua é composta por palavras, que são blocos construtores de ideias. E, quando juntamos palavras em parágrafos, elas se tornam unidades básicas de comunicação. Isso é verdade para qualquer obra literária. E a Bíblia é uma obra literária com palavras e parágrafos que comunicam a verdade de Deus a nós. Mas a forma como interpretamos essas palavras é importante, porque as palavras mudam de significado ao se associarem a outras palavras e frases. Então as palavras da Bíblia devem ser interpretadas literalmente, figuradamente, ou o quê? É aí que entra a compreensão do uso de metáforas e da gramática.

Metáfora. Parte da interpretação consiste em aplicar o bom senso, em vez de sempre tomar as palavras literalmente. Podemos compreender melhor as passagens se permitirmos que a linguagem fale de maneira normal, em vez de impormos certo tipo de padrão especial ou artificial para o uso da linguagem usada na Bíblia. Por exemplo, quando Jesus disse *Eu sou o pão da vida*, em João 6.35, será que ele se referia a um pão de grãos moídos, misturado com fermento e assado? Não, sabemos que ele estava falando no sentido metafórico de que ele provê sustento à nossa vida espiritual, assim como o pão provê sustento à nossa vida física. Mas,

[92] Para aprender mais a interpretar melhor a Bíblia, v. *Experience Your Bible*.

se tentarmos fazer uma leitura literal das metáforas bíblicas, interpretaremos mal seu verdadeiro significado. Como dissemos anteriormente, a Bíblia é literatura, e os mesmos princípios linguísticos se aplicam a ela e a outros escritos. Embora seja correto crer que a Bíblia é a verdade, devemos permitir que metáforas, símiles e analogias sejam o que são, e não forçá-las a serem literais.

Gramática. Ao interpretar uma passagem, devemos olhar não apenas para as metáforas, mas também dar atenção à gramática. A gramática envolve coisas como tempos verbais, perguntas, sequências, assuntos e objetivos. Esses elementos determinam a estrutura da linguagem e são fatores importantes para determinar o que está sendo exatamente dito. Compreender a raiz do significado das palavras nas Escrituras e seu uso gramatical ajuda-nos a interpretar a verdade que Deus quer que compreendamos.

O SIGNIFICADO DAS PALAVRAS DENTRO DO CONTEXTO

Muitos ensinos errados e contraditórios entre as igrejas e os cristãos surgem quando as Escrituras são descontextualizadas. E, quando isso acontece, perdemos o verdadeiro significado do que Deus está nos dizendo.

Contexto literário. O contexto é importante para interpretar uma passagem. Para entender o contexto, precisamos conhecer o ambiente de uma passagem – o que vem imediatamente antes e o que vem depois. Você se lembra quando eu (Josh) iniciei a pergunta anterior contando minha dificuldade para compreender Gálatas 6.2? Não que eu tenha compreendido mal *Levai os fardos uns dos outros...* O problema era que eu estava vendo a frase fora do contexto.

Quando li três versículos à frente e examinei as palavras gregas para "fardo" e "responsabilidade", pude compreender o versículo 2 dentro do contexto de toda a passagem.

Por isso, quando lemos uma passagem fora do contexto, corremos o risco de encontrar no texto um significado que simplesmente não existe. Os estudiosos chamam isso de *eisegesis*. Muitos erros de interpretação surgem de extrair das Escrituras um significado que simplesmente não existe. E muito disso pode ser evitado pela leitura contextualizada do texto.

Mas precisamos ver mais do que uns poucos versículos antes e depois de uma verdade bíblica para interpretá-la dentro do contexto. Precisamos vê-la dentro do contexto do capítulo e, de fato, da Bíblia toda. E é aí que entra em cena a referência cruzada.

A *referência cruzada* significa simplesmente o processo de comparar o assunto ou a palavra de um versículo dentro da Bíblia para descobrirmos tudo o que ela tem a dizer sobre o assunto. O poder da referência cruzada está em sua autoridade. Como estamos permitindo que as Escrituras interpretem as Escrituras, podemos confiar na correção de nossas descobertas.

Vários recursos estão disponíveis para nos ajudar a localizar referências cruzadas. Muitos estudos bíblicos apresentam referências cruzadas listadas numa coluna separada ao lado do versículo. Sua Bíblia também pode ter uma concordância. Outra ferramenta útil é uma cadeia de referência bíblica, que mostra referências marginais e índices de referências preparados para seguir determinado tema ao longo de toda a Bíblia.[93]

---

[93] V. "Quais recursos são necessários para a interpretação correta da Bíblia?" na p. 309.

Contexto histórico. A Bíblia foi escrita em diferentes períodos históricos. As atitudes, o ambiente, o estilo de vida e a estrutura política de determinada época afetarão a compreensão de uma passagem. Portanto, para interpretar uma passagem bíblica, devemos vê-la dentro de seu contexto histórico e cultural. Como afirmamos antes, as Escrituras podem não ter sido escritas especificamente para *nós* do século 21, mas isso não significa que ela não foi escrita *em nosso favor*. Para compreendermos o que Deus está nos dizendo hoje, contudo, devemos compreender sua palavra dentro do seu contexto cultural e então aplicar sua verdade à nossa cultura e vida pessoal.

Quando lemos a Bíblia, estamos entrando no passado. As Escrituras foram escritas num espaço de tempo de mais de 1.500 anos. Ao longo desse período, aconteceram significantes mudanças culturais, políticas e sociológicas. Quando compreendemos o significado das palavras e descobrimos seu contexto literário e histórico, somos capazes de entender melhor o que Deus está nos dizendo. E, quando o fazemos, o significado de sua Palavra pode ser revelado e aplicado à nossa vida.

61

Como os cristãos sustentam doutrinas contraditórias da Bíblia e ainda permanecem unidos?

Existem centenas de denominações diferentes dentro do cristianismo, e todas alegam serem cristãs e doutrinariamente corretas. Todavia, há grande discrepância no que elas creem e pregam. Muitas dessas igrejas não cooperam nem trabalham juntas devido a suas diferenças. Essa é a forma correta de ser? Como os cristãos podem sustentar doutrinas contraditórias da Bíblia e ainda permanecer unidos? Ou sempre deve haver diferenças entre os cristãos e entre igrejas?

Unidade no amor

Jesus instruiu seus discípulos a amarem uns aos outros. De fato, ele afirmou: *Nisto todos saberão que sois meus discípulos, se vos amardes uns aos outros* (Jo 13.35). A marca do verdadeiro seguidor de Cristo é o amor que ele cultiva pelos outros, especialmente a dedicação demonstrada para com outros irmãos em Cristo. Jesus orou por seus seguidores ao Pai celestial da seguinte forma: *Rogo* [...] *para que todos sejam um; assim como tu, ó Pai, és em mim, e eu em ti* (Jo 17.20,21). O apóstolo Paulo falou sobre a unidade do povo de Deus:

Há um só corpo e um só Espírito, como também fostes chamados em uma só esperança do vosso chamado; há um só Senhor, uma só fé, um só batismo; um só Deus e Pai de todos, que é sobre todos, por todos e está em todos (Ef 4.4-6).

Parece que o plano de Deus é que todos os cristãos que estão verdadeiramente seguindo Cristo e a Bíblia vivam em união uns com os outros. Então, qual é o problema?

É verdade que alguns cristãos condenam os outros por não crerem da mesma forma que eles. Mas muito mais simplesmente têm opiniões diferentes sobre certos ensinamentos bíblicos e não permitem que isso perturbe a união mútua.

Eu (Sean) estou em união com minha esposa, Stephanie. Mas temos gostos diferentes quando pensamos em carros; preferências diferentes em literatura; aprecio pratos diferentes dos dela; prefiro filmes de ação, enquanto ela gosta de romance; a lista poderia continuar indefinidamente. Vemos coisas de maneiras diferentes e vemos a vida de ângulos diferentes. Mas essa diversidade não nos divide – ao contrário, isso nos torna mais fortes como casal. E, quando de fato discordamos, concordamos em discordar. A força de Stephanie é quase sempre a minha fraqueza, e a fraqueza dela é com frequência a minha força. Nós nos complementamos dessa forma, e isso torna a nossa união ainda mais coesa.

Só porque os cristãos veem as coisas de forma diferente nas Escrituras, isso não significa que eles precisam estar em desacordo uns com os outros. E muitos grupos cristãos e igrejas com os quais trabalhamos se relacionam no espírito da liberdade cristã com aqueles que pensam diferente. Muitos cristãos que adotaram a teologia calvinista amam os wesleyanos arminianos. Os wesleyanos amam os calvinistas. Os pré-milenaristas amam os pós-milenaristas, e os pós-milenaristas amam os pré-milenaristas. Os batistas amam os nazarenos, e os luteranos amam os membros da Assembleia de Deus. Nem todos se relacionam com os outros na liberdade cristã, mas muitos, realmente muitos, o fazem. Sabemos que, mesmo depois de longo e honesto estudo das Escrituras, existem áreas que estão abertas a diferentes interpretações, e precisamos todos tomar cuidado para não sermos dogmáticos nessas áreas.

Os fundamentos

No entanto, há certos ensinos bíblicos que são tão importantes e fundamentais que requerem uma clara concordância. Os apóstolos advertiram que falsos ensinos seriam abundantes (2Co 11.13-14). E estabeleceram certos fundamentos da fé cristã que todos os seguidores de Cristo precisavam abraçar a fim de permanecer fiéis a ele. Um dos fundamentos era a respeito da pessoa de Jesus. *E todo espírito que não confessa Jesus não é de Deus* (1Jo 4.3). Os apóstolos deixaram claro que era necessário crer que Jesus era Deus na forma humana e que ele morreu para que pudéssemos ser restaurados ao relacionamento com Deus. Isso se tornou uma condição da unidade cristã na igreja primitiva.[94]

O apóstolo Paulo firmou outro fundamento da fé, ao declarar:

> *E, se Cristo não ressuscitou, a vossa fé é inútil e ainda estais nos vossos pecados. Logo, os que morreram em Cristo também estão perdidos [...] Mas, na verdade, Cristo ressuscitou dentre os mortos.* (1Co 15.17,18,20)

[94] V. "Jesus realmente alegou ser Deus?" na p. 149

A ressurreição física de Jesus foi a crença fundamental para os primeiros cristãos. Jesus disse:

> *Eu sou a ressurreição e a vida; quem crê em mim, mesmo que morra, viverá; e todo aquele que vive, e crê em mim, jamais morrerá* (Jo 11.25,26).

Portanto, existem certos fundamentos a respeito dos quais deve haver acordo. Outros fundamentos incluem a crença no pecado original, a expiação pelo pecado feita por Cristo e a justificação pela fé.[95]

Como cristãos, precisamos estar unidos com irmãos em Cristo mesmo que tenhamos divergências sobre vários ensinos bíblicos que não estejam completamente claros. Esses não são fundamentos das verdades centrais da fé. Nessas situações, devemos dar liberdade aos nossos irmãos em Cristo. No que se refere aos fundamentos, porém, devemos concordar e, como Judas escreveu, *lutar pela fé entregue aos santos de uma vez por todas* (Jd 3).

E quando, à luz dos fundamentos, não se pode chegar a um acordo com os que alegam ser seguidores de Cristo, é adequado terminar a associação. Isso não pode ser feito facilmente ou com espírito reacionário. Ao contrário, deve ser feito em oração e num espírito de amor semelhante ao de Cristo. É importante estar numa igreja e entre seguidores de Cristo que ensinam e praticam os fundamentos da fé. E, quando você o faz, torna-se um vivo representante do amor de Cristo ao mundo ao seu redor.

---

[95] Para uma abordagem completa das doze verdades fundamentais do cristianismo, v. *The Unshakable Truth: How You Can Experience the 12 Essentials of a Relevant Faith.*

Paulo escreveu à igreja de Filipos:

> *Portanto, se há em Cristo alguma exortação, alguma consolação de amor, alguma comunhão do Espírito, se há qualquer sentimento profundo ou compaixão, completai a minha alegria, para que tenhais o mesmo modo de pensar, o mesmo amor, o mesmo ânimo, pensando a mesma coisa.* (Fp 2.1,2)

62

Todas as leis do Antigo Testamento são obrigatórias para nós hoje?

O Antigo Testamento foi escrito para os filhos de Israel (o povo judeu). Por isso algumas pessoas dizem que a maior parte dele não se aplica aos cristãos hoje. Assim, embora possamos obter algumas boas histórias do Antigo Testamento, ele é realmente obrigatório aos cristãos?

Primeiro, é importante reconhecer que nem o Antigo nem o Novo Testamentos foram escritos para as pessoas que vivem no século 21. O público do Antigo Testamento eram os filhos de Israel, e o Novo Testamento foi escrito para um público judeu e gentio do século 1.[96] Mas isso não significa que a verdade das Escrituras não seja relevante ou obrigatória para nós hoje.

A Bíblia foi escrita dentro de certos contextos históricos, todos bem diferentes dos nossos. No entanto, embora as palavras das Escrituras possam não ter sido escritas especificamente para *nós*, isso não significa que não foram escritas

[96] V. "Como ensinos de antigas culturas da Bíblia podem ser relevantes para nós hoje?" na p. 228.

em nosso favor. As Escrituras são a verdade universal de Deus, aplicável a todas as pessoas, em todos os lugares, em todas as épocas. As mensagens tanto do Antigo quanto do Novo Testamentos transcendem a história, as culturas, os costumes, as línguas e o tempo. Por isso, para interpretarmos o que Deus nos está dizendo no século 21, precisamos primeiro identificar as verdades universais das Escrituras que foram aplicadas nos tempos antigos a fim de compreendermos de que forma elas se aplicam a nós hoje.[97]

Dito isso, o Antigo Testamento é rico em verdades que se aplicam a nós hoje. Entretanto, como afirmamos anteriormente, precisamos compreender seu contexto histórico para entender o seu significado para nós. Deus fez uma promessa a Abraão – um pacto – que incluía levantar uma nação e, por meio dos descendentes de Abraão, enviar um Salvador, o Redentor do mundo. E o Antigo Testamento é a história do fiel e amoroso relacionamento de Deus com seu povo, os filhos de Israel. Assim, é compreensível que certas promessas, condições e instruções a Israel não se apliquem a todo o mundo.

O ANTIGO TESTAMENTO NO CONTEXTO DO NOVO

Para compreendermos como a verdade do Antigo Testamento se aplica universalmente e aos cristãos hoje, porém, devemos interpretá-la dentro do contexto do Novo Testamento. O apóstolo Paulo disse:

> *Então, para que serve a lei? Ela foi acrescentada por causa das transgressões, até que viesse o descendente a quem a promessa havia sido feita, e foi ordenada por meio de anjos, pela mão de um mediador* [...] *Desse modo, a lei se tornou*

[97] V. "Como os cristãos sustentam doutrinas contraditórias da Bíblia e ainda permanecem unidos?" na p. 245.

> *nosso guia para nos conduzir a Cristo, a fim de que pela fé fôssemos justificados. Mas, tendo chegado a fé, já não estamos sujeitos a esse guia.* (Gl 3.19,24,25)

O que Paulo estava dizendo é que a lei foi nosso guia ou tutor. Foi como um professor que guia e instrui uma criança até que ela se torne adulta. A lei cumpriu seu propósito ao guiar o povo de Deus àquele que escreveria suas leis e caminhos no coração dos israelitas. Deus não quis que o povo ficasse concentrado nas leis e normas acima de tudo. Ele os queria concentrados num relacionamento com ele. Seguir os caminhos de Deus seria então um subproduto natural desse relacionamento. E tudo foi visto com clareza quando Jesus apareceu no palco da história humana.

Jesus deixou claro que *ele* era o contexto para interpretar o Antigo Testamento. Ele disse: *Não penseis que vim abolir a Lei ou os Profetas; não vim abolir, mas cumprir* (Mt 5.17). Jesus realmente cumpriu as leis cerimoniais de Moisés e satisfez a justiça de Deus ao lidar com o nosso pecado.

As leis cerimoniais que Deus deu aos filhos de Israel tratavam de sacrifícios de animais, sacerdócio, um templo e inúmeras festas a serem observadas. Foram meios ou sistemas para lidar com o pecado e para satisfazer a natureza santa e justa de Deus. O Senhor quis que o seu povo desfrutasse um relacionamento com ele. O sistema de sacrifícios do Antigo Testamento era o meio de receber perdão e obter um relacionamento com ele em favor dos filhos de Israel. Mas esse sistema e seu perdão na verdade se baseavam na futura vinda de Cristo, que seria o sacrifício perfeito.

A razão pela qual não precisamos mais seguir as leis cerimoniais do Antigo Testamento é que o Filho de Deus se tornou nosso perfeito Cordeiro sacrificial para sempre (v. Hb 3–10). Foi o que Jesus quis dizer quando afirmou que ele cumpriu a lei. A lei exigia um substituto, um sacrifício perfeito para que obtivéssemos a nossa redenção. Ser obediente a um conjunto de normas e seguir um sistema de sacrifício e animais não era a solução. A fé no perfeito sacrifício de Jesus era a solução, e, claro, Cristo proveu isso. Por isso, seguir as leis cerimoniais dadas a Israel não é preciso ou necessário. É preciso aceitar Cristo como nosso sacrifício – e isso é necessário hoje.

As leis civis. O mesmo pode ser dito sobre o que conhecemos como as leis civis de Israel. Ao longo dos cinco primeiros livros do Antigo Testamento, os filhos de Israel não receberam apenas os Dez Mandamentos (a lei moral), mas detalhes sobre como a lei de Deus devia ser aplicada dentro da nação. Houve muitos detalhes que Deus ordenou a seu povo seguir, como seguir, quando seguir e quais seriam as consequências e a reparação para a desobediência. Embora aquelas leis fossem especificamente para os filhos de Israel e não houvesse a intenção de transferi-las para as nossas modernas leis civis, isso não significa que não devamos aprendê-las. Podemos certamente ver que Deus deseja um sistema de justiça. Ele quer que nós, seus seguidores, defendamos os fracos ou os que são maltratados (veja o livro de Tiago). As leis civis são precisas e necessárias para uma sociedade civil operar.

A lei moral. E certamente a *lei moral* do Antigo Testamento, frequentemente chamada de Dez Mandamentos, reflete a verdade universal de Deus para todos nós. Cada um dos Dez Mandamentos é repetido no Novo Testamento, com exceção da observância do sábado. E isso está, na realidade, repetido na verdade que, como corpo de Cristo, a igreja, devemos amar uns aos outros e adorar juntos. O escritor do livro de Hebreus exortou: *Não abandonemos a prática de nos reunir, como é costume de alguns, mas, pelo contrário, animemo-nos uns aos outros* (Hb 10.25). Portanto, certamente a lei moral do Antigo Testamento é obrigatória e aplicável a nós hoje.

Quando lemos o Antigo Testamento, devemos compreender a verdade de Deus dentro do contexto histórico dos filhos de Israel. E, quando o fazemos, torna-se claro como Deus quer que sua verdade eterna seja aplicada em nossa vida pessoal e na vida do mundo do século 21.

63

Todas as festas judaicas bíblicas são significativas para os cristãos hoje?

O Antigo Testamento sempre mencionou festas que deveriam ser observadas pelos filhos de Israel. Sabemos que a lei cerimonial judaica com todo o seu sistema de sacrifícios foi cumprida em Jesus. Por isso, não nos é exigido, como cristãos, observarmos muitas festas judaicas. Mas várias dessas festas são significativas para os cristãos hoje? Elas têm importância para os ensinos do Novo Testamento ou para a vida cristã?

Sim, várias, se não todas as festas judaicas, podem ser significativas para nós hoje. Muitos cristãos, por exemplo, encontram rico significado em três festas judaicas: a observância da Páscoa, o Pentecoste e a festa dos tabernáculos.

Em Êxodo, Deus ordenou a cada um dos filhos de Israel: *Três vezes no ano me celebrarás festa* (Êx 23.14). A primeira era a festa dos pães ázimos, ou Páscoa. Durante séculos, famílias judaicas se reuniram ao pôr do sol do décimo quarto dia do primeiro mês do calendário hebraico para celebrar essa festa.

A festa da Páscoa

A refeição da Páscoa (*pesach*) era composta por um cordeiro assado, ervas amargas e pão feito sem fermento. Durante a refeição, o pai, com a ajuda dos filhos, recontava a história de Deus redimindo Israel da escravidão egípcia. Eles explicavam como o anjo da morte veio sobre a terra para matar os primogênitos do sexo masculino de cada família. Mas Deus havia dito ao povo que eles seriam poupados se observassem a Páscoa tal qual ele havia instruído. Cada família israelita devia escolher um cordeiro ou um cabrito, matá-lo e espalhar o sangue na parte superior e nos lados dos batentes da porta de sua casa. À noite, eles deveriam comer o cordeiro assado com as ervas amargas e o pão ázimo. Naquela noite, à meia-noite, o anjo de Deus, o anjo da morte, mataria todos os filhos primogênitos dentro do Egito. Mas passaria sobre os que colocassem o sangue do sacrifício em sua casa (Êx 12).

Daquele dia em diante, as famílias judias passaram a celebrar sua redenção da escravidão egípcia, porque a morte dos primogênitos do Egito foi o golpe final que fez o faraó libertar Israel da escravidão.

Mas o que é tão significativo para os cristãos aconteceu 1.400 anos depois da primeira Páscoa. Em Jerusalém, um grupo de homens judeus se reuniu para observar essa festa especial. Algo muito estranho aconteceu. O homem que dirigia a Páscoa tomou o pão sem fermento, distribuiu aos que estavam na sala e disse algo extraordinário: *Tomai e comei; isto é o meu corpo* (Mt 26.26). Depois, ele tomou um cálice de vinho e o passou adiante de acordo com o costume da Páscoa, mas novamente proferiu uma estranha mensagem: *Bebei dele todos;* ele instruiu, *pois isto é o meu sangue, o sangue da aliança derramado em favor de muitos para perdão dos pecados* (Mt 26.27,28).

Esse homem judeu estava reinterpretando toda a celebração da Páscoa. Ele alegava *ser* o pão; alegava que o vinho era o *seu* sangue. Essas declarações confundiram os ouvintes.

Aquele homem havia dito aos seus seguidores anteriormente que ele era *o pão da vida* (Jo 6.35). Era o mesmo homem a respeito de quem o profeta João Batista havia feito uma corajosa declaração quando o viu caminhar em sua direção. *Este*, disse João, *é o Cordeiro de Deus que tira o pecado do mundo* (Jo 1.29). Poucas horas depois dessa importante celebração da Páscoa, o homem chamado Jesus seria pego, espancado violentamente e cruelmente pregado numa cruz para sangrar e morrer. Exatos 1.400 anos após a primeira celebração da redenção feita pelo povo de Deus, aquele Jesus de Nazaré, o primogênito de Deus, celebrou a si mesmo como o Cordeiro pascal a ser oferecido como redenção para uma raça humana escrava do pecado. Que festa para os cristãos celebrarem!

A Páscoa não é apenas uma celebração judaica. É uma festa para todos que foram redimidos pelo sacrifício expiatório de Jesus Cristo.

> *Sabendo que não foi com coisas perecíveis, como prata ou ouro, que fostes resgatados da vossa maneira fútil de viver, recebida por tradição dos vossos pais. Mas fostes resgatados pelo precioso sangue, como de um cordeiro sem defeito e sem mancha, o sangue de Cristo.* (1Pe 1.18,19)

Portanto, cordeiros, touros e cabritos não mais precisam ser sacrificados porque *agora, na consumação dos séculos, ele se manifestou de uma vez por todas, para aniquilar o pecado por meio do sacrifício de si mesmo* (Hb 9.26). A Páscoa é uma celebração que todos os cristãos podem fazer por causa do plano redentor de Deus por meio de Cristo.

A festa de Pentecoste

Cinquenta dias a partir do início da Páscoa, as famílias judaicas eram ordenadas a ofertar a Deus as primícias de suas colheitas. Foi-lhes dito: *Contareis sete semanas inteiras, desde o dia depois do sábado [...] até o dia seguinte ao sétimo sábado; serão cinquenta dias* (Lv 23.15,16). Esse tempo era chamado de festa do *Shavuot* (*Pentecoste* em grego). Mas, durante séculos, além de celebrar suas colheitas, as famílias judaicas também celebravam a revelação de Deus por meio de sua Palavra escrita dada a Moisés no monte Sinai. Assim, além de fazer uma oferta das colheitas, as famílias judaicas se reuniam e louvavam a Deus por ele se revelar tão dramaticamente como no dia em que se mostrou a Moisés e deu os mandamentos escritos *pelo dedo de Deus* (Êx 31.18).

Passemos agora rapidamente para o século 1. Imagine os discípulos de Jesus empolgados e quase fora de si com a ressurreição de Jesus. O Cordeiro Pascal havia sido sacrificado, e a redenção judaica era uma realidade. O Messias estava de volta, e eles perguntaram: *Senhor, é este o tempo em que restaurarás o reino para Israel?* (At 1.6). Eles estavam a apenas dez dias da festa de *Shavuot*; que tempo perfeito para o Filho de Deus se revelar como o Deus poderoso do reino celestial! O Pentecoste celebrava a revelação de Deus no Sinai, e por que não a revelação do Filho de Deus em Jerusalém – verdadeiramente a celebração de um novo reino?

Mas, para surpresa dos discípulos, Jesus subiu ao céu. Todavia, antes disso, ele lhes disse que voltassem à cidade e esperassem pela promessa do Pai (v. Lc 24.49). Talvez confusos e, quem sabe, frustrados, os discípulos seguiram as instruções de Jesus. E, dez dias depois, 120 seguidores de Jesus se reuniram num cenáculo para celebrar o Shavuot/Pentecoste. Normalmente isso incluiria leituras, orações e agradecimentos a Deus por sua poderosa revelação no monte Sinai. Todavia, naquele Pentecoste particular algo extraordinário aconteceu.

Quando os discípulos estavam reunidos, o Espírito Santo se revelou como um vento tempestuoso e *apareceram umas línguas como de fogo, distribuídas entre eles, e sobre cada um pousou uma* (At 2.3). Essa festa passou de uma revelação de Deus por meio de sua Santa Palavra a uma revelação de Deus por meio do seu Espírito Santo. E, em vez de oferta da primeira colheita, os discípulos *foram* a primeira colheita – a primeira igreja!

O Pentecoste não é apenas uma celebração judaica. É uma celebração da dádiva em que Deus concedeu seu Espírito Santo a todo cristão. Podemos agradecer a Deus por nos dar sua Palavra e seu Espírito, que entra em nossa vida para nos tornar seus filhos:

> *Porque não recebestes um espírito de escravidão para vos reconduzir ao temor, mas o Espírito de adoção, pelo qual clamamos: Aba, Pai! O próprio Espírito dá testemunho ao nosso espírito de que somos filhos de Deus. Se somos filhos, também somos herdeiros, herdeiros de Deus e coerdeiros de Cristo, se é certo que sofremos com ele, para que também com ele sejamos glorificados.* (Rm 8.15-17)

A festa dos tabernáculos

A última das três festas é a *festa dos tabernáculos* (*Sukkot*), ou *festa das colheitas*. Deus ordenou que os filhos de Israel habitassem em cabanas improvisadas durante sete dias todos os anos. *Para que as vossas gerações saibam que eu fiz os israelitas habitarem em tendas feitas de ramos quando os tirei da terra do Egito. Eu sou o SENHOR vosso Deus* (Lv 23.43).

Durante séculos, na estação do outono, as famílias judaicas deviam celebrar o *Sukkot* (em hebraico, "cabana" ou "barraca"). Durante sete dias, deviam comer em suas cabanas e se alegrar *diante do SENHOR vosso Deus durante sete dias* (Lv 23.40). Como última festa, esta marca o término tanto da temporada da colheita como do ciclo de festas. Serve, portanto, como tempo especial de celebrar a plenitude da obra criadora e redentora de Deus e, além disso, o *descanso* do Senhor. Deve ser um tempo para lembrar e refletir sobre tudo o que Deus fez e dar-lhe glória. Todavia, o principal significado dessa festa é que ela serve como ensaio e celebração da futura glória de Deus em favor de Israel.

Deus deu ao profeta Zacarias uma visão da vinda do Messias, da restauração de Israel e da restauração de todas as coisas. O profeta viu um tempo em que *o SENHOR será rei sobre toda a terra; naquele dia haverá um só SENHOR, e o seu nome será único* (Zc 14.9). O apóstolo Paulo falou a respeito de um tempo na história humana no qual *ao nome de Jesus* [o Messias] *se dobre todo joelho dos que estão nos céus, na terra e debaixo da terra, e toda língua confesse que Jesus Cristo é o Senhor, para glória de Deus Pai* (Fp 2.10,11).

É nesse contexto de restauração que Zacarias declara: *Então todos os que restarem de todas as nações que vieram contra Jerusalém subirão de ano em ano para adorar o Rei, o SENHOR dos Exércitos, e celebrar a festa dos tabernáculos* [*Sukkot*] (Zc 14.16). Deus disse ao seu povo: *E te alegrarás na tua festa* [...] *pois o SENHOR, teu Deus, te abençoará em toda a tua colheita e em todo trabalho das tuas mãos; por isso terás muita alegria* (Dt 16.14,15). Mas sem dúvida Zacarias apontava para a suprema alegria se completando quando todas as coisas forem restauradas ao propósito original de Deus, porque *o tabernáculo de Deus está entre os homens, pois habitará com eles* (Ap 21.3).

Deus fez uma promessa a Israel de que ele terá um lar permanente e seu Messias reinará eternamente. Porém, isso é mais do que uma celebração judaica. Todo filho de Deus que aceitou Jesus como Salvador e futuro Messias pode celebrar a promessa de sua segunda vinda, quando todos os redimidos poderão dizer:

> *O tabernáculo de Deus está entre os homens, pois habitará com eles [...] e Deus mesmo estará com eles. Ele lhes enxugará dos olhos toda lágrima; e não haverá mais morte, nem pranto, nem lamento, nem dor.* (Ap 21.3,4)

Essa é uma festa incomparável para os cristãos por-que é a única das três celebrações na qual Deus não apareceu – pelo menos não ainda. Deus Filho veio literalmente em forma humana para celebrar a Páscoa e literalmente se tornou o Cordeiro da Páscoa. Deus Espírito veio celebrar o Pentecoste para que pudesse literalmente viver em nós. Mas Deus ainda precisa aparecer literalmente para celebrar *Sukkot* conosco. Ele, sem dúvida, fará isso em sua segunda vinda, o tempo ao qual Jesus se referiu em sua refeição pascal cerca de 2 mil anos atrás, ao dizer: *Mas digo-vos que desde agora não mais beberei deste fruto da videira até aquele dia em que beberei o vinho novo convosco, no reino de meu Pai* (Mt 26.29). *Sukkot*, a festa dos tabernáculos, é certamente um tempo em que os cristãos poderão celebrar a esperada segunda vinda de Cristo.

As três celebrações são excelentes oportunidades para ensinar e reforçar os fundamentos da fé cristã junto à sua igreja ou à sua família. Devido ao renovado interesse nessas três festas judaicas, nós as recriamos como celebrações judaico-cristãs para famílias e igrejas cristãs. A Páscoa é a nossa "celebração da redenção", Pentecoste é a nossa "celebração da revelação" e a festa dos tabernáculos é a nossa "celebração da restauração". Aproveite-as para instilar em sua família um coração de gratidão pelo que Deus tem feito e uma esperançosa expectativa sobre o que ele irá fazer.

64

Qual o verdadeiro propósito da Bíblia?

Algumas pessoas dizem que a Bíblia é o manual da religião cristã e seu propósito é fixar um conjunto de regras e ensinos que estabelecem o cristianismo. Outros alegam que a Bíblia nos diz como obter o céu e fornece o mapa de como chegar lá. Por que Deus nos deu seu Livro? Que história ele conta? E o que essa história tem que ver conosco? As próprias Escrituras nos dão essas respostas.

O propósito doutrinário

Uma das razões pelas quais Deus nos deu as Escrituras é informar quanto àquilo em que devemos crer. Essas crenças tornam-se nossa autoridade para determinar a doutrina correta. Isso quer dizer que existe um *propósito doutrinário para a Palavra de Deus*. Ela nos dá verdades racionais que podemos compreender com nossa mente. Essas verdades são convicções doutrinárias que compõem a teologia cristã.

Muitas pessoas evitam a ideia de teologia. Todavia, teologia é, na realidade, o estudo de Deus. Assim, de certa forma, todos nós somos "teólogos". Todos nós temos ideias a respeito de quem é Deus e de como ele se parece, ainda que raramente pensemos nisso como saber "teologia". Mas um dos propósitos das Escrituras é francamente teológico – revelar Deus como ele é. Deus quer que saibamos como ele é, como seus caminhos diferem dos nossos e como ele vê a vida de forma distinta de como a vemos.

A doutrina faz diferença. Compreendendo o que as Escrituras revelam sobre Deus, por exemplo, compreendemos de fato o que ele revela a nosso respeito. Quando enxergamos a vida através dos olhos de Deus, adquirimos o que é chamado de *visão bíblica do mundo* – uma visão correta sobre a realidade, que nos diz como o mundo veio a existir, quem somos, como sabemos o que é certo e errado etc. As verdades doutrinárias das Escrituras agem como limites que nos mantêm alinhados às crenças corretas para que possamos ver a vida como Deus quer que a vejamos.

O PROPÓSITO COMPORTAMENTAL

A Bíblia também nos ensina a viver. Ela está repleta de instruções, leis e mandamentos a respeito do que fazer e do que não fazer. É por isso que podemos dizer que há um *propósito comportamental em relação à Palavra de Deus.* Quando a Bíblia diz "Siga este caminho", "Evite esses lugares", "Não pratique essas ações" ou "Adote aquelas ideias", ela está nos instruindo a como viver corretamente.

Você já perguntou por que agir corretamente na maioria das vezes produz bons resultados e agir errado muitas vezes resulta em consequências negativas? Em geral, isso acontece porque: 1) as verdades doutrinárias da Bíblia fornecem uma correta visão de Deus e de seus caminhos; e 2) quando pensamos e vivemos adequadamente, colhemos os benefícios da piedade.

Por outro lado, dar guarida a crenças incorretas a respeito de Deus e seus caminhos distorce nossos valores, tornando improvável que nossas ações sejam corretas. O mais provável é que soframos as consequências de vivermos de forma errada. *Ele reserva para os justos a verdadeira sabedoria, como um escudo para os que caminham em integridade, guardando as veredas dos justos e protegendo o caminho dos seus santos* (Pv 2.7,8). Assim, outra razão pela qual Deus nos deu a sua Palavra é para que possamos viver a sua verdade corretamente. As doutrinas e os mandamentos das Escrituras agem então como dois faróis que nos guiam por um caminho de retidão.

O PROPÓSITO RELACIONAL

Há uma imensa quantidade de mandamentos na Bíblia. Mas existe um que é chamado de o Grande Mandamento. Jesus o expressou desta forma:

> *Amarás o Senhor teu Deus de todo o coração, de toda a alma e de todo o entendimento. Este é o maior e o primeiro mandamento. E o segundo, semelhante a este, é: Amarás o teu próximo como a ti mesmo.* (Mt 22.37-39)

Jesus estava fazendo aqui uma conexão vital entre a verdade bíblica (crenças e instrução bíblica) e os relacionamentos. Foi isso o que os líderes religiosos dos dias de Jesus não compreendiam nem praticavam.

É claro que a Bíblia hebraica está repleta de conexões entre a verdade e os relacionamentos, mas às vezes nós as deixamos escapar. O rei Davi disse num de seus salmos: *Pois tua fidelidade está diante dos meus olhos, e tenho andado na tua verdade* (Sl 26.3). Então ele orou: *SENHOR, ensina-me teu caminho, e andarei na tua verdade; prepara o meu coração para temer o teu nome* (Sl 86.11). Os escritores do Antigo Testamento compreendiam a verdade no contexto de relacionamento. A declaração de Jesus sobre o Grande Mandamento foi simplesmente um reenquadramento das convicções doutrinárias e da obediência e restauração dessas convicções ao lugar correto no contexto de relacionamento, que havia sido perdido pelos religiosos da época. Ele proclamou que havia um *propósito relacional com relação à Palavra de Deus.* Jesus estava nos dizendo que pensar e viver corretamente é estar no contexto de relacionamento correto. E, se não formos capazes de fazê-lo, isso distorcerá gravemente os nossos pensamentos e a nossa vida.

A intenção definitiva de Deus desde a criação em diante foi que cada pessoa desfrutasse o círculo do amoroso relacionamento que ele desfruta na Trindade. Deus quis manifestar-se aos seres humanos para que eles pudessem conhecê-lo por quem ele é. Esta é a *verdade doutrinária* definitiva que ele planejou para os seres humanos e o universo. Ele também quis que sua criação vivesse de acordo com seus caminhos, a única forma pela qual eles podiam desfrutar toda a bondade de um mundo perfeito. Esta é a *verdade comportamental* definitiva que Deus planejou para nós. O plano de Deus foi que o primeiro casal, Adão e Eva, cresse que ele era perfeitamente bom e, quando lhes deu uma ordem, tinha no coração a melhor intenção. O propósito era que entendessem que Deus queria que eles o amassem carinhosamente e que o seu único mandamento foi dado dentro do contexto dessa *verdade relacional.* Mas eles não entenderam. E, infelizmente, os seres humanos perderam o contexto relacional da verdade de Deus desde então.

Podemos estudar a Palavra de Deus em busca de crenças corretas. Podemos até obedecer a ela por meio de um comportamento correto. Mas não devemos esquecer por que fazemos isso. O Deus da Bíblia quer que experimentemos relacionalmente seu amor e o amor dos que estão ao nosso redor. Podemos então dizer isto: *Deus nos deu a Bíblia porque quer estabelecer um amoroso relacionamento conosco, quer que desfrutemos relacionamentos íntimos uns com os outros e que os nossos relacionamentos perdurem, assim como o reino, por toda a eternidade.*

65

O Antigo Testamento é historicamente confiável?

A escrita do Antigo Testamento começou cerca de 3.400 anos atrás. Claro, nenhum dos manuscritos originais – chamados *autografa* – escritos pelos autores inspirados por Deus existem hoje. O que lemos agora são cópias impressas traduzidas de antigas cópias manuscritas, também copiadas do original. Isso se deve ao fato de a Bíblia ter sido composta e transmitida numa era antes das máquinas de impressão. Todas as cópias tiveram de ser escritas à mão. Com o passar do tempo, a tinta esmaeceu, e o material em que o manuscrito foi escrito se deteriorou. Por isso, se um documento tivesse de ser preservado e transmitido à geração seguinte, era preciso fazer novas cópias, ou o documento se perderia para sempre. Essas cópias eram feitas exatamente como os originais – à mão, com tinta que esmaecia, sobre materiais que se deterioravam.

Mas você pode perguntar com razão: As reproduções copiadas à mão não abrem espaço para todo tipo de erro? Como podemos ter certeza de que um copista cansado, com a vista embaçada devido ao sono, não pulou algumas palavras sumamente importantes, deixou de incluir partes inteiras de Gênesis, ou citou erroneamente alguns versículos importantes de Isaías? Os críticos dizem que a Bíblia é uma coleção de escritos desatualizados, crivados de imprecisões e distorções.[98] Portanto, como podemos ter certeza de que a Bíblia disponível hoje reflete uma transmissão exata do original?

Deus não nos deixa fazendo perguntas. Ele tem supervisionado milagrosamente a transmissão das Escrituras para garantir que elas sejam repassadas com precisão de uma a outra geração.

O trabalho dos escribas

Um dos meios pelos quais Deus garantiu que o Antigo Testamento seria retransmitido de modo exato foi escolher, chamar e cultivar uma nação de homens e mulheres que levaram muito a sério o Livro da Lei. Deus ordenou e instilou no povo judeu uma grande reverência pelas Escrituras. Essa atitude tornou-se parte tão integrante da identidade judaica que uma classe de estudiosos judeus chamada *sopherim*, de uma palavra hebraica que significa "escribas", surgiu entre os séculos 5 e 3 a.C. Esses guardiães das Escrituras hebraicas se dedicaram a preservar cuidadosamente os antigos manuscritos e produzir novas cópias quando necessário.

Os *sopherim* foram eclipsados pelos escribas talmúdicos, que guardavam, interpretavam e comentavam os textos sagrados de cerca de 100 d.C. a 500 d.C. Os escribas talmúdicos foram sucedidos pelos escribas conhecidos como massoretas (cerca de 500 a 900 d.C.).

Os escribas talmúdicos, por exemplo, estabeleceram disciplinas rígidas e detalhadas para a cópia de um manuscrito. Suas normas eram tão rigorosas que, quando

---

[98] V. "A Bíblia não está cheia de erros e contradições?" na p. 211.

uma nova cópia era concluída, eles conferiam à reprodução autoridade semelhante à principal por estarem plenamente convencidos de que tinham em mãos uma duplicata exata.

Essa foi a classe de pessoas que, na providência de Deus, foram escolhidas para preservar o texto do Antigo Testamento durante séculos. Um escriba começava seu dia de transcrição lavando cerimonialmente seu corpo todo. Ele se trajava com roupas judaicas antes de sentar-se à sua escrivaninha. Enquanto escrevia, se chegasse ao nome hebraico de Deus, não podia começar a escrevê-lo com uma nova pena mergulhada em tinta pelo temor de que isso borrasse a página. E, uma vez que tivesse começado a escrever aquele nome, não podia parar ou se distrair. Mesmo que um rei entrasse na sala, o escriba era obrigado a prosseguir até ter terminado de escrever o santo nome do único verdadeiro Deus.

As diretrizes talmúdicas para a cópia de manuscritos também exigiam o seguinte:

- O rolo deveria ser feito de pele de um animal cerimonialmente limpo.
- Cada pele deveria conter um número específico de colunas ao longo de todo o rolo.
- O comprimento de cada coluna deveria se estender a não menos que 48 linhas e a não mais que 60 linhas.
- A largura da coluna deveria consistir em exatamente trinta letras.
- O espaço de uma linha deveria aparecer entre cada consoante.
- A largura de nove consoantes deveria ser inserida entre cada seção.

- Um espaço de três linhas deveria aparecer entre cada livro.
- O quinto livro de Moisés (Deuteronômio) precisava terminar exatamente com uma linha completa.
- Nada – nem mesmo a palavra mais curta – poderia ser copiado de memória; tudo deveria ser copiado letra por letra.
- O escriba precisava contar o número de vezes que cada letra do alfabeto ocorria em cada livro e compará-lo com o original.[99]

O TEXTO CONFIRMADO

Até metade do século 20, entretanto, não havia como saber exatamente quão surpreendente tinha sido a preservação do Antigo Testamento. Como nos referimos na pergunta 54 deste livro, antes de 1947 o mais antigo manuscrito hebraico completo datava de 900 d.C. No entanto, com a descoberta de 223 manuscritos bíblicos e muito outros manuscritos e fragmentos parciais em cavernas no lado oeste do mar Morto, temos agora manuscritos do Antigo Testamento datados pelos paleógrafos em 125 a.C. Esses chamados manuscritos do mar Morto são milhares de anos mais antigos do que quaisquer outros anteriormente conhecidos.

Mas há uma parte emocionante: uma vez comparados os manuscritos do mar Morto com versões modernas, a moderna Bíblia hebraica comprovou ser idêntica, palavra por palavra, em mais de 95% do texto. (Os outros 5% consistiam principalmente em variações ortográficas. Por exemplo, das 166 palavras de Isaías 53, somente 17 letras estavam em questão. Delas, 10 letras se referiam a ortografia e 4 a mudanças

---

[43] McDOWELL, Josh. *The New Evidence That Demands a Verdict*, p. 74.

de estilo; as 3 letras restantes compunham a palavra "luz", que foi acrescentada ao versículo 11.)[100]

Em outras palavras, a maior descoberta de manuscritos de todos os tempos revelou que mil anos de cópia do Antigo Testamento produziram pequenas variações apenas. Nenhuma delas alterou o claro significado do texto ou influenciou a integridade fundamental do manuscrito em questão.

Os críticos ainda farão seus pronunciamentos em contradição às evidências. Entretanto, o peso esmagador das evidências afirma que Deus preservou sua Palavra e a retransmitiu com exatidão ao longo dos séculos – para que, quando você consultar o Antigo Testamento hoje, possa confiar plenamente que tem em mãos um documento preservado e totalmente confiável.[101]

[100] MCDOWELL, Josh. *The New Evidence That Demands a Verdict*, p. 79.

[101] Para uma abordagem mais abrangente da confiabilidade do Antigo Testamento, v. *More Evidence That Demands a Verdict*, cap. 4.

66

O Novo Testamento é historicamente confiável?

Você tem certeza de que o Novo Testamento que lê é o mesmo que Deus inspirou Mateus, Marcos, João, Paulo ou Pedro a escreverem? Lembre-se de que o texto foi escrito cerca de 2 mil anos atrás. Nós, é claro, não temos os manuscritos originais. Então, como podemos ter certeza de que as antigas cópias de que dispomos hoje não foram adulteradas ou distorcidas por pessoas que acrescentaram as próprias ideias? Em outras palavras, como podemos ter certeza de que o Novo Testamento de que dispomos hoje é uma reprodução confiável do que Deus inspirou a seus escritores?

Uma multiplicidade de manuscritos

Sabemos que escribas especialistas hebreus fizeram cópias de manuscritos do Antigo Testamento.[102] Mas esse não é o caso do Novo Testamento. Há várias razões para isso: 1) A liderança oficial judaica não endossou o cristianismo; 2) as cartas e histórias que circularam pelos escritores do Novo Testamento não eram tidas na época como Escrituras oficiais; e 3) esses documentos não foram escritos na língua hebraica, mas em formas de grego e aramaico. Assim, as mesmas

---

[102] V. "O Antigo Testamento é historicamente confiável?" na p. 268.

disciplinas formais não foram seguidas na transmissão desses escritos de uma geração a outra. No caso do Novo Testamento, Deus fez algo novo a fim de garantir que sua Palavra fosse cuidadosamente preservada para nós e nossos filhos.

Os historiadores avaliam a confiabilidade textual da literatura antiga de acordo com dois padrões: 1) o intervalo de tempo entre o original e a cópia mais antiga; e 2) quantas cópias manuscritas estão disponíveis.

Por exemplo, praticamente tudo o que sabemos hoje a respeito das façanhas de Júlio César nas Guerras da Gália (58 a 51 a.C.) vem de dez cópias manuscritas da obra de César intitulada *As guerras gálicas.* A mais antiga dessas cópias data de um pouco menos de mil anos do tempo em que o original foi escrito. Nosso texto moderno da *História de Roma*, de Tito Lívio, depende de um manuscrito parcial e de 19 cópias bem posteriores, que são datadas de quatrocentos a mil anos *depois* do texto original (v. quadro "Padrões de confiabilidade textual aplicados à literatura clássica", a seguir).[103]

PADRÕES DE CONFIABILIDADE TEXTUAL APLICADOS À LITERATURA CLÁSSICA

AUTOR	LIVRO	DATA DA ESCRITA	CÓPIAS MAIS ANTIGAS EXISTENTES	INTERVALO DE TEMPO	NÚMERO DE CÓPIAS
Homero	Ilíada	800 a.C.	c. 400 a.C.	c. 400 anos	643
Heródoto	História	480-425 a.C.	c. 900 d.C.	c. 1.350 anos	8
Tucídides	História	460-400 a.C.	c. 900 d.C.	c. 1.300 anos	8
Platão		400 a.C.	c. 900 d.C.	c. 1.300 anos	7

[103] Adaptado de McDOWELL, Josh. *The New Evidence That Demands a Verdict*, gráf., p. 38.

Demóstenes		300 a.C.	c. 1100 d.C.	c. 1.400 anos	200
César	Guerras gálicas	100-44 a.C.	c. 900 d.C.	c. 1.000 anos	10
Tito Lívio	História de Roma	59 a.C.-17 d.C.	300 d.C. 900 d.C.	c. 400 anos c. 1.000 anos	1 parcial 19
Tácito	Anais	100 d.C.	c. 1100 d.C.	c. 1.000 anos	20
Plínio Segundo	História natural	61-113 d.C.	c. 850 d.C.	c. 750 anos	7

Por comparação, o texto da *Ilíada* de Homero é muito mais confiável. É apoiado por 643 cópias manuscritas existentes hoje, com meros quatrocentos anos de intervalo de tempo entre a data de composição e a mais antiga das cópias.

A evidência textual para Tito Lívio e Homero é considerada mais do que adequada para os historiadores usarem na validação dos originais, mas essa evidência empalidece em comparação com o que Deus realizou no caso do texto do Novo Testamento.

O Novo Testamento não tem igual

Usando esse padrão para avaliação da confiabilidade textual dos escritos antigos, o Novo Testamento permanece isolado. Não há comparação. Nenhum outro livro do mundo antigo se aproxima de sua confiabilidade textual (v. quadro "Padrões de confiabilidade textual aplicados à Bíblia", a seguir).[104]

Perto de 25 mil manuscritos ou fragmentos de manuscritos do Novo Testamento repousam em bibliotecas e universidades de todo o mundo. A mais antiga dessas

[104] McDowell, Josh. *The New Evidence That Demands a Verdict*, p. 38.

descobertas feita até agora é um fragmento do evangelho de João, disponível na Biblioteca John Rylands da Universidade de Manchester, Inglaterra; foi datado de cinquenta anos depois que o apóstolo João escreveu o original![105]

PADRÕES DE CONFIABILIDADE TEXTUAL APLICADOS À BÍBLIA

AUTOR	LIVRO	CÓPIAS MAIS ANTIGAS EXISTENTES	INTERVALO DE TEMPO	NÚMERO DE CÓPIAS
João	João	c. 130 d.C.	50 anos ou mais	Fragmentos
O restante dos escritores do Novo Testamento	O restante dos livros do Novo Testamento	c. 200 d.C. (livros)	100 anos	
		c. 250 d.C. (a maior parte do Novo Testamento)	150 anos	
		c. 325 d.C. (o Novo Testamento) completo)	225 anos	Mais de 5.600 manuscritos gregos
		c. 366-384 d.C. (a Tradução da Vulgata Latina)	284 anos	
		c. 400-500 d.C. (outras traduções)	400 anos	Mais de 19 mil manuscritos traduzidos
		TOTAIS	50-400 anos	Mais de 24.900 manuscritos

---

[105] MCDOWELL, Josh. *The New Evidence That Demands a Verdict*, p. 38-39.

Podemos estar confiantes de que o texto do Novo Testamento tem sido transmitido ao longo dos séculos com precisão e exatidão. Em outras palavras, podemos ter certeza de que o que foi escrito inicialmente é o que temos hoje.

Mas surge uma pergunta ainda mais crítica. As palavras de Deus foram registradas exatamente como ele pretendeu que fossem? Quando esses escritores inspirados registraram os eventos históricos, estavam cronologicamente próximos a esses eventos, de modo que podemos confiar na exatidão do que eles escreveram?

Muitos escritos antigos mantêm-se apenas vagamente fiéis à realidade dos eventos relatados. Alguns autores altamente conceituados do mundo antigo, por exemplo, relatam eventos que aconteceram muitos anos antes de eles terem nascido e em países que eles nunca visitaram. Embora seus relatos possam ser em grande parte factuais, os historiadores admitem que deve ser dada maior credibilidade a escritores que estiveram tanto geográfica quanto cronologicamente perto dos eventos que relatam.

Tendo isso em mente, observe o amoroso cuidado de Deus ao inspirar a escrita do Novo Testamento. O peso esmagador do mundo acadêmico confirma que os relatos da vida de Jesus, a história da igreja primitiva e as cartas que formam o Novo Testamento foram todos escritos por testemunhas oculares dos eventos que registraram ou contemporâneos das testemunhas oculares. Deus escolheu Mateus, Marcos e João para escreverem três dos quatro Evangelhos. Foram homens que puderam dizer coisas como: *E aquele que viu isso é quem dá testemunho* (Jo 19.35). Deus falou por intermédio de Lucas, o médico, para registrar o terceiro Evangelho e o livro de Atos. Lucas, um escritor meticuloso e cuidadoso, usou como fonte informações sobre fatos *transmitidos pelos que desde o princípio foram suas testemunhas oculares e ministros da palavra* (Lc 1.2).

Deus poderia ter falado por meio de qualquer pessoa, de qualquer lugar, a fim de registrar suas palavras sobre Cristo. Contudo, para nos dar mais confiança na verdade, ele agiu por meio de testemunhas oculares como João, que disse: *Sim, o que vimos e ouvimos, isso vos anunciamos* (1Jo 1.3). Ele agiu por intermédio de Pedro, que declarou: *Porque não seguimos fábulas engenhosas quando vos fizemos conhecer o poder e a vinda de nosso Senhor Jesus Cristo, pois fomos testemunhas oculares da sua majestade* (2Pe 1.16). E a quem Deus escolheu como seu mais prolífico escritor? Ao apóstolo Paulo, cuja dramática conversão de perseguidor dos cristãos a implantador de igrejas o tornou talvez a mais confiável de todas as testemunhas!

Mas Deus não parou aí. Aqueles por intermédio de quem ele transmitiu sua Palavra inspirada foram também apóstolos. Esses homens podiam confiar em suas experiências como testemunhas e apelar para o conhecimento em primeira mão de seus contemporâneos, até mesmo de seus adversários mais raivosos (v. At 2.32; 3.15; 13.31; 1Co 15.3-8). Eles não apenas diziam "Olhem, nós vimos isso" ou "Nós ouvimos isso", mas tinham tanta confiança no que escreveram a ponto de dizerem "Confira", "Pergunte por aí" e "Você sabe tão bem quanto eu sei!".

Existem amplas evidências mostrando que Deus foi bastante seletivo quanto às pessoas que escolheu para registrar suas palavras – pessoas que, em sua maioria, tiveram conhecimento em primeira mão dos principais eventos e se tornaram canais confiáveis para registrar e transmitir exatamente as verdades que Deus quis que conhecêssemos. Ao ler o Novo Testamento assim como o restante da Bíblia, você pode confiar de que tem em mãos uma transmissão confiável do que Deus inspirou.[106]

[106] Para uma abordagem mais ampla da confiabilidade do Novo Testamento, v. *More Evidence That Demands a Verdict*, cap. 3.

67

QUAL A DIFERENÇA ENTRE A BÍBLIA CRISTÃ E A BÍBLIA JUDAICA?

A Bíblia cristã contém o Antigo e o Novo Testamentos. Algumas pessoas dizem que a Bíblia judaica é a Bíblia cristã sem o Novo Testamento. Isso é verdade? No que consiste a Bíblia judaica ou hebraica e em que ela difere da Bíblia cristã?

A Bíblia judaica é frequentemente chamada de Torá. No sentido mais estrito, a Torá refere-se aos cinco primeiros livros da Bíblia. No sentido mais amplo, a Torá inclui toda a lei e a tradição judaicas.

Para os judeus contemporâneos, não há um Antigo Testamento. O que os cristãos chamam de Antigo Testamento, o povo judeu chamava de Torá Escrita ou o *Tanakh*. Os cristãos sempre se referem à Torá Escrita como a Bíblia hebraica. A Bíblia hebraica contém o mesmo texto do nosso Antigo Testamento, mas numa ordem ligeiramente diferente. A Bíblia hebraica termina com os livros históricos de Esdras-Neemias e Crônicas. O Antigo Testamento cristão termina com as profecias de Ageu, Zacarias e Malaquias.

Jesus leu e ensinou a Torá Escrita, ou Bíblia hebraica. Mas naquela época os líderes religiosos judeus também citavam a Torá Oral. Os fariseus dos dias de Jesus acreditavam que ela continha as instruções não escritas dadas por Deus a Moisés para ajudar o povo a compreender as leis e os regulamentos e a interpretá-los e aplicá-los. Essas tradições eram então passadas oralmente de uma a outra geração.

Os fariseus ensinavam que a Torá Oral continha a mesma autoridade da Torá Escrita. E em Marcos 7 temos um confronto entre Jesus e os fariseus a respeito da Torá Oral. Jesus disse: *Abandonais o mandamento de Deus, e vos apegais à tradição dos homens* [Torá Oral][...] *Sabeis muito bem rejeitar o mandamento de Deus para guardar a vossa tradição* [Torá Oral] (Mc 7.8,9). Jesus não condenou todos os aspectos da lei oral, mas deixou claro que as Escrituras inspiradas por Deus (a Lei Escrita) davam contextos à Lei Oral e que as Escrituras suplantavam a Lei Oral.

Por volta de 200 d.C., a Torá Oral foi registrada por escrito num documento chamado *Mishná*. Comentários adicionais elaborados sobre a Torá Oral ou *Mishná* foram continuamente acrescentados pelos rabis. Esses comentários ficaram conhecidos como *Guemará*. Eles foram escritos e concluídos por volta de 500 d.C. A *Guemará* e a *Mishná* juntas são conhecidas como Talmude. O Talmude trata de assuntos amplamente diversos como leis agrícolas, leis financeiras, questões matrimoniais, divórcio, contratos, leis sobre a pureza ritual, a impureza, os sacrifícios e o templo. Hoje o Talmude contém mais de 6 mil páginas e referências e dá crédito a mais de 2 mil estudiosos ou mestres.

Assim, a Bíblia judaica é mais complexa e ampliada que a Bíblia cristã. Todavia, se concentrarmos o foco da Bíblia judaica apenas na Torá Escrita, nosso atual Antigo Testamento é equivalente à Bíblia judaica.

68

Qual a diferença entre a Bíblia cristã e o Alcorão?

Tanto o cristianismo quanto o islamismo são religiões monoteístas que acreditam num único criador onipotente. O livro sagrado dos muçulmanos – o Alcorão – ensina a criação, a existência dos anjos, as ideias de que Jesus foi um profeta de Deus, sem pecado, nascido de uma virgem, e de que existe um céu, um inferno e um dia do juízo. Então, com tantas semelhanças, quais são as diferenças entre a Bíblia e o Alcorão?

Os muçulmanos creem que o Alcorão é uma revelação de Deus (Alá) que começou a ser transmitida verbalmente por meio do anjo Gabriel a Maomé quando ele tinha 40 anos de idade (610 d.C.). Eles dizem que, durante um período de 23 anos, Maomé recebeu essas mensagens, que ele memorizou com exatidão. Logo após a morte de Maomé (632 d.C.), o Alcorão foi compilado num único livro. Hoje, ele é dividido em 114 capítulos ou *suras* e tem aproximadamente a mesma extensão do Novo Testamento cristão. Os muçulmanos consideram que o Alcorão escrito no original árabe é a palavra literal de Deus. Eles creem que Deus dá orientação divina a toda a humanidade, que Maomé foi o último e maior profeta de Deus, substituindo Cristo, e que o Alcorão é a revelação final de Deus a todos nós.

O QUE O ALCORÃO DIZ A RESPEITO DE DEUS

A característica distintiva do islamismo e do Alcorão é a unidade e transcendência de Alá ou Deus. Para tornar-se muçulmano, é necessário confessar a *Chahada*: "Não há Deus além de Alá, e Maomé é seu mensageiro". Todavia, o Deus do Alcorão não é o mesmo Deus da Bíblia.

O Alcorão retrata Deus como um ser eterno, onipotente, onisciente, santo, justo, amoroso e misericordioso. Entretanto, diferentemente da Bíblia, o Alcorão afirma existirem características da vontade de Deus, e não de sua natureza. Quer dizer, Deus pode ser chamado de bom porque causa o bem, mas a bondade não é a essência do seu caráter. A Bíblia, por outro lado, ensina que Deus é bom porque sua natureza e seu caráter são santos, justos e retos.[107]

O Alcorão ensina também que Jesus não é o Filho de Deus, que ele não morreu na cruz por nossos pecados, nem subiu da sepultura fisicamente três dias depois. Além disso, também defende uma visão unitária de Deus, em vez de uma visão trinitária da Bíblia. Crer que existe mais do que uma pessoa na Trindade é idolatria para um muçulmano.

AS SEIS DOUTRINAS BÁSICAS

O Alcorão sustenta seis doutrinas básicas muçulmanas:

1. Existe um e somente um Deus.
2. Houve muitos profetas de Deus, incluindo Abraão, Moisés, Jesus e Maomé.
3. Alá criou anjos (*jinn*), alguns bons e outros maus.
4. O Alcorão é a revelação completa e final de Deus.

---

[107] V. "Como Deus realmente é?" na p. 48.

5. O dia do juízo para todos está próximo, seguido pelo céu para os fiéis e o inferno para os infiéis.
6. Deus tem pleno conhecimento e exerce a predestinação (*qadar*) sobre tudo o que ocorre na vida.

O QUE O ALCORÃO DIZ A RESPEITO DA SALVAÇÃO

O Alcorão explica que a salvação – um lugar no paraíso após a morte – baseia-se no perdão de Alá: "Aos que creem e praticam obras de justiça, Alá prometeu perdão e uma grande recompensa" (Sura 5.9). A esperança de vida após a morte para um muçulmano está baseada em suas boas obras superarem suas más obras e na certeza de que Alá será misericordioso.[108] [109] Mas o que distingue a Bíblia do Alcorão é a maneira pela qual uma pessoa é justificada com Deus e obtém a vida eterna.

O Novo Testamento (do qual os muçulmanos discordam) ensina que:

- *O salário do pecado é a morte, mas o dom gratuito de Deus é a vida eterna em Cristo Jesus, nosso Senhor* (Rm 6.23).
- *Porque Deus amou tanto o mundo, que deu o seu Filho unigênito, para que todo aquele que nele crê não pereça, mas tenha a vida eterna* (Jo 3.16).
- *Sabendo que não foi com coisas perecíveis, como prata ou ouro, que fostes resgatados [...] mas fostes resgatados pelo precioso sangue, como de um cordeiro sem defeito e sem mancha, o sangue de Cristo. Por intermédio dele credes em*

[108] Esta crença de que nossas boas obras são o que realmente importa para Deus é também mantida pela maioria dos cristãos professos hoje. Um estudo entre cristãos professos na América do Norte revelou que 81% que confessavam a fé cristã estavam "tentando seguir as regras descritas na Bíblia".

[109] Barna Research Group, "Many Churchgoers and Faith Leaders Struggle to Define Spiritual Maturity". Ventura, CA: The Barna Research Group, Ltd, 2008, p. 1, 3, em <Barna.org>, artigo da web nº 264.

Deus, que o ressuscitou dentre os mortos e lhe deu glória, de modo que a vossa fé e esperança estejam em Deus (1Pe 1.18-21).

- *Porque pela graça sois salvos, por meio da fé, e isto não vem de vós, é dom de Deus* (Ef 2.8).
- *Assim, onde há motivo para orgulho? Foi excluído. Por qual lei? Das obras? Não, mas pela lei da fé. Concluímos, pois, que o homem é justificado pela fé sem as obras da lei* (Rm 3.27,28).

As diferenças fundamentais entre o Alcorão e a Bíblia estão na revelação da Bíblia de: 1) quem é Deus (seu caráter e natureza santa e justa), 2) como ele lida com o pecado (seu plano de salvação pelo sacrifício expiatório de Cristo) e 3) como os seres humanos ganham um relacionamento com ele (tornados seus filhos pela graça por meio da fé em Cristo).

69

Qual a diferença entre a Bíblia cristã e o Livro de Mórmon?

O termo "mórmons" é a designação comum aos membros da Igreja de Jesus Cristo dos Santos dos Últimos Dias (SUD), que tem sua sede em Salt Lake City, Utah, Estados Unidos. Em 1827, o fundador mórmon Joseph Smith alegou ter sido informado por um anjo chamado Moroni a respeito de um conjunto de placas de ouro enterradas numa colina onde hoje se localiza Nova York. Segundo ele, havia textos gravados nas placas. Smith afirmou ter descoberto essas placas e então as traduziu e publicou como o Livro de Mórmon em 1830. Sendo assim, no que o Livro de Mórmon difere da Bíblia cristã?

A igreja SUD baseia suas crenças não apenas no Livro de Mórmon. Joseph Smith alegou também ter tido um encontro no qual Jesus lhe revelou muitas coisas. Essas revelações foram publicadas na obra Doutrina e Convênios. Os relatos da interação de Smith com Jesus e sua história a respeito da descoberta das placas de ouro se encontram num terceiro livro, intitulado *Pérola de Grande Valor*. Esses três documentos, junto com a Bíblia, formam a base das crenças e das sucessivas revelações da SUD. Entretanto, a SUD oficialmente considera o Livro de Mórmon o "mais correto".

Desde a morte de Joseph Smith em 1844, esses documentos têm sido suplementados por outras revelações que a igreja SUD diz terem sido feitas a seus líderes.

O Livro de Mórmon é escrito no estilo histórico da Bíblia King James (Almeida, Revista e Corrigida) e narra duas antigas civilizações que supostamente migraram para o continente americano. Diz-se que o primeiro grupo foi de refugiados da torre de Babel e que o segundo grupo veio de Jerusalém por volta de 600 a.C. O primeiro grupo acabou sendo destruído por causa de sua corrupção. O segundo grupo, sob a liderança de um homem chamado Nefi, era composto por judeus tementes a Deus e prosperou. Entretanto, algumas pessoas cessaram de adorar o Deus verdadeiro, e receberam a maldição da pele negra – esses se tornariam os americanos nativos, anteriormente chamados de "índios".

O Livro de Mórmon afirma que, após a ressurreição, Jesus visitou a América e se revelou aos seguidores de Nefi. Esse grupo acabou sendo destruído pelos "índios" em cerca de 428 d.C. Essa história foi escrita em placas de ouro. E foram essas placas que Joseph Smith disse ter encontrado e traduzido como o Livro de Mórmon.

ENSINOS DAS ESCRITURAS MÓRMONS

Os mórmons acreditam que a Bíblia é verdadeira "na medida em que é corretamente traduzida". Mas eles aceitam também os três escritos da igreja como inspirados por Deus. Além disso, os mórmons creem que os líderes de sua igreja continuam a receber revelações inspiradas por Deus. Assim, em essência, novas "revelações de Deus" substituem as anteriores.

O Livro de Mórmon, o Doutrina e Convênios, a Pérola de Grande Valor e as revelações contínuas dos líderes da igreja SUD formam a teologia e os ensinos mórmons. Mas a igreja SUD como uma instituição e seus membros defendem a fé cristã e realmente creem ser a única igreja verdadeira. A igreja SUD expressa uma saudável ênfase sobre a família e os valores morais derivados da Bíblia. A igreja tem programas sociais abrangentes para seus membros e uma apaixonada operação missionária ao redor do mundo. Isso cria uma imagem positiva e atrai grande número de pessoas para a igreja SUD. A teologia dos mórmons, entretanto, não é a mesma do cristianismo ensinada com base nas Escrituras do Antigo e do Novo Testamentos. Por exemplo, a igreja SUD ensina o seguinte:

- Existem três Deuses separados – *Pai, Filho e Espírito Santo* – em vez de um Deus em três pessoas, como ensina a Bíblia (v. Mt 28.19).
- Deus Pai foi uma vez humano e hoje tem carne e ossos, em vez de ser espírito (como Jesus disse em João 4.24).
- Os seres humanos são destinados a evoluir até chegar à divindade. Um ditado mórmon diz: "Como o homem é, Deus uma vez foi; como é Deus, o homem pode se tornar". A Bíblia ensina que seremos transformados à semelhança de Deus, não que evoluiremos até a divindade (v. Ef 4.23,24).
- As obras são a base da salvação e determinam que tipo de posição e lugar uma pessoa terá no céu, em vez de ser justificada pela graça por meio da fé em Jesus (v. Ef 2.8 e Rm 3.27,28).
- As Escrituras não são a revelação final de Deus – ao contrário, os líderes da igreja SUD recebem contínuas revelações que são iguais e até suplantam as

Escrituras do Antigo e do Novo Testamentos. Mas a Bíblia ensina que as Escrituras são a revelação inspirada de Deus (v. 2Tm 3.16,17).[110]

Resumindo, o Livro de Mórmon e os outros escritos da igreja SUD diferem significativamente da Bíblia cristã.

[110] V. "O que significa a Bíblia ser inspirada?" na p. 203.

70

A Bíblia católica romana é diferente da Bíblia protestante?

A tradição cristã inclui as tradições católica romana, ortodoxa e protestante. Da mesma forma que há diferenças significativas entre a teologia dos católicos romanos e a dos protestantes, será que existem diferenças nas Bíblias das duas tradições? Os católicos romanos têm uma Bíblia diferente da dos protestantes?

A Bíblia católica romana contém em seu Antigo Testamento 14 livros a mais do que a Bíblia protestante. Com exceção desse ponto, as Bíblias católica romana e protestante contêm os mesmos livros, embora cada grupo possa traduzir algumas passagens de forma diferente. Então, quais são esses 14 livros e por que razão os católicos romanos os aceitam e os protestantes não?

Os últimos livros do Antigo Testamento hebraico foram escritos não mais tarde que 400 a.C. Reúnem Malaquias, escrito por volta de 450 a 430 a.C., e Crônicas, escritos não depois de 400 a.C. No início de 300 a.C., e certamente o mais tardar em 150 a.C., todos os 39 livros do Antigo

Testamento haviam sido escritos, reunidos e reconhecidos como Escrituras pelos líderes judaicos. No texto hebraico, esses 39 livros foram originariamente divididos como 24 livros: 5 livros da Lei, 8 Profetas e 11 Escritos. Hoje, a Bíblia protestante simplesmente divide esses 24 livros de forma diferente para chegar a 39.

Por volta de 250 a 150 a.C., o texto hebraico oficialmente reconhecido pelos líderes judeus foi traduzido para o grego. Essa tradução é chamada de Septuaginta e às vezes é designada pelo numeral romano 70: *LXX*. Em decorrência, passou a existir a partir daí um Antigo Testamento hebraico e a Septuaginta. Durante o mesmo período, vários escritores escreveram ficções históricas a respeito do povo judeu e várias adições ou esclarecimentos aos livros do Antigo Testamento de Ester e Daniel. Isso foi bem depois do encerramento oficial do Antigo Testamento. Entretanto, catorze desses escritos foram acrescentados à tradução grega, a Septuaginta. Foram eles: 1 e 2Esdras, Tobias, Judite, acréscimos a Ester, Sabedoria de Salomão, Eclesiástico, Baruque, Susana, Bel e o dragão e Cântico dos três jovens (ambos acréscimos a Daniel), Orações de Manassés e 1 e 2Macabeus. Esses livros são chamados de apócrifos.

Controvérsias sobre os apócrifos

O grande erudito Jerônimo (c. 340-420 d.C.) começou seu trabalho de tradução do Antigo Testamento hebraico para o latim sob o pontificado de Dâmaso I. Sua tradução foi chamada de Vulgata Latina. Jerônimo rejeitou os apócrifos como parte do cânon. Durante toda a igreja primitiva até o período da Reforma, muitos estudiosos também rejeitaram os apócrifos. No entanto, na Contrarreforma, no Concílio de Trento, a Igreja Católica Romana reconheceu oficialmente os apócrifos como Escrituras e lhes conferiu pleno *status* canônico (1546 d.C.)

A Igreja Católica Romana reconheceu esses catorze livros adicionais em parte para fortalecer certas doutrinas que estavam sendo questionadas pelos reformadores. O livro de Tobias, por exemplo, ensina as virtudes expiatórias das boas obras, e 2Macabeus apoia as doutrinas católicas romanas da intercessão dos santos e do purgatório.

Os líderes judaicos, os eruditos da igreja primitiva e os reformadores rejeitaram a canonicidade dos apócrifos, e, assim, a Bíblia dos protestantes excluiu esses livros. Houve inúmeras razões além das anteriormente mencionadas para que os apócrifos não fossem considerados inspirados por Deus. Entre elas, podemos destacar:

- Nenhum dos catorze livros adicionados alegou inspiração divina, e alguns na realidade a recusaram.
- Respeitados historiadores e filósofos os rejeitaram; especialmente Fílon de Alexandria (20 a.C. - 40 d.C.), Flávio Josefo (30 - 100 d.C.) e os eruditos judeus de Jâmnia (90 d.C.).
- Nenhum dos escritores do Novo Testamento jamais citou os apócrifos, embora centenas de citações tenham sido feitas do Antigo Testamento hebraico na forma da Septuaginta.
- Jesus nunca reconheceu ou citou os livros apócrifos.

O que Jesus confirmou

As declarações de Jesus nas Escrituras são, talvez, o indicador mais forte de que os apócrifos não devem ser considerados a Palavra inspirada de Deus. Jesus reconheceu a exatidão de todo o texto hebraico (os 24 livros originais do Antigo Testamento excluindo os apócrifos) quando afirmou: *Era necessário que se cumprisse tudo o que estava escrito sobre mim na Lei de Moisés* [os 5 primeiros livros], *nos Profetas* [os 8 livros] *e nos Salmos* [os 11 escritos] (Lc 24.44).

Além disso, Jesus se referiu ao primeiro e ao último mártires no texto hebraico ao usar a frase *desde o sangue de Abel, até o sangue de Zacarias* (Lc 11.51). Ao fazer isso, ele abarcou desde o primeiro livro do Antigo Testamento (Gênesis) até o último livro do texto hebraico (Crônicas). Isso mostra claramente que Jesus confirmou a autoridade e a inspiração dos 24 livros que compõem os nossos atuais 39 livros do Antigo Testamento. Jesus excluiu outros escritos, entre eles os apócrifos, ao se referir às Escrituras inspiradas por Deus.

Deus falou por intermédio de Moisés e preveniu que nada deveria ser acrescentado ou diminuído de sua Palavra: *Obedecerás a tudo o que te ordeno. Nada acrescentarás nem diminuirás* (Dt 12.32). O apóstolo João fez advertência semelhante a respeito do livro que ele próprio foi inspirado por Deus a escrever: *Dou testemunho a todo que ouvir as palavras da profecia deste livro; se alguém lhes acrescentar alguma coisa, Deus lhe acrescentará as pragas escritas neste livro* (Ap. 22.18). Os líderes judaicos e os apóstolos de Jesus no século 1 eram protetores da revelação escrita de Deus e agiram de acordo. E nós podemos estar seguros de que o que temos nos 66 livros da Bíblia protestante – nada mais e nada menos – é a Palavra inspirada de Deus para nós.

71

QUANDO A BÍBLIA FOI TRADUZIDA PARA OUTRAS LÍNGUAS?

As pessoas inspiradas por Deus para escrever sua Palavra a registraram em hebraico e aramaico (no Antigo Testamento) e em grego (no Novo Testamento). Vimos como os escribas e os copistas dos manuscritos preservaram esses escritos copiando-os cuidadosamente palavra por palavra.[111] Mas, é claro, nem todos eram capazes de ler em hebraico, aramaico ou grego. Por isso, a Bíblia foi traduzida para outras línguas. Quando essas traduções foram feitas e para quais línguas?

Atualmente a Bíblia está traduzida em mais de 2.400 línguas. E, com o passar dos anos, essa tarefa tem exigido grande quantidade de tradutores e estudiosos. A primeira tradução da Bíblia (o Antigo Testamento) foi feita para o grego e é chamada de Septuaginta. Ela foi traduzida do texto hebraico e aramaico que hoje constitui nossos 39 livros do Antigo Testamento. Terminada por volta de 250 a 150 a.C., foi o Antigo Testamento que o mundo de fala grega leu no tempo de Jesus. Jesus fez citações dessa tradução bem como do texto hebraico.

---

[111] V. "O Antigo Testamento é historicamente confiável?" na p. 268 e "O Novo Testamento é historicamente confiável?" na p. 273.

TRADUÇÃO DURANTE A ÉPOCA DA IGREJA PRIMITIVA

Muitos anos depois, outros estudiosos traduziram o Antigo Testamento para o grego. Alguns desses manuscritos ainda existem hoje. O *Codex Sinaiticus* e o *Codex Vaticanus*, dois desses manuscritos, datam de aproximadamente 330 d.C. Hoje, eles estão guardados no Museu Britânico e na Biblioteca do Vaticano em Roma, respectivamente.

A Versão Copta foi feita por volta de 350 d.C. Foi traduzida do grego para uma língua chamada copta, uma versão do antigo egípcio escrita em sua maioria em caracteres gregos. Nesse período, foram feitas a Versão Etíope e a Versão Gótica: o *Codex Argenteus*. Sabemos que existiam cristãos etíopes no início do evento relatado em Atos 8.26-36. Os godos viviam numa área das atuais Hungria e Romênia.

A Vulgata Latina começou a ser traduzida pelo erudito Jerônimo a partir de 382 d.C. Ele levou 25 anos para traduzir todo o Antigo Testamento do hebraico e do grego para o latim, até ser nomeado pelo papa católico romano Dâmaso para realizar a tarefa. Acredita-se que a Vulgata Latina foi o primeiro livro impresso por Johannes Gutenberg em 1455.

No início do século 4, a Bíblia hebraica e grega foi traduzida para línguas como o armênio, o eslavo, o siríaco (uma versão mais recente do aramaico), o bahárico (um dialeto copta), o árabe, o anglo-saxão, o persa e o frâncico. Pelo menos uma parte da tradução desses antigos manuscritos existe até hoje.

TRADUÇÕES PARA O INGLÊS

As traduções para o inglês ou suas línguas precursoras começaram a ser feitas no século 5, iniciando-se com a versão anglo-saxônica. A primeira pessoa a traduzir a Bíblia toda para o inglês foi John Wycliffe (1329-1384). A tradução inglesa de *Wycliffe* foi a única durante 145 anos. Em 1525, William Tyndale criou a Versão Tyndale da Bíblia inglesa. Tyndale talvez tenha sido o maior dos tradutores da Bíblia para o inglês moderno. Outras versões inglesas incluem a Versão Coverdale (1535), a Grande Bíblia (1539), a Bíblia de Genebra (1557) e a famosa Versão Autorizada, comumente conhecida como a Versão King James (1611).

A Versão King James da Bíblia tornou-se uma das mais populares do mundo de fala inglesa e ainda é a tradução preferida de muitos. No final do século 19, a Igreja da Inglaterra sentiu a necessidade de uma revisão e atualização. A Versão King James Revisada foi concluída em 1885.

A *American Standard Version* (1901) foi ainda outra versão da Versão King James. A partir desse ponto até o presente, houve mais de duas dúzias de diferentes traduções para o inglês, com centenas em outras línguas. A seguir, algumas das traduções e paráfrases mais populares para o inglês dos últimos cinquenta anos:

- A *Revised Standard Version* (1952, revisada em 1971)
- A Bíblia Ampliada (1965)
- A *New English Bible* (1970)
- A *New American Standard Bible* (1971, revisada em 1995)
- A Bíblia Viva (1971)
- Boas-novas para o Homem Moderno (1976)
- Nova Versão Internacional (1978, revisada em 2011)
- Nova Versão King James (1982)
- Bíblia Novo Século (1988)
- A Mensagem (1994)

- Tradução Palavra de Deus (1995)
- *New Living Translation* (1996, revisada em 2004)
- *Holman Christian Standard Bible* (1999, revisada em 2009)
- *English Standard Version* (2001, revisada em 2011)

Para uma lista mais abrangente de versões e traduções da Bíblia em várias línguas, acesse BibleGateway.com e vá para "versões disponíveis".

Traduções para o português

Os mais antigos registros de tradução de trechos da Bíblia para o português datam do final do século 15. Porém, centenas de anos se passaram até que a primeira versão completa estivesse disponível em três volumes, em 1753. Trata-se da tradução de João Ferreira de Almeida.

A primeira impressão da Bíblia completa em português, em um único volume, aconteceu em Londres em 1819, também na versão de Almeida. Veja, a seguir, a cronologia das principais traduções da Bíblia completa publicadas na língua portuguesa.

- 1753 - Tradução de João Ferreira de Almeida, em três volumes.
- 1790 - Versão de Figueiredo, elaborada com base na Vulgata pelo padre católico Antônio Pereira de Figueiredo. Foi publicada em sete volumes, depois de dezoito anos de trabalho.
- 1819 - Primeira impressão da Bíblia completa em português, em um único volume. Tradução de João Ferreira de Almeida.

- 1898 - Revisão da versão de João Ferreira de Almeida, que recebeu o nome de Revista e Corrigida, 1ª edição.
- 1917 - Versão Brasileira. Elaborada com base nos originais, foi produzida durante quinze anos por uma comissão de especialistas e sob a consultoria de alguns ilustres brasileiros. Entre eles: Rui Barbosa, José Veríssimo e Heráclito Graça.
- 1932 - Versão de Matos Soares, elaborada em Portugal.
- 1956 - Edição Revista e Atualizada, de João Ferreira de Almeida, elaborada pela Sociedade Bíblica do Brasil.
- 1957 - Bíblia Sagrada Ave-Maria, publicada pela Editora Ave Maria.
- 1959 - Versão dos Monges Beneditinos. Elaborada com base nos originais para o francês, na Bélgica, e traduzida do francês para o português.
- 1968 - Versão dos Padres Capuchinhos. Elaborada em Portugal, com base nos originais.
- 1969 - Revista e Corrigida, 2ª edição, de João Ferreira de Almeida, elaborada pela Sociedade Bíblica do Brasil.
- 1981 - Bíblia de Jerusalém, publicada pela Editora Paulus.
- 1988 - Bíblia na Linguagem de Hoje. Elaborada no Brasil, pela Sociedade Bíblica do Brasil, com base nos originais.
- 1993 - Revista e Atualizada, 2ª edição, de João Ferreira de Almeida, elaborada pela Sociedade Bíblica do Brasil.

- 1995 - Revista e Corrigida, 3ª edição, de João Ferreira de Almeida, elaborada pela Sociedade Bíblica do Brasil.
- 2000 - Nova Tradução na Linguagem de Hoje, elaborada pela Sociedade Bíblica do Brasil.
- 2001 - Nova Versão Internacional, publicada pela Editora Vida e Sociedade Bíblica Internacional.
- 2001 - Bíblia Sagrada, tradução oficial da CNBB (Conferência Nacional dos Bispos do Brasil).
- 2002 - Bíblia do Peregrino, tradução de Luís Alonso Schökel, publicada pela Editora Paulus.
- 2009 - Revista e Corrigida, 4ª edição, de João Ferreira de Almeida, elaborada pela Sociedade Bíblica do Brasil.[112]

[112] [NE] Fonte: http://www.sbb.org.br/interna.asp?areaID=50, acessado em 26/11/14

72

Todas as traduções da Bíblia foram inspiradas?

Os 66 livros da Bíblia foram escritos por mais de quarenta autores diferentes num espaço de tempo de mais de 1.500 anos. E desde então os escribas e copistas dos antigos manuscritos copiaram exatamente as Escrituras em sua língua original (hebraico, aramaico e grego), durante séculos, até a invenção das máquinas impressoras modernas.[113]

Desses antigos manuscritos bíblicos, os estudiosos então traduziram as Escrituras para várias línguas – mais de 2.400 até o momento. A pergunta é: Esses vários tradutores foram inspirados por Deus para interpretar rigorosamente as palavras e o significado do hebraico, do aramaico e do grego para outras línguas?

Não há dúvida de que muitos dos tradutores foram pessoas piedosas e apaixonadas pela missão de tornar a Palavra de Deus acessível a todo o mundo. E, sem dúvida, eles trabalharam cuidadosamente para traduzirem a Bíblia

[113] V. "O Antigo Testamento é historicamente confiável" na p. 268 e "O Novo Testamento é historicamente confiável?" na p. 273.

com exatidão. Todavia, não foram inspirados por Deus como aqueles que escreveram originariamente as palavras de Deus.

Quando a Bíblia diz que *toda a Escritura é divinamente inspirada por Deus* (2Tm 3.16), isso significa que as palavras foram "sopradas por Deus" através daqueles que escreveram as Escrituras.[114] Assim, quando os autores originais das Escrituras escreviam, eles estavam registrando as palavras de Deus. Quando os tradutores traduzem, eles estão envolvidos num exercício de linguagem literária e gramatical. Isso é certamente algo muito importante e talvez até mesmo guiado por Deus. Todavia, não é como se Deus estivesse dando ao tradutor as palavras exatas para escrever a fim de transmitir o significado preciso das palavras hebraicas ou gregas nas Escrituras.

Assim, uma vez que os tradutores não são inspirados por Deus, eles podem traduzir palavras incorretamente. E isso pode significar que algumas palavras em várias línguas podem ser mal traduzidas. É esse o caso? Esse é o tema da nossa pergunta seguinte.

---

[114] V. "O que significa a Bíblia ser inspirada?" na p. 203.

73

SE OS TRADUTORES DA BÍBLIA COMETERAM ERROS, ISSO NÃO TORNA A BÍBLIA INEXATA?

Na pergunta anterior afirmamos que os tradutores da Bíblia não foram e não são inspirados por Deus quando traduzem as Escrituras do hebraico e do grego para outras línguas. E, se esse é o caso, isso não significa que algumas traduções podem estar erradas ou conter imprecisões?

Hoje, quando uma casa publicadora ou uma instituição decide lançar uma tradução da Bíblia, isso é feito com extremo cuidado. Geralmente, é formado um comitê de tradução da Bíblia. Esse comitê recruta então um grupo de especialistas de várias correntes teológicas, em geral composto por professores de seminários com grande discernimento e experiência em hebraico, aramaico ou grego. Por exemplo, quando a Tyndale House Publishers se preparou para criar a *New Living Translation* (NLT), foram formados seis grupos de mais de noventa acadêmicos para focar em suas áreas de especialidade: Pentateuco, Livros Históricos, Profetas, Evangelhos, e assim por diante. Então eles levaram anos para traduzir cuidadosamente a NLT.

COMPARAR E ANALISAR

Mas isso significa que todas as traduções são feitas com exatidão? Os tradutores às vezes transmitem um significado diferente do pretendido no original hebraico ou grego? Os tradutores são seres humanos e às vezes escolheram palavras e frases incorretas ou menos exatas. É por isso que as pessoas preferem certas traduções a outras – algumas versões bíblicas fazem um trabalho de tradução melhor do que outras.[115] Claro, por isso são formados grupos e é feita cuidadosa revisão – para evitar interpretações errôneas.

Mas é importante que você compare as várias traduções e consulte comentários e referências de estudo de palavra. Ao escolher uma tradução altamente respeitada, compará-la com outras e recorrer a comentários e a um dicionário bíblico, você estará seguro de ter uma tradução fiel das Escrituras. Mas como escolher uma tradução que seja fiel? Esse é o assunto da pergunta seguinte.

---

[115] V. "Como escolher uma tradução que seja exata?" na p. 304.

74

Como escolher uma tradução que seja exata?

Existem várias traduções da Bíblia em português. E se algumas dessas traduções são mais exatas do que as outras, como escolher a melhor?

É verdade que algumas traduções são mais fiéis ou mais próximas ao original hebraico ou grego do que as outras. E, embora isso seja verdade, a fidelidade da tradução é um assunto complicado.

Tradução *versus* paráfrase

Em primeiro lugar, vamos esclarecer a diferença entre tradução e paráfrase. Uma tradução bíblica é produzida quando o tradutor traduz cada passagem das Escrituras diretamente do texto original do Antigo e do Novo Testamentos. No caso das edições em inglês, com frequência os tradutores traduzem o Antigo Testamento diretamente do texto massorético da Bíblia hebraica representado na *Bíblia Hebraica Stuttgartensia* (1977). Eles sempre fazem comparações com os manuscritos do mar Morto, a Septuaginta e outras traduções gregas do Antigo Testamento, o Pentateuco Samaritano, a Vulgata Latina etc. O Novo Testamento inglês é quase sempre traduzido de duas edições padrão do Novo Testamento

Grego: *Novum Testamentum Graece* (NA, 27ª edição, 1993) e *The Greek New Testament* (Sociedades Bíblicas Unidas, 4ª edição revisada, 1993).

As paráfrases, por outro lado, são geralmente feitas por uma única pessoa e representam a reformulação personalizada de uma tradução. Embora possam ser úteis, os resultados inevitavelmente refletirão o ponto de vista de quem está fazendo a paráfrase.

Métodos de tradução

As traduções também diferem devido à teoria na qual se baseiam. Isso determina, na opinião de alguns, a fidelidade da tradução. Alguns preferem uma tradução determinada pelo método da "equivalência formal" – ou seja, uma tradução "literal" ou "palavra por palavra". Nesta abordagem, o tradutor tenta traduzir cada palavra para o outro idioma, com o objetivo de preservar a estrutura da sentença e a sintaxe da língua original. Embora possa parecer o melhor método para obter uma tradução mais fiel, um trabalho puro de equivalência formal seria quase ininteligível em outro idioma. Assim, alguma interpretação é necessária, pois, quando a abordagem palavra por palavra é adotada, o leitor tem dificuldade em determinar o significado de uma passagem. A *New American Standard Bible* (NASB) usou muito esse método.

O segundo método de tradução é chamado de "equivalência dinâmica", "equivalência funcional" ou "pensamento por pensamento". Consiste em traduzir para o outro idioma ou o equivalente mais próximo do natural a mensagem expressa no texto escriturístico original, tanto em termos de significado quanto de estilo. O resultado final geralmente cria um texto mais inteligível que flui mais naturalmente. A

Nova Versão Internacional (NVI) adotou em grande medida esse método.

Ambas as teorias de tradução têm pontos fortes. A equivalência formal pode alcançar a sintaxe da língua original e é geralmente preferida pelos estudiosos e professores da Bíblia. A equivalência dinâmica é geralmente mais compreensível, e o significado do texto fica mais evidente ao leitor contemporâneo.

Pode-se argumentar em favor de uma tradução e justificar a posição de que as outras são menos fiéis. E os críticos de várias traduções têm feito exatamente isso. Mas não estamos aqui para tomar partido deste ou daquele crítico ou defender esta ou aquela tradução. Cada uma delas está sujeita a erros, e nenhuma delas é inspirada por Deus.[116]

FAZENDO SUA ESCOLHA

Apesar dessas considerações, permanece a pergunta: Como escolher uma tradução bíblica fiel e inteligível? O melhor conselho sobre a escolha de uma boa tradução é perguntar a um líder cristão que você respeite muito, como seu pastor ou um professor de seminário. Descubra qual tradução eles usam e recomendam. Em segundo lugar, verifique qual equipe produziu a tradução que você está procurando e descubra o método adotado. Essa informação costuma aparecer no prefácio ou na introdução da Bíblia. Quase sempre os integrantes da equipe estão listados, e você pode verificar suas credenciais e identificar a que seminários e grupos eles estão afiliados.

Em última análise, você pode usar várias traduções, como nós fazemos. E você pode até consultar estudos

[116] V. "Todas as traduções da Bíblia foram inspiradas?" na p. 300.

bíblicos comparativos, que apresentam duas ou três traduções do texto bíblico. Além disso, vários serviços *on-line* também permitem a leitura de múltiplas traduções lado a lado.

No final, sua escolha será uma questão de preferência pessoal. Certifique-se, contudo, de que a tradução da sua Bíblia é confiável e inteligível.

75

Por que existem tantas traduções da Bíblia?

A Bíblia é certamente o livro mais conhecido do mundo. Algumas traduções são encontradas na maioria das principais livrarias do país. Quase todos os revendedores *on-line* comercializam pelo menos uma tradução. E existem muitas versões em português disponíveis. Você pode perguntar: "Por que tantas?"

Os líderes cristãos têm encorajado cada vez mais as pessoas a lerem e estudarem suas Bíblias. Isso tem gerado uma procura crescente pela Palavra de Deus, e muitos editores têm respondido à altura. São publicações direcionadas a públicos específicos, como Bíblia de estudo dos homens, Bíblia de estudo das mulheres, Bíblia de estudos apologéticos para estudantes, Bíblia de adoração e louvor, Bíblia das crianças... e por aí segue. Cada vez mais, dispomos de variações de formatos, como a Bíblia em letra grande, a Bíblia em letra pequena, com capa de couro, em capa dura, *on-line*, em DVD etc.

No esforço de distribuir Bíblias, as casas publicadoras e outros grupos adotaram traduções que apelam a todos os grupos mencionados e muitos outros. Consequentemente, temos muitas traduções em português e Bíblias em formatos diversos a escolher.[117]

---

[117] V. "Como escolher uma tradução que seja exata?" na p. 304.

76

Quais recursos são necessários para a interpretação correta da Bíblia?

A Bíblia foi escrita em períodos de tempo diferentes e em culturas extremamente diversas uma das outras. Convenhamos, não é uma leitura fácil. Na pergunta número 60, "Como interpretar corretamente a Bíblia?", vimos como precisamos compreender o significado e o contexto das palavras empregadas. Contudo, sem a ajuda de eruditos experientes, esse pode ser um desafio realmente grande. Então, quais são os recursos necessários para interpretar corretamente a Bíblia?

Vamos mencionar cinco ferramentas que poderão ajudá-lo bastante em seu estudo.

Definições e estudos de palavras. A maneira mais eficaz de interpretar uma palavra da Bíblia – isto é, conhecer seu significado – é consultar um dicionário. Normalmente, um dicionário bíblico apresentará uma definição bíblica expandida de uma palavra. Um bom dicionário bíblico traz não apenas a definição e a origem de uma palavra, mas também seus usos no Antigo e no Novo Testamentos. Procure na internet por "Dicionário bíblico" e você encontrará *sites* gratuitos nos quais poderá consultar a maioria dos termos bíblicos. Observe que os dicionários geralmente mostram muitos significados, por isso não deixe de considerar o contexto ao examinar o significado específico.

Além disso, existem concordâncias com dicionários em hebraico e grego que também dão os significados da língua original das Escrituras. Procure "Dicionário grego" na internet e você encontrará uma variedade de recursos impressos, eletrônicos e *on-line*. Verifique também em sua livraria cristã local.

Livros de referência. Mencionamos anteriormente a necessidade de fazer referências cruzadas de passagens e palavras das Escrituras. Alguns recursos fornecem informação valiosa sobre a história da Bíblia e a vida, o pensamento e atitudes correntes nos tempos bíblicos. Entre esses recursos, estão os estudos bíblicos, as enciclopédias bíblicas, os comentários e os atlas. Esses materiais apresentam conhecimentos acadêmicos de estudiosos – as observações de pessoas que investiram tempo e energia pesquisando e estudando assuntos que jamais teríamos a possibilidade de explorar por nós mesmos. Durante séculos, homens como W. E. Vine, James Strong e muitos outros cristãos devotos compilaram recursos escritos que podem ser altamente valiosos para nós na compreensão e interpretação correta do significado da Palavra de Deus.

Bíblias de estudo. A Bíblia de estudo é uma das mais úteis ferramentas que você pode consultar. Muitas Bíblias de estudo contêm ampla informação à qual você não teria acesso, a menos que fosse um pesquisador da Bíblia ou um estudante dedicado. Uma boa Bíblia de estudo pode substituir vários livros de referência. Muitas delas incluem um breve comentário das Escrituras, introduções e resumos aos livros da Bíblia, gráficos, mapas, anotações, notas textuais, referências em cadeia, dicionários, concordâncias e outras ajudas que geralmente substituem vários outros recursos.

Comentários. Um comentário bíblico é exatamente o que o termo sugere. Contém notas e observações de um ou mais estudiosos sobre o significado de passagens bíblicas. Os comentários podem ser obras em vários volumes, detalhadas versículo por versículo, ou um único volume sobre a Bíblia inteira, tratando dos temas básicos e destacando determinados versículos.

Computador e recursos *on-line*. Mencionamos que uma boa Bíblia de estudo pode substituir vários dos recursos que identificamos até agora. O mesmo é verdadeiro com relação aos apoios bíblicos *on-line* e programas de computador. Vários deles permitem que você localize textos específicos e articule referências. Apenas digitando uma palavra ou duas, você pode usar esses recursos como concordâncias, ou procurar o mesmo versículo da Bíblia em praticamente todas as versões disponíveis em português.

Esses recursos costumam disponibilizar também vários recursos visuais, incluindo fotos, ilustrações, animações de eventos bíblicos e descobertas arqueológicas.

77

Como posso ter uma experiência pessoal com a Bíblia?

Ao longo de todo este livro, enfatizamos a ideia de que Deus é relacional e *zeloso* em relação ao seu relacionamento com você (Êx 34.14). E ele deu aos seus filhos seu Espírito e sua Palavra, a fim de permitir que experimentemos esse relacionamento. Mas como podemos ter a experiência da Bíblia de modo a aprofundar nosso relacionamento com Deus?

Quando eu (Sean) cursava a faculdade, alguns amigos cristãos me convidaram para participar de seu grupo de estudo bíblico. Como estudante universitário solteiro, decidi estudar a Palavra de Deus junto com meus colegas de classe. Mas o que me impressionava era a lente pela qual um casal de companheiros meus analisava praticamente cada versículo bíblico. Eles sempre pareciam ter pelo menos três perguntas obrigatórias a respeito de cada passagem:

1. Que pecado aqui precisa ser evitado?
2. Que mandamento aqui precisa ser obedecido?
3. Que parte da minha vida precisa ser mudada?

Não estou dizendo que não devemos evitar o pecado ou que devemos ignorar o que a Bíblia nos ordena. Mas meus amigos pareciam ver Deus como alguém desapontado e extremamente fiscalizador. E, quando nós o enxergamos através desse tipo de lente, tendemos a distorcer sua verdade. Paulo orou a Deus em favor dos seguidores de Cristo em Éfeso:

> *O Deus de nosso Senhor Jesus Cristo, o Pai da glória, vos dê o espírito de sabedoria e de revelação no pleno conhecimento dele, sendo iluminados os olhos do vosso coração, para que saibais qual é a esperança do vosso chamado.* (Ef 1.17,18)

Deus nos deu sua Palavra, em parte, para que conheçamos Jesus melhor e tenhamos frequentemente novos encontros com ele para experimentarmos exatamente quanto ele tem cuidado de nós. Pedro nos encoraja a *lançar sobre ele toda a nossa ansiedade, pois ele tem cuidado de nós* (v. 1Pe 5.7). Mas, às vezes, porém, você talvez se pergunte se a compaixão de Jesus pode ser experimentada pessoalmente, como foi o caso daqueles que o encontraram enquanto ele esteve na terra. Você talvez pense: "Bem, ele se fez real e relevante para os que o encontraram, mas como sua compaixão pode ser real e relevante para mim por meio de sua Palavra?"

O convite de Deus para você

O segredo para ter essa experiência é ver a Bíblia como o convite pessoal de Deus para você conhecê-lo melhor. Com este propósito, considere as seguintes perguntas ao estudar as Escrituras:

- Como esta passagem das Escrituras se relaciona a amar a Deus mais profundamente com todo o coração, a alma e a mente?

- Como esta passagem das Escrituras se relaciona a amar os outros como Deus nos ama?
- Como esta passagem revela o coração carinhoso e compassivo de Jesus?
- O que Jesus quer que experimentemos dele agora mesmo?
- Que planos e propósitos de Deus se relacionam com a minha vida nesta passagem?
- Como Deus vê as pessoas de forma diferente de como eu vejo?
- Como o meu coração reage a esse Deus relacional, incluindo sua amorosa disciplina?
- Como Deus quer que eu responda aos que estão perdidos e afastados dele?

Pelo milagroso poder do Espírito de Deus, Jesus quer que tenhamos a experiência de sua Palavra diariamente. Ele quer que a sua mente seja a nossa mente. Quer que a sua vida seja a nossa vida. Ele orou ao Pai tanto por seus discípulos como por nós, dizendo:

> *Eles não são do mundo, assim como eu também não sou. Santifica-os na verdade, a tua palavra é a verdade* [...] *para que todos sejam um; assim como tu, ó Pai, és em mim, e eu em ti, que também eles estejam em nós, pra que o mundo creia que tu me enviaste.* (Jo 17.16,17,21)

Abrace o Jesus tolerante e compassivo que está pronto a atendê-lo exatamente naquilo que você precisa. Ele quer que você tenha uma experiência com ele à medida que tem um experiência com sua Palavra.[118]

[118] Adaptado de McDOWELL, Josh; McDOWELL, SEAN. *Experience Your Bible*, caps. 3, 4 e 9.

Sobre os autores e o ministério de Josh McDowell

Quando jovem, **Josh McDowell** foi um cético do cristianismo. Entretanto, quando cursava o *Kellog College*, em Michigan, foi desafiado por um grupo de estudantes cristãos a examinar intelectualmente as afirmações de Jesus Cristo. Josh aceitou o desafio e se viu face a face com a realidade de que Jesus era de fato o Filho de Deus, que o amou o suficiente para morrer por ele. Josh entregou sua vida a Cristo e, durante cinquenta anos, tem compartilhado com o mundo seu testemunho e a evidência de que Deus é real e relevante para nossa vida cotidiana.

Josh recebeu o grau de bacharel pelo *Wheaton College* e o grau de mestre em Teologia pelo Seminário Teológico Talbot, na Califórnia. Ele participa da Cruzada Estudantil para Cristo há quase cinquenta anos. Josh e Dottie são casados há mais de quarenta anos, têm quatro filhos adultos e vivem no sul da Califórnia.

Sean McDowell é educador, palestrante e autor. Formou-se com a maior distinção no Seminário Teológico Talbot e tem mestrado duplo em Filosofia e Teologia. É chefe do departamento de Bíblia da Escola Cristã de Capistrano Valley e atualmente cursa seu doutorado em apologética e estudos mundiais no Seminário Teológico Batista do Sul.

Sean e Stephanie são casados há mais de dez anos, têm dois filhos e vivem no sul da Califórnia.

Sua opinião é importante para nós.
Por gentileza, envie-nos seus
comentários pelo e-mail
editorial@hagnos.com.br

Esta obra foi impressa na
Imprensa da Fé.
São Paulo, Brasil.
Outono de 2021.

hagnos

Visite nosso site:
www.hagnos.com.br